Introduction to Theological French

Introduction to Theological French

Damon Di Mauro

CASCADE *Books* • Eugene, Oregon

INTRODUCTION TO THEOLOGICAL FRENCH

Copyright © 2025 Damon Di Mauro. All rights reserved. Except for brief quotations in critical publications or reviews, no part of this book may be reproduced in any manner without prior written permission from the publisher. Write: Permissions, Wipf and Stock Publishers, 199 W. 8th Ave., Suite 3, Eugene, OR 97401.

Cascade Books
An Imprint of Wipf and Stock Publishers
199 W. 8th Ave., Suite 3
Eugene, OR 97401

www.wipfandstock.com

PAPERBACK ISBN: 978-1-60899-074-0
HARDCOVER ISBN: 978-1-4982-4128-1
EBOOK ISBN: 978-1-4982-4127-4

Cataloguing-in-Publication data:

Names: Di Mauro, Damon, author.
Title: Introduction to theological French / Damon Di Mauro.
Description: Eugene, OR: Cascade Books, 2025.
Identifiers: ISBN 978-1-60899-074-0 (paperback). | ISBN 978-1-4982-4128-1 (hardcover). | ISBN 978-1-4982-4127-4 (ebook).
Subjects: LCSH: French language—Textbooks. | French language—Grammar. | Theology—Terminology.
Classification: PC2111 D52 2025 (print). | PC2111 (ebook).

VERSION NUMBER 051925

Contents

Preface | IX
Acknowledgements | XI
Abbreviations | XII

Chapter 1
FRENCH SOUND SYSTEM | 1

Chapter 2
FRENCH PROSODY | 9

Chapter 3
THE VERB *ÊTRE*
SUBJECT PRONOUNS
THE DEFINITE ARTICLE
GENDER AND PLURAL OF NOUNS | 16

Chapter 4
THE VERB *AVOIR*
THE INDEFINITE ARTICLE
AGREEMENT AND PLURAL OF ADJECTIVES | 25

Chapter 5
VERBS IN *-ER*
DEMONSTRATIVE ADJECTIVES
POSSESSIVE ADJECTIVES
CARDINAL NUMBERS 0-20 | 37

Chapter 6
THE VERB *FAIRE*
SIMPLE PREPOSITIONS
DISJUNCTIVE PRONOUNS | 52

Chapter 7
THE VERB *ALLER*
THE DEMONSTRATIVE PRONOUN *CELUI*
FORMS AND USES OF *TOUT*
NEGATIVE EXPRESSIONS | 68

Chapter 8
VERBS IN -IR
QUEL, LEQUEL
COMPOUND PREPOSITIONS
ADVERBS | 82

Chapter 9
VERBS IN -RE
INDIRECT OBJECT PRONOUNS
INTERROGATIVE ADVERBS
INTERROGATIVE PRONOUNS | 99

Chapter 10
SAVOIR VERSUS CONNAÎTRE
DIRECT OBJECT PRONOUNS
DOUBLE OBJECT PRONOUNS
***VENIR* AND THE RECENT PAST**
THE PARTITIVE | 116

Chapter 11
POUVOIR, DEVOIR, VOULOIR
ORDINAL NUMBERS
IL FAUT
THE GERUND | 137

Chapter 12
VOIR, CROIRE, BOIRE
ADJECTIVES PRECEDING THE NOUN
DIRE, LIRE, ÉCRIRE
CARDINAL NUMBERS (CONTINUED) | 152

Chapter 13
ASSEOIR, CUEILLIR, VÊTIR
***PRENDRE* AND IRREGULAR *-RE* VERBS**
PASSÉ COMPOSÉ*: VERBS CONJUGATED WITH *AVOIR
PAST PARTICIPLE AGREEMENT | 172

Chapter 14
METTRE AND SIMILAR VERBS
POSSESSIVE PRONOUNS
***DORMIR* AND IRREGULAR *-IR* VERBS**
PASSÉ COMPOSÉ*: VERBS CONJUGATED WITH *ÊTRE | 192

Chapter 15
OFFRIR AND SIMILAR VERBS
PRONOMINAL VERBS
THE PRONOUN *Y*
THE PRONOUN *EN* | 216

Chapter 16
PLAINDRE AND SIMILAR VERBS
THE IMPERFECT
VERBS + INFINITIVE
THE PLUPERFECT | 241

Chapter 17
VIVRE AND SUIVRE
RELATIVE PRONOUNS
***INTRODUIRE* AND SIMILAR VERBS**
RELATIVE PRONOUNS WITH ANTECEDENT CE | 268

Chapter 18
COURIR AND SIMILAR VERBS
PAST INFINITIVE AND PAST FORM OF THE PRESENT PARTICIPLE
TAIRE* AND *FUIR
THE *PASSÉ* SIMPLE | 293

Chapter 19
RECEVOIR AND VAINCRE
THE FUTURE
COMPARATIVE AND SUPERLATIVE
THE FUTUR *ANTÉRIEUR* | 320

Chapter 20
BATTRE AND CONCLURE
THE CONDITIONAL
THE PASSIVE VOICE
THE PAST CONDITIONAL | 347

Chapter 21
RÉSOUDRE AND SOUSTRAIRE
THE PRESENT SUBJUNCTIVE
USES OF THE SUBJUNCTIVE
THE PAST FORMS OF THE SUBJUNCTIVE | 374

Answer Key | 401

Glossary | 417

Preface

This manual is primarily designed for seminarians wishing to acquire a reading knowledge of French in order to pursue more advanced studies, either at their current institution or later in a doctoral program, though it is offered as well to those individuals and independent scholars who have an educated interest in the language of Calvin, Pascal, and Bossuet and for whom an intelligent curiosity is its own reward. Whether they approach the manual in a formal classroom setting or work through it privately at their own pace, they will be provided with the vocabulary and grammar structures necessary to read with general accuracy and moderate ease a variety of French theological texts. For maximum effectiveness, however, some important considerations with respect to scope and pedagogic procedures are in order:

Theological French will be engaged here on its own soil, using authentic texts and building reading skills from the opening chapters. Each chapter is structured around a primary reading and could materially constitute a daily lesson. Reading passages increase gradually in length and difficulty. These are followed both by a running vocabulary—for recognition purposes only—whose words and expressions are indicated by a footnote in the text, and by a more extensive vocabulary consisting of new words to be learned. Parts of speech are signaled in parenthesis next to items when pertinent to avoid ambiguity. At times, some of the more obvious cognates—such as *amen, grâce, héritage, sanctification*—are not glossed so as to encourage reading fluidity. However, a complete listing of words, along with their wider semantic range, can be found in the glossary at the back of the manual.

Grammar constructions are introduced as well in a graduated manner, though explanations do not pretend to be exhaustive, which means that rule exceptions are kept to a minimum, in the larger interest of focusing attention on vocabulary acquisition and developing sight-reading ability. Short practice and translation exercises are embedded within each chapter following the presentation of vocabulary or grammar units, with a view to broadening semantic understanding and verifying mastery of forms. An answer key is provided in an appendix at the end of volume for those vocabulary and grammar exercises which have a definite correct answer. This is obviously not the case for translation exercises, since renderings may vary. Finally, each chapter also concludes with a review and a helpful hint for French reading.

No previous study of French is assumed. Some words are transcribed in the International Phonetic Alphabet, as an aid for those familiar with this tool and because French dictionaries regularly refer to IPA, but it is in no wise obligatory to know phonetic symbols to successfully use the manual. What is presupposed, on the other hand, is that students have had some previous experience with the study of a foreign language, or, at the very least, have had a sound background in English grammar. The list of abbreviations at the beginning of the manual draws on this prior knowledge, though, to be sure, some items are peculiar to French and will make sense as study unfolds. Since these abbreviations are employed almost immediately, they should be carefully reviewed before commencing.

Because training in pronunciation is of no little value in learning a foreign language, the first two chapters will be devoted to the French sound system and prosody. All subsequent reading passages and new vocabulary lists will be accessible on the manual's website (as indicated by the ◀ icon in the text). If close attention is paid to these recordings while studying, it is believed that the ear will be more readily accustomed to new constructions.

In order to avoid feeling overwhelmed in later chapters, the material presented in each lesson must be assimilated before moving on. This means taking the time to review structures and to memorize vocabulary. Intense, though irregular, concentration on language study is less effective than shorter blocks of time devoted at regular intervals. A little bit of practice each day adds up to a lot in a week, all the more in a month, not to mention a semester. As always, motivation is the *sine qua non* of linguistic success. The good news for English speakers is that fully two-fifths of their vocabulary comes directly from French. When the Normans invaded England in 1066, they imposed their tongue on the Anglo-Saxons and spoke it at court for two centuries. This is why Modern English is especially rich and presents so many synonyms, while the more refined or erudite expressions usually derive from French, such as "profound" (Fr. *profond*) versus "deep," "amity" (Fr. *amitié*) versus "friendship," "liberty" (Fr. *liberté*) versus "freedom," etc. Of course, for students of theology, the number of cognates will be greatly compounded since their knowledge of biblical and ecclesiastical literature already stands them in very good stead.

Acknowledgements

I wish to thank Gordon College for the sabbatical during which work on this manual was begun. My thanks also go to Pierre Berthoud for the permission to republish a passage from his *En quête des origines* (Aix-en-Provence: Éditions Excelsis & Kerygma, 2008), to Paul Wells for the permission to use a section from *Calvin's Brève instruction chrétienne (La Revue réformée,* 30 [1957/2]), to Le Castor Austral for the permission to use a passage from George Bernanos' *Journal d'un curé de campagne* (Paris: Plon, 1936), and to Gallimard for the permission to republish a modernized version of Arnoul Gréban's *Le Mystère de la Passion* (Paris: Gallimard, 1987). I should especially like to acknowledge my students at Gordon-Conwell Theological Seminary who piloted the course, as well as individual readers David R. L. Simpson, William Bowes, Denise Campoli, and Cana Short. Last, but in no wise least, my deep appreciation goes to Aurélie Lacombe, Gabriel Di Mauro, Chloé Lacombe, and Priscilla Piston for the audio files and to Nathanaël Di Mauro for the technical support in setting up the website.

https://sites.google.com/view/theologicalfrench/home

Abbreviations

Grammatical terms

    adj.(ective)
    adv.(erb)
    arch.(aic)
    art.(icle)
    cond.(itional)
    conj.(unction)
    def.(inite)
    dem.(onstrative)
    dir.(ect)
    disj.(unctive)
    Eng.(lish)
    fam.(iliar)
    f.(eminine)
    fig.(urative)
    form.(al)
    Fr.(ench)
    ger.(und)
    fut.(ure)
    idiom.(atic)
    imper.(ative)
    impf. (=*imperfect*)
    indef.(inite)
    ind.(icative)
    indir.(rect)
    inf.(initive)
    int.(erjection)
    inter(rogative)
    inv.(iable)
    irreg.(ular verb)
    lit.(erally)
    m.(asculine)
    neg.(ative)

ABBREVIATIONS

n.(oun)
ob.(ject)
p.(ast)
pa. (=*passé antérieur*)
part.(iciple)
pc. (=*passé composé*)
pej.(orative)
pers.(on)
plup.(erfect)
pl.(ural)
poss.(essive)
pp. (=*past participle*)
prep.(osition)
pres.(ent)
pron.(oun)
ps. (=*passé simple*)
pv. (=*passive voice*)
qqch. (=*quelque chose*)
qqn. (=*quelqu'un*)
refl.(exive)
rel.(ative)
s.(ingular)
s.o. (=*someone*)
sth. (=*something*)
sub.(ject)
subj.(unctive)
trans.(lated)
vb. (=*verb*)

1st, 2nd, 3rd *refer to persons of the verb, i.e.*
1st s. = "I"
2nd s. = "you"
3rd s. = "he, she, it"
1st pl. = "we"
2nd pl. = "you"
3rd pl. = "they"

Abbreviations

Old Testament / Ancien Testament[1]

The Pentateuch   *Le Pentateuque*

Genesis	Genèse	Gn
Exodus	Exode	Ex
Leviticus	Lévitique	Lv
Numbers	Nombres	Nb
Deuteronomy	Deutéronome	Dt

The Historical Books   *Les Livres historiques*

Joshua	Josué	Jos
Judges	Juges	Jg
Ruth	Ruth	Rt
1 Samuel	1 Samuel	1 S
2 Samuel	2 Samuel	2 S
1 Kings	1 Rois	1 R
2 Kings	2 Rois	2 R
1 Chronicles	1 Chroniques	1 Ch
2 Chronicles	2 Chroniques	2 Ch
Ezra	Esdras	Esd
Nehemiah	Néhémie	Ne
Esther	Esther	Est

The Poetical Books   *Les Livres poétiques*

Job	Job	Jb
Psalms	Psaumes	Ps
Proverbs	Proverbes	Pr
Ecclesiastes	Qohéleth (Ecclésiaste)	Qo
Song of Songs	Cantique des Cantiques	Ct

The Prophets   *Les Prophètes*

Isaiah	Ésaïe	Es
Jeremiah	Jérémie	Jr
Lamentations	Lamentations	La
Ezekiel	Ezéchiel	Ez
Daniel	Daniel	Dn
Hosea	Osée	Os
Joel	Joël	Jl
Amos	Amos	Am

---

1 The order of books and their abbreviations are those of the *Traduction Œcuménique de la Bible* (1978).

Abbreviations

Obadiah	Abdias	Ab
Jonah	Jonas	Jon
Micah	Michée	Mi
Nahum	Nahum	Na
Habakkuk	Habakuk	Ha
Zephaniah	Sophonie	So
Haggai	Aggée	Ag
Zechariah	Zacharie	Za
Malachi	Malachie	Ml

Apocrypha — *Les Livres apocryphes*

Greek Esther	Esther grec	Est gr
Judith	Judith	Jdt
Tobit	Tobie	Tb
1 Maccabees	1 Maccabées	1 M
2 Maccabees	2 Maccabées	2 M
Wisdom of Solomon	Livre de la Sagesse	Sg
Sirach	Siracide (Eccléciastique)	Si
Baruch	Baruch	Ba

New Testament / Nouveau Testament

The Gospels — *Les Évangiles*

Matthew	Matthieu	Mt
Mark	Marc	Mc
Luke	Luc	Lc
John	Jean	Jn
Acts of the Apostles	Actes des Apôtres	Ac
Romans	Romains	Rm
1 Corinthians	1 Corinthiens	1 Co
2 Corinthians	2 Corinthiens	2 Co
Galatians	Galates	Ga
Ephesians	Éphésiens	Ep
Philippians	Philippiens	Ph
Colossians	Colossiens	Col
1 Thessalonians	1 Thessaloniciens	1 Th
2 Thessalonians	2 Thessaloniciens	2 Th
1 Timothy	1 Timothée	1 Tm
2 Timothy	2 Timothée	2 Tm
Titus	Tite	Tt
Philemon	Philémon	Phm
Hebrews	Hébreux	He
James	Jacques	Jc

1 Peter	1 Pierre	1 P
2 Peter	2 Pierre	2 P
1 John	1 Jean	1 Jn
2 John	2 Jean	2 Jn
3 John	3 Jean	3 Jn
Jude	Jude	Jud
Revelation	Apocalypse	Ap

BIBLES

BSm	La Bible du Semeur
BFC	La Bible en français courant
Ce	*La Bible du Centenaire* (1928–1947), Société Biblique de Paris
CEV	Contemporary English Version
Ch	*La Bible* (Paris, 1974–1976), André Chouraqui
Db	*La Sainte Bible* (1978), J. N. Darby
Dh	*La Bible* (1956) Ancien Testament publiée sous la direction d'Édouard Dhorme
ESV	English Standard Version
KJV	King James Version
Jer	*La Sainte Bible* (1978), École biblique de Jérusalem
NASB	New American Standard Bible
NEG	Nouvelle Edition de Genève
NIV	New International Version
NSg	*La Sainte Bible* (1978), Nouvelle Louis Segond
Sg	*La Sainte Bible* (1909), Louis Segond
TOB	*Traduction Œcuménique de la Bible* (1978)
YLT	*Young's Literal Translation*

SEMANTIC SIGNS

ecc.(lesiastical)
theo.(logical)
R.C.Ch. Roman Catholic Church
litur.(gical)
mus.(ical)
poe.(tic)

Chapter 1

French Sound System

Alphabet

An abecedary is a primer designed to teach children to read. As its name implies, it begins with the alphabet and each succeeding letter is accompanied by a sample word beginning with that same letter. Many of the early French "abécédaires" were composed in communities of faith, and the first sentences children learned to read reflected their milieu: **Dieu est l'Être Suprême** ("God is the Supreme Being"); **Caïn tua Abel** ("Cain killed Abel"); **La Bible est mon livre favori** ("The Bible is my favorite book"). In fact, the very first primer of this sort in French vernacular was composed by Marie Dentière (c. 1495–1561), a former abbess from Tournai (now part of French-speaking Belgium). She settled in Geneva in 1528, where she played an active role in teaching, preaching, and politics. In 2002, her name was added to the city's famed "Wall of the Reformers."

Like English, there are twenty-six letters in the French alphabet, though some are mainly found in loan words (**k, w**). Their articulation is indicated in the middle column by means of the International Phonetic Alphabet. In the right-hand column are found cognate words beginning with each successive letter of the French alphabet. Most of these terms should be readily understandable to Anglophone seminarians and are meant to show them that they already have a knowledge base that will help them approach Theological French.

1.1

Letter	IPA	Cognate
a	[a]	alléluia
b	[be]	baptême
c	[se]	catéchisme
d	[de]	diable
e	[ə]	Éden
f	[ɛf]	fervent
g	[ʒe]	grâce
h	[aʃ]	hosanna
i	[i]	idole
j	[ʒi]	Jésus

k	[ka]	**kérygma**
l	[ɛl]	**Limbes**
m	[ɛm]	**méditation**
n	[ɛn]	**Nouveau Testament**
o	[o]	**omniscience**
p	[pe]	**paradis**
q	[ky]	**quiétisme**
r	[ɛr]	**révélation**
s	[ɛs]	**sacrifice**
t	[te]	**Trinité**
u	[y]	**universalisme**
v	[ve]	**Vierge Marie**
w	[dubləve]	**wesleyen**
x	[iks]	**Xerxès**
y	[igrɛk]	**Yahvé**
z	[zɛd]	**zèle**

Diacritical Marks

There are five "accent" marks in French: acute accent (´), grave accent (`), circumflex accent (ˆ), cedilla (¸), and dierisis (¨).

"Accent" marks in French are a misnomer, since they usually have nothing to do with stress. Rather, they mainly serve to distinguish between homonyms: **a** (*has*) versus **à** (*to, in, at*), **la** (*the*) versus **là** (*there*), **ou** (*or*) versus **où** (*where*), **sur** (*on*) versus **sûr** (*sure*).

The acute and grave accents do change pronunciation of **e**, for the former (**é**) becomes [e] and the latter (**è**) becomes [ɛ].

Dierisis serves to show that two adjacent vowels, which might otherwise form a diphthong, are to be separated, such as in **Moïse** [moiz], **laïc** [laik], and **Noël** [noɛl].

The cedilla distinguishes soft **c** [s] from hard **c** [k], such as in the words **français**, **façon**, and **reçu**. The cedilla is only used when **c** is followed by **a**, **o** or **u**. When followed by **e** or **i**, the **c** is always soft [s], such as in the word **ceci** [səsi].

The circumflex mainly indicates that, in earlier orthography, there was a letter **s**, which has since been dropped due to a change in pronunciation. Very often English has retained the **s**. Note the following:

Old French	Modern French	English
ancestre	**ancêtre**	*ancestor*
cloistre	**cloître**	*cloister*

forest	**forêt**	*forest*
haste	**hâte**	*haste*
maistre	**maître**	*master*
prestre	**prêtre**	*priest*

Oral Vowels

Orthography	IPA	Examples
a, à, â	[a]	*a*bb*a*, *à* D*a*m*a*s, m*â*le

Note: When written with a circumflex or when followed by **s**, such as in the words **âme** and **ext***a***se**, some speakers articulate the back vowel [a], with the mouth a bit more open and the lips slightly rounded.

é, -er, -ez, -ai	[e]	v*é*n*é*r*er*, n*ez*, g*ai*

Note: [e] also occurs in monosyllabic words such as articles and demonstratives (**les**, **des**, **ces**), possessives adjectives (**mes**, **tes**, **ses**), and the conjunction **et**. In these cases, note as well that final **s** and **t** are silent.

e, è, ê, ë, ei, aî	[ɛ]	B*a*bel, pr*e*sbytère, fête, Isra*ë*l, p*ei*ne, p*aî*tre

Note: In words of more than one syllable, final **e** is silent, such as **presbytèr*e*** and **fêt*e*** above. In monosyllabic words (**je**, **ne**, **le**, **de**, **ce**, **que**) or when found between three consonants (**gouver*ne*ment**, **discer*ne*ment**, **sac*re*ment**), **e** is pronounced [ə]. On the other hand, if **e** is located between two consonants and appears at the same time in an open syllable (i.e. ending in a vowel), it is dropped in standard French. For example, **juge*me*nt** should be pronounced [ʒyʒmã].

eu, œu	[ø]	D*ieu*, v*œu*, *eu*nuque, herm*é*n*eu*tique

Note: When closed by a consonant, **eu** and **œu** become [œ], such as in **peur** [pœr] and **sœur** [sœr].

i, î, ï, y	[i]	v*i*ct*i*me, d*î*me, Mo*ï*se, m*y*stère
o, ô, au, aux, eau	[o]	m*o*t, ar*ô*me, S*au*veur, troup*eau*

Note: The grapheme **o** becomes [ɔ] in a closed syllable, in other words, when followed by a consonant. For example: **pomme, sol, roc**. An exception is when **o** is follwed by [z], such as in **chose** [ʃoz] and **rose** [roz].

ou, où, oû	[u]	j*ou*r, s*ou*ffle, v*oû*te
u, û	[y]	p*u*r, dél*u*ge, b*û*cher

Exercises

A. Repeat the following series of vowels after your instructor or from the website. Note mouth-muscle tenseness when producing French vowels. French vowels are also "pure" vowels. This means that there is no glide, as opposed to their English counterparts. To ensure that no glide occurs in their production, place the back of your hand under your chin. In all these cases, if your chin moves during articulation, a diphthong has been created instead of a pure vowel:

1.3

[aaaaaa]	Lips rounded and tip of tongue held against lower incisors, while blade of tongue lies flat on mouth floor.
[eeeeee]	Lips spread and corners tightly drawn, while tip of tongue grazes lower incisors and blade rises towards palate.
[ɛɛɛɛɛɛ]	Same as [e] except jaw slightly lowered, creating more room between blade of tongue and palate.
[øøøøøø]	Lips rounded and blade of tongue raised towards palate.
[iiiiii]	Lips spread wide horizontally, with tip of tongue against lower incisors and blade of tongue raised high towards palate.
[oooooo]	Lips slightly rounded and protruded, tip of tongue against lower incisors and back of tongue somewhat raised.
[uuuuuu]	Lips tightly rounded and slightly protruded, tip of tongue against lower incisors and blade of tongue somewhat grooved.
[yyyyyy]	Lips sharply rounded and quite protruded, with tip of tongue pressed against lower incisors and back of tongue kept low.

B. Repeat the following series of words after your instructor or from the website. Although you will notice many cognates, do not worry about the meaning of words at this point. Concentrate instead on pronunciation:

1.4

[a]	**Pâque, sabbat, Nabal, Barabbas, maranatha**
[e]	**pied, clé, été, péché, épée, célébrer**
[ɛ]	**mer, bête, messe, lèpre, pervers, neige, glaive**
[ø]	**feu, queue, lieu, pieux, heureux, peureux**
[œ]	**pleur, cœur, heure, peuple, jeune, bœuf**
[i]	**cri, ville, biblique, ministre, Ninive, Syrie, disciple**

[o]	pot, dos, faux, trône, côte, saule, holocauste
[ɔ]	os, Job, Gog, noces, homme, cloche, port, mort
[u]	doute, foule, bouche, soufre, coupe, courroux
[y]	Luc, chute, culte, luxe, Ruth, Suse, rupture

Nasal Vowels

Orthography	IPA	Examples
an, am, en, em	[ã]	*Anglican, Adam, enfant, temple*
in, im, ain, aim, yn, ym, ein, eim, i + en, y + en, é + en, un, um	[ɛ̃]	*infidèle, impie, pain, faim syncrétisme, symbole, rein, Reims Pharisien, moyen, Sadducéen brun, humble*

Note: The latter two graphemes, **un** and **um**, are pronounced slightly lower than [ɛ̃] by some careful speakers.

| on, om | [õ] | *Sion, honte, nom* |

Exercises

A. Nasal vowels occur when the back of the velum is lowered and air passes through the nose in addition to the mouth. Pinch your nose with your two index fingers while pronouncing the following series of words. You will begin with an oral vowel, then transition to a nasal vowel. When you produce the latter, you should feel a vibration in the nasal cavity:

[a]	[ã]	bas/banc, las/lent, plat/plan, gras/grand
[ɛ]	[ɛ̃]	mais/main, paix/pain, c'est/saint, plaie/plain
[o]	[õ]	beau/bon, dos/don, lot/long, mot/mont

B. Repeat the following series of words. Again, although you might notice many cognates, do not worry about the meaning of words. Concentrate on pronunciation:

[ã]	[ã]	*ensemble, commandement, enchantement, transcendant*
[õ]	[õ]	*conversion, consolation, circoncision, renonciation*
[ɛ̃]	[ã]	*maintenant, intéressant, important, intolérant*
[ã]	[õ]	*chanson, abandon, tentation, ascension, rédemption*
[ɛ̃]	[õ]	*incarnation, intercession, imprécation, incirconcision*

[õ]	[ã]			**cons**t**a**nt, **co**nt**e**nt, **co**nfi**a**nt, **co**nsci**e**nt, **a**b**o**nd**a**nt
[ɛ̃]	[õ]	[ã]		**in**c**o**nst**a**nce, **in**c**o**nsci**e**nce, **in**c**o**mpét**e**nce
[ã]	[ã]	[õ]		tr**a**ns**a**bst**a**nti**a**ti**o**n
[ɛ̃]	[õ]	[ã]	[õ]	**in**c**o**mpréh**e**nsi**o**n
[ã]	[õ]	[ɛ̃]	[ã]	Év**a**ngile sel**o**n s**ain**t Je**a**n

SEMI-VOWELS

1.8

Semi-vowels are also called semi-consonants, because they have both vowel-like and consonant-like qualities. The French sounds [w], [ɥ], and [j] occur in combination with certain letters. The most common orthographic representations are as follows:

Orthography	IPA	Examples
oi, oî, oe	[wa]	f**oi**, l**oi**, j**oie**, b**oî**te, m**oe**lle

Note: The grapheme **oin** is nasalized [wɛ̃], as in the words **oint, loin,** and **besoin**.

ui	[ɥi]	l**ui**, n**ui**t, j**ui**f, h**ui**t, fr**ui**t
i + er, ez, ié	[je]	pr**ier**, cr**iez**, chât**ié**
i + ll	[ij]	f**ille**, fam**ille**
i + on	[jõ]	l**ion**, nat**ion**, invas**ion**
i + en	[jɛ̃]	ch**ien**, paï**en**
y + vowel	[j] + vowel	vo**y**age, jo**y**eux, lo**y**al, cro**y**ant
vowel + **il, ill**	vowel + [j]	œ**il**, trava**il**, abe**ille**, fou**ille**

EXERCISES

A. The [ɥi] sound is sometimes difficult for Anglophones because it is first necessary to pronounce [y] correctly. Repeat the following utterances, first pronouncing the vowels [y] and [i] separately, then together as one dipthong:

1.9

[y]   [i]   [ɥi]   **lu-i/lui, su-i/suis, nu-i/nuit, fru-i/fruit, bru-i/bruit**

B. The semi-vowel [wa] is easier to pronounce because approximations occur in English. The main difficulty lies in the distinction between [wi] and [ɥi]. Repeat the following biblical verses, paying special attention to the pronunciation difference:

1.10

[ɥi]	Je s*ui*s cel*ui* qui s*ui*s. (Ex 3:14, Sg)
[wi]	Que votre parole soit *oui*, *oui*, non, non . . . (Mt 5:37, Sg)
[ɥi] [wi]	C'est en l*ui* qu'est le *oui*. (2 Co 2:20, Sg)

Consonants

Most French consonants are approximate to those in English. However, attention needs to be paid to the following considerations:

Final consonants are usually silent, for example: **Jésus, esprit, champ, sang, croix**.

> *Note*: However, those consonants in words ending in **c, r, f, l,** and **q** are generally pronounced, such as in **bou*c*, enfe*r*, neu*f*, Emmanue*l*,** and **co*q***.

The grapheme **ch** is mostly pronounced [ʃ] (***ch**air, diman**ch**e, **ch**emin, prê**ch**e, **ch**arité, **ch**érubin*), although [k] does occur as well (***Ch**rist, **ch**orale, **ch**arisme*).

Th is pronounced [t]: *th*éologie*, mono*th*éisme, Judi*th*.

Gn is pronounced [ɲ]: **campa*gn*e, monta*gn*e, vi*gn*e**.

When the letter **s** is found between two vowels, it is pronounced [z] (**cau*s*e, dé*s*ert, parou*s*ie**). Otherwise, double **s** is pronounced [s] (**pa*ss*ion, tendre*ss*e, a*ss*emblée**).

The letter **h** is always silent, even if some are said to be "aspirated" (i.e. pronounced with an emission of breath): **haine, helléniste, hérétique, histoire, humilité**.

The letter **g**, followed by **e** or **i**, and the letter **j**, followed by any vowel, are [ʒ]: **an*g*e, ber*g*er, ma*g*es, sa*g*esse, vi*g*ile, *J*érusalem, *J*oseph, *j*udaïsme**.

The consonants **p, t,** and hard **ch** are not as aspirated as they are in English.

French [r] presents the most difficulty for English speakers. It is important to learn to pronounce [r] since it is a "liquid" consonant and tends to cluster with other consonants. Unlike its English counterpart, the lips have no part in the production of French [r], which instead emanates from a narrow passage created in the throat. The tip of the tongue must be planted against the lower incisors, the blade held flat, and the back raised. The resulting constriction produces a friction as air streams through the oral cavity.

Introduction to Theological French

EXERCISES

A. The following exercise is designed to sensitize you to French **p**, **t**, and hard **ch**. Place the palm of your hand over your mouth and compare the following utterances. You should notice more of a puff of air with the English consonants **p**, **t**, and hard **ch**:

1.11

English	French
penitence	**pénitence**
Pope's Palace	**Palais des Papes**
talion	**talion**
Talmud	**Talmud**
Christian	**chrétien**
choir	**chœur**

B. The following exercise is designed to help you learn how to pronounce French [r]. Many English speakers find it helpful to begin with the [g] sound, since the point of articulation is close to that of [r], in order to master the latter consonant. Pronounce the following pairs in succession:

1.12

gui/ris	**gai/raie**	**goût/roux**	**gâte/rate**
ligue/lyre	**gueux/heureux**	**bigot/bureau**	**agapes/Arabe**

Repeat the following examples of intervocalic [r]:

arrogant   **hérésie**   **Hérode**   **Torah**   **horreur**

Repeat the following examples of initial [r]:

refuge   **rachat**   **repos**   **repenti**   **repas**

Repeat the following examples of final [r]:

Pierre   **martyr**   **impur**   **amour**   **Seigneur**

Chapter 2

French Prosody

OPEN SYLLABIFICATION

In French, there is a tendency towards open syllabification, which means that syllables usually end in vowels, with the typical consonant-vowel pattern CV-CV-CV. Obviously, some words begin with a vowel and others end in a consonant, so the rule does not apply absolutely. However, whether in reading aloud or in speaking, you will want to produce as many open syllables in your utterances as possible. This is the key to French pronunciation. In English, on the other hand, there is a tendency towards closed syllabification, or for syllables to end in consonants, which, again, applies in a general sense. You will notice the overall tendencies of the two languages in carefully observing the following:

2.1

English	French
van-i-ty	va-ni-té
Meth-od-ist	mé-tho-diste
min-is-try	mi-ni-stère
Sa-mar-i-tan	sa-ma-ri-tain
Chris-tol-o-gy	Chri-sto-lo-gie
re-gen-e-ra-tion	ré-gé-né-ra-tion

In striving for open syllabification, you will also need to keep in mind some rules with respect to consonant clusters:

Double consonants function phonetically as one and are pronounced with the following vowel:

Me-<u>ss</u>ie   co-<u>mm</u>u-nion   a-<u>pp</u>a-ri-tion   li-<u>tt</u>é-ra-ture

Clusters formed with a consonant plus one of the liquid consonants **r** or **l** are pronounced together:

sou-<u>ff</u>rance   sa-<u>cr</u>i-fice   a-ssem-<u>bl</u>ée   ré-<u>tr</u>i-bu-tion

Clusters formed with **s** plus another consonant are pronounced together:

my-<u>st</u>ère   bla-<u>sph</u>ème   a-po-<u>st</u>a-sie   pré-de-<u>st</u>i-na-tion

In every other case, the consonants are pronounced separately:

do<u>c</u>-trine   li-tu<u>r</u>-gie   dog-<u>m</u>a-tique   bé-né-di<u>c</u>-tion

EXERCISES

A. You can learn to pronounce virtually any word in French, no matter how long, if you keep in mind the principle of open syllabification and if you begin with the end of a word, using a technique called "backward build-up." Repeat the following after your teacher or from the website:

2.2

-té, -nité, Trinité
-stique, -tristique, Patristique

-lie, -lalie, -ssolalie, glossolalie
-tisme, -stantisme, -testantisme, Protestantisme
-stie, -ristie, -charistie, eucharistie
-sion, -cision, -concision, circoncision

-gie, -logie, -tologie, -schatologie, eschatologie
-lisme, -talisme, -mentalisme, -damentalisme, fondamentalisme
-té, -cité, -dicité, -nédicité, bénédicité
-tion, -cation, -fication, -stification, justification

-gie, -logie, -ologie, -siologie, -clésiologie, ecclésiologie
-sor, -nosor, -donosor, -chodonosor, -buchodonosor, Nabuchodonosor

B. Now pronounce the following, as you would in normal reading, keeping in mind open syllabification, but using regular normal build-up:

2.3

Pro-, Provi-, Providence
a-, ana-, anathème

ma-, mara-, marana-, maranatha
do-, doxo-, doxolo-, doxologie
A-, Apo-, Apoca-, Apocalypse
ma-, malé-, malédic-, malédiction

i-, immor-, immorta-, immortali-, immortalité
ma-, mani-, manife-, manifesta-, manifestation
sanc-, sancti-, sanctifi-, sanctifica-, sanctification
u-, uni-, univer-, universa-, universalisme

so-, soté-, sotéri-, sotério-, sotériolo-, sotériologie
bé-, béa-, béati-, béatifi-, béatifica-, béatification

Stress and Rhythm

In English, every word has a major stress. This helps Anglophones distinguish individual words in longer utterances. But English stress is not easily predictable; it can shift from one syllable to another within the same word family, seemingly without rhyme or reason. Consider these examples:

2.4

THEist	theOLogy	theoLOGical
PROPHet	proPHETic	PROphesy
DOCtrine	docTRINal	doctriNAIRE

In French, heavy stress of this sort does not exist. As you already know, the so-called "accent" marks mainly serve to distinguish between homonyms or to show how certain vowels are pronounced. However, in French, the last syllable of every word is slightly longer than the others. Consider, for example, the French counterparts to the above:

2.5

thé<u>iste</u>	théolo<u>gie</u>	théolo<u>gique</u>
pro<u>phète</u>	prophé<u>tique</u>	prophéti<u>ser</u>
doc<u>trine</u>	doctri<u>nal</u>	doctri<u>naire</u>

When utterances are strung together, in a rhythmic group or phrase, all the syllables have equal value as well, except the last, which is slightly longer. Yet this lengthened final syllable may be higher in pitch, or lower, depending on how the utterance is punctuated. Intonation will rise if the rhythmic group ends in a comma or other natural pause; it will descend if the utterance ends in a period, semicolon, or exclamation point, which corresponds to the close of a sentence. Consider the following example, taken from the beginning of Clément Marot's versified translation of Psalm 1. Do not concern yourself with word meaning at this point. Note only how the final syllable of each rhythmic group is slightly lengthened and marked by rising intonation (↗), the latter even progressively throughout the stanza, until the concluding verse, where intonation descends (↘).

2.6

Qui au conseil ↗ des malins n'a été, ↗
Qui n'est au trac ↗ des pécheurs arrêté, ↗
Qui des moqueurs ↗ au banc place n'a prise, ↗
Mais nuit et jour ↗ la Loi contemple et prise, ↗

De l'Éternel, ↗ et en est désireux, ↗
Certainement ↗ celui-là est heureux. ↘

EXERCISE

A. Below you will find the most famous text in Christian literature, the Lord's Prayer, which you probably know by heart in English. The French "Our Father" is cited here according to the Louis Segond version. Without focusing too much on the individual words, repeat this passage after your teacher or from the website, paying attention to the rising and descending intonation of French prosody:

2.7

Notre Père, ↗ qui es aux cieux! ↘
Que ton nom ↗ soit sanctifié; ↘
que ton règne ↗ vienne ; ↘
que ta volonté ↗ soit faite ↗ sur la terre ↗ comme au ciel. ↘
Donne-nous aujourd'hui ↗ notre pain quotidien; ↘
pardonne-nous ↗ nos offenses, ↗ comme nous aussi ↗
nous pardonnons ↗ à ceux qui ↗ nous ont offensés; ↘
ne nous induis pas ↗ en tentation, ↗ mais délivre-nous ↗ du malin. ↘
Car c'est à toi ↗ qu'appartiennent, ↗ dans tous les siècles, ↗
le règne, ↗ la puissance ↗ et la gloire. ↘
Amen. ↘

LINKING AND LIAISON

Since French is spoken in rhythmic groups, boundaries between words are often effaced. This is because utterances are linked together and follow the same CV-CV-CV syllable pattern that one encounters in individual words. Linking occurs in a rhythmic group when a word ending in a consonant is followed by a word beginning with a vowel. In those cases in which the consonant is otherwise silent, this phenomenon is called "liaison." You have already witnessed some examples of linking and liaison in Marot's Psalm 1 and the Lord's Prayer. With regard to the former, you encountered "la Loi contemple et prise," which is articulated "la | Loi | con | tem | ple et | prise," and "comme au ciel," which is articulated "co | mme au | ciel." The incidence of liaison is more common:

2.8

Qui n'est au trac
des pécheurs arrêté
Mais nuit et jour
et en est désireux
celui-là est heureux
nos offenses
ceux qui nous ont offensés
ne nous induis pas
c'est à toi

Note: The letter **s** followed by a vowel is pronounced [z]. Also, in the fourth phrase, "et en est désireux," the object pronoun "en" remains nasalized while the consonant "n" links with the following vowel. On the other hand, there is never a liaison with the conjunction "et," so as to distinguish it from the verb "est." Hence the segment phonetically is [e ã nɛ de zi rø].

In French, some liaisons are obligatory and others are optional, depending on factors which have not their place here. For the purposes of this manual, you should concern yourself only with those which are obligatory. In the main, liaison is always made:

2.9

1) After an article or other determiner:

    u<u>n a</u>nge   de<u>s a</u>nges   mo<u>n a</u>nge gardien

2) With a subject or object pronoun:

    vou<u>s a</u>dorez   Dieu nou<u>s a</u>ime   mange<u>z-e</u>n

3) After an adjective preceding a noun:

    un gran<u>d h</u>omme[1]   un gro<u>s e</u>nnui   un peti<u>t a</u>rbre

4) After a monosyllabic preposition:

    e<u>n E</u>nfer   dan<u>s u</u>n jardin   sou<u>s u</u>n ciel étranger

5) After some monosyllabic adverbs:

    trè<u>s a</u>ustère   bie<u>n a</u>imé   plu<u>s i</u>mplacable

6) After the verb "est."

    c'es<u>t i</u>nfernal   ce livre es<u>t a</u>pocalyptique

These grammatical categories will make more sense to you later. For now, it suffices to take due note of pronunciation.

EXERCISE

A. Many of the terms below are cognates, though the determiners and other phrases preceding them you may not yet know. Concentrate instead on the pronunciation of these words with liaison according to the cases cited above. Repeat the following series of utterances:

[1] Note that in liaison, when followed by a vowel, the letter **d** is pronounced [t].

		2.10
le Christ	l'Antéchrist	les a̲ntéchrists
un baptiste	un̲ a̲nabaptiste	des a̲nabaptistes
le sémite	l'antisémite	les a̲ntisémites
ce prêtre	cet̲ a̲rchiprêtre	ces a̲rchiprêtres
un crédule	un̲ i̲ncrédule	des i̲ncrédules
un pénitent	des pénitents	des i̲mpénitents
c'est clérical	c'est̲ a̲nticlérical	ce n'est pas̲ a̲nticlérical
des purs	des i̲mpurs	des plus̲ i̲mpurs
mon diacre	mon̲ a̲rchidiacre	mes a̲rchidiacres
c'est partial	c'est̲ i̲mpartial	c'est très̲ i̲mpartial
quel pape?	quel̲ a̲ntipape?	quels̲ a̲ntipapes?
un diocèse	un̲ a̲rchidiocèse	un grand̲ a̲rchidiocèse
c'est trinitaire	c'est̲ a̲ntitrinitaire	c'est bien̲ a̲ntitrinitaire
les mortels	les i̲mmortels	les grands̲ i̲mmortels

Chapter 2

Self-Test A

The answers to the exercises below are given in footnote. If you not achieve 90% mastery here, you should go back and review the material before going on to the next chapter.

A. Match the different orthographic representations for the equivalent French sound:[2]

1. -er _____
2. on _____
3. ô _____
4. an _____
5. u _____
6. où _____
7. im _____
8. ï _____
9. oi _____
10. è _____

a. y
b. -ai
c. eau
d. où
e. ein
f. em
g. û
h. om
i. ê
j. oe

B. Divide the following words into syllables (using hyphens) according to the rules which you have learned:[3]

1. Torah _____
2. sabbat _____
3. conjugal _____
4. hosanna _____
5. trinitaire _____
6. Timothée _____
7. Galilée _____
8. Papauté _____
9. Lévitique _____
10. Purgatoire _____
11. diabolique _____
12. vénération _____

C. Underline the letters where liaison occurs in French:[4]

1. nos offenses
2. ne nous induis pas
3. c'est à toi
4. en Enfer
5. Dieu vous aime

---

[2] Exercise A: 1. *b*; 2. *h*; 3. *c*; 4. *f*; 5. *g*; 6. *d*; 7. *e*; 8. *a*; 9. *j*; 10. *i*.

[3] Exercise B: 1. *To-rah*; 2. *sa-bbat*; 3. *con-ju-gal*; 4. *ho-sa-nna*; 5. *tri-ni-taire*; 6. *Ti-mo-thée*; 7. *Ga-li-lée*; 8. *Pa-pau-té*; 9. *Lé-vi-tique*; 10. *Pur-ga-toire*; 11. *di-a-bo-lique*; 12. *vé-né-ra-tion*.

[4] Exercise C: 1. no<u>s o</u>ffenses; 2. ne nou<u>s i</u>nduis pas; 3. c'es<u>t à</u> toi; 4. e<u>n E</u>nfer; 5. Dieu vou<u>s a</u>ime.

Chapter 3

The verb *Être*
Subject Pronouns
The Definite Article
Gender and Plural of Nouns

READING

This is the French version of the ancient Catholic prayer Ave Maria. The first section evokes the angel Gabriel's annunciation of the birth of Jesus in the Gospel of Luke, and the latter invokes Mary as the Theotokos. The aim in this reading, as in all subsequent readings throughout the manual at the opening of each chapter, is to provide you with authentic French text, in which new vocabulary words are introduced and new grammatical forms are modeled. While you should attempt to assimilate the "Active Vocabulary" at this point, you should mainly read for the overall gist.

3.1

Je vous salue, Marie, pleine de grâce;
le Seigneur est avec vous.
Vous êtes bénie entre toutes les femmes
et Jésus, le fruit de vos entrailles,[1] est béni.
Sainte Marie, mère de Dieu,
Priez pour nous, pauvres pécheurs,
maintenant et à l'heure de notre mort,
Amen.

---

1 **entrailles** *f. pl.* womb

Chapter 3

Active Vocabulary[2]

3.2

à at
avec with
béni(e) blessed
de[3] of
Dieu *m.* God
entre among
est *3rd s.* is
et and
êtes *2nd pl.* are
femmes *f.* women
heure *f.* hour
je I
le (l') *s.* the
les *pl.* the
maintenant now

mère *f.* mother
mort *f.* death
notre our
nous *disj. pron.* us
pauvres *adj.* poor, miserable
pécheurs *m.* sinners
pleine full
pour for
priez *imper., 2nd pl.* pray
sainte holy
salue *1st s.* hail, greet
Seigneur *m.* Lord
toutes *adj.* all
vos your
vous *ob. pron.* you

Exercises

A. From the words in bold in the left-hand column, deduce the sense of those to the right. Use the parts of speech (abbreviated and italicized after each word) to assist you. If you are stumped, consult the glossary at the end of the manual:

1. **béni(e)** — bénir *inf.* — bénédiction *n.* — Bénédictin *n.*
2. **mort** — mortel *adj.* — mortifier *inf.* — mortification *n.*
3. **pécheurs** — pécher *inf.* — péché *n.* — pécheresse *n.f.*
4. **Seigneur** — seigneurie *n.* — Notre-Seigneur *n.* — Seigneur (*n.*) Dieu
5. **priez** — prier *inf.* — prière *n.* — prieuré *n.*
6. **sainte** — sainteté *n.* — Saint-Esprit *n.* — Saint-Sacrement *n.*
7. **salue** — saluer *inf.* — salut *n.* — salutation (*n.*) angélique

B. Based on the foregoing, as well as on your knowledge of biblical or ecclesiastical literature and English cognates, translate the following phrases into English:

1. Dieu est pour nous.

---

[2] Nota Bene: The signification of words given in the Active Vocabulary is meant to pertain only to their usage in the passage at hand. For their wider semantic range, consult the glossary at the end of this volume or, better still, a good French–English dictionary. Furthermore, until verb groups, adjective declensions, and noun plurals are formally introduced, new words will be listed and translated in their derived forms as they appear in the readings and exercises. As an added aid, however, until verb endings are presented, person and number will be indicated in italics.

[3] Before a vowel, **de** will elide, hence **d'**.

2. La salutation de l'ange Gabriel.

3. L'Esprit de sainteté. (Rm 1:4, Sg)

4. Le péché originel d'Adam et Ève.

5. Jeanne d'Arc est la sainte patronne de la France.

6. Car[4] le salaire du péché, c'est la mort. (Rm 6:23, Sg)

Present Tense of Être (*to be*) and Subject Pronouns

Affirmative

3.3

je suis	*I am*
tu es	*you are*
il (**elle**, **on**) **est**	*he (she, one) is*
nous sommes	*we are*
vous êtes	*you are*
ils (**elles**) **sont**	*they are*

The subject pronoun **ils** is used for a mixed group of males and females. Although **tu** and **vous** are both rendered "you," the former is singular. It is used with intimates, children, animals, and, in most French-language Bibles, the Deity. The latter is plural, but is also employed in formal speech when addressing superiors, strangers or acquaintances. The subject pronouns **il** and **elle** can also signify "it" when referring to a thing. **Ils** and **elles** apply to masculine and feminine plural objects as well.

Negative

3.4

je ne suis pas	*I am not*
tu n'es pas	*you are not*
il (**elle**, **on**) **n'est pas**	*he (she, one) is not*
nous ne sommes pas	*we are not*
vous n'êtes pas	*you are not*
ils (**elles**) **ne sont pas**	*they are not*

The negative expression **ne** . . . **pas** surrounds the conjugated verb. Note that **ne** elides before a vowel and becomes **n'**.[5] Sometimes, in elevated style, or as an intensifier, the adverb **point** takes the place of **pas**. This often occurs in biblical literature and might be rendered "not at all," although most English translations, if you were to compare them, do not convey this nuance:

---

4 **car** *conj.* for.

5 In literary style, with **être** and with other verbs too, sometimes only **ne** is used.

Je **ne** suis **point** fou, très excellent Festus ... (Ac 26:25, Sg) *I am not out of my mind, most excellent Festus* ... (ESV)

When negating the infinitive, both **ne** and **pas** will usually precede:

Être, ou **ne pas** être, voilà la question. (Shakespeare, *Hamlet*) *To be, or not to be, that is the question.*

Interrogative

3.5

es-tu?	*are you?*
est-il?	*is he?*
n'est-elle pas?	*isn't she?*
êtes-vous?	*are you?*
ne sont-ils pas?	*aren't they?*
n'est-ce pas?	*isn't it?*

In the interrogative, note that **ne ... pas** now surrounds both the verb and subject pronoun. **N'est-ce pas** is the inverted form of **c'est** (*this is*). The plural of **c'est** is **ce sont** (*these are*).

The three forms of the imperative are irregular: **sois** (2nd s.), **soyons** (1st pl.), and **soyez** (2nd pl.):

Sois vigilant. (Ap 3:2, Sg) *Be watchful.* (KJV)
Ne **sois** pas incrédule. (Jn 20:27, Sg) *Do not be unbelieving.* (NASB)
Soyons sobres. (1 Th 5:8, BSm) *Let us be sober.* (ESV)
Soyez féconds ... (Gn 1:22, Sg) *Be fruitful ...* (ESV)

In the Scriptures, however, third-person commands are often used, requiring the subjunctive mood. They are introduced by **que**[6] (literally, "that"), which translates as "let ..." For the verb **être**, these two forms are **soit** (3rd s.) and **soient** (3rd pl.):

Qu'il soit anathème! (1 Co 16:22, Sg) *Let him be accursed.* (ESV)

If used alone, in the singular, **Soit!**[7] means "Agreed!" or "All right!"

Exercises

A. Provide the appropriate subject pronouns in the blanks below. Insofar as possible, try to guess the meaning of unknown words from the context. Some expressions have been glossed in footnote to assist you. However, you should retain the following new words:

---

6 Note that **que**, when followed by a vowel, is contracted: **qu'il**, **qu'elle**, **qu'on**, etc.
7 Pronounced [swat].

3.6

car *conj.* for	**honneur** *m.* honor
comme like, as	**mais** but
dans in	**où** where
faibles weak	**peuple** *m.* people
forts strong	**qui** who
homme *m.* man	

1. Dieu dit[8] à Moïse: _____ suis celui[9] qui suis. (Ex 3:14, Sg)
2. Mais l'Éternel[10] Dieu appela[11] l'homme, et lui[12] dit;[13] Où es-_____? (Gn 3:9, Sg)
3. Car _____ est notre Dieu, et _____ sommes le peuple de son[14] pâturage.[15] (Ps 95:7, Sg)
4. _____ sommes fous,[16] nous, à cause de[17] Christ, mais vous, _____ êtes prudents dans le Christ; _____ sommes faibles, mais vous, _____ êtes forts; _____ êtes à l'honneur, mais nous dans le mépris[18]! (1 Co 4:10, Jer)
5. Les femmes des Hébreux ne sont pas comme les Égyptiennes; _____ sont vigoureuses . . . (Ex 1:19, Sg)

B. Fill in the blanks with the correct form of the verb **être**. Again, try to guess the meaning of unknown words from the context. The following new vocabulary, though, should be learned:

3.7

cependant however	**père** *m.* father
champs *m.* fields	**pourquoi** why
d'autres others	**si** if
encore still	**véritable** true, genuine
fils[19] *m.* son	**votre** your
foi *f.* faith	

1. Tu _____ véritablement[20] le Fils de Dieu. (Mt 14:33, Sg)

8 **dit** *ps., 3rd s.* said.
9 **celui** the one.
10 The appellation "Éternel" for the tetragrammaton is a legacy of the first translation of the Bible into French by Jacques Lefèvre d'Etaples in 1530.
11 **appela** *ps., 3rd s.* called.
12 **lui** to him.
13 **dit** *ps., 3rd s.* said.
14 **son** his.
15 **pâturage** *m.* pasture.
16 **fous** mad.
17 **à cause de** because of.
18 **mépris** *m.* contempt, scorn.
19 Pronounced [fis].
20 **véritablement** *adv.* truly, genuinely.

2. La grâce de Dieu, à laquelle[21] vous _____ attachés,[22] _____ la véritable. (1 P 5:12, Sg)

3. Et nous, pourquoi _____ -nous à toute heure en péril?[23] (1 Co 15:30, Sg)

4. Moi et le Père nous _____ un. (Jn 10:30, Sg)

5. Nous _____ sans force,[24] et nos champs et nos vignes _____ à d'autres. (Ne 5:5, Sg)

6. Moïse dit[25] à Dieu: Qui _____ -je, pour[26] aller[27] vers[28] Pharaon? (Ex 3:11, Sg)

7. Cependant, ô Éternel, tu _____ notre père; Nous _____ l'argile,[29] et c'_____ toi[30] qui nous as formés.[31] (Es 64:8, Sg)

8. Et si Christ n'_____ pas ressuscité,[32] votre foi _____ vaine, vous _____ encore dans vos péchés. (1 Co 15:17, Sg)

THE DEFINITE ARTICLE

In French, there are four forms of the definite article "the":

Le precedes a masculine singular noun starting with a consonant:
le fruit, le Seigneur, le péché

La precedes a feminine singular noun starting with a consonant:
la mère, la grâce, la mort

L' precedes both masculine or feminine singular nouns beginning with a vowel or silent **h**:[33]
l'ange, l'heure, l'homme

Les (the plural of **le, la,** and **l'**) precedes any plural noun:
les femmes, les pécheurs, les prières

When **les** precedes a word beginning with a vowel or mute **h**, a liaison is made:
les‿anges, les‿heures, les‿hommes

The definite article often occurs in French for nouns used in a general sense:

21 **à laquelle** to which.
22 **attachés** attached.
23 **en péril** in peril.
24 **sans force** without strength.
25 **dit** *ps., 3rd s.* said.
26 When followed by an infinitive, **pour** means "in order to."
27 **aller** to go.
28 **vers** to, towards.
29 **argile** *f.* clay.
30 **toi** *disj. pron.* you.
31 **as formés** *pc., 2nd s.* has formed.
32 **ressuscité** *pp.* resurrected.
33 In those words said to begin with an aspirated **h**, elision or liaison does not occur: **le héros, la haine, les Huguenots**. These words are signaled by an asterisk in most dictionaries and will be so here in the glossary.

L'homme est mortel. *Man is mortal.*
La vie n'est-elle pas plus que la nourriture? (Mt 6:25, Sg)
"Is not life more than food?" (ESV)

GENDER AND PLURAL OF NOUNS

In some cases, "natural" gender will be self-evident. For example, **fils** and **homme** are masculine and **femme** and **mère** are feminine. Words ending in **e** could be masculine or feminine and must be memorized. There are, though, some characteristic endings that typically indicate one or the other gender:

MASCULINE	FEMININE
-eau[34]	-ance
-isme	-ence
-ment	-ion
-age[35]	-ie
-eur	-ure
	-té
	-ique

The plural of nouns is usually formed by adding an **s** to the singular. If the word ends in **-au**, **-eau**, **-eu** or **-œu**, the ending will be **x**. For words ending in **s**, **x**, and in **z**, there is no change in the plural. Finally, for some nouns, which end in **-al** or **-ail**,[36] the plural ending is **-aux**.

EXERCISES

A. Fill in the blanks with the correct definite article: **le**, **la**, or **l'**:

1. ____ nature
2. ____ nation
3. ____ pécheur
4. ____ mariage
5. ____ présence
6. ____ médiateur
7. ____ charité
8. ____ puissance
9. ____ piété
10. ____ maladie
11. ____ pâturage
12. ____ moralisme
13. ____ discernement
14. ____ confession
15. ____ bénédiction
16. ____ troupeau
17. ____ pasteur
18. ____ polémique
19. ____ jalousie
20. ____ sainteté
21. ____ homme

B. Put the following articles and nouns into the plural:

1. l'ange _____   9. l'église _____

---

34 A notable exception is the word **eau** ("water"), which is feminine.
35 Among the major feminine exceptions are **cage** ("cage"), **image** ("image"), and **rage** ("rage," "fury," "rabies").
36 Pronounced [a:j].

CHAPTER 3

2. le scandale _____
3. la tradition _____
4. l'histoire _____
5. le lieu _____
6. l'autel _____
7. la brebis _____
8. l'hôpital _____

10. le fils _____
11. le tableau _____
12. le temps _____
13. le vœu _____
14. la voix _____
15. le dieu _____
16. le travail _____

REVIEW EXERCISES

A. Fill in the blanks with the appropriate vocabulary word:

avec	grâce	mort
bénie	maintenant	pécheurs
fruit	mère	salue

Je vous _____, Marie, pleine de _____;
le Seigneur est _____ vous.
Vous êtes _____ entre toutes les femmes
et Jésus, le _____ de vos entrailles, est béni.
Sainte Marie, _____ de Dieu,
Priez pour nous, pauvres _____,
_____ et à l'heure de notre _____,
Amen.

B. Some new vocabulary items are provided and others are glossed, but based upon what you have learned in this chapter, and guessing at cognates from the context, translate the following sentences into English:

3.8

corps *m.* body
enfant *m.* child
fidèle faithful
un a, an

1. Vous êtes les enfants de l'Éternel, votre Dieu. (Dt 14:1, Sg)

2. Vous êtes le corps de Christ, et vous êtes ses[37] membres. (1 Co 12:27, Sg)

3. Car nous sommes les coopérateurs de Dieu; vous êtes le champ de Dieu, l'édifice de Dieu. (1 Co 3.9, Jer)

4. Sois un modèle pour les fidèles. (1 Tm 4:12, Sg)

[37] **ses** his.

5. La Bible n'est pas un manuel de science? Soit! (Henri Blocher, *Révélation des origines*)

The Art of Reading French

French words ending in **-able**, **-al**, **-ible**, and **-ion** are often identical to those in English, so you should easily be able to ascertain the meaning of the terms below. Remember, however, when pronouncing, that all the syllables have equal stress, except the last, which is slightly longer:

acceptable, équitable, vénérable, animal, général, légal, compréhensible, possible, visible, accusation, conversion, division, occupation

Chapter 4

**The Verb *Avoir*
The Indefinite Article
Agreement and Plural of Adjectives**

Reading

In this passage from Romans 3:9–18, cited in the Louis Segond version, the apostle Paul seeks to prove that all mankind is guilty before God. He endeavors to show his teaching, moreover, to be consonant with the Old Testament, from which he quotes liberally:

4.1

Quoi donc! sommes-nous plus excellents? Nullement.[1] Car nous avons déjà prouvé[2] que tous, Juifs et Grecs, sont sous l'empire du péché, selon qu'il est écrit:
Il n'y a point[3] de juste,
Pas même un seul;
Nul n'[4] est intelligent,
Nul ne cherche[5] Dieu;
Tous sont égarés, tous sont pervertis;
Il n'en est aucun[6] qui fasse[7] le bien,
Pas même un seul;
Leur gosier est un sépulcre ouvert;
Ils se servent de[8] leurs langues pour tromper;
Ils ont sous leurs lèvres un venin d'aspic;[9]
Leur bouche est pleine de malédiction[10] et d'amertume;
Ils ont les pieds légers pour répandre[11] le sang;

1 **nullement** not at all, by no means.
2 **prouvé** *pp.* proved.
3 **il n'y a point** there isn't any.
4 **nul ne (n')** no one.
5 **cherche** *ind., 3rd s.* seeks.
6 **il n'en est aucun** there isn't anyone.
7 **fasse** *subj., 3rd s.* does.
8 **se servent de** *refl., ind., 3rd pl.* use.
9 **venin d'aspic** venom of asps.
10 **malédiction** curse(s).
11 **répandre** to spill.

La destruction et le malheur sont sur leur route;
Ils ne connaissent[12] pas le chemin de la paix;
La crainte de Dieu n'est pas devant leurs yeux.

Active Vocabulary

4.2

amertume *f.* bitterness
avons *1ˢᵗ pl.* have
bien *m.* good
bouche *f.* mouth
chemin *m.* way
crainte *f.* fear
déjà already
devant before, in front of
donc then, therefore
écrit written
égarés stray, lost
gosier *m.* throat
Grec *m.* Greek
Juif *m.* Jew
juste righteous person
langue *f.* tongue
légers swift
lèvre *f.* lip
leur(s) their

malheur *m.* misfortune, woe
même even
ont *3ʳᵈ pl.* have
ouvert *adj.* open
paix *f.* peace
pervertis corrupt, depraved
pied *m.* foot
plus more
que[13] that
quoi what
sang *m.* blood
selon according to
sépulcre *m.* tomb
seul single one
sous under
sur on
tous *pron.* all
tromper to deceive
yeux *m.pl.* eyes

Exercises

A. From the words in bold in the left-hand column, deduce the sense of those to the right. As for adjectives, try to guess which might be masculine and which might be feminine. Anticipate as well how adverbs are formed. If stumped, consult the glossary at the end of the manual:

1. **paix**   apaiser *inf.*   paisible *adj.*   paisiblement *adv.*
2. **juste**   justice *n.*   justifier *inf.*   justification *n.*
3. **crainte**   craindre *inf.*   craintif *adj.*   craintivement *adv.*
4. **ouvert**   ouvrir *inf.*   ouverture *n.*   ouvertement *adv.*
5. **tromper**   trompeur *adj.*   trompeuse *adj.*   tromperie *n.*
6. **écrit**   écrire *inf.*   écrivain *n.*   Écriture *n.*
7. **maleur**   malheureux *adj.*   malheureuse *adj.*   malheureusement *adv.*

---

12 **connaissent** *ind., 3ʳᵈ pl.* know.
13 Remember that **que**, as mentioned in the previous chapter when followed by a vowel, is contracted with it: **qu'il, qu'elle, qu'on**, etc.

B. Based on the foregoing, as well as on your knowledge of biblical or ecclesiastical literature and English cognates, translate the following phrases into English:

1. Le sang d'Abel le juste. (Mt 23:35, Sg)

2. L'amertume de la mort. (1 S 15:32, Sg)

3. La bouche des saints prophètes. (cf. Ac 3:21, Sg)

4. Préparez le chemin du Seigneur! (Lc 3:4, Sg)

5. La crainte n'est pas dans l'amour. (1 Jn 4:18, Sg)

6. Les yeux du Seigneur sont sur les justes. (1 P 3:12, Sg)

Present Tense of **Avoir** (*to have*)

Affirmative

j'ai	*I have*
tu as	*you have*
il (elle, on) a	*he (she, one) has*
nous avons	*we have*
vous avez	*you have*
ils (elles) ont	*they have*

Note the elision of **je** and **ai** to form **j'ai**. Remember that the third person singular and plural pronouns can refer to things as well as to persons. Remember also that, in pronunciation, there is a liaison with the final consonants in **nous, vous, ils,** and **elles** and the following vowel. Finally, the expression **il y a**[14] ("there is"/"there are"), derived from this verb, is very common and should be retained.

Negative

je n'ai pas	*I do not have*
tu n'as pas	*you do not have*
il (elle, on) n'a pas	*he (she, one) does not have*
nous n'avons pas	*we do not have*
vous n'avez pas	*you do not have*
ils (elles) n'ont pas	*they do not have*

---

14 Pronounced [il ja].

When the negative expression is inserted, the liaison between subject pronouns and the verb is removed. For example, [nu za võ] ("nous avons") becomes [nu na võ pa] ("nous n'avons pas).

Interrogative

4.5

as-tu?	*do you have?*
a-t-il?	*does he have?*
n'a-t-elle pas?	*doesn't she have?*
avez-vous?	*do you have?*
n'ont-ils pas?	*don't they have?*
y a-t-il?[15]	*is there?*

Note that in the expressions **a-t-il?**, **n'a-t-elle pas?**, and **y a-t-il?**, there is a euphonic letter **t** inserted to prevent two vowels from meeting, which is disagreeable to the French ear.

The three forms of the imperative are irregular: **aie** (2nd s.), **ayons** (1st pl.), and **ayez** (2nd pl.):

> Fils de David, Jésus, **aie** pitié de moi! (Mc 10:47, Sg) *Jesus, Son of David, have mercy on me!* (ESV)
>
> **Ayons** ensemble une entrevue dans les villages. (Ne 6:2, Sg) *Let us meet together in one of the villages.* (NIV)
>
> C'est moi; n'**ayez** pas peur! (Jn 6:20, Sg) *It is I; do not be afraid.* (ESV)

A number of idiomatic expressions in French are comprised of **avoir** + a noun. In English, they are often translated by "to be" + an adjective. You should memorize them:

4.6

avoir ... ans *to be ... years old*	**avoir honte de** *to be ashamed of*
avoir besoin de *to have need of*	**avoir peur de** *to be afraid of*
avoir chaud *to be hot*	**avoir raison** *to be right*
avoir envie de *to desire*	**avoir soif** *to be thirsty*
avoir faim *to be hungry*	**avoir sommeil** *to be sleepy*
avoir froid *to be cold*	**avoir tort** *to be wrong*

Exercises

A. Provide the appropriate subject pronoun. Try to guess the meaning of unknown words from the context, though some expressions are glossed and the vocabulary below should be learned:

---

15 Pronounced [ja til].

4.7

cœur *m.* heart
en in
nom *m.* name

œuvre *f.* work
pensée *f.* thought
reine *f.* queen

1. Car _____ avons confiance[16] en son[17] saint nom. (Ps 33:21, Sg)
2. Pourquoi avez-_____ de mauvaises[18] pensées dans vos cœurs? (Mt 9:4, Sg)
3. Qu[19]'as-_____,[20] reine Esther, et que demandes[21]-tu? (Est 5:3, Sg)
4. Toi,[22] _____ as la foi; et moi, _____ ai les œuvres. (Jc 2:18, Sg)
5. Y a-t-_____ de l'iniquité[23] sur ma langue? (Jb 6:30, Sg)

B. Provide the correct form of the verb **avoir**. Gauge the meaning of unknown expressions from the context, though some have been glossed to assist you and you should retain the following:

4.8

argent *m.* silver
aussi also
contre against
don *m.* gift
or *m.* gold

par by, through
puissance *f.* power
roi *m.* king
vérité *f.* truth
visage *m.* face

1. Tous _____-ils le don des miracles? (1 Co 12:30, Sg)
2. Car nous n'_____ pas de puissance contre la vérité. (2 Co 13:8, Sg)
3. Car il y _____ un seul Dieu, et aussi un seul médiateur . . . (1 Tm 2:5, Sg)
4. Je n'_____ ni[24] argent, ni or; mais ce que[25] j'_____, je te le[26] donne.[27] (Ac 3:6, Sg)
5. Nous _____ la paix avec Dieu par notre Seigneur Jésus Christ. (Rm 5:1, Sg)
6. Mais si vous _____ dans votre cœur un zèle amer[28] et un esprit de dispute . . . (Jc 3:14, Sg)

16 **confiance** *f.* trust.
17 **son** his.
18 **mauvaises** bad, evil.
19 **que (qu')** what.
20 Used by itself, without an object, **avoir** means "to have something the matter."
21 **demandes** *ind.*, 2nd *s.* ask.
22 **toi** *disj. pron.* you.
23 **iniquité** *f.* iniquity.
24 **ni . . . ni . . .** neither . . . nor . . .
25 **ce que** what.
26 **te le** it to you.
27 **donne** *ind.*, 1st *s.* give.
28 **amer** bitter.

7. Pourquoi _____-tu mauvais visage?[29] (Ne 2:2, Sg)
8. Le Seigneur n'est-il plus[30] à Sion? Et Sion n'_____-t-elle plus de roi? (Jr 8:19, BFC)

THE INDEFINITE ARTICLE

In French, there are two forms corresponding to the English indefinite article "a" or "an," one masculine and the other feminine:
> **Un** precedes a masculine singular noun:
> > **un chemin, un malheur, un visage**

> **Une** precedes a feminine singular noun:
> > **une langue, une reine, une vérité**

> **Des** is the plural of both **un** and **une** and translates as "some," although the term is often omitted in English because the idea is implicit.
> > **des Grecs, des lèvres, des pieds**

When **des** precedes a word beginning with a vowel or mute **h**, a liaison is created:
> **des̲ hommes, des̲ œuvres, des̲ yeux**

When following a verb in the negative, **un**, **une**, and **des** become **de**, and translate as "not any." (Before a vowel, **de** elides to **d'**.) An exception to this rule occurs when the thrust is emphatic, meaning "not a single one," such as in the reading at the beginning of this chapter:
> **Il n'y a point de juste, / Pas même un seul**. (Rm 3:10, Sg) *There is no one righteous, not even one.* (NIV)

Another exception occurs when **un**, **une**, and **des** follow the verb **être** in the negative, for they do not change form:
> **Ce n'est pas un langage, ce ne sont pas des paroles** . . . (Ps 19:3, Sg)
> *There is no speech, nor are there words . . .* (ESV)

EXERCISES

A. Based upon the vocabulary you have learned and your study of the gender of noun endings, fill in the blanks with the correct indefinite article **un**, **une**, or **des**, while assimilating the following new words:

4.9

confiance *f.* trust
consolateur *m.* consoler
fille *f.* daughter
maison *f.* house
nez *m.* nose
oreille *f.* ear

[29] Here the expression **mauvais visage** signifies a "sad face."
[30] **ne . . . plus** no longer.

Chapter 4

foule *f.* crowd
main *f.* hand
puisque since
voici behold

1. J'ai _____ grande[31] confiance en vous. (2 Co 7:4, Sg)
2. Vous êtes tous _____ consolateurs fâcheux.[32] (Jb 16:2, Sg)
3. Voici, j'ai _____ fille vierge,[33] et cet homme a _____ concubine. (Jg 19:24, Sg)
4. Puisque nous avons _____ souverain sacrificateur[34] établi sur la maison de Dieu . . . (He 10:21, Sg)
5. La foule répondit:[35] Tu as en toi[36] _____ démon. (Jn 7:20, NSg)
6. Leurs idoles sont de l'argent et de l'or . . . Elles ont _____ bouche et ne parlent point, Elles ont _____ yeux et ne voient[37] point, Elles ont _____ oreilles et n'entendent[38] point, Elles ont _____ nez et ne sentent[39] point, Elles ont _____ mains et ne touchent point, _____ pieds et ne marchent point. (Ps 115:4–7, Sg)
7. Ils ont _____ venin pareil au[40] venin d'un serpent. (Ps 58:4, Sg)

B. Taking into account now verbs in the negative as well as in the affirmative, fill in the blanks with the correct article **un**, **une**, **des** or **de**, according to the case, while taking note of the new vocabulary:

4.10

ardent *adj.* burning
armée *f.* army
cheveu *m.* hair
honte *f.* disgrace
nouveau *adj.* new
sœur *f.* sister
tête *f.* head

1. Nous ne sommes pas _____ enfants illégitimes; nous avons _____ seul Père, Dieu. (Jn 8:41, Sg)
2. Ce n'est pas _____ commandement nouveau que je vous écris.[41] (1 Jn 2:7, Sg)
3. Nous avons _____ petite sœur, qui n'a point encore _____ mamelle.[42] (Ct 8:8, Sg)
4. C'est _____ honte pour l'homme de porter[43] de longs cheveux. (1 Co 11:14, Sg)

---

31 **grande** great.
32 **fâcheux** annoying.
33 **vierge** virgin.
34 **souverain sacrificateur** high priest.
35 **répondit** *ps., 2nd s.* answered.
36 **toi** *disj. pron.* you.
37 **voient** *ind., 3rd pl.* see.
38 **entendent** *ind., 3rd pl.* hear.
39 **sentent** *ind., 3rd pl.* smell.
40 **pareil au** similar to the.
41 **écris** *ind., 1st s.* write.
42 **mamelle** *f.* breast.
43 **porter** to wear.

5. Si nous disons[44] que nous n'avons pas _____ péché . . . (1 Jn 1:8, Sg)
6. Ce n'est pas _____ grande armée qui sauve[45] le roi. (Ps 33:16, Sg)
7. Car ce sont _____ charbons[46] ardents que tu amasses[47] sur sa[48] tête. (Pr 25:22, Sg)

AGREEMENT AND PLURAL OF ADJECTIVES

In French, adjectives agree in gender (masculine/feminine) and number (singular/plural) with the nouns they modify. Thus, they add an **e** in the feminine, an **s** in the masculine plural, or an **es** in the feminine plural. Unlike English, they usually follow the noun:

MASCULINE SINGULAR	FEMININE SINGULAR
un roi excellent	une reine excellente
un sépulcre ouvert	une porte[49] ouverte
un cœur égaré	une brebis[50] égarée
un pécheur repenti[51]	une pécheresse repentie

MASCULINE PLURAL	FEMININE PLURAL
des rois excellents	des reines excellentes
des sépulcres ouverts	des portes ouvertes
des cœurs égarés	des brebis égarées
des pécheurs repentis	des pécheresses repenties

Masculine adjectives that end in an **e** do not change in the feminine, though they do take an **s** in the plural:

MASCULINE SINGULAR	FEMININE SINGULAR
un homme timide	une femme timide

MASCULINE PLURAL	FEMININE PLURAL
des hommes timides	des femmes timides

Masculine adjectives ending in **s** or **x** do not change in the plural:

44 **disons** *ind.*, *1ˢᵗ pl.* say.
45 **sauve** *ind.*, *3ʳᵈ s.* saves.
46 **charbon** *m.* coal.
47 **amasses** *ind.*, *2ⁿᵈ s.* amass, heap up.
48 **sa** his.
49 **porte** *f.* door.
50 **brebis** *f.* sheep.
51 **repenti** repentant.

Masculine Singular	Masculine Plural
un manuel français	des manuels français
un consolateur fâcheux	des consolateurs fâcheux

There are a number of adjectives that are irregular in the feminine. For now, here are some of the most common endings:

Masculine	Feminine
-eux	-euse
-if	-ive
-ien	-ienne
-er	-ère
-el	-elle

Masculine Singular	Feminine Singular
un père généreux	une mère généreuse
un fils craintif	une fille craintive
un village syrien	une maison syrienne
un pied léger	une main légère
un tyran cruel	une nation cruelle

Exercises

A. Translators of the Bible into French have varied in rendering the Greek word *agape* as either "charité" (*f.*) or "amour" (*m.*). Transform the following adjectives by putting the masculine forms into the feminine:

1. l'amour est patient   la charité est _____
2. l'amour n'est pas envieux   la charité n'est pas _____
3. l'amour est édifiant   la charité est _____
4. l'amour est serviable   la charité est _____
5. l'amour est compréhensif   la charité est _____
6. l'amour n'est pas égoïste   la charité n'est pas _____
7. l'amour est chrétien   la charité est _____
8. l'amour est fraternel   la charité est _____

B. In biblical literature, the cluster of terms "jugement" (*m.*), "loi" (*f.*), "commandements" (*m.pl.*), and "ordonnances" (*f.pl.*) are often found in parallel construction. These words are obvious cognates—only "loi" ("law") might give you some pause—and should be familiar to you. Put the adjectives in the sentences below into the plural:

1. Le jugement de Dieu est juste; ses commandements sont _____.
2. La loi de Dieu est parfaite; ses ordonnances sont _____.
3. Le jugement de Dieu est pur; ses commandements sont _____.

4. La loi de Dieu est éternelle; ses ordonnances sont _____.

5. Le jugement de Dieu est précieux; ses commandements sont _____.

6. La loi de Dieu est véritable; ses ordonnances sont _____.

7. Le jugement de Dieu est équitable; ses commandements sont _____.

8. La loi de Dieu est sainte; ses ordonnances sont _____.

REVIEW EXERCISES

A. Fill in the blanks with the appropriate vocabulary word:

bouche	**lèvres**	**sang**
chemin	**malheur**	**sépulcre**
crainte	**pieds**	**tromper**

Leur gosier est un _____ ouvert;
Ils se servent de leurs langues pour _____;
Ils ont sous leurs _____ un venin d'aspic;
Leur _____ est pleine de malédiction et d'amertume;
Ils ont les _____ légers pour répandre le _____;
La destruction et le _____ sont sur leur route;
Ils ne connaissent pas le _____ de la paix;
La _____ de Dieu n'est pas devant leurs yeux.

B. A few vocabulary items are provided for you below. Based upon what you have learned in this chapter, while guessing at cognates from the context, translate the following sentences into English:

4.11

auprès de beside, with	**soldat** *m.* soldier
en effet indeed	**soumis, -e** submitted, submissive
heureux, -euse happy, blessed	

1. Nous avons un avocat auprès du Père, Jésus-Christ le juste. (1 Jn 2:1, Sg)

2. Heureux ceux[52] qui ont faim et soif de la justice . . . (Mt 5:6, Sg)

3. Les Juifs, en effet, n'ont pas de relations avec les Samaritains. (Jn 4:9, Sg)

4. Car, moi qui suis[53] soumis à des supérieurs, j'ai des soldats sous mes ordres. (Mt 8:9, NEG)

---

52 **ceux** those.

53 The verb **suis** (**être**: *ind.*, 1st *s.*) agrees here with **moi**, a disjunctive pronoun signifying "I."

CHAPTER 4

THE ART OF READING FRENCH

A number of nouns ending in **-re** have English cognates ending in **-er**. Such being so, you should be able to readily ascertain the meaning of the following:

> **arbitre, centre, chambre, cloître, décembre, lettre, ministre, monstre, ordre, sobre, sombre, tendre**

Self-Test B

The answers to the exercises below are given in footnote. If you not achieve 90% mastery here, you should go back and review the material before going on to the next chapter.

A. Match the French word on the left with its English meaning on the right:[54]
1. **avec** _____
2. **paix** _____
3. **pour** _____
4. **main** _____
5. **cœur** _____
6. **fils** _____
7. **chemin** _____
8. **foi** _____
9. **à** _____
10. **visage** _____

a. *hand*
b. *with*
c. *way*
d. *for*
e. *face*
f. *son*
g. *peace*
h. *at*
i. *faith*
j. *heart*

B. Provide the correct conjugation for the following verbs:[55]
1. (**avoir**) tu _____
2. (**être**) il _____
3. (**avoir**) nous _____
4. (**être**) je _____
5. (**avoir**) elles _____
6. (**être**) ils _____
7. (**avoir**) j' _____
8. (**être**) on _____
9. (**avoir**) vous _____
10. (**être**) tu _____

C. Put the article (definite or indefinite), noun, and adjective all into the plural:[56]
1. la pensée généreuse _____
2. un homme fâcheux _____
3. le troupeau craintif _____
4. une femme sainte _____
5. l'animal égaré _____

---

[54] Exercise A: 1. *b*; 2. *g*; 3. *d*; 4. *a*; 5. *j*; 6. *f*; 7. *c*; 8. *i*; 9. *h*; 10. *e*.

[55] Exercise B: 1. *as*; 2. *est*; 3. *avons*; 4. *suis*; 5. *ont*; 6. *sont*; 7. *ai*; 8. *est*; 9. *avez*; 10. *es*.

[56] Exercise C: 1. *les pensées généreuses*; 2. *des hommes fâcheux*; 3. *les troupeaux craintifs*; 4. *des femmes saintes*; 5. *les animaux égarés*.

Chapter 5

VERBS IN -ER
DEMONSTRATIVE ADJECTIVES
POSSESSIVE ADJECTIVES
CARDINAL NUMBERS 0–20

READING

Il est né le divin enfant is a traditional French Christmas carol dating from the late eighteenth or early nineteenth century. It exists in different versions, of which the most common is offered below:

5.1

Refrain:
Il est né le divin enfant,
Jouez hautbois,[1] résonnez musette![2]
Il est né le divin enfant,
Chantons tous son avènement!

Depuis plus de quatre mille ans,
Nous[3] le[4] promettaient[5] les prophètes.[6]
Depuis plus de quatre mille ans,
Nous attendions[7] cet heureux temps. (*Refrain*)

Ah! qu[8]'il est beau, qu'il est charmant!
Que ses grâces sont parfaites!
Ah! qu'il est beau, qu'il est charmant!

1 **hautbois** *m.* oboe.
2 **musette** *f.* bagpige.
3 **nous** *ind. ob.* to us.
4 **le** *dir. ob.* it.
5 **promettaient** *impf., 3rd pl.* promised.
6 **promettaient les prophètes**: Subject and verb are inverted here, as is common in poetry and song, while occasionally in prose.
7 **attendions** *impf., 1st pl.* waited for.
8 In the previous chapter, you learned that **que** signifies "that" or "what." Here it functions as an intensifier, as in the English expression "How . . . !"

Qu'il est doux ce divin enfant! (*Refrain*)

Une étable est son logement,
Un peu de paille est sa couchette,
Une étable est son logement,
Pour un Dieu quel abaissement! (*Refrain*)

Partez,[9] grands rois de l'Orient!
Venez[10] vous unir à[11] nos fêtes
Partez, grands rois de l'Orient!
Venez adorer cet enfant! (*Refrain*)

Il veut[12] nos cœurs, il les[13] attend:[14]
Il est là pour faire[15] leur conquête
Il veut nos cœurs, il les attend:
Donnons-les[16]-lui[17] donc promptement! (*Refrain*)

O Jésus, ô Roi tout puissant,
Tout[18] petit enfant que vous êtes,
O Jésus, ô Roi tout puissant,
Régnez sur nous entièrement! (*Refrain*)

ACTIVE VOCABULARY

abaissement *m.* abasement
adorer to worship
an *m.* year
avènement *m.* advent
beau handsome
ce(t) this
chantons *imper.*, 1st *pl.* let's sing
charmant, -e charming

logement *m.* lodging
mille thousand
né born
nos our
paille *f.* straw
parfait, -e perfect
petit, -e small
plus de more than

9 **Partez** *imper.*, 2nd *pl.* leave.
10 **Venez** *imper.*, 2nd *pl.* come.
11 **vous unir à** to join yourselves with.
12 **veut** *ind.*, 3rd *s.* wants.
13 **les** *dir. ob.* them.
14 **attend** *ind.*, 3rd *s.* waits for.
15 **faire** to make.
16 **les** *dir. ob.* them.
17 **lui** to him.
18 Here the word **tout** is an adverb and functions as an intensifier. It might be translated as "very."

conquête *f.* conquest
couchette *f.* berth, sleeping place
depuis for, since
divin, -e divine
donnons *imper., 1st pl.* let's give
doux gentle, mild
entièrement entirely
étable *f.* stable, cowshed
fête *f.* feast, celebration
grand, -e great
jouez *imper. 2nd pl.* play
là there

promptement promptly
puissant, -e powerful
quatre four
quel, -le what
régnez *imper. 2nd pl.* reign
résonnez *imper. 2nd pl.* resound
son his
sa his
ses his
temps *m.* time
tout, -e *adj.* all
un peu de a little of

EXERCISES

A. From the words in bold in the left-hand column, deduce the sense of those to the right. Again, try to ascertain gender of adjectives and to anticipate adverb formation:

1.	**beau**	belle *adj.*	beauté *n.*	embellissement *n.*
2.	**doux**	douce *adj.*	douceur *n.*	doucement *adv.*
3.	**charmant**	charmer *inf.*	charme *n.*	charmeur *n.*
4.	**chantons**	chanter *inf.*	chant *n.*	chanteur *n.*
5.	**adorer**	adoration *n.*	adorateur *n.*	adorable *adj.*
6.	**divin**	divinité *n.*	diviniser *inf.*	divinisation *n.*

B. Based on the foregoing, as well as on your knowledge of biblical or ecclesiastical literature and English cognates, translate the following phrases into English:

1. Je suis parfaite en beauté! (Ez 27:3, Sg)

2. Je suis doux et humble de cœur. (Mt 11:29, Sg)

3. Que de[19] charmes dans ton[20] amour, ma sœur, ma fiancée! (Ct 4:10, Sg)

4. Ce sont là les adorateurs que le Père demande. (Lc 3.4, Sg)

5. Les yeux de l'Éternel sont sur les justes. (Ps 34:15, Sg)

6. Les chants du fiancé et les chants de la fiancée. (Jr 16:9, Sg)

---

19 **Que de** what (a lot of).
20 **ton** your.

PRESENT TENSE OF -ER VERBS

AFFIRMATIVE

5.3

je chante	I sing
tu chantes	you sing
il (elle, on) chante	he (she, one) sings
nous chantons	we sing
vous chantez	you sing
ils (elles) chantent	they sing

The present tense indicative of the infinitive **chanter** ("to sing") is formed by dropping the final **-er** and by adding to the resulting stem (**chant-**) the endings **-e**, **-es**, **-e**, **-ons**, **-ez**, and **-ent**.

The present tense has three possible equivalents in English. For instance, **je chante** can mean "I sing," "I am singing" or "I do sing" depending on context.

In addition to **chanter**, the following is a list of **-er** verbs you have already encountered, in various forms in this manual, up until this point:

5.4

adorer to adore, worship	**mépriser** to despise
aimer to like, love	**mortifier** to mortify
appeler to call	**offenser** to offend
arrêter to stop, arrest	**pardonner** to forgive
attacher to attach	**parler** to speak
charmer to charm	**pécher** to sin
chercher to seek, look for	**porter** to wear, carry, bear
contempler to contemplate	**prier** to pray, beg
demander to ask (for)	**prophétiser** to prophesy
délivrer to deliver	**régner** to reign
donner to give	**résonner** to resonate
enfanter to give birth	**ressusciter** to resurrect
former to form, shape	**saluer** to greet, hail
honorer to honor	**sanctifier** to sanctify
jouer to play	**toucher** to touch
manger to eat	**tromper** to deceive
marcher to walk	**vénérer** to venerate

Remember that in verbs beginning with a vowel, the subject pronoun **je** will elide and that you will need to make a liaison with the subject pronouns **nous**, **vous**, **ils**, and **elles**. For example, "vous attachez" is pronounced [vu za ta ʃe] and "elles enfantent" is pronounced [ɛl zã fãt].

Chapter 5

Negative

5.5

je ne chante pas	*I do not sing*
tu ne pries pas	*you do not pray*
il (elle, on) ne joue pas	*he (she, one) does not play*
nous ne péchons pas	*we do not sin*
vous ne régnez pas	*you do not reign*
ils (elles) n'adorent pas	*they do not worship*

As you have seen before, **ne** elides before a vowel or a mute **h** and becomes **n'**, while, at the same time, the liaison between the subject pronoun and the verb is removed. Thus, "ils n'adorent pas" is pronounced [il na dɔr pa].

Interrogative

5.6

chantes-tu?	*do you sing?*
donne-t-il?	*does he give?*
n'adore-t-elle pas?	*doesn't she worship?*
salue-t-on?	*does one greet?*
demandez-vous?	*do you ask?*
ne parlent-ils pas?	*don't they speak?*

Note that in the expressions **donne-t-il?**, **n'adore-t-elle pas?**, and **salue-t-on?**, there is a euphonic **t** inserted to prevent two vowels from meeting. This occurs only with -**er** and a few other verbs when the third person singular ends in a vowel.

The imperative of -**er** verbs presents an anomaly: in the second person singular, the final "s" is dropped. In every other respect, the imperative is regular:

> Je suis errant comme une brebis perdue; **cherche** ton serviteur. (Ps 119:176, Sg) *I have strayed like a lost sheep. Seek your servant.* (NIV)
>
> **Marchons** à la lumière de l'Éternel! (Es 2:5, Sg) *Let us walk in the light of the* LORD. (ESV)
>
> Ne **donnez** pas aux chiens ce qui est sacré. (Mt 7:6, NSg) *Do not give dogs what is sacred.* (NIV)

For -**er** verbs ending in -**cer**, such as **commencer** ("to begin"), the final **c** in the first person plural takes a cedilla in order to keep the **c** soft ([s] as opposed to [k]): **nous commençons**. Similarly, for -**er** verbs ending in -**ger**, such as **manger** ("to eat"), the **g** in the first person plural is followed by an **e** in order to soften the **g** ([ʒ] as opposed to [g]): **nous mangeons**.

For -**er** verbs ending in -**ler**, such as **appeler** ("to call"), the **l** is doubled in all but the first and second person plural: **j'appelle, tu appelles, il/elle/on appelle, nous appelons, vous appelez, ils/elles appellent**.

In verbs such as **pécher** ("to sin"), the acute accent becomes grave in certain closed syllable conjugations (**je pèche, tu pèches, il/elle/on pèche, ils/elles pèchent**), which are all pronounced [pɛʃ], whereas the **nous** and **vous** forms follow the model of the open syllable infinitive [pe ʃe]: (**péchons** [pe ʃõ], **péchez** [pe ʃe]).²¹

EXERCISES

A. Provide the appropriate subject pronoun. Ascertain the meaning of any unknown words from the context, while assimilating the new vocabulary:

5.7

après after	**festin** *m.* banquet
aveugle blind	**lorsque** when
boiteux, -euse lame	**seulement** only
ce que²² what	**voie** *f.* way
frère *m.* brother	**volontairement** wilfully

1. Mais, lorsque _____ donnes un festin, invite des pauvres, des estropiés,²³ des boiteux, des aveugles. (Lc 14:13, Sg)
2. _____ adorez ce que vous ne connaissez²⁴ pas; nous, _____ adorons ce que nous connaissons,²⁵ car le salut²⁶ vient²⁷ des Juifs. (Jn 4:22, Sg)
3. Car, si _____ péchons volontairement après avoir reçu²⁸ la connaissance,²⁹ de la vérité . . . (He 10:26, Sg)
4. Et si _____ saluez seulement vos frères, que faites³⁰-vous d'extraordinaire? (Mt 5:47, Sg)
5. Je sers³¹ le Dieu de mes pères selon la voie qu'_____³² appellent une secte . . . (Ac 24:14, Sg)

B. Fill in the blanks with the correct form of the -**er** verb in parentheses. Try to ascertain the meanings of unknown words from the context and study the new vocabulary:

5.8

amasser to amass, heap up	**faiblesse** *f.* weakness
arbre *m.* tree	**jardin** *m.* garden

---

21 One finds the same phenomenon is a verb such as **vénérer**, though the first accent remains acute since it is found in an open syllable in all the forms: **vénère, vénères, vénère, vénérons, vénérez, vénèrent**.

22 Note that **ce que** means "what" as a relative pronoun here, not as an interrogative.

23 **estropié, -e** crippled.

24 **connaissez** *ind., 2ⁿᵈ pl.* know.

25 **connaissons** *ind., 1ˢᵗ pl.* know.

26 **salut** *m.* salvation.

27 **vient** *ind., 3ʳᵈ s.* comes.

28 **avoir reçu** having received.

29 **connaissance** *f.* knowledge.

30 **faites** *ind., 2ⁿᵈ pl.* do.

31 **sers** *ind., 1ˢᵗ s.* serve.

32 Use the masculine form here, since the original context demands it.

chair *f.* flesh
élu, -e elect
signe *m.* sign
tel, -le such

1. Telle est la loi pour la femme qui (*enfanter*) _____ un fils ou une fille. (Lv 12:7, Sg)
2. Un homme (*tromper*) _____ -t-il Dieu? Car vous me (*tromper*)[33] _____ ... (Ml 3:8, Sg)
3. Pourquoi cette génération (*demander*) _____ -t-elle un signe? (Mc 8:12, Sg)
4. Si je n'ai pas la charité, je suis un airain[34] qui (*résonner*) _____. (1 Co 13:1, Sg)
5. Car ce sont des charbons ardents que tu (*amasser*) _____ sur sa tête. (Pr 25:22, Sg)
6. Elles [les idoles] ont des mains et ne (*toucher*) _____ point, des pieds et ne (*marcher*) _____ point ... (Ps 115:7, Sg)
7. Je (*parler*) _____ à la manière des[35] hommes, à cause de[36] la faiblesse de votre chair. (Rm 6:19, Sg)
8. Qui accusera[37] les élus de Dieu? C'est Dieu qui (*justifier*) _____! (Rm 8:33, Sg)
9. La femme répondit[38] au serpent: Nous (*manger*) _____ du fruit des arbres du jardin. (Gn 3:2, Sg)

The Demonstrative Adjective

The following determiners are translated as "this" or "that" in the singular, "these" or "those" in the plural, according to the context:

Ce precedes a masculine singular noun:
ce cœur, ce logement, ce roi

Cette precedes a feminine singular noun:
cette couchette, cette fête, cette reine

Cet precedes a masculine singular noun beginning with a vowel or mute **h**:
cet avènement, cet enfant, cet homme

Ces precedes a masculine or feminine plural noun:
ces lèvres, ces mains, ces pieds

---

33 The verb "tromper" agrees here with "vous," not "me," which is a direct object pronoun.
34 **airain** *m.* bronze.
35 **à la manière de** in the manner of.
36 **à cause de** because of.
37 **accusera** *fut.*, 3rd *s.* will accuse.
38 **répondit** *ps.*, 3rd *s.* answered.

When **ces** precedes a word beginning with a vowel or mute **h**, a liaison is made:
ces hommes, ces œuvres, ces yeux

In demonstrative constructions, the suffixes **–ci** and **–là** are sometimes added to the modified noun for emphasis:

Corneille dit: Il y a quatre jours, à **cette heure**-**ci**... (Ac 10:30, Sg) *And Cornelius said, "Four days ago, about this hour..."* (ESV)

Le père reconnut que c'était **à cette heure**-**là**... (Jn 4:53, Sg) *The father knew that was the hour..."* (ESV)

EXERCISES

A. Based upon your knowledge of the gender and the plural of nouns from Chapter 3, fill in the blanks with the correct demonstrative adjective **ce, cette, cet** or **ces**:

1. ____ armure
2. ____ réflexion
3. ____ pécheurs
4. ____ témoignage
5. ____ science
6. ____ sacrificateur
7. ____ lieux
8. ____ délivrance
9. ____ impiété
10. ____ infamies
11. ____ usage
12. ____ relativisme
13. ____ gouvernement
14. ____ confession
15. ____ bénédictions
16. ____ tableaux
17. ____ pasteur
18. ____ rhétorique
19. ____ vœux
20. ____ honnêteté
21. ____ homme

B. Fill in the blanks with the correct demonstrative adjective **ce, cette, cet** or **ces**. Try to guess the meanings of unknown words from the context, though the following vocabulary should be retained:

5.9 ◀

gloire *f.* glory
jeune young
parent *m.* relative

parmi among
vain, -e vain
ville *f.* city

1. À qui est ____ jeune femme? (Rt 2:5, Sg)
2. ____ homme est notre parent, lui[39] dit[40] encore Naomi. (Rt 2:20, Sg)
3. Ce sont là ____ Moïse et ____ Aaron. (Ex 6:27, Sg)
4. Pourquoi ____ tumulte[41] parmi les nations, ____ vaines pensées parmi les peuples? (Ps 2:1, Sg)
5. Qui donc est ____ roi de gloire? L'Éternel des armées: Voilà le roi de gloire! (Ps 24:10, Sg)
6. Pourquoi ____ génération demande-t-elle un signe? (Mc 8:12, Sg)
7. C'est ____ Jésus que Dieu a ressuscité.[42] (Ac 2:32, Sg)

39 **lui** to her.
40 **dit** *ps., 3rd s.* said.
41 **tumulte** *m.* tumult.
42 **ressuscité** *pp.* resurrected.

8. Enveloppe _____ oracle (*m.*), scelle⁴³ _____ révélation, parmi mes disciples. (Es 8:16, Sg)
9. L'Éternel Dieu donna _____ ordre (*m.*) à l'homme (Gn 2:16, Sg)
10. Voici, il y a dans _____ ville un homme de Dieu. (1 S 9:6, Sg)

Possessive Adjectives

Possessive adjectives agree in gender (masculine/feminine) and number (singular/plural) with the nouns they modify. Unlike most other adjectives in French, they precede the noun.

5.10

Masculine Singular	Feminine Singular	
mon	**ma**	*my*
ton	**ta**	*your* (s. & fam.)
son	**sa**	*his, hers, its*
notre	**notre**	*our*
votre	**votre**	*your* (pl. & form.)
leur	**leur**	*their*

Masculine and Feminine Plural	
mes	*my*
tes	*your*
ses	*his, hers, its* (s. & fam.)
nos	*our*
vos	*your* (pl. & form.)
leurs	*their*

Context will determine whether **son**, **sa**, and **ses** mean "his," "her" or "its." For example, in the reading for this lesson, since the subject is the Christ child, the following would all be translated as "his":

son logement	*his lodging*
sa couchette	*his berth*
ses grâces	*his graces*

Before feminine nouns beginning with a vowel or a silent **h**, the masculine form of the possessive adjective is employed:

mon histoire (*f.*)	*my story*
ton église (*f.*)	*your church*
son armure (*f.*)	*his, hers, its armor*

When plural possessive adjectives precede a word beginning with a vowel or a mute **h**, a liaison is made:

---

43 **sceller** to seal.

te**s** _a_utels	*your altars*
no**s** _h_abits	*our clothes*
leur**s** _i_doles	*their idols*

EXERCISES

A. Using the underlined segment of the first clause as a cue, fill in the blanks with the correct form of the possessive adjective:

5.11

âme *f.* soul **proche** *adj.* near
arrivée *f.* arrival **terre** *f.* ground, land
faux, -sse false

1. J'ai un héritage; c'est _____ héritage.
2. <u>Vous</u> êtes les enfants de l'Éternel; il est _____ Dieu.
3. <u>Abraham et Sarah</u> ont un fils; c'est _____ fils unique.
4. <u>L'homme</u> a une âme, et _____ âme est immortelle.
5. <u>Tu</u> adores les faux dieux; ce sont _____ dieux.
6. <u>Nous</u> avons des parents; ce sont _____ proches parents.[44]
7. <u>Les idoles</u> ont des mains, mais _____ mains ne touchent point.
8. <u>Nous</u> sommes le peuple de Dieu; il est _____ Dieu.
9. <u>Tu</u> as une postérité; l'Éternel donne cette terre à _____ postérité.
10. Les femmes des <u>Hébreux</u> sont vigoureuses; _____ femmes accouchent[45] avant[46] l'arrivée de la sage-femme.[47]

B. Fill in the blanks with the correct form of the possessive adjective:

5.12

alliance *f.* covenant **vigne** *f.* vine, vineyard
arche *f.* ark **vrai, -e** true
de plus moreover

1. De plus, il est vrai qu'elle est (*my*) _____ sœur, fille de (*my*) _____ père; seulement, elle n'est pas fille de (*my*) _____ mère; et elle est devenue[48] (*my*) _____ femme. (Gn 20:12, Sg)
2. Nous sommes sans force,[49] et (*our*) _____ champs et (*our*) _____ vignes sont à d'autres. (Ne 5:5, Sg)

---

44 **proche parent** *m.* next of kin.
45 **accoucher** to give birth.
46 **avant** before.
47 **sage-femme** *f.* midwife.
48 **est devenue** *pc., 3rd s.* became.
49 **sans force** without strength.

3. Et si Christ n'est pas ressuscité, (*your*) _____ foi est vaine, vous êtes encore dans (*your*) _____ péchés. (1 Co 15:17, Sg)
4. Ce n'est pas, en effet, aux enfants à amasser pour (*their*) _____ parents, mais aux parents pour (*their*) _____ enfants. (2 Co 12:14, Sg)
5. Voici, j'établis[50] (*my*) _____ alliance avec vous et avec (*your*) _____ postérité après vous. (Gn 9:9, Sg)
6. Sors[51] de[52] l'arche, toi[53] et (*your*) _____ femme, (*your*) _____ fils (*pl.*) et les femmes de (*your*) _____ fils (*pl.*) avec toi. (Gn 8:16, Sg)
7. Il vint[54] vers[55] (*his*) _____ père, et dit:[56] (*my*) _____ père! Et Isaac dit: Me voici! qui es-tu, (*my*) _____ fils? (Gn 27:18, Sg)
8. C'est pourquoi l'homme quittera[57] (*his*) _____ père et (*his*) _____ mère, et s'attachera à[58] (*his*) _____ femme, et ils deviendront[59] une seule chair. (Gn 2:24, Sg)

CARDINAL NUMBERS 0–20

5.13

0	**zéro**	7	**sept**[60]	14	**quatorze**
1	**un**	8	**huit**	15	**quinze**
2	**deux**	9	**neuf**	16	**seize**
3	**trois**	10	**dix**	17	**dix-sept**
4	**quatre**	11	**onze**	18	**dix-huit**
5	**cinq**	12	**douze**	19	**dix-neuf**
6	**six**	13	**treize**	20	**vingt**

Before a consonant, the final letter in **cinq**, **six**, **huit** et **dix** is sometimes dropped:
cinq fils [sɛ̃ fis], **six fils** [si fis], **huit fils** [ɥi fis], **dix fils** [di fis]
Conversely, when followed by a vowel, the final letter in **deux**, **trois**, **six**, and **dix** is in liaison and forms a [z] sound:
deux enfants [dø zã fã] **trois enfants** [trwa zã fã], **six enfants** [si zã fã], **dix enfants** [di zã fã]
Finally, when **neuf** is followed by a vowel, the resulting liaison produces a [v] sound.
neuf ans [nø vã fã]

50 **établis** *ind.*, *1st s.* establish.
51 **Sors** *imper.*, *2nd s.* go out.
52 Here **de** means "from."
53 **toi** *disj. pron.* you.
54 **vint** *ps.*, *3rd s.* came.
55 **vers** to, towards.
56 **dit** *ps.*, *3rd s.* said.
57 **quittera** *fut.*, *3rd s.* will leave.
58 **s'attachera à** *fut.*, *3rd s.* will cleave to.
59 **deviendront** *fut.*, *3rd pl.* will become.
60 In **sept** and then again in **dix-sept**, note that the letter "p" is silent: [sɛt].

Introduction to Theological French

Exercises

A. Translate the following verse fragments into English:

1. Une femme possédée d[61]'un esprit . . . depuis dix-huit ans. (Lc 13:11, Sg)

2. Ismaël, son fils . . . âgé de treize ans.[62] (Gn 17:25, Sg)

3. Quatre filles non mariées qui [ont] le don de prophétie. (Ac 21:9, BSm)

B. From your knowledge of biblical literature, fill in the blanks with the appropriate cardinal number, taking note of the new vocabulary:

5.14

année *f.* year
assis, -e seated
au milieu de in the middle of
bête *f.* beast
déclarer to declare
mari *m.* husband
tribu *f.* tribe
vie *f.* life

1. Car là où _____ ou _____ sont assemblés en mon nom, je suis au milieu d'eux. (Mt 18:20, Sg)
2. Car tu as eu[63] _____ maris, et celui[64] que tu as maintenant n'est pas ton mari. (Jn 4:18, Sg)
3. . . .une femme assise sur une bête écarlate, pleine de noms de blasphème, ayant[65] _____ têtes et _____ cornes. (Ap 17:3, Sg)
4. Ce sont là tous ceux[66] qui forment les _____ tribus d'Israël. (Gn 49:28, Sg)
5. Va[67] dire[68] à Ezéchias: Voici ce que déclare l'Éternel, le Dieu de David, ton ancêtre . . . Eh bien, je vais[69] prolonger[70] ta vie de[71] _____ années. (Es 38:5, BSm)

Review Exercises

A. Fill in the blanks with the appropriate vocabulary word, making all necessary agreements according to context:

61 The preposition **de** should be translated as "by" here.
62 When translating the latter part of this sentence into English, the syntax will be reversed.
63 **as eu** *pc.*, 2nd *s.* have had.
64 **celui** the one.
65 **ayant** *ger.* having.
66 **tous ceux** all those.
67 **Va** *imper.*, 2nd *s.* go.
68 **dire** to say.
69 **vais** *ind.*, 1st *s.* am going.
70 **prolonger** to prolong.
71 The preposition **de** here translates as "by."

avènement	mille	quatre
cœur	parfait	sépulcre
enfant	puissant	temps

1. Car un _____ nous est né, un fils nous est donné. (Es 9:6, Sg)
2. Il y a un _____ pour tout . . . pour toute chose[72] sous les cieux.[73] (Qo 3:1, Sg)
3. Malheur à vous, scribes et pharisiens hypocrites! parce que[74] vous ressemblez[75] à des _____ blanchis. (Mt 23:27, Sg)
4. Lazare était[76] déjà depuis _____ jours[77] dans le sépulcre. (Jn 11:17, Sg)
5. Devant le Seigneur, un jour est comme _____ ans . . . (2 P 3:8, Sg)
6. Où est la promesse[78] de son _____? Car, depuis que les pères sont morts,[79] tout demeure[80] comme depuis le commencement[81] de la création. (2 P 3:4, NSg)
7. Tes œuvres sont grandes et admirables, Seigneur Dieu tout _____! (Ap 15:3, Sg)
8. La perversité est dans son _____, il médite le mal[82] en tout temps (Pr 6:14, Sg)
9. La crainte n'est pas dans l'amour, mais l'amour _____ bannit[83] la crainte. (1 Jn 4:18, Sg)

B. Based on your reading of *Il est né le divin enfant*, fill in the blanks with requisite form of the demonstrative or the possessive adjective:

Il est né le divin enfant, / Chantons tous _____ avènement!
Depuis plus de quatre mille ans, / Nous attendions _____ heureux temps.
Ah! qu'il est beau, qu'il est charmant! / Que _____ grâces sont parfaites!
Ah! qu'il est beau, qu'il est charmant! / Qu'il est doux _____ divin enfant!
Une étable est _____ logement, / Un peu de paille est _____ couchette,
Venez vous unir à _____ fêtes / Venez adorer _____ enfant!
Il veut _____ cœurs, il les attend: / Il est là pour faire _____ conquête.

---

[72] **chose** *f.* thing.
[73] **cieux** *m. pl.* heavens.
[74] **parce que** because.
[75] **ressemblez** *pres.*, 2nd *pl.* resemble.
[76] **était** *impf.*, 3rd *s.* was.
[77] **jour** *m.* day.
[78] **promesse** *f.* promise.
[79] **mort, -e** *adj.* dead.
[80] **demeure** *ind.*, 3rd *s.* remains.
[81] **commencement** *m.* beginning.
[82] **mal** *m.* evil.
[83] **bannit** *ind.*, 3rd *s.* banishes.

B. Based upon the grammar you have learned in this chapter, and guessing at cognates or from the context, translate the following sentences into English:

5.15

déchu, -e fallen
parce que because
premier first
promesse *f.* promise

1. Le Père m'aime, parce que je donne ma vie. (Jn 10:17, Sg)

2. Cette génération est une génération méchante;[84] elle demande un miracle. (Lc 11:29, Sg)

3. Honore ton père et ta mère (c'est le premier commandement avec une promesse). (Ep 6:2, Sg)

4. Vous êtes séparés[85] de[86] Christ, vous tous qui cherchez la justification dans la loi; vous êtes déchus de la grâce. (Ga 5:4, Sg)

5. C'est pourquoi, que[87] celui[88] qui parle en langue prie pour avoir le don d'interpréter. (1 Co 14:13, Sg)

THE ART OF READING FRENCH

Many -er verbs have English cognates with slight, though consistent, variations in spelling. They can be divided into the following categories:

Those which end in -e in English:
accuser, admirer, affecter, annoncer, assurer, augmenter, blasphémer, comparer, composer, continuer, converser, déplorer, éluder, encourager, envisager, examiner, exempter, inférer, inviter, observer, présumer, proclamer, profaner, prouver, trembler, etc.

---

84 **méchant, -e** wicked.
85 **séparé, -e** separated.
86 Both here and at the end of the sentence **de** means "from."
87 The conjunction **que** here functions as an imperative. It is the English equivalent of "let..."
88 **celui** the one.

Those in which -**er** is dropped entirely:
accepter, adopter, calmer, concerner, contester, détester, discerner, exister, passer, préférer,[89] **présenter, profiter, résister, visiter,** etc.

Those in which -**iser** is changed to -**ize**:
analyser, baptiser, civiliser, fraterniser, moraliser, organiser, etc.

Those in which -**er** becomes -**ate**:
agiter, célébrer,[90] **cultiver, dissiper, dominer, exterminer, humilier, inaugurer, irriter, isoler, modérer, perpétrer, stimuler,** etc.

Those in which -**quer** is changed to -**cate**:
abdiquer, communiquer, compliquer, impliquer, indiquer, suffoquer, etc.

Those in which -**ier** becomes -**y**:
crier, défier, marier, multiplier, notifier, rectifier, vérifier, etc.

---

[89] Note that the first accent remains acute since it is found in an open syllable in all the forms, while the latter acute accent becomes grave [pronounced: pre fər] when found in a closed syllable: **préfère, préfères, préfère, préférons, préférez, préfèrent.**

[90] Note again that the first accent remains acute since it is found in an open syllable in all the forms, while the latter acute accent becomes grave [pronounced: se ləbr] when found in a closed syllable: **célèbre, célèbres, célèbre, célébrons, célébrez, célèbrent.**

Chapter 6

**THE VERB *FAIRE*
SIMPLE PREPOSITIONS
DISJUNCTIVE PRONOUNS**

READING

In this passage from Matthew 6:1–6, cited in the Darby translation, Jesus warns against outward show in religious duties, contrasting the approval of men with that of God.

6.1

Prenez garde de[1] ne pas faire votre aumône devant les hommes, pour être vus[2] par eux; autrement vous n'avez pas de récompense auprès de votre Père qui est dans les cieux. Quand donc tu fais l'aumône, ne fais pas sonner la trompette devant toi, comme font les hypocrites dans les synagogues et dans les rues, pour être glorifiés par les hommes. En vérité, je vous[3] dis:[4] ils ont leur récompense! Mais toi, quand tu fais l'aumône, que ta main gauche ne sache pas[5] ce que fait ta droite, en sorte que[6] ton aumône soit[7] faite[8] dans le secret; et ton Père, qui voit[9] dans le secret, te[10] récompensera.[11] Et quand tu pries, tu ne seras pas[12] comme les hypocrites, car ils aiment à prier en se tenant[13] debout dans les synagogues et aux coins[14] des rues, en sorte qu'ils soient[15] vus des hommes. En vérité, je vous dis: ils ont leur récompense!

1 **prenez** (*imp.*, *2ⁿᵈ pl.*) **garde de** take care.
2 **vus** seen.
3 **vous** *ind. ob.* to you.
4 **dis** *1ˢᵗ s.* say.
5 **ne sache** (*subj.*, *3ʳᵈ s.*) **pas** not know.
6 **en sorte que** so that.
7 **soit** *subj., 3ʳᵈ s.* be.
8 **faite** done, made.
9 **voit** *ind.*, *3ʳᵈ s.* sees.
10 **te** *dir. ob.* you.
11 **récompensera** *fut., 3ʳᵈ s.* will reward.
12 **ne seras** (*fut., 2ⁿᵈ s.*) **pas** shall not be.
13 **en se tenant** *ger.* while standing.
14 **aux coins** at the corners.
15 **soient** *subj., 3ʳᵈ pl.* be.

Chapter 6

Mais toi, quand tu pries, entre dans ta chambre, et ayant[16] fermé ta porte, prie ton Père qui demeure dans le secret; et ton Père qui voit dans le secret, te récompensera.

Active Vocabulary

6.2

aumône *f.* alms
autrement otherwise
chambre *f.* bedroom
cieux *m. pl.* heavens
coin *m.* corner
debout upright
demeurer to remain, abide
droite right
entrer to enter
eux *disj. pron.* them
faire to do, make
fais 2nd *s.* do, make
fait 3rd *s.* do, make

font 3rd *pl.* do, make
fermé, -e closed
gauche left
glorifié, -e glorified, praised
porte *f.* door
récompense *f.* reward
récompenser to reward
quand when
rue *f.* street
sonner to sound, play (instrument)
toi *disj. pron.* you
trompette *f.* trumpet

Exercises

A. Match the expressions in the left-hand column with those approximately analogous expressions on the right, which are either cognates or which you have seen before in previous chapters:

1. **aumône**   a. jouer
2. **sonner**   b. exaltation
3. **cieux**   c. sur pied
4. **coin**   d. clos
5. **debout**   e. donation
6. **fermé**   f. route
7. **porte**   g. entrée
8. **quand**   h. paradis céleste
9. **glorifié**   i. lorsque
10. **rue**   j. angle

B. From the words in bold in the left-hand column, deduce the sense of those to the right:

1. **fermé, -e**   fermer *inf.*   fermeture *n.*   système (*n.*) fermé
2. **sonner**   son *n.*   sonore *adj.*   sonner (*inf.*) du cor en Sion
3. **glorifié, -e** glorifier *inf.*   glorification *n.*   glorieux *adj.*
4. **aumône**   aumônier *n.*   aumônière (*n.*)   aumônerie *n.*
5. **entrer**   entrée *n.*   rentrer *inf.*   entrer (*inf.*) en religion

---

16 **ayant** *ger.* having.

C. Translate the following phrases into English:
1. La trompette du Jugement Dernier.

2. Le Royaume[17] des Cieux est tout[18] proche! (Mt 3:2, Jer)

3. Le Fils de l'homme est proche, à la porte. (Mt 24:33, Sg)

4. Le fruit des entrailles est une récompense. (Ps 127:3, Sg)

5. Que[19] sa main gauche soit[20] sous ma tête, et que sa droite m'embrasse[21]! (Ct 2:6, Sg)

PRESENT TENSE OF **FAIRE** (*TO DO, MAKE*)

AFFIRMATIVE

6.3

je fais	*I do/make*
tu fais	*you do/make*
il (elle, on) fait	*he (she, one) does/makes*
nous faisons[22]	*we do/make*
vous faites	*you do/make*
ils (elles) font	*they do/make*

The negative of **faire** follows the same pattern as with the verbs in the previous lessons: **ne** is placed before the conjugated verb and **pas** after. Again, when negating an infinitive, both **ne pas** precede, such as in the first sentence of your reading: "Prenez garde de ne pas faire votre aumône . . ."

The interrogative also follows the same pattern as in the previous chapters. Note, however, that in such inversions as **fait-il?** [fɛ til], **ne fait-on pas?** [nə fɛ tõ pa], and **font-elles?** [fõ tɛl], the final **t** of the conjugated verb is now pronounced in liaison.

The imperative is regular: **fais, faisons, faites**.

The verb **faire** occurs in a number of idiomatic expressions, such as **faire l'aumône** ("to give alms") found in this lesson's reading. Most of these expressions are related, in

17 **Royaume** *m.* kingdom.
18 The word **tout** is an adverb here and functions as an intensifier. It means "quite" or "very."
19 The conjunction **que** here means "May . . ." or "Let . . ."
20 **soit** *subj.*, 3rd *s.* be.
21 **embrasser** to embrace.
22 Note the pronunciation here [fə zõ].

contemporary usage, to household chores. However, you may encounter the following in literary or theological discourse:

6.4

faire abstinence to abstain (from meat, etc.)	**faire le bien** to do good
faire amende honorable to make amends	**faire l'éloge (de)** to praise, eulogize
faire appel (à) to appeal to, call on	**faire le mal** to do evil
faire attention (à) to heed, be careful	**faire un miracle** to work a miracle
faire carême to keep lent	**faire miséricorde (à)** to have mercy on
faire grâce (à) to grant a free pardon	**faire pénitence** to do penance
faire la guerre to wage war	**faire sa première communion** to receive communion for the first time
faire honte (à) to shame, disgrace	
faire la morale (à) to scold	**faire ses oraisons** to say one's prayers
faire la paix to make peace, pact	**faire ses Pâques** to take the sacrament at Easter
faire la quête to take up a collection	

French makes a clear distinction between something an individual does himself and something which he has another do or which is done on his behalf. This construction, composed of the verb **faire** + an infinitive, is known as the **faire causatif**. For example, in the Darby translation above, when Jesus warns against ostentatious almsgiving, the image he presents is not of the hypocrite blowing his own trumpet; rather, it is that of the hypocrite having another to do so in his stead: "Quand donc tu fais l'aumône, ne fais pas sonner la trompette devant toi . . ." Consider the following other example from Scripture:

> Pourquoi cherchez-vous à **me faire mourir**? (Jn 7:19, Sg) "*Why do you seek to kill me?* (ESV)
> Jesus is speaking here to the Jews. The phrase "faire mourir" literally means "to cause to die." While the English translation is more direct, the Louis Segond French version implies that the Jews would not slay Jesus themselves, but rather would have another agent put him to death.[23]

EXERCISES

A. Fill in the blanks with the appropriate form of the verb **faire**:

6.5

chagrin *m.* grief, sorrow	**moine** *m.* monk
faute *f.* fault, error	**pire** worse
habit *m.* (monk's, nun's) habit	**païen, -ne** pagan

---

23 All Bible translation is, of course, a matter of interpretation, for yet another French version renders the verse more directly, as in English: "Pourquoi cherchez-vous à me tuer?" (BSm)

1. L'habit ne _____ pas le moine. (Rabelais)
2. Je ne _____ pas le bien que je veux,[24] et je _____ le mal que je ne veux pas. (Rm 7:19, Sg)
3. Et la réflexion que nous _____ sur nos fautes produit[25] un chagrin qui est pire que la faute même. (Madame Guyon)
4. Et si vous saluez seulement vos frères, que _____-vous d'extraordinaire? (Mt 5:47, Sg)
5. Quand les païens, qui n'ont point la loi, _____ naturellement ce que prescrit[26] la loi, ils sont, eux qui n'ont point la loi, une loi pour eux-mêmes.[27] (Rm 2:14, Sg)

B. Translate the following sentences containing idiomatic expressions with **faire** into English:

beaucoup de a lot of, much
convoitise *f.* lust
funèbre funeral
paroisse *f.* parish
pèlerin *m.* pilgrim
pendant during
prêtre *m.* priest
viande *f.* meat
vertu *f.* virtue

1. En carême, les fidèles font abstinence de viande.

2. Les convoitises charnelles font la guerre à l'âme. (cf. 1 P 2:11, Sg)

3. Ce prêtre fait la quête dans sa paroisse pour les pauvres.

4. La jeune fille fait sa première communion avec beaucoup de ferveur.

5. Les pèlerins chrétiens ont envie de faire leurs Pâques à Jérusalem.

6. Pendant son oraison[28] funèbre, le prédicateur fait l'éloge des vertus du défunt.[29]

---

24 **veux** *ind.*, *1st s.* want.
25 **produit** *ind.*, *3rd s.* produces.
26 **prescrit** *ind.*, *3rd s.* prescribes.
27 **eux-mêmes** themselves.
28 Here **oraison** signifies "oration."
29 **défunt** *m.* deceased.

C. Fill in the blanks with the correct form of **faire** + infinitive given below:

    faire adorer   **faire pécher**
    faire baptiser   **faire régner**
    faire parler   **faire résonner**

1. Les parents _____ leur enfant par le prêtre dans les premières semaines.[30]
2. Nabuchodonosor _____ la statue d'or aux peuples de la terre.
3. Les sacrificateurs de Juda _____ les trompettes retentissantes. (cf. 2 Ch 13:12, Sg)
4. La convoitise _____ les pauvres hommes. (cf. Jc 1:14–15, Sg)
5. Le bon[31] roi _____ l'ordre, l'équité et la justice dans son royaume.
6. Jésus fait des miracles; même il _____ les muets.[32] (cf. Mc 7:37, Sg)

SIMPLE PREPOSITIONS

In Chapter 3, you learned that **à** means "at." In other contexts, it can mean "to" or "in."
    Puis Dieu dit: Faisons l'homme **à** notre image... (Gn 1:26, Sg) *Then God said, "Let us make man in our image..." (ESV)*
    Notre corps est attaché **à** la terre. (Ps 44:26, Sg) *Our body cleaves to the earth.* (Ps 44:25, NASB)

When combined with the definite articles **le** and **les**, certain contractions occur:
    à + le = au   **Au** son de la trompette de Dieu... (1 Th 4:16, Sg)
    à + les = aux   Notre Père, qui es **aux** Cieux... (Mt 6:9, Sg)

You also learned in Chapter 3 that **de** means "of." In other contexts, it can mean "from" or "about," or it can indicate possession.
    De Sion l'Éternel rugit, **de** Jérusalem il fait entendre sa voix. (Jo 3:16, Sg) *The LORD roars from Zion, and utters his voice from Jerusalem.* (ESV)
    Hérode le tétrarque, entendit parler **de** Jésus... (Mt 14:1, NSg) *Herod the tetrarch heard about the fame of Jesus...* (ESV)
    La femme **de** Loth regarda derrière elle... (Gn 19:26, BSm) *But Lot's wife looked back...* (NIV)

When combined with the definite articles **le** and **les**, certain contractions occur:
    de + le = du   Un détour par le chemin **du** désert (Ex 13:18, Sg)
    de + les = des   Une offrande **des** fruits de la terre (Gn 4:3, Sg)

---

[30] **semaine** *f.* week.
[31] **bon, -ne** good.
[32] **muet** *m.* mute.

Here is a list of some of the most common simple prepositions, nearly all of which you have already encountered directly or indirectly in previous lessons:

6.7

après after	**envers** with respect to
avant before (time)	**jusque**[33] until (time), as far as (place)
avec with	**par** by, through, per
chez at the home of; with, among	**parmi** among
contre against	**pendant** during
dans within, in	**pour** for (+ *n.*), in order to (+ *inf.*)
depuis since, from, for	**sans** without
derrière behind	**selon** according to
devant before (place), in front of	**sous** under
en in[34]	**sur** on
entre between, among	**vers** towards (place), about (time)

Of particular note, **avant Jésus-Christ** (abbreviated as **av. J.-C.**) is used in French for "BC" and **après Jésus-Christ** (abbreviated as **ap. J.-C.**) for "AD."

A. Fill in the blanks with the appropriate preposition from the list above (the prepositions required below are generally the same as those used in English versions of the Bible):

6.8

bord *m.* shore	**ouvrier** *m.* worker
changer to change	**pain** *m.* bread
ici here	**plat** *m.* platter
loger to lodge	**signifier** to signify
mer *f.* sea	**soleil** *m.* sun

1. Il n'y a rien[35] de nouveau _____ le soleil. (Qo 1:9, Sg)
2. On lui[36] donnera[37] le nom d'Emmanuel, ce qui[38] signifie Dieu _____ nous. (Mt 1:23, Sg)

[33] **Jusque** is contracted when followed by a vowel, as is often the case: **jusqu'ici** ("thus far, up till now"), **jusqu'alors** ("till then"), **jusqu'à un certain point** ("up to a certain point"), etc.

[34] The nuances between **dans** and **en**, both meaning "in," are too detailed to go into here. In some instances, it is a matter of choice to use **dans** with an article or **en** without: **dans le Christ** = **en Christ**. At other times, **dans** and **en** are opposed to each other, so as to express different relations. For example, **dans**, with respect to expressions of time, signifies the time in the future at which an action will commence, while **en** expresses the time that will pass between the beginning and the end of an action: "Dans trois jours vous passerez ce Jourdain" (Jo 1:11, Sg) *Three days from now you will cross the Jordan* (NIV); "Détruisez ce temple, et en trois jours je le relèverai" (Jn 2:19, Sg) *Destroy this temple, and in three days I will raise it up* (ESV).

[35] **ne...rien** nothing.

[36] **lui** to him.

[37] **donnera** *fut., 3ʳᵈ s.* will give.

[38] **ce qui** which.

3. Leurs femmes elles-mêmes[39] changent les relations naturelles en des relations _____ nature. (Rm 1:26, BFC)
4. Pourquoi ce tumulte _____ les nations, ces vaines pensées _____ les peuples? (Ps 2:1, Sg)
5. Il loge _____ un ouvrier sur cuir[40] nommé Simon, dont[41] la maison est au bord de[42] la mer. (Ac 10:6, BFC)
6. Car il y a un seul Dieu, et aussi un seul médiateur _____ Dieu et les hommes, Jésus Christ homme. (1 Tm 2:5, Sg)
7. Va,[43] mon peuple, entre[44] _____ ta chambre, et ferme la porte _____ toi. (Es 26:20, Sg)
8. Il est possédé de[45] Béelzébul; c'est _____ le prince des démons qu'il chasse[46] les démons. (Mc 3:22, Sg)
9. A l'instigation de sa mère, elle dit:[47] Donne-moi ici, _____ un plat, la tête de Jean Baptiste. (Mt 14:8, Sg)
10. Célébrons donc la fête . . . avec les pains _____ levain[48] de la pureté et de la vérité. (1 Co 5:8, Sg)

B. Translate the following sentences containing simple prepositions:

6.9

ciel *m.* heaven
combien how many
crier to cry out, shout
toujours always
voix *f.* voice
volonté *f.* will

1. Car vous êtes tous fils de Dieu par la foi en Jésus Christ. (Ga 3:26, Sg)

2. Car vous avez toujours les pauvres avec vous. (Mc 14:17, Sg)

3. Quel rapport y a-t-il entre le temple de Dieu et les idoles? (2 Co 6:16, Sg)

4. La voix du sang de ton frère crie de la terre jusqu'à moi. (Gn 4:10, Sg)

39 **elles-mêmes** themselves.
40 **cuir** *m.* leather.
41 **dont** whose.
42 **au bord de** by, alongside.
43 **Va** *imper., 2nd s.* go.
44 This is the imperative (2nd s.) of the verb "entrer" and not the simple preposition.
45 Here **de** translates as "by."
46 **chasser** to drive out.
47 **dit** *ps., 3rd s.* said.
48 **levain** *m.* leaven.

5. Combien d'ouvriers chez mon père ont du pain en abondance! (Lc 15:17, NSg)

6. Que[49] ta volonté soit faite[50] sur la terre comme au ciel. (Mt 6:10, Sg)

7. Car c'est une prophétie dont[51] le temps est déjà fixé,[52] elle marche vers son terme.[53] (Ha 2:3, Sg)

Disjunctive Pronouns

Disjunctive or stressed pronouns are used for emphasis, for clarity, or as an object of a preposition.

6.10

Subject Pronoun	Disjunctive Pronoun	
je	moi	*I, me*
tu	toi	*you* (s. & fam.)
il	lui	*he, him, it*
elle	elle	*she, her, it*
on	soi	*oneself, itself*
nous	nous	*we, us*
vous	vous	*you* (pl. & form.)
ils	eux	*they, them*
elles	elles	*they, them*

Disjunctive pronouns are most common after a simple preposition, as seen in examples culled from exercises in this chapter and previous others:
>Ne fais pas sonner la trompette **devant toi**. (Mt 6:2, Db)
>Emmanuel, ce qui signifie Dieu **avec nous**. (Mt 1:23, Sg)
>La femme de Loth regarda **derrière elle**. (Gn 19:26, BSm)
>Voici, j'établis mon alliance **avec vous** et avec ta postérité **après vous**. (Gn 9:9, Sg)

Disjunctive pronouns are generally not used with the preposition **à**, except with the verb **être**, for example when **être à** + a disjunctive pronoun indicates possession or belonging:
>La mer **est à lui** . . . (Ps 95:5, Sg) *The sea is his* . . . (ESV)

49 The conjunction **que** here means "May . . ." or "Let . . ."
50 **soit** (*subj.*, 3*rd* s.) **faite** be done.
51 **dont** whose.
52 **fixé, -e** fixed.
53 **terme** *m.* end.

Disjunctive pronouns are also used in the following instances:

> As part of a compound subject:
>> **Moi** et **le Père** nous sommes un. (Jn 10:30, Sg) *I and the Father are one.* (ESV)

> With subject pronouns, to stress the subject:
>> **Toi**, tu as la foi; et **moi**, j'ai les œuvres. (Jc 2:18, Sg) *You have faith and I have works.* (ESV)

> After **c'est** or **ce sont**:
>> **C'est toi** qui es mon fils Ésaü? Et Jacob répondit: **C'est moi**. (Gn 27:24, Sg) *"Are you really my son Esau?" he asked. "I am," he replied.* (NIV)

> In combination with **même(s)** ("self/selves") for added emphasis:
>> Ils sont, eux qui n'ont point la loi, une loi pour **eux-mêmes**. (Rm 2:14, Sg) *They are a law for themselves, even though they do not have the law.* (NIV)

EXERCISES

A. Fill in the blanks with the correct disjunctive pronoun:

6.11

baptiser to baptize	**monde** *m.* world
interprète *m.* interpreter	**purifier** purify

1. Car ce ne sont pas vos biens que je cherche, c'est (*yourselves*) _____. (2 Co 12:14, Sg)
2. [Dieu] n'a fait aucune différence entre nous et (*them, m. pl.*) _____, ayant[54] purifié[55] leurs cœurs par la foi. (Ac 15:9, Sg)
3. (*They*) _____, ils sont du monde; c'est pourquoi ils parlent d'après[56] le monde. (1 Jn 4:5, Sg)
4. S'il n'y a point d'interprète... qu'on parle à (*oneself*) _____ et à Dieu. (1 Co 14:28, Sg)
5. Celui[57] qui demeure en (*me*) _____ et en qui je demeure porte beaucoup de fruit, car sans (*me*) _____ vous ne pouvez rien faire.[58] (Jn 15:15, Sg)
6. Fais-nous un dieu qui marche devant (*us*) _____. (Ex 32:23, Sg)
7. C'est (*I*) _____qui ai besoin d'être baptisé[59] par (*you, s.*) _____! (Mt 3:14, Sg)

---

54 **ayant** *part.* having
55 **purifié** *pp.* purified
56 **d'après** according to
57 **celui** the one
58 **vous ne pouvez rien faire** you can do nothing
59 **baptisé, -e** baptized

8. Car personne ne peut[60] faire ces miracles que tu fais, si Dieu n'est avec (*him*) _____. (Jn 3:2, Sg)

B. Translate the following sentences containing disjunctive pronouns:

6.12

à cause de because of, due to	**étranger, -ère** foreign, stranger
autre *pron.* other; another	**habitant** *m.* inhabitant
ce qui which, what	**impur, -e** impure, unclean
court, -e short	**pouvoir** *m.* power

1. Qui n'est pas contre nous est pour nous. (Mc 9:40, Sg)

2. La seconde mort n'a point de pouvoir sur eux. (Ap 20:6, Sg)

3. Je suis persuadé par le Seigneur Jésus que rien n[61]'est impur en soi. (Rm 14:14, Sg)

4. Que[62] tous les habitants du monde tremblent devant lui! (Ps 33:8, Sg)

5. Et tout ce qui est à moi est à toi, et ce qui est à toi est à moi; et je suis glorifié en eux. (Jn 17:10, Sg)

6. Ils ont l'intelligence obscurcie,[63] ils sont étrangers à la vie de Dieu, à cause de l'ignorance qui est en eux, à cause de l'endurcissement[64] de leur cœur. (Ep 4:18, Sg)

7. Le plus[65] court chemin de soi à soi passe par l'autre. (Paul Ricœur, *Soi-même comme un autre*)

---

60 **personne ne peut** no one can
61 **rien ne** ... *pron.* nothing.
62 As explained previously, the conjunction **que** here means "May ..." or "Let ..."
63 **obscurci, -e** darkened.
64 **endurcissement** *m.* hardness.
65 The expression **le plus** indicates the superlative. For translation, add "-est" to the adjective.

Chapter 6

Review and Expansion Exercises

A. Fill in the blanks with the appropriate vocabulary word, making any necessary agreements according to context:

autrement	monde	pouvoir
cieux	pain	vertu
coin	porte	voix

1. Voici la _____ de l'Éternel: C'est par elle qu'entrent les justes. (Ps 118:20, Sg)
2. Après cela, je vis[66] quatre anges debout aux quatre _____ de la terre. (Ap 1:1, Sg)
3. Moi, dit[67] [Jean Baptiste], je suis la _____ de celui[68] qui crie dans le désert. (Jn 1:23, Sg)
4. Or,[69] si c'est par grâce, ce n'est plus[70] par les œuvres; _____ la grâce n'est plus une grâce. (Rm 11:6, Sg)
5. Au commencement,[71] Dieu créa[72] les _____ et la terre. (Gn 1:1, Sg)
6. La patience est une _____. (proverbe)
7. Donne-nous aujourd'hui notre _____ quotidien. (Mt 6:11, Sg)
8. De l'absolu[73] _____ vous ignorez[74] l'ivresse.[75] (Racine, *Athalie*)
9. Le _____ est aussi un livre qui nous[76] parle de Dieu. Et ce livre est le seul dont[77] disposait[78] l'humanité païenne. (Jean Daniélou)

B. Based on your reading of the biblical passage for this lesson, fill in the blanks with the appropriate simple preposition below (of which some are used more than once):

| dans | en | pour |
| devant | par | |

Prenez garde de ne pas faire votre aumône _____ les hommes, _____ être vus _____ eux; autrement vous n'avez pas de récompense auprès de votre Père qui

66 **vis** *ps., 1ˢᵗ s.* saw.
67 **dit** *ps., 3ʳᵈ s.* said.
68 **celui** the one.
69 **or** *conj.* now.
70 **ne ... plus** no longer.
71 **Au commencement** In the beginning.
72 **créa** *ps., 1ˢᵗ s.* created.
73 **absolu** absolute.
74 **ignorer** not to know.
75 **ivresse** *f.* intoxication.
76 **nous** *indir. ob.* to us.
77 **dont** which.
78 **disposait** *impf., 3ʳᵈ s.* had at (its) disposal.

est _____ les cieux. Quand donc tu fais l'aumône, ne fais pas sonner la trompette _____ toi, comme font les hypocrites _____ les synagogues et _____ les rues, _____ être glorifiés _____ les hommes. _____ vérité, je vous dis: ils ont leur récompense!

C. A few new vocabulary items are provided below, but based upon the grammar you have learned in this chapter, and guessing at cognates from the context, translate the following verses into English:

6.13

angoisse *f.* anguish **premièrement** first, firstly
débauché, -e debauched **tourner** to turn

1. Je fais grâce à qui je fais grâce, et miséricorde à qui je fais miséricorde. (Ex 33:19, Sg)

2. Que[79] l'Éternel tourne sa face vers toi, et qu'il te[80] donne la paix! (No 6:26, Sg)

3. Celui qui observe la loi est un fils intelligent, mais celui qui fréquente les débauchés fait honte à son père. (Pr 28:7, Sg)

4. Si tu es à table avec un grand, fais attention à ce qui est devant toi. (Pr 23:1, Sg)

5. Tribulation et angoisse sur toute âme d'homme qui fait le mal, sur le Juif premièrement, puis[81] sur le Grec! (Rm 2:9, Sg)

6. Je trouve donc en moi cette loi: quand je veux[82] faire le bien, le mal est attaché[83] à moi. (Rm 7:21, Sg)

D. The following is an extract from Saint Patrick's famous "Breastplate" Prayer translated into French ("Le Canon de Saint Patrick"). A few vocabulary items are provided or glossed, but based upon what you have learned in this chapter, and guessing at unknown words from the context or by consulting the glossary, translate into English:

79 The conjunction **que** here and in the second clause means "May . . ."
80 **te** to you.
81 **puis** then.
82 **veux** *ind., 1ˢᵗ s.* want.
83 **attaché, -e** attached.

au-dessous de below, underneath
au-dessus de above, over
écouter to listen
hauteur *f.* height
œil[84] *m.* eye
penser to think

> Le Christ avec moi,
> Le Christ devant moi,
> Le Christ derrière moi,
> Le Christ en moi,
> Le Christ au-dessus de moi,
> Le Christ au-dessous de moi,
> Le Christ à ma droite,
> Le Christ à ma gauche,
> Le Christ en largeur,
> Le Christ en longueur,
> Le Christ en hauteur,
> Le Christ dans le cœur de tout homme qui pense à[85] moi,
> Le Christ dans tout œil qui me voit,[86]
> Le Christ dans toute oreille qui m'[87]écoute.

THE ART OF READING FRENCH

Many French words have English cognates with slight, though consistent, variations in spelling. They can be divided into the following categories:

Those which end in **-é** change to **-y** in English:
activité, adversité, anxiété, avidité, beauté, brutalité, calamité, captivité, complicité, dignité, divinité, équité, gravité, humanité, humilité, immensité, identité, immortalité, infinité, iniquité, majesté, nudité, obscurité, perversité, piété, postérité, prospérité, rapidité, responsabilité, sérénité, société, stabilité, timidité, unité, variété, etc.

Those in which the **-ie** or **-i** have English cognates ending in **-y**:
cérémonie, délai, emploi, harmonie, hérésie, mélancolie, théorie, etc.

Those in which the **-eur** is changed to **-or**:
ambassadeur, confesseur, conspirateur, créateur, docteur, empereur, langueur, odeur, orateur, pasteur, prédécesseur, rigueur, splendeur, successeur, terreur, vigueur, etc.

---

84 Pronounced [œj].
85 **penser à** to think about.
86 **voit** *ind., 3rd s.* sees.
87 **m'** *dir. ob.* me.

Those which lose the final -**e** in English:
affaire, **calme**, **domaine**, **juste**, **riche**, **rigide**, **robuste**, **signe**, etc.

Those in which the -**ique** becomes -**ic**:
agnostique, **authentique**, **catholique**, **hérétique**, **héroïque**, **polémique**, **république**, **symbolique**, etc.

Those in which the -**eux** (feminine, -**euse**) correspond to English -**ous**:
ambitieux, **dangereux**, **généreux**, **glorieux**, **pernicieux**, **religieux**, **sérieux**, **spacieux**, etc.

CHAPTER 6

Self-Test C

The answers to the exercises below are given in footnote. If you not achieve 90% mastery here, you should go back and review the material before going on to the next chapter.

A. Match the French word on the left with its English meaning on the right:[88]

1. **aveugle** _____
2. **chair** _____
3. **âme** _____
4. **temps** _____
5. **jardin** _____
6. **neuf** _____
7. **soleil** _____
8. **chez** _____
9. **derrière** _____
10. **voix** _____
11. **seize** _____
12. **soi** _____

a. *sun*
b. *at the home of*
c. *behind*
d. *garden*
e. *soul*
f. *oneself*
g. *blind*
h. *flesh*
i. *time*
j. *sixteen*
k. *voice*
l. *nine*

B. Provide the correct conjugation for the following verbs:[89]

1. (**chanter**) tu _____
2. (**pardonner**) il _____
3. (**faire**) nous _____
4. (**prier**) je _____
5. (**aimer**) elles _____
6. (**faire**) ils _____
7. (**jouer**) je _____
8. (**appeler**) on _____
9. (**faire**) vous _____
10. (**manger**) tu _____

C. Indicate the correct demonstrative adjective:[90]

1. _____ logement
2. _____ viande
3. _____ aumône
4. _____ païennes
5. _____ enfants
6. _____ homme

D. Indicate the correct possessive adjective:[91]

1. (*his*) _____ sœur
2. (*her*) _____ fiancé
3. (*your*, s.) _____ alliance
4. (*our*) _____ roi
5. (*my*) _____ yeux
6. (*their*) _____ grâces

---

88 Exercise A: 1. *g*; 2. *h*; 3. *e*; 4. *i*; 5. *d*; 6. *l*; 7. *a*; 8. *b*; 9. *c*; 10. *k*; 11. *j*; 12. *f.*

89 Exercise B: 1. *chantes*; 2. *pardonne*; 3. *faisons*; 4. *prie*; 5. *aiment*; 6. *font*; 7. *joue*; 8. *appelle*; 9. *faites*; 10. *manges.*

90 Exercise C: 1. *ce*; 2. *cette*; 3. *cette*; 4. *ces*; 5. *ces*; 6. *cet.*

91 Exercise C: 1. *sa*; 2. *son*; 3. *ton*; 4. *notre*; 5. *mes*; 6. *leurs.*

Chapter 7

THE VERB *ALLER*
THE DEMONSTRATIVE PRONOUN *CELUI*
FORMS AND USES OF *TOUT*
NEGATIVE EXPRESSIONS

READING

The following passage is taken from Ecclesiastes 9 (2–6, 10), cited in the Louis Segond version. The preacher observes that life is a race all must run and that all come to a similar end.

7.1

Tout arrive également à tous; même sort pour le juste et pour le méchant, pour celui qui est bon et pur et pour celui qui est impur, pour celui qui sacrifie et pour celui qui ne sacrifie pas; il en est du[1] bon comme du pécheur, de celui qui jure comme de celui qui craint[2] de jurer. Ceci est un mal parmi tout ce qui se fait[3] sous le soleil, c'est qu'il y a pour tous un même sort; aussi le cœur des fils de l'homme est-il plein de méchanceté, et la folie est dans leur cœur pendant leur vie; après quoi,[4] ils vont chez les morts. Car, qui est excepté? Pour tous ceux qui vivent[5] il y a de l'espérance; et même un chien vivant vaut mieux qu'[6] un lion mort. Les vivants, en effet, savent[7] qu'ils mourront;[8] mais les morts ne savent rien, et il n'y a pour eux plus de salaire, puisque leur mémoire est oubliée. Et leur amour, et leur haine, et leur envie, ont déjà péri;[9] et ils n'auront plus[10] jamais aucune part[11] à tout ce qui se fait sous le soleil. [

1 **il en est du** it is with the.
2 **craint** *ind.*, *3rd s.* fears.
3 **se fait** *refl.*, *ind.*, *3rd s.* is done.
4 **après quoi** after which.
5 **vivent** *ind.*, *3rd pl.* live.
6 **vaut** (*ind.*, *3rd s.*) **mieux qu'** is better off than.
7 **savent** *ind.*, *3rd pl.* know.
8 **mourront** *fut.*, *3rd pl.* will die.
9 **péri** *pp.* perished.
10 **n'auront** (*fut.*, *3rd pl.*) **plus** will no longer have.
11 **aucune part** any part.

...] Tout ce que[12] ta main trouve à faire avec ta force, fais-le;[13] car il n'y a ni œuvre, ni pensée, ni science, ni sagesse, dans le séjour des morts, où tu vas.

7.2

Active Vocabulary

arriver to happen
bon, -ne good
ceci *dem. pron.* this
celui the one
ceux those
chien *m.* dog
également equally, alike
envie *f.* desire
espérance *f.* hope
excepté, -e excepted
folie *f.* folly
force *f.* strength
haine *f.* hate
jamais (n)ever
jurer to swear, vow
méchanceté *f.* wickedness
méchant *m.* wicked
même same

mémoire *f.* memory
mort, -e[14] dead
ne...ni...ni... neither...nor
ne...plus no longer
ne...rien nothing
oublié, -e forgotten
plein, -e full
sacrifier to sacrifice
sagesse *f.* wisdom
salaire *m.* wage, reward
science *f.* knowledge
séjour *m.* abode
sort *m.* destiny
tout *pron.* all, everything
trouver to find
vas 2nd *s.* go
vivant, -e[15] living
vont 3rd. *pl.* go

Exercises

A. Match the expressions in the left-hand column with those approximately analogous on the right:

1. **espérance**   a. prudence
2. **folie**   b. destin
3. **haine**   c. malice
4. **méchanceté**   d. découvrir
5. **trouver**   e. déraison
6. **vivant**   f. confiance
7. **sagesse**   g. paie
8. **salaire**   h. existant
9. **séjour**   i. animosité
10. **sort**   j. logement

12 **tout ce que** all which.
13 **-le** do it.
14 This word appears as a noun three times in the above passage. Once, however, it is used as an adjective: "un lion mort."
15 As a noun, the word is masculine and signifies "living being."

B. Match the expressions in the left-hand column with their relative opposites on the right:

1. **espérance**
2. **force**
3. **folie**
4. **haine**
5. **méchant**
6. **sagesse**
7. **vivant**

a. mort
b. intelligence
c. amour
d. faiblesse
e. juste
f. désespérance
g. imprudence

C. From the words in bold in the left-hand column, deduce the sense of those to the right:

1. **sagesse** — sage *adj.* — sagement *adv.* — sagesse (*n.*) de Solomon
2. **mémoire** — mémorable *adj.* — mémorial *n.* — mémorisation *n.*
3. **sacrifier** — sacrifice *n.* — sacrificateur *n.* — souverain sacrificateur *n.*
4. **également** — égal *adj.* — égalité *n.* — égaler *inf.*
5. **plein, -e** — pleinement *adv.* — plénitude *n.* — plénitude (*n.*) des temps

D. Translate the following phrases into English:

1. En toi est mon espérance. (Ps 39:7, Sg)

2. La folie de la prédication. (1 Co 1:21, Sg)

3. La crainte de l'Éternel, c'est la haine du mal. (Pr 8:13, Sg)

4. La mémoire du juste est en bénédiction. (Pr 10:7, Sg)

5. L'étranger [qui est] en séjour parmi vous. (Lv 19:34, Sg)

6. Une espérance vivante, par la résurrection de Jésus Christ d'entre les morts. (1 P 1:3, Sg)

Present Tense of **Aller** (*to go*)

Affirmative

7.3

je vais	*I go*
tu vas	*you go*

il (elle, on) va	*he (she, one) goes*
nous allons	*we go*
vous allez	*you go*
ils (elles) vont	*they go*

The negative and interrogative of **aller** follow the same pattern as the verbs in the previous lessons. However, in the interrogative, note that in the third person singular, because the verb ends in a vowel like **-er** verbs, a euphonic **t** inserted: **va-t-il?** [va til], **va-t-elle?** [va tɛl], **va-t-on?** [va tõ]. In the third person plural as well, the final **t** of the conjugated verb would now be pronounced due to the liaison created: **vont-ils?** [võ til], **vont-elles?** [võ tɛl].

Aller usually indicates motion and is thus followed by a preposition:

> Qui suis-je, pour **aller vers** Pharaon? (Ex 3:11, Sg) *Who am I that I should go to Pharaoh?* (ESV)
>
> Et maintenant voici, lié par l'Esprit, **je vais à** Jérusalem. (Ac 20:22, Sg) *And now, behold, bound by the Spirit, I am on my way to Jerusalem.* (NASB)
>
> Mais, si **je vais à** l'orient, il n'y est pas; si **je vais à** l'occident, je ne le trouve pas. (Jb 23:8, Sg) *But if I go to the east, he is not there; if I go to the west, I do not find him.* (NIV)

Aller may also signify "to be" or "to feel" (health):

> Pourquoi veux-tu aller aujourd'hui vers lui? Ce n'est ni nouvelle lune ni sabbat. Elle répondit: **Tout va bien**. (2 R 4:23, Sg) *"Why will you go to him today? It is neither new moon nor Sabbath." She said, "All is well."* (ESV)
>
> Ton serviteur, notre père, est encore en vie et **il va bien**. (Gn 43:28, BSm) *Your servant our father is still alive and well.* (NIV)

When followed by an infinitive, **aller** is used to express the near future:

> Pour le moment, **je vais rester** à Ephèse jusqu'à la Pentecôte. (1 Co 16:8, BSm) *But I will stay on at Ephesus until Pentecost.* (NIV)
>
> Mais puisque tu es tiède, puisque tu n'es ni froid, ni bouillant, **je vais te vomir** de ma bouche. (Ap 3:16, Sg) *So, because you are lukewarm, and neither hot nor cold, I will spit you out of my mouth.* (ESV)

Although the present tense conjugation is irregular, because **aller** is also an **-er** verb, the final "s" in the second person singular is dropped in the imperative: **va, allons, allez**. Note that as an imperative, **aller** can sometimes be used in an idiomatic sense:

> **Allons** mon âme, tu vas converser avec le bon Dieu. (Saint Curé d'Ars) *Come now my soul, you are going to converse with the good Lord.*

INTRODUCTION TO THEOLOGICAL FRENCH

EXERCISES

A. Fill in the blanks with the appropriate form of the verb **aller**:

7.4

approcher to approach
lieu *m.* place
mourir to die
pays *m.* country

quitter to leave
ténèbres *f.pl.* darkness
traverser to traverse, cross
ventre *m.* stomach

1. Maintenant, je quitte le monde, et je _____ vers le Père. (Jn 16:28, NSg)
2. Celui qui marche dans les ténèbres ne sait[16] pas où il _____. (Jn 12:35, NSg)
3. Simon Pierre leur[17] dit:[18] Je _____ pêcher.[19] Ils lui[20] dirent:[21] Nous _____, nous aussi, avec toi. (Jn 21:3, NSg)
4. L'Éternel dit à Moïse: Voici, le moment approche où tu _____ mourir. (Dt 31:14, Sg)
5. Tout ce qui entre dans la bouche _____ dans le ventre, puis[22] est jeté[23] dans les lieux secrets. (Mt 15:17, Sg)
6. Le fils et le père _____ vers la même fille, afin de[24] profaner mon saint nom. (Am 2:7, Sg)
7. Dis[25] aux Israélites: Vous _____ traverser le Jourdain pour entrer dans le pays de Canaan. (No 35:10, BSm)

B. Translate the following sentences expressing the near future with **aller** + infinitive into English:

7.5

anéanti, -e annihilated
autre *adj.* other
chef *m.* leader
jour *m.* day

prêcher to preach
siècle *m.* century, age
son *m.* sound

1. Car je vais faire en vos jours une œuvre . . . (Ha 1:5, Sg)

---

16 **sait** *ind.*, 3*rd* *s.* knows
17 **leur** to them
18 **dit** *ps.*, 3*rd* *s.* said
19 **pêcher** to fish
20 **lui** to him
21 **dirent** *ps.*, 3*rd pl.* said
22 **puis** then
23 **jeté** cast, thrown
24 **afin de** in order to
25 **Dis** *imp.*, 2*nd* *s.* say

2. Car c'est le moment où[26] le jugement va commencer par la maison de Dieu. (1 P 4:17, Sg)

3. Malheur, malheur, malheur aux habitants de la terre, à cause des autres sons de la trompette des trois anges qui vont sonner! (Ap 8:13, Sg)

4. Nous allons célébrer une fête en l'honneur de l'Éternel. (Ex 10:9, BSm)

5. Vous allez prendre[27] possession au-delà du[28] Jourdain. (Dt 4:26, Sg)

6. Cependant, c'est une sagesse que nous prêchons parmi les parfaits, sagesse qui n'est pas de ce siècle, ni des chefs de ce siècle, qui vont être anéantis. (1 Co 2:6, Sg)

The Demonstrative Pronoun *Celui*

Demonstrative pronouns refer to persons, things, or ideas. They agree in gender and number with the nouns they replace:

7.6

| **celui** (*m.s.*) | **celle** (*f.s.*) | the one |
| **ceux** (*m.pl.*) | **celles** (*f.pl.*) | the ones |

As-tu un bras comme **celui** de Dieu? (Jb 40:9, Sg) *Do you have an arm like God's?* (NIV)

Et maintenant, est-ce la faveur des hommes que je désire, ou **celle** de Dieu? (Ga 1:10, Sg) *For am I now seeking the approval of man, or of God?* (ESV)

Tous, en effet, cherchent leurs propres intérêts, et non **ceux** de Jésus Christ. (Ph 2:21, Sg) *For they all seek their own interests, not those of Jesus Christ.* (ESV)

Ses prostitutions dépassèrent **celles** de sa sœur. (Ez 23:11, Sg) *Her harlotries were more than the harlotries of her sister.* (NASB)

When followed by the suffixes –**ci** and –**là**, the demonstratives pronouns point to a specific person or object and mean "this (one)" and "these, "that (one)" and "those":

Celui-ci est mon Fils bien-aimé. (Mt 3:17, Sg) *This is my beloved Son.* (KJV)

J'ai encore d'autres brebis ... **celles-là**, il faut que je les amène. (Jn 10:16, Sg) *And*

---

26 Here as a relative pronoun, **où** is better rendered "when."
27 **prendre** to take
28 **au-delà de** beyond

other sheep I have . . . them also I must bring. (KJV)

Demonstrative pronouns are also often followed by relative pronouns such as **qui** ("who") or **que** ("whom," "that"):

> Seigneur, voici, **celui que** tu aimes est malade. (Jn 11:3, Sg) *Lord, he whom you love is ill.* (ESV)
>
> La vraie circoncision est **celle que** l'Esprit opère dans le cœur. (Rm 2:29, BSm) *Circumcision is that which is of the heart, by the Spirit.* (NASB)

Celui and **ceux** in a neuter sense are especially common in gnomic literature and signify respectively "the man" or "whoever" and "those":

> **Celui** qui marche dans l'intégrité marche avec assurance. (Pr 10:9, Sg) *Whoever walks in integrity walks securely.* (ESV)
>
> Oui, Dieu est bon pour Israël, pour **ceux** qui ont le cœur pur. (Ps 73:1, Sg) *Surely God is good to Israel, to those who are pure in heart.* (NIV)

A. Fill in the blanks with the appropriate demonstrative pronoun. For your aid, the antecedent of the required pronoun is italicized:

7.7

aurore *f.* dawn	**sage** *m.* wise man
contraire contrary	**témoignage** *m.* testimony
désir *m.* desire	**usage** *m.* use
plus . . . que more . . . than	**venue** *f.* coming

1. Moi, j'ai un *témoignage* plus grand que _____ de Jean. (Jn 5:36, Sg)
2. Car la *mémoire* du sage n'est pas plus éternelle que _____ de l'insensé.²⁹ (Qo 2:16, Sg)
3. Car leurs femmes ont changé l'*usage* naturel en _____ qui est contre nature. (Rm 1:26, Sg)
4. Car la chair a des *désirs* contraires à _____ de l'Esprit. (Ga 5:17, Sg)
5. Tout *esprit* qui ne confesse pas Jésus n'est pas de Dieu, c'est _____ de l'antéchrist. (1 Jn 4:3, Sg)
6. Cherchons à connaître³⁰ l'Éternel; sa *venue* est aussi certaine que _____ de l'aurore. (Os 6:3, Sg)

B. Translate the following sentences containing demonstrative pronouns:

7.8

annoncer *m.* to announce	**parole** *f.* word

1. La voix est celle de Jacob, mais les mains sont celles d'Ésaü. (Gn 27:22, BSm)

2. Cette Parole est celle de la foi, et c'est celle que nous annonçons. (Rm 10:8, BSm)

---

29 **insensé** *m.* madman, fool.
30 **connaître** to know.

3. Car l'Éternel est proche de ceux qui ont le cœur brisé.[31] Il sauve ceux qui ont un esprit abattu.[32] (Ps 33:19, BSm)

Forms and Uses of *Tout*

As an adjective, **tout** ("all," "whole") has four forms that agree in gender and number with the nouns they modify: **tout** (*m.s.*), **toute** (*f.s.*), **tous**, (*m.pl.*) **toutes** (*f.pl.*). **Tout** can be followed by an article, a possessive adjective, a demonstrative adjective or a demonstrative pronoun.

> **Tout le pays** de Judée et **tous les habitants** de Jérusalem. (Mc 1:5, Sg) *And all the country of Judea and all Jerusalem.* (ESV)
>
> Allez par **tout le monde**, et prêchez la bonne nouvelle à **toute la création**. (Mc 16:15, Sg) *Go into all the world and proclaim the gospel to the whole creation.* (ESV)
>
> C'est un homme parfait, capable de tenir **tout son corps** en bride. (Jc 3:2, Sg) *He is a perfect man, able also to bridle his whole body.* (ESV)
>
> Un seul et même Esprit opère **toutes ces choses**. (1 Co 12:11, Sg) *All these are the work of one and the same Spirit.* (NIV)
>
> Car **tous ceux** qui sont conduits par l'Esprit de Dieu sont fils de Dieu. (Rm 8:14; Sg) *For all who are led by the Spirit of God are sons of God.* (ESV)

Tout as a pronoun means "all" or "everything." In the plural, **tous** (pronounced [tus]) and **toutes** mean "everyone," "all."

> **Tout** va bien. (2 R 4:23, Sg) *All is well.* (ESV)
>
> Si un seul est mort pour **tous**, **tous** donc sont morts. (2 Co 5:14, Sg) *If one died for all, then were all dead.* (KJV)
>
> Car il est mort, et c'est pour le péché qu'il est mort une fois pour **toutes**. (Rm 6:10, Sg) *The death he died, he died to sin once for all.* (NIV)

Exercises

A. Fill in the blanks with the correct form of **tout** as an adjective:

7.9

ainsi thus
écriture *f.* writing
herbe *f.* grass
lettre *f.* letter
lourd, -e heavy

poids *m.* weight
royaume *m.* kingdom
semence *f.* seed
trop too

---

[31] **brisé, -e** broken.
[32] **abattu, -e** dejected, downcast.

1. On annonce ruine sur ruine, car _____ le pays est ravagé.³³ (Jr 4:20, Sg)
2. Et Dieu dit:³⁴ Voici, je vous³⁵ donne toute herbe portant³⁶ de la semence et qui est à la surface de _____ la terre. (Gn 1:29, Sg)
3. C'est ainsi que je signe _____ mes lettres: c'est là mon écriture. (2 Th 3:17, BSm)
4. Le poids des fautes pèse³⁷ sur moi: il est trop lourd, mais tu pardonnes _____ nos péchés. (BSm 65:4, Sg)
5. _____ ceux qui sont avec moi te saluent. Salue ceux qui nous aiment dans la foi. (Tt 3:15, Sg)
6. Je te³⁸ donnerai³⁹ _____ cette puissance, et la gloire de ces royaumes. (Lc 4:6, Sg)

B. Translate the following sentences containing forms of **tout** as a pronoun. Memorize the new vocabulary items.

7.10

apôtre *m.* apostle
enseignant *m.* teacher
or *conj.* now
poussière *f.* dust
retourner to return

1. Tout va dans un même lieu . . . tout retourne à la poussière. (Qo 3:20, Sg)

2. Or, Dieu n'est pas Dieu des morts, mais des vivants; car pour lui tous sont vivants. (Lc 20:38, Sg)

3. Tous sont-ils apôtres? Tous sont-ils prophètes? Tous sont-ils enseignants? Tous font-ils faire des miracles? (1 Co 12:29, BSm)

NEGATIVE EXPRESSIONS

In Chapter 3, you learned that the negative is **ne** . . . **pas**, or **ne** . . . **point** as an intensifier, surrounding a conjugated verb. In the interrogative with inversion, the negative also surrounds the subject pronoun: **n'est-ce pas?**, **n'a-t-elle pas?**, **ne parlent-ils pas?** Here now is a more complete list of negative expressions, many of which you have already encountered in the previous readings and exercises:

33 **ravagé, -e** laid waste.
34 **dit** *ps., 3ʳᵈ s.* said.
35 **vous** *ind. ob.* to you.
36 **portant** *part.* bearing.
37 **peser** to weigh.
38 **te** to you.
39 **donnerai** *fut., 1ˢᵗ s.* will give.

7.11

ne ... aucun, -e not one, not any	**ne ... nulle part** nowhere
ne ... guère scarcely, hardly	**ne ... pas du tout** not at all
ne ... jamais never	**ne ... pas encore** not yet
ne ... ni ... ni ... neither ... nor	**ne ... personne** no one, nobody
ne ... nul no one, nobody	**ne ... plus** no longer, no more
ne ... nullement not at all	**ne ... rien** nothing

In dialogue form, sometimes the negative adverb or pronoun can be used alone:
> Quoi donc! sommes-nous plus excellents? **Nullement**. (Rm 3:9, Sg) *What then? Are we better than they? Not at all.* (NASB)

As with **ne ... pas**, the negative expression surrounds the verb. However, if the verb also takes a preposition, a negative pronoun will follow the preposition:
> Vous jugez, vous, selon la chair; moi, je **ne** juge **personne**. (Jn 8:15, NSg) *You judge according to the flesh; I judge no one.* (ESV)
>
> Il dit en son cœur: Dieu oublie! Il cache sa face, il **ne** regarde **jamais**! (Ps 10:11, Sg) *He says to himself, "God has forgotten; he covers his face and never sees."* (NIV)
>
> L'Éternel est mon berger: je **ne** manquerai **de rien**. (Ps 23:1, Sg) *The LORD is my shepherd; I shall not want.* (ESV)

As you have seen in this lesson's reading, sometimes negative expressions can be combined:
> Ils **n'**auront **plus jamais aucune** part. (Qo 9:6, Sg) *Never again will they have a part.* (NIV)

Negative pronouns can also serve as subjects:
> **Nul ne** cherche Dieu. (Rm 3:11, Sg) *No one seeks for God.* (ESV)
>
> Car **rien n'**est impossible à Dieu. (Lc 1:37, Sg) *For nothing is impossible with God.* (NIV)
>
> **Aucun n'**enseignera plus son concitoyen, **ni aucun** son frère ... (He 8:11, Sg) *No longer will a man teach his neighbor, or a man his brother ...* (NIV)

Finally, the expression **ne ... que** ("only, nothing but") presents a special case, since it appears negative, although technically it is not. It is used synonymously with **seulement** ("only"):
> Mais cette sorte de démon **ne** sort **que** par la prière et par le jeûne. (Mt 17:21, Sg) *But this kind does not go out except by prayer and fasting.* (NASB)

EXERCISES

A. Based upon the vocabulary you have learned up until this point, match the expressions in the left-hand column with their antonyms in the right:

1. **déjà**   a. ne ... rien
2. **encore**   b. ne ... jamais
3. **... et ...**   c. ne ... pas encore
4. **tout**   d. ne ... personne
5. **toujours**   e. ne ... plus
6. **tout le monde**[40]   f. ne ... ni ... ni ...

B. Translate the following verses into English:

7.12

esclave *m.* slave   **maître** *m.* master, teacher
libre free

1. Je ne suis plus dans le monde, et ils sont dans le monde, et je vais à toi. (Jn 17:11, Sg)

2. Je suis le chemin, la vérité, et la vie. Nul ne vient[41] au Père que par moi. (Jn 14:6, Sg)

3. Il n'y a plus ni Juif ni Grec, il n'y a plus ni esclave ni libre, il n'y a plus ni homme ni femme; car tous vous êtes un en Jésus Christ. (Ga 3:28, Sg)

4. Femme, qu[42]'y a-t-il entre moi et toi? Mon heure n'est pas encore venue.[43] (Jn 2:4, Sg)

5. Maître: personne ne peut[44] faire les signes que tu fais, si Dieu n'est pas avec lui. (Jn 3:2, Jer)

6. La circoncision n'est rien, et l'incirconcision n'est rien, mais l'observation des commandements de Dieu est tout. (1 Co 7:19, Sg)

---

40 Here **tout le monde** means "everybody, everyone."
41 **vient** *ind.*, *3rd s.* comes.
42 Here **que** is an interrogative pronoun meaning "what."
43 **venue** *pp.* come.
44 **peut** *ind.*, *3rd s.* can.

Chapter 7

Review and Exercises

A. Fill in the blanks with the appropriate vocabulary word:

chien	**force**	**plein**
espérance	**haine**	**salaire**
folie	**oublié**	**séjour**

1. Car c'est en _____ que nous sommes sauvés. (Rm 8:24, Sg)
2. La _____ excite des querelles,[45] mais l'amour couvre[46] toutes les fautes. (Pr 10:12, Sg)
3. Je suis abandonné de[47] mes proches, je suis _____ de mes intimes. (Jb 19:14, Sg)
4. L'Éternel dit[48] à Gédéon: Tous ceux qui laperont[49] l'eau[50] avec la langue comme lape le _____ . . . (Jg 7:5, Sg)
5. Je suis vivant aux siècles des siècles. Je tiens[51] les clefs[52] de la mort et du _____ des morts. (Ap 1:18, Sg)
6. Car la sagesse de ce monde est une _____ devant Dieu. (1 Co 3:19, Sg)
7. Notre Seigneur est grand, puissant par sa _____. (Ps 147:5, Sg)
8. Ils élurent[53] Étienne, homme _____ de foi et d'Esprit-Saint. (Ac 6:5, Sg)
9. Or, pour celui qui fait une œuvre, le _____ est compté[54] non comme une grâce, mais comme un dû.[55] (Rm 4:4, NSg)

B. Based upon what you have learned in this chapter, and with the aid of some new vocabulary and glossed items, translate the following sentences into English:

7.13

commencement *m.* beginning   **crucifié, -e** crucified

1. C'est pour cette espérance, ô roi, que je suis accusé[56] par des Juifs! (Ac 26:7, Sg)

---

45 **querelle** *f.* quarrel, dispute.
46 **couvre** *ind.*, 3rd *s.* covers.
47 The preposition **de** means "by" here.
48 **dit** *ps.*, 3rd *s.* said.
49 **laperont** *fut.*, 3rd *pl.* will lap.
50 **eau** *f.* water.
51 **tiens** *ind.*, 1st *s.* hold.
52 **clef** *f.* key.
53 **élurent** *ps.*, 3rd *pl.* elected.
54 **compté, -e** counted.
55 **dû** *m.* due.
56 **accusé, -e** accused.

2. Je suis oublié des cœurs comme un mort, je suis comme un vase brisé.[57] (Ps 31:12, Sg)

3. Ceci est mon corps, qui est donné[58] pour vous; faites ceci en mémoire de moi. (Lc 22:19, Sg)

4. Nous, nous prêchons Christ crucifié; scandale pour les Juifs et folie pour les païens. (1 Co 1:23, Sg)

5. Car ce n'est pas un esprit de timidité que Dieu nous a donné,[59] mais un esprit de force, d'amour et de sagesse. (2 Tm 1:7, Sg)

6. La crainte de l'Éternel est le commencement de la science; les insensés[60] méprisent la sagesse et l'instruction. (Pr 1:7, Sg)

C. The following passage is extracted from Proverbs 8 in the Segond version. Based upon what you have learned in this and other chapters, and with the aid of some new vocabulary and glossed material, translate into English:

7.14

clair, -e clear	**orgueil** *m.* pride
demeure *f.* stay, sojourn, abode	**perle** *f.* pearl
détourné, -e devious	**pervers, -e** perverse, depraved
mensonge *m.* lie	**posséder** to possess
objet *m.* object	**prix** *m.* price
ordonner to order	**valeur** *f.* value

La sagesse ne crie-t-elle pas? (8:1)
Hommes, c'est à vous que je crie, et ma voix s'adresse[61] aux fils de l'homme. (8:4)
Car ma bouche proclame la vérité, et mes lèvres ont en horreur le mensonge. (8:7)
Toutes les paroles de ma bouche sont justes, elles n'ont rien de faux ni de détourné. (8:8)
Toutes sont claires pour celui qui est intelligent, et droites pour ceux qui ont

---

57 **brisé, -e** broken.
58 **donné, -e** given.
59 **a donné** *pc., 3rd s.* has given.
60 **insensé** *m.* madman, fool.
61 **s'adresser à** to speak to, appeal to.

trouvé[62] la science. (8:9)

Car la sagesse vaut mieux que[63] les perles, elle a plus de valeur que tous les objets de prix. (8:11)

Moi, la sagesse, j'ai pour demeure le discernement, et je possède la science de la réflexion. (8:12)

La crainte de l'Éternel, c'est la haine du mal; l'arrogance et l'orgueil, la voie du mal, et la bouche perverse, voilà ce que je hais.[64] (8:13)

Par moi les rois règnent, et les princes ordonnent ce qui est juste. (8:15)

Par moi gouvernent les chefs, les grands, tous les juges de la terre. (8:16)

J'aime ceux qui m'aiment, et ceux qui me cherchent me trouvent. (8:17)

D. The following passage is taken from Romans 8:37–39 in the Segond version. Based upon what you have learned in this and other chapters, with the aid of some new vocabulary and glossed material, translate into English:

7.15

chose *f.* thing
présent, -e present

séparer to separate
vainqueur *m.* conqueror

Mais dans toutes ces choses nous sommes plus que[65] vainqueurs par celui qui nous a aimés.[66] Car j'ai l'assurance que ni la mort ni la vie, ni les anges ni les dominations, ni les choses présentes ni les choses à venir,[67] ni les puissances, ni la hauteur ni la profondeur, ni aucune autre créature ne pourra[68] nous séparer de l'amour de Dieu manifesté[69] en Jésus Christ notre Seigneur.

THE ART OF READING FRENCH

The circumflex accent (ˆ) in French words is frequently paralleled by the presence of the letter "s" in an English cognate. On this basis, you should be able to easily ascertain the meaning of the following:

albâtre, apôtre, arrêt, bête, fête, forêt, hâte, hôte, hôpital, île, maître, mât, Pentecôte, prêtre, vêtement

---

62 **ont trouvé** *pc., 3rd pl.* have found.
63 **vaut** (*ind., 3rd s.*) **mieux que** is better than.
64 **hais** *ind., 1st s.* hate.
65 **plus que** more than.
66 **a aimés** *pc., 3rd s.* has loved.
67 **à venir** to come.
68 **pourra** *fut., 3rd s.* will be able.
69 **manifesté, -e** manifested.

Chapter 8

**VERBS IN -*IR*
QUEL, *LEQUEL*
COMPOUND PREPOSITIONS
ADVERBS**

READING

Alexandre Vinet (1797–1847) was a Swiss Protestant theologian and literary historian. As an intellectual leader, Vinet attained the highest standing, not only among Protestants in the French-speaking world, but also in England and elsewhere. His moral philosophy tended to emphasize conscience. He also advocated complete religious liberty and, to this end, a wall of separation between church and state. The following piece is taken from his meditation on the sixteenth-century philosopher Montaigne.[1]

8.1

Mais changeons maintenant de point de vue et considérons la morale dans sa nature.

Considérée dans sa nature, la morale est l'obéissance à la loi du devoir.

L'idée de devoir emporte nécessairement celle d'obligation envers une autorité en dehors et au-dessus de nous.

Maintenant, à quelle autorité obéissons-nous, si nous n'obéissons pas à Dieu?

A l'intérêt? c'est-à-dire à nous.

A l'instinct? c'est-à-dire à nous.

A l'habitude? c'est-à-dire à nous.

C'est-à-dire que nous n'obéissons pas.

J'entends[2] souvent parler de devoirs envers soi-même, idée à laquelle[3] correspondrait[4] immédiatement celle de s'obéir[5] à soi-même; mais qui voudrait[6]

---

1 *Moralistes des seizième et dix-septième siècles*, 2nd ed. (Paris: Fischbacher, 1904) 94.
2 **entends** *ind.*, 1st *s.* hear.
3 **à laquelle** to which.
4 **correspondrait** *cond.*, 3rd *s.* would correspond.
5 **s'obéir** *refl.* to obey oneself.
6 **voudrait** *cond.*, 3rd *s.* would want.

prendre au sérieux[7] cette figure ou ce jeu de mots?[8] L'expression est contradictoire; dès qu'[9]on s'obéit à soi-même, on n'obéit plus, et un devoir qu'on croit[10] avoir directement et purement envers soi-même n'est pas un devoir. Il est inutile d'insister là-dessus. Or l'intérêt, l'instinct, l'habitude, c'est le *moi* vu[11] de trois côtés différents; ou, si l'on veut,[12] ce sont des forces auxquelles[13] on cède, non des autorités auxquelles on obéit; et cela est si[14] vrai que le devoir, dans la plupart des cas, consiste précisément à résister à l'intérêt, à l'instinct et à l'habitude.

ACTIVE VOCABULARY

8.2

autorité *f.* authority
cas *m.* case
céder to yield
c'est-à-dire that is to say
changer (**de** + *ob.*) to change
considérer to consider
consister (**à** + *inf.*) to consist (in)
contradictoire contradictory
côté *m.* side
devoir *m.* duty
différent, -e different, various
directement directly
emporter to carry
en dehors de outside
figure *f.* figure of speech
habitude *f.* habit, custom
idée *f.* idea
immédiatement immediately

insister to insist
instinct *m.* instinct
intérêt *m.* (self-) interest
inutile useless
jeu *m.* game, play
là-dessus on that point
morale *f.* morals, ethics
mot *m.* word
nécessairement necessarily
obéir (**à** + *ob.*) to obey
obéissance *f.* obedience
plupart *f.* most
point (*m.*) **de vue** point of view
précisément precisely
prendre to take
purement purely
résister (**à** + *ob.*) to resist
souvent often

EXERCISES

A. Match the expressions in the left-hand column with the related notion in the right:
  1. **autorité**   a. divergent
  2. **contradictoire**   b. coutume
  3. **instinct**   c. pensée

7 **au sérieux** seriously.
8 **jeu de mots** play on words.
9 **dès qu'** as soon as.
10 **croit** *ind., 3rd s.* believes.
11 **vu** seen.
12 **veut** *ind., 3rd s.* wants, likes.
13 **auxquelles** to which.
14 **si** *adv.* so.

4. **différent**   d. amusement
5. **inutile**   e. pouvoir
6. **habitude**   f. surperflu
7. **idée**   g. antithétique
8. **obéissance**   h. flanc
9. **jeu**   i. soumission
10. **côté**   j. intuition

B. Match the expressions in the left-hand column with their relative opposites on the right:

1. **changer**   a. similaire
2. **obéissance**   b. utile
3. **idée**   c. désobéissance
4. **inutile**   d. réalité
5. **autorité**   e. conserver
6. **différent**   f. liberté
7. **souvent**   g. jamais

C. From the words in bold in the left-hand column, deduce the sense of those to the right:

1. **autorité**   autoriser *inf.*   autoritaire *adj.*   autoritarisme *n.*
2. **changer**   changement *n.*   changeable *adj.*   changeur (*n.*)
3. **instinct**   instinctif *adj.*   instinctive *adj.*   instinctivement *adv.*
4. **résister**   résistant *adj.*   irrésistible *adj.*   résistance *n.*
5. **inutile**   inutilement *adv.*   inutilité *n.*   inutilité (*n.*) de l'existence
6. **morale**   moral *adj.*   moraliser *inf.*   moralisateur *n.*

D. Translate the following phrases into English:

1. La monnaie des changeurs. (cf. Jn 2:15, Sg)

2. En signe de votre changement de vie. (Mt 3:11, BSm)

3. Votre obéissance dans la profession de l'Évangile de Christ. (2 Co 9:13, Sg)

4. La foi sans les œuvres est inutile. (Jc 2:20, Sg)

5. Son devoir conjugal envers sa première femme. (cf. Ex 21:8, Sg)

Chapter 8

Present Tense of -ir Verbs

Affirmative

8.3

j'obéis	*I obey*
tu obéis	*you obey*
il (elle, on) obéit	*he (she, one) obeys*
nous obéissons	*we obey*
vous obéissez	*you obey*
ils (elles) obéissent	*they obey*

The present tense indicative of the infinitive **obéir** ("to obey") is formed by dropping the final -**ir** and by adding to the resulting stem (**obé**-) the endings: -**is**, -**is**, -**it**, -**issons**, -**issez**, and -**issent**. The negative and interrogative of -**ir** verbs follow the same pattern as verbs in previous lessons. However, in inversions such as **obéit-il?** [o be i til], **n'obéit-on pas?** [no be i tõ pa], and **obéissent-elles?** [o be is tɛl], the final **t** of the conjugated verb is pronounced in liaison. The imperative is regular: **obéis, obéissons, obéissez**.

In addition to **obéir**, the following is a list of some of the most common -**ir** verbs you may encounter in literary or religious discourse:

8.4

abolir to abolish	**grandir** to grow up
accomplir to accomplish	**guérir** to heal
agir to act	**jouir** to enjoy
anéantir to annihilate	**meurtrir** to bruise
avertir to warn	**noircir** to turn black, darken
bannir to banish	**nourrir** to nourish
bâtir to build	**périr** to perish
bénir to bless	**pervertir** to pervert
chérir to cherish	**punir** to punish
choisir to choose	**réfléchir** to reflect
convertir to convert	**remplir** to fill, fulfill
désobéir to disobey	**réunir** to reunite
endurcir to harden	**réussir** to succeed
établir to establish	**rougir** to blush
ensevelir to shroud, bury	**saisir** to seize
finir to finish	**unir** to unite
gémir to groan	**vieillir** to grow old

Note that unlike English, the verb **obéir** (as well as its opposite **désobéir**) takes an indirect object, and thus is followed by the preposition **à**:

Enfants, **obéissez à** vos parents, selon le Seigneur, car cela est juste. (Ep 6:1, Sg)
Children, obey your parents in the Lord, for this is right. (ESV)

Réfléchir also takes **à**, with the sense "to reflect on," while **réussir** often takes **à** or **dans**

and signifies "to succeed at" or "in."

> Je **réfléchis à** mes voies. (Ps 119:59, Sg) *When I think on my ways . . .* (ESV)
>
> Aussi l'Éternel fut-il avec lui. Il **réussit dans** toutes ses entreprises. (2 R 18:7, BSm) *And the LORD was with him; he was successful in whatever he undertook.* (NIV)

When followed by an object, the verb **jouir** takes the preposition **de**:

> Demandez la paix de Jérusalem. Que ceux qui t'aiment **jouissent du** repos! (Ps 122:6, Sg) *Pray for the peace of Jerusalem: May those who love you be secure.* (NIV)

EXERCISES

A. Match the infinitive from the list of **-ir** verbs on the left with the appropriate biblical allusion on the right.

1. **accomplir**   a. Jésus / la loi et les prophètes (Mt 5:17)
2. **bâtir**   b. l'Éternel / une alliance (Ex 6:4)
3. **bénir**   c. Paul / toute désobéissance (2 Co 10:6)
4. **choisir**   d. Salomon / une maison à l'Éternel (2 Ch 2:1)
5. **punir**   e. l'Éternel / la postérité d'Abraham (Gn 22:18)
6. **établir**   f. les disciples / les maladies (Lc 9:1)
7. **guérir**   g. Dieu / les choses folles du monde (1 Co 1:27)

B. Fill in the blanks with the correct form of the **-ir** verb:

8.5

connaissance *f.* knowledge
délibérer to deliberate
digne worthy
échouer to fail
état *m.* condition, state
misérable poor, wretched
nombreux, -euse numerous
projet *m.* project, plan
tomber to fall

1. Tout homme prudent (*agir*) _____ avec connaissance. (Pr 13:16, Sg)
2. Les misérables possèdent le pays, et ils (*jouir*) _____ abondamment de la paix. (Ps 37:11, Sg)
3. Pourquoi . . . mon âme . . . (*gémir*) _____ -tu au dedans de[15] moi? (Ps 42.5, Sg)
4. Les projets échouent, faute d'[16]une assemblée qui délibère; Mais ils (*réussir*) _____ quand il y a de nombreux conseillers.[17] (Pr 15:22, Sg)
5. C'est lorsque nous aimons Dieu lui-même et que nous (*obéir*) _____ à ses commandements. (1 Jn 5:2, BSm)

---

15 **au dedans de** inside, within.
16 **faute de** for want of.
17 **conseiller** *m.* advisor.

6. C'est pourquoi, frères, (*choisir*) [*imper.*] _____ parmi vous sept hommes réputés[18] dignes de confiance, remplis[19] du Saint-Esprit et de sagesse. (Ac 6:3, BSm)

7. Heureux l'homme qui est continuellement dans la crainte! Mais celui qui (*endurcir*) _____ son cœur tombe dans le malheur. (Pr 28:14, Sg)

8. Ensuite[20] il déclare: Voici, je suis venu[21] pour faire ta volonté. Ainsi il (*abolir*) _____ le premier état des choses pour établir le second. (He 10:9, BSm)

C. Translate the following sentences containing -**ir** verbs into English:

8.6

d'abord first
faveur *f.* favor
fécond, -e fruitful, furtile
pitié *f.* pity, mercy

tandis que while
tente *f.* tent
tombeau *m.* tomb

1. Seigneur, permets[22]-moi d[23]'aller d'abord ensevelir mon père. (Mt 8:21, Sg)

2. Et toi, Éternel, Seigneur! agis en ma faveur à cause de ton nom. (Ps 109:21, Sg)

3. Celui qui désobéit à la Loi de Moïse est mis[24] à mort sans pitié. (He 10:28, BSm)

4. Soyez féconds, multipliez, remplissez la terre. (Gn 1:28, Sg)

5. Malheur à vous! parce que vous bâtissez les tombeaux des prophètes. (Lc 11:47, Sg)

6. Car tandis que nous sommes dans cette tente, nous gémissons. (2 Co 5:4, Sg)

7. La crainte n'est pas dans l'amour, mais l'amour parfait bannit la crainte. (1 Jn 4:18, Sg)

18 **réputé, -e** reputed.
19 **rempli, -e** full.
20 **ensuite** next.
21 **suis venu** *pc.*, *1ˢᵗ s.* have come.
22 **permets** *imper. 2ⁿᵈ s.* permit.
23 The verb **permettre** takes **de** when followed by an infinitive. The preposition is not translated into English.
24 **mis, -e** put.

Quel and Lequel

Quel ("what," "which") is an interrogative or correlative adjective that agrees in gender and number with the nouns it modifies:

8.7

| **quel** (*m.s.*) | **quelle** (*f.s.*) |
| **quels** (*m.pl.*) | **quelles** (*f.pl.*) |

All four forms are pronounced identically [kɛl], though when the plural precedes a word beginning with a vowel, there is a liaison:
> Ils cherchaient à découvrir à **quelle époque** et à **quels événements** se rapportaient les indications données par l'Esprit du Christ. (1 P 1:11, BSm) *Trying to find out the time and circumstances to which the Spirit of Christ in them was pointing.* (NIV)

Often **quel** stands alone before the verb **être** followed by the noun it modifies:
> Qu'y a-t-il, impératrice Esther? **Quelle** est ta requête? (Est 5:3, BSm) *What is it, Queen Esther? What is your request?* (ESV)
> Seigneur, je suis ton serviteur, **quels** sont tes ordres? (Jos 5:14, BSm) *What has my lord to say to his servant?* (NASB)

Quel can also be used as an exclamation:
> Pour un Dieu **quel abaissement**! ("Il est né le divin enfant")

Lequel ("who," "whom," "which [one]") is an interrogative or correlative pronoun that agrees in gender and number with the nouns it replaces:

8.8

| **lequel** (*m.s.*) | **laquelle** (*f.s.*) |
| **lesquels** (*m.pl.*) | **lesquelles** (*f.pl.*) |

> **Lequel** est le plus grand, l'or, ou le temple qui sanctifie l'or? (Mt 23:17, Sg) *For which is greater, the gold or the temple that has made the gold sacred?* (ESV)
> Montrez-moi la monnaie avec **laquelle** on paie le tribut. (Mt 22:19, Sg) *Show me the coin used for paying the tax.* (NIV)
> Si tu veux entrer dans la vie, observe les commandements. **Lesquels**? lui dit-il. (Mt 19:17, Sg) *"If you would enter life, keep the commandments." He said to him, "Which ones?"* (Mt 23:17–18, ESV)
> Les sept têtes sont sept montagnes, sur **lesquelles** la femme est assise. (Ap 17:9, Sg) *The seven heads are seven mountains on which the woman is seated.* (ESV)

Note that when **lequel**, **lesquels**, and **lesquelles** are preceded by **à** or **de**, they are contracted (**auquel, auxquels, auxquelles, duquel, desquels, desquelles**):

> Des astres errants, **auxquels** l'obscurité des ténèbres est réservée pour l'éternité. (Jd 1:13, Sg) *Wandering stars, for whom blackest darkness has been reserved forever.* (NIV)
>
> Lui par les meurtrissures **duquel** vous avez été guéris. (1 P 2:24, Sg) *By whose stripes ye were healed.* (KJV)

A. Transform into exclamations using the appropriate form of **quel**:

1. _____ idée!
2. _____ devoir!
3. _____ pécheurs!
4. _____ récompense!
5. _____ homme!
6. _____ amertume!
7. _____ méchanceté!
8. _____ habitudes!
9. _____ impiété!
10. _____ malheur!
11. _____ fête!
12. _____ espérances!
13. _____ folie!
14. _____ bénédictions!

B. Fill in the blanks with the appropriate form of **lequel**. For your aid, the antecedent of the required pronoun is italicized:

8.9

arme *f.* arm, weapon
briller to shine
chaîne *f.* chain
corrompu, -e. corrupt, depraved
flambeau *m.* torch
irrépréhensible blameless
mystère *m.* mystery
renverser to overthrow
témoin *m.* witness

1. ....annoncer le *mystère* de Christ, pour _____ je suis dans les chaînes. (Col 4:3, Sg)
2. Car les *armes* avec _____ nous combattons[25] ne sont pas charnelles; mais elles sont puissantes, par la vertu de[26] Dieu, pour renverser des forteresses. (2 Co 10:4, Sg)
3. ....des enfants de Dieu irrépréhensibles au milieu d'une *génération* perverse et corrompue, parmi _____ vous brillez comme des flambeaux dans le monde. (Ph 2:15, Sg)
4. Ceci est mon *sang*, par _____ est scellée[27] la nouvelle[28] alliance: il va être versé[29] pour beaucoup d'hommes. (Mc 14:24, BSm)
5. La *grâce* de Dieu à _____ vous êtes attachés[30] est la véritable. (1 P 5:12, Sg)

---

25 **combattons** *ind., 1st pl.* fight.
26 **par la vertu de** by the power of.
27 **scellé, -e** sealed
28 **nouvelle** *adj.* new
29 **versé, -e** poured out
30 **attaché, -e** attached

6. Saisis la *vie* éternelle, à _____ tu as été[31] appelé,[32] et pour _____ tu as fait[33] une belle confession en présence d'un grand nombre[34] de témoins. (1 Tm 6:12, Sg)

Compound Prepositions

You have already been exposed to a number of compound prepositions in the previous material of this manual. Here is a more complete list:

8.10

à cause de because of, due to
à côté de next to, beside
à droite de on/to the right of
afin de in order to, so that
à gauche de on/to the left of
à l'égard de with regard to
à l'extrémité de at the far end of
au bord de by, alongside
au bout de at the end of
au centre de at the center of
au coin de at the corner of
au dedans de inside, within
au-delà de beyond
au-dessous de below, underneath
au-dessus de above, over
au haut de[35] at the top

au lieu de instead of
au milieu de in the middle of
au nom de in the name of
auprès de close to, with
au sujet de about, concerning
autour de around, about
en bas de at the foot of
en dehors de outside of, apart from
en face de opposite, across from
en présence de in the presence of
faute de for lack of
grâce à thanks to
hors de out of
loin de far from
près de near to
quant à as for

Since most compound prepositions end in either **à** or **de**, there is a contraction when followed by the definite articles **le** or **les**:

Étham, qui est **à l'extrémité du** désert. (No 33:6, Sg) *Etham, which is on the edge of the wilderness.* (ESV)

Quant aux villes des Lévites... (Mc 16:15, Sg) *As for the cities of the Levites...* (ESV)

Exercises

A. Translate the following sentences containing compound prepositions:

---

31 **as été** *pc.*, 2*nd s.* have been
32 **appelé** *pp.* called
33 **as fait** *pc.*, 2*nd s.* have made
34 **nombre** *m.* number
35 The synonymous expression **en haut de** is equally common.

Chapter 8

8.11

honnêtement honestly, uprightly	**jalousie** *f.* jealousy
ennemi, -e enemy	**luxure** *f.* lewdness
être *m.* being	**querelle** *f.* quarrel, dispute
excès *m.* excess	**tour** *f.* tower
impudicité *f.* unchastity	**trône** *m.* throne
ivrognerie *f.* drunkenness	

1. Car tu es pour moi un refuge, une tour forte, en face de l'ennemi. (Ps 61:3, Sg)

2. Malheur au monde à cause des scandales! . . . malheur à l'homme par qui le scandale arrive! (Mt 18:7, Sg)

3. Voici, j'ai l'intention de bâtir une maison au nom de l'Éternel, mon Dieu. (1 R 5:5, Sg)

4. Au milieu du trône et autour du trône, il y a quatre êtres vivants remplis[36] d'yeux devant et derrière. (Ap 4:6, Sg)

5. Marchons honnêtement, comme en plein jour, loin des excès et de l'ivrognerie, de la luxure et de l'impudicité, des querelles et des jalousies. (Rm 13:13, Sg)

6. Or, à celui qui peut[37] faire, par la puissance qui agit en nous, infiniment[38] au-delà de tout ce que nous demandons ou pensons . . . (Ep 3:20, Sg)

Adverbs

You have already been exposed to most of the following common adverbs:

8.12

après afterward, later	**ici** here
assez enough; rather	**parfois** sometimes
aussi also	**peu** little (=not)[39]
beaucoup very much	**peut-être** perhaps, maybe

---

[36] **rempli, -e** full
[37] **peut** *ind.*, 3rd *s.* can
[38] **infiniment** infinitely
[39] When preceding an adjective, **peu** negates it. For example, "peu édifiant" means "unedifying."

bien well	**puis** then, next
déjà already	**quelquefois** sometimes
d'abord first (of all)	**si** (+ *adj., adv.*) so
enfin lastly, finally	**souvent** often
ensuite afterward, then	**tant** so much
finalement finally	**toujours** always, still
maintenant now	**très** very
mal badly	**trop** too much
même even	**vite** fast, quickly

Most adverbs are formed by adding the ending -**ment** to the feminine of an adjective:

Masculine	Feminine	Adverb
continuel	continuelle	continuellement
craintif	craintive	craintivement
dernier	dernière	dernièrement
faux	fausse	faussement
fou[40]	folle	follement
immédiat	immédiate	immédiatement
long	longue	longuement
malheureux	malheureuse	malheureusement
seul	seule	seulement
vain	vaine	vainement

8.13

If the masculine adjective ends in a vowel, -**ment** is added directly to it:

Masculine	Feminine	Adverb
absolu	absolue	absolument
intime	intime	intimement
infini	infinie	infiniment
vrai	vraie	vraiment

8.14

If the masculine adjective ends in -**ant** or -**ent**, the adverb is respectively -**amment** and -**emment**, although the two endings are pronounced in identical fashion: [a mã].

Masculine	Feminine	Adverb
méchant	méchante	méchamment
prudent	prudente	prudemment

8.15

---

40 **fou** mad, crazy

CHAPTER 8

EXERCISES

A. Fill in the blanks transforming the adjectives in parentheses into adverbs:

8.16

amer, -ère bitter
ami, -e friend
défaut *m.* flaw, defect
employer[41] to use, employ
pleurer to weep
premier-né *m.* first-born

subsister to remain
supporter to endure, tolerate
tentation *f.* temptation
travailler to work
vivre to live

1. Voilà pourquoi je travaille et je combats[42] par la force du Christ qui agit (*puissant*) _____ en moi. (Col 1:29, BSm)
2. Or, tous ceux qui veulent[43] vivre (*pieux*) _____ en Jésus Christ seront[44] persécutés. (2 Tm 3:12, Sg)
3. Ils pleureront[45] sur lui tout comme on pleure (*amer*) _____ pour son fils premier-né. (Za 12:10, BSm)
4. Heureux l'homme qui supporte (*patient*) _____ la tentation. (Jc 1:12, Sg)
5. Voici, maintenant tu parles (*ouvert*) _____, et tu n'emploies aucune parabole. (Jn 16:29, Sg)
6. Satan entra[46] dans Judas. Jésus lui[47] dit:[48] Ce que tu fais, fais-le[49] (*prompt*) _____. (Jn 13:27, Sg)
7. Vous avez tout (*plein*) _____ en lui, qui est le chef de toute domination et de toute autorité. (Col 2:10, Sg)
8. L'Éternel règne (*éternel*) _____; ton Dieu, ô Sion! subsiste d'âge en âge! (Ps 146:10, Sg)
9. Que tu es belle, ô mon amie, tu es (*parfait*) _____ belle, sans un défaut. (Ct 4:7, BSm)

B. Translate the following biblical verses containing common adverbs into English, and retain the following new words:

---

[41] Verbs ending in **-yer** change from **y** to **i** in the stem of all present tense indicative forms except "nous" and "vous": **emploie, emploies, emploie, employons, employez, emploient**.

[42] **combats** *ind.*, *1ˢᵗ s.* fight
[43] **veulent** *ind.*, *3ʳᵈ pl.* wish
[44] **seront** *fut.*, *3ʳᵈ pl.* will be
[45] **pleureront** *fut.*, *3ʳᵈ pl.* will weep
[46] **entra** *ps.*, *3ʳᵈ s.* entered
[47] **lui** to him
[48] **dit** *ps.*, *3ʳᵈ s.* said
[49] **-le** it

eau *f.* water
entier, -ère entire, whole
feu *m.* fire
fondement *m.* foundation

louange *f.* praise
mériter to merit
remercier to thank

1. Vous avez toujours les pauvres avec vous, mais vous ne m'avez pas toujours. (Jn 12:8, Sg)

2. C'est [l'esprit] de l'antéchrist . . . et qui maintenant est déjà dans le monde. (1 Jn 4:3, Sg)

3. Mais vous, mes chers amis, bâtissez votre vie sur le fondement de votre foi très sainte. Priez par le Saint-Esprit. (Jud 1:20, BSm)

4. Seigneur, aie pitié de[50] mon fils, qui est lunatique, et qui souffre[51] cruellement; il tombe souvent dans le feu, et souvent dans l'eau. (Mt 17:15, Sg)

5. Tout d'abord, je remercie mon Dieu par Jésus-Christ au sujet de vous tous parce qu'on parle de votre foi dans le monde entier. (Rm 1:8, BSm)

6. Enfin, frères, nourrissez vos pensées de[52] tout ce qui est vrai, noble, juste, pur, digne d'amour ou d'approbation, de tout ce qui mérite respect et louange. (Ph 4:8, BSm)

Review and Expansion Exercises

A. Fill in the blanks with the appropriate vocabulary word, making all necessary agreements according to context:

ami	**figure**	**mot**
autorité	**intérêt**	**témoin**
cas	**inutile**	**trône**

---

50 The preposition **de** is best translated here as "on."
51 **souffre** *ind.*, *3ʳᵈ s.* suffers
52 The preposition **de** here and in the last clause of the verse may be translated as "on" or "with."

Chapter 8

1. Qu'est-ce que ceci? Une nouvelle doctrine! Il commande avec _____ même aux esprits impurs, et ils lui[53] obéissent! (Mc 1:27, Sg)
2. Onésime, qui autrefois[54] t'[55]a été[56] _____, mais qui maintenant est utile, et à toi et à moi. (Phm 10:10–11, Sg)
3. Celui qui jure par le ciel jure par le _____ de Dieu et par celui qui y[57] est assis. (Mt 23:22, Sg)
4. Cette eau était[58] une _____ du baptême, qui n'est pas la purification des souillures[59] du corps, mais l'engagement[60] d'une bonne conscience envers Dieu. (1 P 3:21, Sg)
5. Vous ne réfléchissez pas qu'il est dans votre _____ qu'un seul homme meure[61] pour le peuple. (Jn 11:50, Sg)
6. Car Dieu m'[62]est _____ que je vous chéris tous avec la tendresse[63] de Jésus Christ. (Ph 1:8, Sg)
7. Vous êtes mes _____, si vous faites ce que je vous commande. (Jn 15:14, Sg)
8. Un testament, en effet, n'est valable qu'en _____ de mort. (He 9:17, Sg)
9. L'homme fait des projets, mais celui qui a le dernier _____, c'est l'Éternel. (Pr 16:1, BSm)

B. The following are maxims taken from Alexandre Vinet's musings on "Conscience." Some new vocabulary is given—leaving aside the more obvious cognates—and a few grammatical items glossed. Translate into English:

8.18

condamner to condemn
conformément in conformity with
expliquer to explain
facile easy
il faut it is necessary
lumière f. light

manière f. manner
moins . . . que less than
presser to press, urge
principe m. principle
traiter to treat

La conscience, élément mystérieux et divin de notre être, élément inséparable de notre nature, élément que rien n'explique mais que tout atteste, la conscience est ce principe moral qui nous presse d'agir conformément à notre persuasion,

---

53 **lui** to him (Remember that English uses a direct object here.)
54 **autrefois** formerly
55 **t'** to you
56 **a été** pc., 3ʳᵈ s. has been
57 **y** there
58 **était** impf., 3ʳᵈ s. was
59 **souillure** f. spot, stain
60 **engagement** m. commitment
61 **meure** subj., 3ʳᵈ s. die
62 **m'** to me
63 **tendresse** tenderness

et qui nous condamne lorsque nous agissons d'une manière contraire à cette persuasion.[64]

La lumière de la conscience est la même pour tous; pour tous le chemin du devoir est facile à discerner. La loi morale est une chose simple; elle entre dans les yeux de l'âme comme la lumière du soleil dans les yeux du corps.[65]

La conscience n'est pas *Nous*, elle est *contre Nous*, elle est donc *autre que Nous*. Si elle est autre que nous, elle ne peut[66] être que Dieu. Si donc elle est Dieu, il faut traiter ce Dieu comme il le[67] mérite, et ne pas respecter moins le roi que l'ambassadeur.[68]

C. The following is the 23rd Psalm cited in the Segond version. Your familiarity with the text in English should help you to translate it in its entirety, save for the help of some glossed terms and a handful of new vocabulary. Note, however, that some of the verbs are in the future tense:

8.19

bâton *m.* stick, rod	**habiter** to live
berger *m.* shepherd	**houlette** *f.* shepherd's crook
bonheur *m.* happiness	**huile** *f.* oil
coupe *f.* cup	**manquer** to lack
diriger to direct	**ombre** *f.* shadow
dresser to set up	**pâturage** *m.* pasture
fin *f.* end	**sentier** *m.* path

Cantique de David.
L'Éternel est mon berger: je ne manquerai[69] de rien.

---

64 J.-F. Astié, *Esprit d'Alexandre Vinet: Pensées et réflexions extraites de tous ses ouvrages*, Tome premier. Lausanne: A. Delafontaine, 1861, p. 3.

65 Ibid., p. 6.

66 **peut** *ind.*, 3rd *s.* can

67 **le** *dir. ob.* it

68 Op. cit., p. 11.

69 **manquerai** *fut.*, 1st *s.* will lack

Il me fait reposer dans de[70] verts pâturages,
Il me dirige près des eaux paisibles.
Il restaure mon âme,
Il me conduit[71] dans les sentiers de la justice,
A cause de son nom.
Quand je marche dans la vallée de l'ombre de la mort,
Je ne crains[72] aucun mal, car tu es avec moi:
Ta houlette et ton bâton me rassurent.
Tu dresses devant moi une table,
En face de mes adversaires;
Tu oins[73] d[74]'huile ma tête,
Et ma coupe déborde.[75]
Oui, le bonheur et la grâce m'accompagneront[76]
Tous les jours de ma vie,
Et j'habiterai[77] dans la maison de l'Éternel
Jusqu'à la fin de mes jours.

The Art of Reading French

In this lesson, you learned that the suffix **-ment** corresponds to the English **-ly** and transforms an adjective into an adverb. However, attention must be paid because numerous French nouns also end in **-ment**, some of which you have seen, and which are obvious cognates:

> **abaissement, commandement, discernement, gouvernement, jugement, sacrement, testament,** etc.

On the other hand, if a noun ends in **-ment**, it sometimes corresponds to an English cognate ending in **-tion**. On that basis, try to determine the meaning of the following:

> **avortement, couronnement, dévouement, isolement, prosternement**

---

70 As will be explained later, **de** stands for **des**, the plural of the indefinite article. It drops the "s" when in front of an adjective preceding a noun.
71 **conduit** *ind.*, 3rd *s.* conducts, leads
72 **crains** *ind.*, 1st *s.* fear
73 **oins** *ind.*, 2nd *s.* anoint
74 The preposition **de** would be translated "with" here.
75 **déborder** to overflow
76 **accompagneront** *fut.*, 3rd *pl.* will accompany
77 **habiterai** *fut.*, 1st *s.* will live

Self-Test D

The answers to the exercises below are given in footnote. If you not achieve 90% mastery here, you should go back and review the material before going on to the next chapter.

A. Match the French word on the left with its English meaning on the right:[78]

1. **angoisse** _____   a. *darkness*
2. **pays** _____   b. *not yet*
3. **jamais** _____   c. *pride*
4. **ténèbres** _____   d. *duty*
5. **sagesse** _____   e. *country*
6. **parole** _____   f. *first*
7. **écriture** _____   g. *only, nothing but*
8. **orgueil** _____   h. *word*
9. **d'abord** _____   i. *(n)ever*
10. **devoir** _____   j. *wisdom*
11. **ne … que** _____   k. *writing*
12. **ne … pas encore** _____   l. *anguish*

B. Provide the correct conjugation for the following verbs:[79]

1. (**aller**) tu _____   6. (**aller**) ils _____
2. (**obéir**) il _____   7. (**choisir**) je _____
3. (**punir**) nous _____   8. (**agir**) on _____
4. (**finir**) je _____   9. (**aller**) vous _____
5. (**réussir**) elles _____ 10. (**jouir**) tu _____

C. Indicate the correct form of the adjective **tout**:[80]

1. _____ le monde   4. _____ ces choses
2. _____ la création   5. _____ son corps
3. _____ les jours   6. _____ les paroles

D. Indicate the form the adverb that corresponds to the adjective in parentheses:[81]

1. (*timide*) _____   4. (*joli*) _____
2. (*naïf*) _____   5. (*récent*) _____
3. (*premier*) _____   6. (*brillant*) _____

---

[78] Exercise A: 1. *l*; 2. *e*; 3. *i*; 4. *a*; 5. *j*; 6. *h*; 7. *k*; 8. *c*; 9. *f*; 10. *d*; 11. *g*; 12. *b*.

[79] Exercise B: 1. *vas*; 2. *obéit*; 3. *punissons*; 4. *finis*; 5. *réussissent*; 6. *vont*; 7. *choisis*; 8. *agit*; 9. *allez*; 10. *jouis*.

[80] Exercise C: 1. *tout*; 2. *toute*; 3. *tous*; 4. *toutes*; 5. *tout*; 6. *toutes*.

[81] Exercise D: 1. *timidement*; 2. *naïvement*; 3. *premièrement*; 4. *joliment*; 5. *récemment*; 6. *brillammant*.

Chapter 9

**VERBS IN -*RE*
INDIRECT OBJECT PRONOUNS
INTERROGATIVE ADVERBS
INTERROGATIVE PRONOUNS**

READING

Jacques-Bénigne Bossuet (1627–1704), a bishop and court preacher to Louis XIV, was celebrated for his sermons and funeral orations. He is regarded as a master stylist, if not one of the greatest orators of the French language. On the political front, he advocated political absolutism and the divine right of kings. He was also a noted polemicist, taking stands against the Quietism of Fénelon and Madame Guyon and against the Huguenots. The following excerpt is taken from his critique of Protestantism, which, in his view, was subject to perpetual splintering and fragmentation.[1]

9.1

De toute éternité Dieu est, Dieu est parfait, Dieu est heureux, Dieu est un. L'impie demande: Pourquoi Dieu est-il? Je lui[2] réponds: Pourquoi Dieu ne serait-il[3] pas? Est-ce à cause qu[4]'il est parfait? et la perfection est-elle un obstacle à l'être? Erreur insensée! au contraire, la perfection est la raison d'être. Pourquoi l'imparfait serait-il, et le parfait ne serait-il pas? ... Qu'[5]appelle-t-on parfait? un être à qui[6] rien ne manque. Qu'appelle-t-on imparfait? un être à qui quelque chose manque. Pourquoi l'être à qui rien ne manque ne serait-il pas, plutôt que[7] l'être à qui quelque chose manque? ...

---

1 *Histoire des variations des églises protestantes*, in *Œuvres de Bossuet*, vol. 4 (Paris: Didot, 1841) 623–24.

  2 **lui** *to him*

  3 **serait** *cond., 3rd s. would be*

  4 **à cause que** *arch.* = parce que

  5 **qu' (que)** *what*

  6 **à qui** *to whom*

  7 **que** *than*

Dis[8]-moi,[9] mon âme, comment entends-tu le néant, sinon par l'être? Comment entends-tu la privation, si ce n'est par la forme dont[10] elle prive? Comment l'imperfection, si ce n'est par la perfection dont elle déchoit?[11] Mon âme, n'entends-tu pas que tu as une raison, mais imparfaite, puisqu'elle ignore, qu'elle doute, qu'elle erre, et qu'elle se trompe?[12] Mais comment entends-tu l'erreur, si ce n'est comme privation de la vérité? Et comment le doute ou l'obscurité, si ce n'est comme privation de l'intelligence et de la lumière? Ou comment enfin l'ignorance, si ce n'est comme privation du savoir parfait? comment dans la volonté, le dérèglement et le vice, si ce n'est comme privation de la règle, de la droiture et de la vertu? Il y a donc primitivement une intelligence, une science certaine, une vérité, une fermeté, une inflexibilité dans le bien, une règle, un ordre, avant qu'il y ait[13] une déchéance de toutes ces choses. En un mot, il y a une perfection avant qu'il y ait un défaut.

Active Vocabulary

9.2

comment how
déchéance *f.* fall (from grace)
dérèglement *m.* dissoluteness
doute *m.* doubt
douter to doubt
droiture *f.* uprightness
entendre to understand
errer to err, go astray
erreur *f.* error
éternité *f.* eternity
fermeté *f.* firmness
forme *f.* form, shape
ignorer not to know, to be ignorant of
imparfait, -e imperfect

impie *m./f.* ungodly, impious
insensé, -e mad, foolish
néant *m.* nothingness
obscurité *f.* darkness
plutôt rather
primitivement originally
privation *f.* deprivation
priver to deprive
quelque chose something
raison *f.* reason
règle *f.* rule
répondre to answer
savoir *m.* knowledge
sinon if not, except

Exercises

A. Match the expressions in the left-hand column with the related notion in the right:

1. **doute**   a. irréligieux
2. **droiture**   b. perpétuité
3. **éternité**   c. principe
4. **fermeté**   d. incomplet
5. **impie**   e. perplexité

8 **dis** *imper.*, 2nd *s.* tell
9 **-moi** *ind. ob.* to me
10 **dont** from which
11 **déchoit** *ind.*, 3rd *s.* is fallen
12 **se trompe** *refl., ind.*, 2nd *s.* is mistaken
13 **il y ait** (*subj.*, 3rd *s.*) = il y a

6. **néant**   f. jugement
7. **obscurité**   g. chaos
8. **imparfait**   h. originellement
9. **insensé**   i. résistance
10. **raison**   j. imprudent
11. **règle**   k. ténèbres
12. **primitivement**   l. intégrité

B. Match the expressions in the left-hand column with their relative opposites on the right:

1. **déréglement**   a. être
2. **fermeté**   b. instabilité
3. **erreur**   c. sensé
4. **néant**   d. droiture
5. **obscurité**   e. lumière
6. **insensé**   f. vérité
7. **forme**   g. contenu

C. From the words in bold in the left-hand column, deduce the sense of those to the right:

1. **raison**   raisonnable *adj.*   raisonner *inf.*   raisonnement *n.*
2. **forme**   formation *n.*   formel *adj.*   Réforme *n.*
3. **éternité**   éternel *adj.*   éternellement *adv.*   Ville Éternelle *adj.*
4. **doute**   douteux *adj.*   douteur *n.*   sans doute *n.*
5. **fermeté**   ferme *adj.*   fermement *adv.*   terre ferme *adj.*
6. **règle**   régler *inf.*   réglementaire *adj.*   règle d'or *n.*
7. **obscurité**   obscur *adj.*   obscurcir *inf.*   obscurité (*n.*) de la famille

D. Translate the following phrases into English:

1. Demander avec foi, sans douter. (cf. Jc 1:6, Sg)

2. La même erreur que[14] Balaam. (Jud 1:11, BSm)

3. Raison de l'espérance qui est en vous. (1 P 3:15, Sg)

4. Le Saint Esprit sous une forme corporelle. (cf. Luc 3:22, Sg)

5. Pays d'une obscurité profonde, où règnent l'ombre de la mort et la confusion. (Jb 10:22, Sg)

14 Here **que** is used in a comparison and means "as."

Present Tense of -re Verbs

The verb **entendre** employed in the passage above has a wide semantic range: it can signify "to intend," "to mean," or "to understand." However, the most common meaning, by far, whether in religious discourse or in everyday usage, is "to hear":

Affirmative

9.3

j'entends	*I hear*
tu entends	*you hear*
il (elle, on) entend	*he (she, one) hears*
nous entendons	*we hear*
vous entendez	*you hear*
ils (elles) entendent	*they hear*

The present tense indicative of the infinitive is formed by dropping the final **-re** and by adding to the resulting stem (**entend**-) the endings: -s, -s, -, -ons, -ez, and -ent. The negative and interrogative forms of -**re** verbs follow the same pattern as those of verbs in previous lessons. However, when the third person singular is inverted, the final **d** is pronounced like a **t** due to the liaison: **entend-il?** [ã tã til], **n'entend-on pas?** [nã tã tõ pa]. The imperative is regular: **entends, entendons, entendez**.

In addition to **entendre**, the following is a list of -**re** verbs you may encounter in your studies:

9.4

attendre to wait (for), expect	**pendre** to hang
confondre to confound, confuse	**perdre** to lose
correspondre (à) to correspond	**prétendre** to claim
défendre to defend; forbid	**rendre** to render, give back
descendre to descend	**répandre** to spread, spill
dépendre (de) to depend (on)	**répondre (à)** to answer
étendre to spread out, stretch	**suspendre** to suspend
fendre to split	**tendre** to stretch out; tend, lead
fondre to melt	**tordre** to twist
mordre to bite	**vendre** to sell

Exercises

A. Match the infinitive from the list of -**re** verbs on the left with the appropriate biblical association on the right.

    1. **confondre**   a. la nouvelle Jérusalem / du Ciel (Ap 21:2)
    2. **descendre**   b. la Tour de Babel où Dieu / les langues (Gn 11:7)
    3. **fendre**   c. Ananias et Saphira / une propriété (Ac

CHAPTER 9

    4. **mordre**
    5. **rendre**
    6. **répandre**
    7. **vendre**

    d. Moïse / la mer rouge (Ex 14:16)
    e. une vipère / la main de Paul (Ac 28:3)
    f. la monnaie / à César (Mt 22:21)
    g. les Pharisiens / le sang des prophètes (Mt 23:30)

(5:1)

B. Fill in the blanks with the correct form of the **-re** verb.

9.5 ◀

acheter[15] to buy
colère *f.* anger
détresse *f.* distress

ministère *m.* ministry
prochain *m.* neighbor

1. C'est pourquoi, ayant[16] ce ministère, selon la miséricorde qui nous a été[17] faite,[18] nous ne (*perdre*) _____ pas courage.[19] (2 Co 4:1, Sg)
2. Vous (*tordre*) _____ les paroles du Dieu vivant, de l'Éternel des armées, notre Dieu. (Jr 23:36, Sg)
3. Aussi la création (*attendre*) _____ -elle[20] avec un ardent désir la révélation des fils de Dieu. (Rm 8:19, Sg)
4. Es-tu plus grand que[21] notre père Abraham, qui est mort? Les prophètes aussi sont morts. Qui (*prétendre*) _____ -tu être? (Jn 8:53, Sg)
5. Ils ont peur, ils ne (*répondre*) _____ plus! Ils ont la parole coupée[22]! (Jb 32:15, Sg)
6. Quand un malheureux crie, l'Éternel (*entendre*) _____, et il le[23] sauve de toutes ses détresses. (Ps 34:6, Sg)
7. A cause de mon nom, je (*suspendre*) _____ ma colère. (Es 48:9, Sg)
8. Si vous (*vendre*) _____ à votre prochain, ou si vous achetez de votre prochain, qu'aucun de vous ne trompe son frère. (Lv 25:14, Sg)

---

15 **Acheter** takes a grave accent in closed syllable conjugations (**j'achète, tu achètes, il/elle/on achète, ils/elles achètent**), which are all pronounced [aʃɛt], whereas the **nous** and **vous** forms follow the open syllable infinitive [aʃte]: (**achetons** [aʃtɔ̃], **achetez** [aʃte]).

16 **ayant** *ger.* having

17 **a été** *pc., 3ʳᵈ s.* has been

18 **faite** done

19 Here and elsewhere in the manual, it might be helpful to first consider **courage** in its etymological sense, which signifies "heart" or "spirit."

20 The inversion of subject and verb does not indicate the interrogative here. When "aussi" is used as a conjunction (meaning "consequently"), it is sometimes, though not always, followed by an inversion.

21 **plus...que** more...than

22 **coupé, -e** cut off, interrupted

23 **le** *dir. ob.* him

C. Translate the following sentences containing -**re** verbs into English.

9.6

actuel, -le current, present
afin que *conj.* in order that
aile *f.* wing
circoncis circumcized

culte *m.* worship
droit *m.* duty, right
malgré in spite of
rachat *m.* redemption

1. Ta parente Elisabeth attend elle aussi un fils, malgré son grand âge. (Lc 1:36, Bsm)

2. Allons! descendons, et là confondons leur langage, afin qu'ils n'entendent plus la langue, les uns des autres.[24] (Gn 11:7, Sg)

3. Car les circoncis, c'est nous, qui rendons à Dieu notre culte par l'Esprit de Dieu. (Ph 3:3, Sg)

4. Mais pour ce qui est d[25]'être assis à ma droite ou à ma gauche, cela ne dépend pas de moi. (Mc 10:40, Sg)

5. Rends-moi justice, ô Dieu, défends ma cause contre une nation infidèle! (Ps 43:1, Sg)

6. Je suis Ruth, ta servante; étends ton aile[26] sur ta servante, car tu as droit de rachat. (Rt 3:9, Sg)

7. Car Agar, c'est le mont Sinaï en Arabie, et elle correspond à la Jérusalem actuelle, qui est dans la servitude avec ses enfants. (Ga 4:25, Sg)

INDIRECT OBJECT PRONOUNS

Indirect objects answer the question *to whom?* or *for whom?* The following indirect object pronouns replace indirect object nouns in French:

---

24 **les uns des autres** of one another
25 The preposition **de** is not translated into English here.
26 English Bibles tend to render the Hebraism more prosaically here ("skirt" [KJV], "covering" [NASB], "the corner of your garment" [NIV]), while the ESV conserves the metaphor ("wings").

			9.7
me (m')	*to/for me*	**nous**	*to/for us*
te (t')	*to/for you*	**vous**	*to/for you*
lui	*to/for him, her*	**leur**	*to/for them*

In French, the preposition **à** is used to introduce an indirect object noun. When learning a new verb, it is helpful to try to verify at the same time whether the verb is followed by the preposition **à** or not. Whereas in English the verbs "to obey" and "to answer" take a direct object—"one obeys someone or something"; "one answers someone or something"—, in French, the verbs **obéir** and **répondre** take **à**:

> **Obéissez à vos conducteurs** et ayez pour eux de la déférence. (He 13:17, Sg) *Obey your leaders and submit to their authority.* (NIV)
>
> Est-ce ainsi que **tu réponds au souverain sacrificateur**? (Jn 18:22, Sg) *Is this the way you answer the high priest?* (NIV)

In declarative sentences, the indirect object pronoun precedes the verb, such as in this example from the Bossuet passage above:

> L'impie demande: Pourquoi Dieu est-il? Je **lui** réponds: Pourquoi Dieu ne serait-il pas?

In the negative construction, the **ne** is placed before the pronoun and **pas** comes after the verb:

> Dieu **ne lui** donne **pas** l'Esprit avec mesure. (Jn 3:34, Sg) *God giveth not the Spirit by measure unto him.* (KJV)

In the affirmative of the imperative, the pronouns follow the verb and are attached to it by a hyphen. In this case, however, **me** becomes **moi** and **te** becomes **toi**, such as the phrase "Dis-moi, mon âme . . ." from this lesson's reading. On the other hand, in the negative imperative, the pronouns have the same form and the same placement as in declarative sentences:

> Donne-**nous** aujourd'hui notre pain quotidian; pardonne-**nous** nos offenses. (Mt 6:11–12, Sg) *Give us today our daily bread. And forgive us our debts.* (NIV)
>
> N'avance pas ta main sur l'enfant, et **ne lui** fais **rien**. (Gn 22:12, Sg) *Do not lay your hand on the boy or do anything to him.* (ESV)

Of special note is the verb **manquer**, found several times in this lesson's reading, which translates in English as "to lack." The verb takes **à** in French because, according to a more literal rendering, something is conceived of as lacking or missing *to*, or rather *from*,[27] the individual. For instance, consider the following verse:

> Quand l'insensé marche dans un chemin, **le sens lui manque**, et il dit de chacun: Voilà un fou! (Qo 10:3, Sg) *Even when the fool walks on the road, he lacks*

---

27 Although the preprosition employed or implied is **à** ("to"), sometimes a smoother English translation is "from."

sense, and he says to everyone that he is a fool. (ESV)

Whereas in English the verb "to lack" takes the direct object "sense," the French expression of this verb communicates instead that "sense" is absent in the fool.

For future reference, in addition to **obéir**, **répondre**, and **manquer**, here are some other -**er**, -**ir**, and -**re** verbs—a number of which you have already seen—commonly followed by **à** + a person and thus likely to take an indirect objet pronoun:

9.8

accorder to accord, grant	**expliquer** to explain
annoncer to announce	**montrer** to show
commander to command	**ordonner** to order
conseiller to advise	**parler** to speak
déclarer to declare	**pardonner** to forgive
demander to ask	**présenter** to present
désobéir to disobey	**prêter** to lend
donner to give	**rendre** to render, give back
emprunter to borrow	**reprocher** to reproach
enseigner to teach	**résister** to resist
envoyer[28] to send	

In anticipation of the next chapter, it might be helpful to know that many of these verbs can simultaneously take a direct and indirect object at the same time. For example, one gives *something* (direct object) *to someone* (indirect object) [**donner qqch. à qqn.**] or one borrows *something* (direct object) *from someone* (indirect object) [**emprunter qqch. à qqn.**].

EXERCISES

A. Fill in the blank with the correct indirect object pronoun so as to match the English translation:

1. Le sens _____ manque.   *I lack sense.*
2. Le sens _____ manque.   *They* (m. pl.) *lack sense.*
3. Le sens _____ manque.   *She lacks sense.*
4. Le sens _____ manque.   *You* (s.) *lack sense.*
5. Le sens _____ manque.   *You* (pl.) *lack sense.*
6. Le sens _____ manque.   *We lack sense.*
7. Le sens _____ manque.   *They* (f. pl.) *lack sense.*
8. Le sens _____ manque.   *He lacks sense.*

B. Translate the following verses containing indirect object pronouns into English:

9.9

anathème *m.* anathema   **précepte** *m.* precept

[28] Verbs ending in -**yer** change from **y** to **i** in the stem of all forms except "nous" and "vous."

bouclier *m.* shield
permis, -e permitted, lawful
salut *m.* salvation

1. Il leur montra[29] ses mains et ses pieds. (Lc 24:40, Sg)

2. Tu me donnes le bouclier de ton salut. (2 S 22:36, Sg)

3. C'est pourquoi, voici, je vous envoie des prophètes, des sages et des scribes. (Mt 23:34, Sg)

4. Qu'est-ce que ceci? Une nouvelle doctrine! Il commande avec autorité même aux esprits impurs, et ils lui obéissent! (Mc 1:27, Sg)

5. C'est pourquoi je vous déclare que nul, s'il parle par l'Esprit de Dieu, ne dit:[30] Jésus est anathème! (1 Co 12:3, Sg)

6. Jésus . . . lui dit:[31] Une chose te manque; va, vends tout ce que tu as et donne aux pauvres. (Mc 10:21, Db)

7. Si tes fils observent mon alliance et mes préceptes que je leur enseigne, leurs fils aussi pour toujours seront[32] assis sur ton trône. (Ps 132:12, Sg)

8. Et Jésus leur dit:[33] Je vous demande s'il est permis, le jour du sabbat, de[34] faire du bien ou de faire du mal. (Lc 6:9, Sg)

Interrogative Adverbs

Information questions, as opposed to partial *yes/no* questions, require specific details or facts. You have already been exposed in this lesson and others to most of the following interrogative adverbs:

29 **montra** *ps., 3rd s.* showed
30 **dit** *ind., 3rd s.* says
31 **dit** *ps., 3rd s.* said
32 **seront** *fut., 3rd pl.* will be
33 **dit** *ps., 3rd s.* said
34 When the verb **être** is followed by an adjective, it takes **de** before an infinitive. In English, **de** is not translated.

	9.10
comment how	**pourquoi** why
combien (de) how much, many	**quand** when
où where	

Until now, you have been exposed to questions in inverted form, such as in examples from this lesson's reading:

L'impie demande: Pourquoi Dieu **est-il**?

Dis-moi, mon âme, comment **entends-tu** le néant, sinon par l'être?

However, questions are sometimes introduced in a less elevated style by the expression **est-ce que** and the syntax remains otherwise the same:

Alors les justes lui répondront, disant: Seigneur, **quand est-ce que** nous t'avons vu avoir faim... ou avoir soif...? Et **quand est-ce que** nous t'avons vu étranger...? Et **quand est-ce que** nous t'avons vu infirme, ou en prison...? (Mt 25:37–39, Db) *Then the righteous will answer him, saying, Lord, when did we see you hungry... or thirsty...? And when did we see you a stranger...? And when did we see you sick or in prison...?* (ESV)

EXERCISES

A. Fill in the blanks with the appropriate interrogative adverb. Clues for the category to which they belong are given in brackets:

9.11

chasser to drive out	**mauvais, -e** bad, evil
corbeille *f.* basket	**morceau** *m.* piece

1. [*Explanation*] _____ avez-vous de mauvaises pensées dans vos cœurs? (Jn 9.4, Sg)
2. [*Quantity*] _____ corbeilles pleines de morceaux avez-vous emportées?[35] — Sept, lui répondent-ils. (Marc 8:20, NSg)
3. L'Éternel dit[36] à Caïn: [*Place*] _____ est ton frère Abel? Il répondit:[37] Je ne sais[38] pas; suis-je le gardien de mon frère? (Gn 4:9, Sg)
4. Dis[39]-nous, [*Time*] _____ cela arrivera[40]-t-il? Quel sera[41] le signe annonçant[42] la fin de toutes ces choses? (Mc 13:4, NSg)

35 **avez... emportées** *pc., 2ⁿᵈ pl.* have carried away
36 **dit** *ps., 3ʳᵈ s.* said
37 **répondit** *ps., 3ʳᵈ s.* answered
38 **sais** *ind., 1ˢᵗ s.* know
39 **Dis** *imp., 2ⁿᵈ s.* tell
40 **arrivera** *fut., 3ʳᵈ s.* will happen
41 **sera** *fut., 3ʳᵈ s.* will be
42 **annonçant** *ger.* announcing

5. Si Satan chasse Satan, il est divisé contre lui-même; [Manner] _____
   donc son royaume subsistera[43]-t-il? (Mt 12:16, Sg)
6. Puis il leur dit: [Explanation] _____ avez-vous ainsi peur? [Manner]
   _____ n'avez-vous point de foi? (Mc 4:40, Sg)

B. Translate the following verses containing interrogative adverbs:

9.12

aiguillon *m.* goad, stinger   **tarder** to tarry, delay
alors then   **venger** to avenge
propre *adj.* own   **victoire** *f.* victory

1. O mort, où est ta victoire? O mort, où est ton aiguillon? (1 Co 15:55, Sg)

2. Si donc David l'[44]appelle Seigneur, comment est-il son fils? (Mt 22:45, Sg)

3. Alors Pilate lui dit:[45] N'entends-tu pas de combien de choses ils t'[46]accusent? (Mt 27:13, Sg)

4. Et vous, pourquoi désobéissez-vous au commandement de Dieu pour agir selon votre propre tradition? (Mt 15:3, BFC)

5. Jusques à quand, Maître saint et véritable, tardes-tu à faire justice et à venger notre sang sur les habitants de la terre? (Ap 6:10, NSg)

INTERROGATIVE PRONOUNS

In the previous chapter, you learned the function of **lequel** ("who," "whom," "which [one]") as an interrogative pronoun, with gender and number agreement. Here are some other interrogative pronouns you will encounter in your studies:

9.13

SUBJECT	DIRECT OBJECT	OBJECT OF PREPOSITION
qui ("who")	**qui** ("whom")	*prep.* + **qui** ("whom")
qu'est-ce qui ("what")	**que** ("what")	*prep* + **quoi** ("what")

43 **subsistera** *fut.*, *3rd s.* will remain
44 **l'** *dir. ob.* him
45 **dit** *ps.*, *3rd s.* said
46 **t'** *dir. ob.* you

Qui is used to inquire about a person:
> [*Subject*] **Qui** accusera les élus de Dieu? (Rm 8:33, Sg) *Who shall bring any charge against God's elect?* (ESV)
> [*Direct Object*] Femme, pourquoi pleures-tu? **Qui** cherches-tu? (Jean 20:15, Sg) *Woman, why are you weeping? Whom are you seeking?* (ESV)
> [*Object of Preposition*] A **qui** est cette jeune femme? (Rt 2:5, Sg) *Whose young woman is this?* (ESV)

Que and **quoi** are used to refer to things or concepts:
> [*Subject*] Voici de l'eau, **qu'est-ce qui** m'empêche d'être baptisé? (Ac 8:36, Db) *See, here is water! What prevents me from being baptized?* (ESV)
> [*Direct Object*] Soudain une voix lui dit: **Que** fais-tu ici, Elie? (1 R 19:13, NSg) *Then a voice said to him, "What are you doing here, Elijah?"* (NIV)
> [*Object of Preposition*] A **quoi** est comparable le Royaume de Dieu? (Lc 13:18, TOB) *What is the kingdom of God like?* (ESV)

Before a vowel, **que** is elided, such as in the examples from Bossuet above:
> **Qu'**appelle-t-on parfait? ... **Qu'**appelle-t-on imparfait?

Note as well that **qui**, **que**, and **quoi** can be followed by the expression **est-ce que** and that then the syntax remains the same as in a declarative sentence:
> **Qu'est-ce que** j'entends dire de toi? Rends compte de ton administration. (Lc 16:2, Sg) *What is this that I hear about you? Turn in the account of your management.* (ESV)

When **qui** is a subject, however, its special long form is **qui est-ce qui**:
> Car **qui est-ce qui** résiste à sa volonté? (Rm 9:19, Sg) *For who resists his will?* (NIV)

EXERCISES

A. Fill in the blanks with **qui**, **que** or **quoi** according to the context. Clues for the grammatical category to which they belong are given in brackets:

9.14

coupable guilty	**palais** *m.* palace
de même likewise	**saveur** *f.* savor, flavor
goût *m.* taste	**sel** *m.* salt
lit *m.* bed	**serviteur** *m.* servant

1. Et l'Éternel Dieu dit:[47] [*Subject*] _____ t'a appris[48] que tu es nu?[49] (Gn 3:11, Sg)

---

47 **dit** *ps.*, *3rd s.* said
48 **a appris** *pc.*, *3rd s.* has apprised
49 **nu, -e** naked

2. Et si vous saluez seulement vos frères, [*Direct Object*] _____ faites-vous d'extraordinaire? Les païens aussi n'agissent-ils pas de même? (Mt 5:47, Sg)

3. C'est pourquoi Pilate sortit[50] du palais pour les[51] voir[52] et leur demanda:[53] De [*Object of Preposition*] _____ accusez-vous cet homme? (Jn 18:29, BSm)

4. Ils lui demandèrent:[54] [*Subject*] _____ est l'homme qui t'a dit:[55] Prends[56] ton lit, et marche? (Jn 5:12, Sg)

5. Le sel est utile, mais s'il perd son goût, avec [*Object of Preposition*] _____ lui rendrez[57]-vous sa saveur? (Mc 9:50, BSm)

6. Pourquoi mon seigneur poursuit[58]-il son serviteur? [*Direct Object*] _____ ai-je fait,[59] et de [*Object of Preposition*] _____ suis-je coupable? (1 S 26:18, Sg)

7. A [*Object of Preposition*] _____ sert[60] l'argent dans la main de l'insensé? A acheter la sagesse? . . . Mais il n'a point de sens. (Pr 17:16, Sg)

B. Translate the following verses containing interrogative pronouns:

9.15

déposer to depose, give evidence
discuter to discuss
présent *m.* gift
sac *m.* sack, bag
sacré, -e sacred
souverain, -e sovereign, supreme

1. Qui est comparable au sage? (Qo 8:1, BSm)

2. De quoi discutez-vous avec eux? leur demanda[61]-t-il. (Mc 9:16, BSm)

3. Le souverain sacrificateur se leva,[62] et lui dit:[63] Ne réponds-tu rien? Qu'est-ce que ces hommes déposent contre toi? (Mt 26:62, Sg)

---

50 **sortit** *ps., 3rd s.* went out
51 **les** *ob. dir.* them
52 **voir** to see
53 **demanda** *ps., 3rd s.* asked
54 **demandèrent** *ps., 3rd pl.* asked
55 **a dit** *pc., 3rd s.* has told
56 **Prends** *imp., 2nd s.* take
57 **rendrez** *fut., 2nd pl.* will render
58 **poursuit** *ind., 3rd s.* pursues
59 **ai- . . . fait** *pc., 1st s.* have done
60 **sert** *ind., 3rd s.* serves
61 **demanda** *ps., 3rd s.* asked
62 **se leva** *ps., 3rd s.* got up
63 **dit** *ps., 3rd s.* said

4. Insensés et aveugles que vous êtes! Qu'est-ce qui est plus important: l'or ou le Temple qui rend cet or sacré? (Mt 4:2, BSM)

5. Il n'y a plus de pain dans nos sacs, et nous n'avons aucun présent à offrir[64] à l'homme de Dieu. Qu'est-ce que nous avons? (1 S 9:7, NSg)

REVIEW AND EXPANSION EXERCISES

A. Fill in the blanks with the appropriate vocabulary word, making all necessary agreements according to context:

coupable	éternité	quelque chose
doute	fermeté	raison
errer	forme	règle

1. Mais celui qui a des _____ au sujet de ce qu'il mange est condamné, parce qu'il n'agit pas par conviction. (Rm 14:23, Sg)
2. Espérance n'[est] autre chose sinon _____ et persévérance de foi. (Calvin, *Institution chrétienne*. III, II)
3. Quiconque[65] tue[66] est _____ d'homicide. (Pascal, *Les Provinciales*)
4. Où allez-vous, coeurs égarés? quoi! même pendant la prière, vous laissez[67] _____ votre imagination vagabonde? (Bossuet, *Oraisons funèbres*)
5. Si donc notre doctrine est examinée[68] selon cette _____ de foi [= «l'analogie de la foi»], nous avons la victoire en main. (Calvin, *Institution chrétienne*. Epître au Roi François Ier)
6. Or, je vous le[69] dis, il y a ici _____ de plus grand que[70] le temple. (Mt 12:6, Sg)
7. La terre était[71] sans _____ et vide,[72] et l'obscurité couvrait[73] l'océan primitif. (Gn 1:2, BFC)
8. Ton trône est établi dès[74] les temps anciens; Tu existes de toute _____. (Ps 93:2, Sg)
9. N'avons-nous pas _____ de dire que tu es un Samaritain, et que tu as un démon? (Jn 8:48, Sg)

---

64 **offrir** to offer
65 **Quiconque** Who(so)ever.
66 **tue** *ind., 3rd s.* kills.
67 **laissez** *ind., 2nd pl.* allow.
68 **examiné, -e** examined.
69 **le** *ob. dir.* it.
70 **plus...que** more...than.
71 **était** *impf., 3rd s.* was.
72 **vide** void.
73 **couvrait** *impf., 3rd s.* covered.
74 **dès** *prep.* since, from.

B. The following two passages are also taken from Bossuet's previous discourse.[75] Some new vocabulary is provided and grammar glossed, but based upon what you have learned and guessing at cognates, translate into English:

9.16

esprit[76] *m.* mind **songer** to think over, consider
façon *f.* fashion, manner

On dit:[77] Le parfait n'est pas; le parfait n'est qu'une idée de notre esprit qui va s'élevant[78] de l'imparfait qu'on voit[79] de[80] ses yeux, jusqu'à une perfection qui n'a de réalité que dans la pensée. C'est le raisonnement que l'impie voudrait[81] faire dans son cœur insensé, qui ne songe pas que le parfait est le premier, et en soi, et dans nos idées; et que l'imparfait en toutes façons n'en[82] est qu'une dégradation.

Voilà donc un être parfait, voilà Dieu, nature parfaite et heureuse. Le reste est incompréhensible, et nous ne pouvons[83] même pas comprendre[84] jusqu'où il est parfait et heureux; pas même jusqu'à quel point il est incompréhensible.

C. The following is taken from the *Interrogatoire* of Jeanne d'Arc.[85] The text appears in modernized form and some vocabulary and grammar are glossed for your aid. Translate into English:

9.17

bras *m.* arm **figure** *f.* face, shape
conseil *m.* advice, counsel **pendant, -e** hanging, pendent
couronne *f.* crown **savoir** to know
espèce *f.* kind

---

75 Op. cit., p. 624.

76 As you have seen, the primary meaning of this word is "spirit." Context will dictate how you should translate.

77 **dit** *ind.*, 3rd *s.* says.

78 **s'élevant** *ger.* rising up.

79 **voit** *ind.*, 3rd *s.* sees.

80 One would translate **de** as "with" here.

81 **voudrait** *cond.*, 3rd *s.* would want.

82 **en** of it.

83 **pouvons** *ind.*, 1st *pl.* can

84 **comprendre** to understand

85 *Les Martyrs*, vol. 6: *Jeanne d'Arc, Savonarole*, translated by Dom H. Leclercq (Paris: Oudin, 1906) 61, 62, 68, 160.

L'INTERROGATEUR: Pourquoi la voix ne parle-t-elle plus maintenant au roi . . .?

JEANNE: Je ne[86] sais[87] si c'est la volonté de Dieu.

L'INTERROGATEUR: La voix à laquelle vous demandez conseil a-t-elle un visage et des yeux?

L'INTERROGATEUR: Est-ce la voix d'un ange . . .? ou bien celle d'un saint ou d'une sainte, ou la voix de Dieu directement?

JEANNE: C'est la voix de sainte Catherine et de sainte Marguerite.

L'INTERROGATEUR: Quelle figure voyez[88]-vous?

JEANNE: La face.

L'INTERROGATEUR: Ont-elles[89] des cheveux?

JEANNE: Il est bon à savoir qu'elles en[90] ont.

L'INTERROGATEUR: Y a-t-il quelque chose entre leurs couronnes et leurs cheveux?

JEANNE: Non.

L'INTERROGATEUR: Leurs cheveux sont-ils longs et pendants?

JEANNE: Je ne sais.

L'INTERROGATEUR: Ont-elles des bras?

JEANNE: Je ne sais si elles ont des bras ou d'autres membres.

L'INTERROGATEUR: Vous parlent-elles?

JEANNE: Leur langage est bon et beau, je les[91] entends très bien.

L'INTERROGATEUR: Comment parlent-elles, puisqu'elles n'ont pas de membres?

JEANNE: Je m'en réfère à[92] Dieu.

L'INTERROGATEUR: Quelle espèce de voix est-ce?

JEANNE: Cette voix est belle et douce et humble, et elle parle français.

L'INTERROGATEUR: Sainte Marguerite ne parle donc pas anglais?

The Art of Reading French

In the past two lessons, you have seen that the verb **désobéir** is the opposite of **obéir**. In this and other cases, the prefix **dé-** or **dés-** corresponds to the English **dis-**. On that basis,

---

86 In literary style, the negative is sometimes indicated by "ne" alone, while "pas" is dropped.

87 **sais** *ind.*, *1st s.* know

88 **voyez** *ind.*, *2nd pl.* see

89 The subject pronoun **elles** refers back to Saint Margaret and Saint Catherine.

90 **en** some (=cheveux)

91 **les** them

92 **m'en réfère à** *refl., ind., 1st s.* refer the matter to

Chapter 9

try to guess the meaning of the following words:

Décourager, découvrir, désaffection, désapprouver, désastre, désespoir, déshériter, déshonorer, désordre, désorganisation, déplacer, déplaire

Chapter 10

***Savoir* versus *Connaître*
Direct Object Pronouns
Double Object Pronouns
Venir and the Recent Past
The Partitive***

Reading

The following passage John 21:9–17, concerning the famous post-Resurrection dialogue sometimes called the "Restoration of Peter," is taken from the *Bible du Semeur* edition.

10.1

Une fois descendus[1] à terre, ils aperçurent[2] un feu de braise avec du poisson dessus, et du pain.

Jésus leur dit:[3] Apportez quelques-uns[4] de ces poissons que vous venez de prendre.[5]

Simon Pierre remonta[6] dans le bateau et tira[7] le filet à terre. Il était[8] rempli[9] de cent cinquante-trois gros poissons et, malgré leur grand nombre, le filet ne se déchira pas.[10]

Venez[11] manger, leur dit Jésus. Aucun des disciples n'osa[12] lui demander: «Qui es-tu?» Ils savaient[13] que c'était le Seigneur.

1. **descendu, -e** disembarked
2. **aperçurent** *ps., 3rd pl.* caught sight of
3. **dit** *ps., 3rd s.* said
4. **quelques-uns** some, a few
5. **venez** (*2nd, pl.*) **de prendre** just caught
6. **remonta** *ps., 3rd s.* climbed back
7. **tira** *ps., 3rd s.* pulled
8. **était** *impf., 3rd s.* was
9. **rempli, -e** full
10. **ne se déchira** (*refl., ps., 3rd s.*) **pas** was not torn
11. **Venez** *imper., 2nd pl.* come
12. **osa** *ps., 3rd s.* dared
13. **savaient** *impf., 3rd pl.* knew

Jésus s'approcha,[14] prit[15] le pain et le[16] leur distribua,[17] puis il fit[18] de même pour le poisson.

C'était la troisième fois que Jésus se montrait[19] à ses disciples, après sa résurrection.

Après le repas, Jésus s'adressa à[20] Simon Pierre: Simon, fils de Jean, m[21]'aimes-tu plus que[22] ne le[23] font ceux-ci? Oui, Seigneur, répondit[24]-il, tu connais mon amour pour toi. Jésus lui dit: Prends[25] soin de mes agneaux.

Puis il lui demanda[26] une deuxième fois: Simon, fils de Jean, m'aimes-tu? Oui, Seigneur, lui répondit Simon. Tu connais mon amour pour toi. Jésus lui dit: Nourris mes brebis.

Jésus lui demanda une troisième fois: Simon, fils de Jean, as-tu de l'amour pour moi? Pierre fut[27] peiné car c'était la troisième fois que Jésus lui demandait:[28] «As-tu de l'amour pour moi?» Il lui répondit: Seigneur, tu sais tout, tu sais que j'ai de l'amour pour toi. Jésus lui dit: Prends soin de mes brebis.

ACTIVE VOCABULARY

10.2

agneau *m.* lamb
apporter to bring
à terre ashore
bateau *m.* boat
braise *f.* live charcoal
brebis *f.* sheep
connais 2nd *s.* know
cent one hundred
cinquante fifty
déchirer to tear
dessus on top

filet *m.* net
fois *f.* time, occasion
gros, -se big
nombre *m.* number
oser to dare, venture
peiné, -e pained, grieved
poisson *m.* fish
remonter to go up again
repas *m.* meal
sais 2nd *s.* know
soin *m.* care

14 **s'approcha** *refl., ps., 3rd s.* drew near
15 **prit** *ps., 3rd s.* took
16 **le** it
17 **distribua** *ps., 3rd s.* distributed
18 **fit** *ps., 3rd s.* did
19 **se montrait** *refl., impf., 3rd s.* showed himself
20 **s'adressa** *ps., 3rd s.* spoke
21 **m'** *dir. ob.* me
22 **plus que** more than
23 **le** it
24 **répondit** *ps., 3rd s.* answered
25 **prends** *imper., 2nd* take
26 **demanda** *ps., 3rd s.* asked
27 **fut** *ps., 3rd s.* was
28 **demandait** *impf., 3rd s.* was asking

deuxième second
distribuer to distribute
tirer to pull, draw
troisième third

EXERCISES

A. Match the expressions in the left-hand column with the related notion in the right:

1. **déchirer**   a. flamme
2. **distribuer**   b. dispenser
3. **braise**   c. attention
4. **gros**   d. géant
5. **bateau**   e. plat
6. **nombre**   f. malheureux
7. **oser**   g. risquer
8. **peiné**   h. quantité
9. **soin**   i. barque
10. **repas**   j. séparer

B. Match the expressions in the left-hand column with their relative opposites on the right:

1. **soin**   a. emporter
2. **remonter**   b. petit
3. **dessus**   c. négligence
4. **gros**   d. réparer
5. **déchirer**   e. dessous
6. **apporter**   f. redescendre

C. From the words in bold in the left-hand column, deduce the sense of those to the right:

1. **connais**   connaissable *adj.*   connaisseur *n.*   reconnaissance *n.*
2. **sais**   savant *n.*   savoir-faire *n.*   savoir-vivre *n.*
3. **soin**   soigner *inf.*   soigneux *adj.*   soigneusement *adv.*
4. **peiné**   peine *n.*   peiner *inf.*   peine capitale *n.*
5. **nombre**   nombrer *inf.*   innombrable *adj.*   sans nombre *n.*
6. **déchirer** déchirant *adj.*   déchirement *n.*   déchirement (*n.*) de cœur
7. **gros**   grossir *inf.*   grosseur *n.*   grosse (*adj.*) faute

D. Translate the following phrases into English:

1. Les âmes dans les peines du Purgatoire.

2. Voici l'Agneau de Dieu, qui ôte[29] le péché du monde. (Jn 1:29, Sg)

3. Il est ressuscité le troisième jour, selon les Écritures. (1 Co 15:4, Sg)

---

29 **ôter** to remove, take away

4. [Faire] entrer dans le bateau un couple de tous les êtres vivants. (Gn 6:19, BSm)

5. Un temps pour déchirer et un temps pour recoudre,[30] un temps pour garder[31] le silence et un temps pour parler. (Qo 3:7, BSm)

Savoir versus *Connaître*

Both **savoir** and **connaître** mean "to know." You have already been exposed to them in diverse form in previous readings and exercises. Their full indicative present tense conjugations are as follows:

10.3

je sais	**je connais**
tu sais	**tu connais**
il (elle, on) sait	**il (elle, on) connaît**
nous savons	**nous connaissons**
vous savez	**vous connaissez**
ils (elles) savent	**ils (elles) connaissent**

Note: the imperative of **savoir** is irregular: **sache, sachons, sachez**.

Savoir and **connaître** represent different kinds of knowing and are used in diverse grammatical contexts. On the latter score, Peter's reply is twice translated in the above reading "Tu connais mon amour pour toi," but is rendered "Tu sais que je t'aime" in every other major French version (Sg, BFC, NSg, TOB, Jer).

Savoir denotes mental knowledge; it used for factual information:
Veillez donc, puisque **vous ne savez ni le jour, ni l'heure**. (Mt 25:13, Sg) *Watch therefore, for you know neither the day nor the hour.* (ESV)

When directly followed by an infinitive, **savoir** conveys the English sense of knowing how to do something:
Je sais vivre dans l'humiliation, et **je sais vivre** dans l'abondance. (Ph 4:12, Sg) *I know how to be brought low, and I know how to abound.* (ESV)

Oftentimes **savoir** is followed by a clause, introduced by a relative pronoun (**qui, que**, etc.) or relative adverb (**quand, comment, pourquoi, où**, etc):
Mais **je sais que** mon Rédempteur est vivant. (Jb 19:25, Sg) *For I know that my Redeemer lives.* (ESV)
Qu'y a-t-il entre nous et toi, Jésus de Nazareth? Tu es venu pour nous perdre. **Je sais qui** tu es: le Saint de Dieu. (Mc 1:24, Sg) *What have you to do with us, Jesus of Nazareth? Have you come to destroy us? I know who you are—the Holy One of God.* (ESV)

---

30 **recoudre** to sew up again
31 **garder** to keep

Tu sais quand je marche et **quand** je me couche, et tu pénètres toutes mes voies. (Ps 139:3, Sg) *You discern my going out and my lying down; you are familiar with all my ways.* (NIV)

Connaître denotes personal acquaintance or familiarity. It can refer to a person, a place, or a thing:

Il le nia de nouveau, avec serment: **Je ne connais pas cet homme**. (Mt 26:72, Sg) *He denied it again, with an oath: I do not know the man.* (NIV)

Car **on connaît l'arbre** par le fruit. (Mt 12:33, Sg) *For the tree is known by its fruit.* (ESV)

Idiomatically, **connaître** is also used in a uniquely biblical sense:

Caïn connut sa femme; elle conçut, et enfanta Hénoc. (Gn 4:17, Sg) *Cain knew his wife, and she conceived and bore Enoch.* (ESV)

Note that a number of other verbs are conjugated on the same pattern as **connaître**:

10.4

accroître to increase	**méconnaître** to fail to recognize
apparaître to appear	**naître** to be born
comparaître to appear before	**paître** to graze, pasture
croître[32] to grow	**paraître** to appear, seem
décroître to decrease	**reconnaître** to recognize, acknowledge
disparaître to disappear	**renaître** to be born anew

EXERCISES

A. In the sentences below, <u>justify</u> the use of **savoir** or **connaître** according to the criteria specified above for each verb [**savoir**: *factual information, + infinitive, clause*; **connaître**: familiarity with *person, place,* or *thing*]:

10.5

adultère adulterer, adulteress	**inimitié** *f.* enmity
épreuve *f.* trial	**injuste** unrighteous
froid, -e cold	**malin, -igne** evil

1. Car je <u>sais</u> que celui que tu bénis est béni, et que celui que tu maudis[33] est maudit. (No 22:6, Sg)

2. Je <u>connais</u> mes brebis, et elles me[34] <u>connaissent</u>. (Jn 10:14, Sg)

---

32 The circumflex is conserved throughout the singular conjugations of this verb (**croîs, croîs, croît**) in order to distinguish them from those of another verb, **croire** ("to believe"), presented in Chapter 12.

33 **maudis** *ind.*, 2*nd* s. curse

34 **me** *dir. ob.* me

3. Le Seigneur <u>sait</u> délivrer de l'épreuve les hommes pieux, et réserver les injustes pour être punis au jour du jugement. (2 P 2:9, Sg)

4. L'esprit malin leur répondit:[35] Je <u>connais</u> Jésus, et je <u>sais</u> qui est Paul; mais vous, qui êtes-vous? (Ac 19:15, Sg)

5. Je <u>connais</u> tes œuvres. Je <u>sais</u> que tu n'es ni froid ni bouillant.[36] (Ap 3:15, Sg)

6. Ils lui demandèrent:[37] Où est ton Père? Jésus répondit: Vous ne <u>connaissez</u> ni moi, ni mon Père. (Jn 8:19, BFC)

7. Adultères que vous êtes! ne <u>savez</u>-vous pas que l'amour du monde est inimitié contre Dieu? (Jc 4:4, Sg)

B. Translate the following sentences containing the verbs **savoir** and **connaître** into English.

10.6

témoigner to witness **transgression** *f.* transgression

1. Le cœur a ses raisons que la raison ne connaît point. (Pascal, *Pensées*)

2. Mais je sais que vous n'avez point en vous l'amour de Dieu. (Jn 5:42, Sg)

3. Comme le Père me connaît et comme je connais le Père; et je donne ma vie pour mes brebis. (Jn 10:15, Sg)

4. Ne savez-vous pas que vous êtes le temple de Dieu, et que l'Esprit de Dieu habite en vous? (1 Co 3:16, Sg)

5. Car nos transgressions sont nombreuses devant toi, et nos péchés témoignent contre nous; Nos transgressions sont avec nous, et nous connaissons nos crimes. (Es 59:12, Sg)

6. L'Éternel connaît les pensées de l'homme; il sait qu'elles sont vaines. (Ps 94:11, Sg)

---

[35] **répondit** *ps., 3rd s.* answered
[36] **bouillant, -e** boiling
[37] **demandèrent** *ps., 3rd pl.* asked

7. Jésus dit:[38] Père, pardonne-leur, car ils ne savent ce qu'[39]ils font. (Lc 23:34, Sg)

C. Fill in the blanks with the infinitive of one of the following verbs: **comparaître**, **croître**, **disparaître**, **naître**, **paître**, **paraître**, or **reconnaître**.

10.7

arracher to tear (out), uproot	**gens** *m. pl.* people
arroser to water	**mis, -e** put
fait *m.* fact	**planter** to plant

1. Dis-moi, ô toi que mon cœur aime, où tu fais _____ tes brebis. (Ct 1:7, Sg)
2. Et toi, pourquoi condamnes-tu ton frère? Ou toi, pourquoi méprises-tu ton frère? Ne devons[40]-nous pas tous _____ devant le tribunal de Dieu? (Rm 14:10, BSm)
3. Il y a un temps pour _____ et un temps pour mourir; un temps pour planter et un temps pour arracher les plantes. (Qo 3.2, BFC)
4. Ainsi, ce n'est pas celui qui plante qui est quelque chose, ni celui qui arrose, mais Dieu qui fait _____. (1 Co 3:7, NSg)
5. Peu après... [ils] dirent[41] à Pierre: Certainement tu es aussi de ces gens-là, car ton langage te fait _____. (Mt 26:73, Sg)
6. Par le simple fait d'appeler cette alliance-là *nouvelle*, le Seigneur a rendu[42] la première ancienne; or, ce qui devient[43] ancien et ce qui vieillit est près de _____. (He 8:13, BSm)
7. Tout ce qui est caché[44] doit[45] être mis en lumière, tout ce qui est secret doit _____ au grand jour. (Mc 4:22, BSm)

Direct Object Pronouns

Direct objects answer the question *whom?* or *what?* The following direct object pronouns replace direct object nouns in French:

10.8

me (m')	*me*	**nous**	*us*
te (t')	*you*	**vous**	*you*
le (l')	*him, it*	**les**	*them*
la (l')	*her, it*		

---

38 **dit** *ps., 3ʳᵈ s.* said
39 **ce qu'** what
40 **devons** *ind., 1ˢᵗ pl.* must
41 **dirent** *ps., 3ʳᵈ pl.* said
42 **a rendu** *pc., 3ʳᵈ s.* has rendered, made
43 **devient** *ind., 3ʳᵈ s.* becomes
44 **caché, -e** hidden
45 **doit** *ind., 3ʳᵈ s.* must

Direct objects are so called because they directly receive the action of a verb, without recourse to a preposition. As mentioned in the previous lesson, when learning a new verb, it is important to note whether it takes a preposition or not. Moreover, since some direct and indirect object pronouns are identical in orthography (**me, te, nous, vous**), knowing which kind of object follows the verb will help with accurate translation into English. For instance, in French, certain key verbs such as **écouter** ("to listen"), **regarder** ("to look, watch"), and **prier** ("to pray") take a direct object—and thus require a direct object pronoun when replacing the noun—whereas, in English, they are commonly followed by prepositions such as "to," "at," "for," or "about."

In declarative sentences, as with indirect object pronouns, direct object pronouns precede the verb:

> Ils font profession de connaître Dieu, mais ils **le** renient par leurs œuvres. (Tt 1:16, Sg) *They profess to know God, but they deny him by their works.* (ESV)
>
> Tu **nous** livres comme des brebis à dévorer. (Ps 44:11, Sg) *You gave us up to be devoured like sheep.* (NIV)
>
> Mes brebis entendent ma voix; je **les** connais, et elles **me** suivent. (Jn 10:27, Sg) *My sheep hear my voice, and I know them, and they follow me.* (ESV)

In the negative, like indirect object pronouns, the negative is placed before the direct object pronoun and after the verb:

> Celui qui appartient à Dieu écoute les paroles de Dieu. Si vous **ne les** écoutez **pas**, c'est parce que vous ne lui appartenez pas. (Jn 8:47, BSm) *Whoever is of God hears the words of God. The reason why you do not hear them is that you are not of God.* (ESV)

In the affirmative form of the imperative, the pronouns follow the verb and are attached to it by a hyphen. Also, **me** becomes **moi** and **te** becomes **toi**. On the other hand, in the negative form of the imperative, the pronouns have the same form and placement as in declarative sentences:

> Laisse-**moi** ôter une paille de ton œil. (Mt 7:4, Sg) *Let me take the speck out of your eye.* (ESV)
>
> **Ne nous** induis **pas** en tentation, mais délivre-**nous** du malin. (Mt 6:13, Sg) *And lead us not into temptation, but deliver us from the evil one.* (NIV)

Finally, when replacing an entire clause or concept, **le** is used in a neuter sense and signifies "it," although, in practice, the pronoun usually does not appear in a smooth English translation:

> Simon, fils de Jean, m'aimes-tu plus que ne **le** font ceux-ci? (Jn 21: 15, BSm) *Simon, son of John, do you love me more than these?* (ESV)

EXERCISES

A. Fill in the blank with the correct direct object pronoun so as to match the English translation:

1. Dieu _____ garde.   *God keeps me.*
2. Dieu _____ aime.   *God loves him.*
3. Dieu _____ appelle.   *God calls you* (pl.).
4. Dieu _____ bénit.   *God blesses you* (s.).
5. Dieu _____ cherche.   *God seeks us.*
6. Dieu _____ punit.   *God punishes him.*
7. Dieu _____ avertit.   *God warns me.*
8. Dieu _____ guérit.   *God heals her.*
9. Dieu _____ établit.   *God establishes you* (s.).
10. Dieu _____ délivre.   *God delivers them* (f. pl.).
11. Dieu _____ entend.   *God hears her.*
12. Dieu _____ sanctifie.   *God sanctifies them* (m. pl.).

B. Translate the following verses containing direct object pronouns into English.

10.9

ancre *f.* anchor
boue *f.* mud
gagner to win, gain
menteur *m.* liar
pénétrer to penetrate
perte *f.* loss
supplier to beseech, implore
voile *m.* veil

1. Ma vigne, qui est à moi, je la garde. (Ct 8:12, Sg)

2. Simon, fils de Jonas, m'aimes-tu? ... Oui, Seigneur, tu sais que je t'aime. (Jn 21:16, Sg)

3. Très excellent Félix, tu nous fais jouir d'une paix profonde ... (Ac 24:3, Sg)

4. Car la parole n'est pas sur ma langue, que déjà, ô Éternel! tu la connais entièrement. (Ps 139:4, Sg)

5. J'appelle mon serviteur, et il ne répond pas; Je le supplie de[46] ma bouche, et c'est en vain. (Jb 19:16, Sg)

6. Si nous disons[47] que nous n'avons pas péché,[48] nous le faisons menteur, et sa parole n'est point en nous. (1 Jn 1:10, Sg)

---

46 The preposition **de** would be translated as "with" here.
47 **disons** *ind., 1ˢᵗ pl.* say.
48 **n'avons pas péché** *pc., 1ˢᵗ pl.* have not sinned.

7. Cette espérance, nous la possédons comme une ancre de l'âme, sûre et solide; elle pénètre au-delà du voile. (He 6:19, Sg)

8. Et même je regarde toutes choses comme une perte, à cause de l'excellence de la connaissance de Jésus Christ mon Seigneur . . . et je les regarde comme de la boue, afin de gagner Christ. (Ph 3:8, Sg)

Double Object Pronouns

Indirect and direct object pronouns may occur in tandem, such as in this example from the lesson's reading:

Jésus s'approcha, prit le pain et **le leur** distribua. (Jn 21:13, BSm) *Jesus came, took the bread and gave it to them.* (NIV)

When the pronouns occur together, the order is as follows in the table below: namely, the indirect object pronouns (**me, te, nous, vous**) in the first column precede the direct pronouns (**le, la, les**) in the second column, while the direct object pronouns (**le, la, les**) in the second column precede the indirect object pronouns (**lui, leur**) in the third column:

Ind. Ob. Pron.	Dir. Ob. Pron.	Ind. Ob. Pron.
me (m')	le (l')	lui
te (t')	la (l')	leur
nous	les	
vous		

With the affirmative imperative, however, the direct object pronoun always precedes the indirect object pronoun. On the other hand, with the negative imperative, double pronouns take the same form and placement as in normal declarative sentences:

Jacob dit: Jure-**le-moi**. Et Joseph le lui jura. (Gn 47:31, Sg) *Swear to me, he said. Then Joseph swore to him.* (NIV)

Dis-moi donc ce que tu as fait, **ne me le** cache **point**. (Jos 7:19, Sg) *Tell me what you have done; do not hide it from me.* (NIV)

Lastly, one of the most common expressions in all French translations of the Bible is "Je **vous le** dis" or "Je **vous le** déclare." In English, these are rendered simply, "I tell you" or "I say to you," without the pronoun "it." Again, in French, as stated above, the direct object pronoun is meant here to refer to the entire ensuing statement.

A. Fill in the blanks putting the appropriate direct and indirect object pronouns in their correct order.

cadet, -te younger
convive *m.* guest
coucher *m.* setting
en gage in pledge

serment *m.* oath
rester to stay, remain
vêtement *m.* clothing

10.10

1. Alors il [Pilate] (*him / to them*) _____ _____ livra[49] pour être crucifié. Ils prirent[50] donc Jésus . . . (Jn 19:16, Sg)

2. Si tu prends en gage le vêtement de ton prochain, tu (*it / to him*) _____ _____ rendras[51] avant le coucher du soleil. (Ex 22:26, Sg)

3. Si donc, méchants comme vous l'êtes, vous savez donner de bonnes choses à vos enfants, à combien plus forte raison[52] votre Père qui est dans les cieux donnera[53]-t-il de bonnes choses à ceux qui (*them / from him*[54]) _____ _____ demandent. (Mt 7.11, Sg)

4. A l'instigation de sa mère, elle dit:[55] Donne-moi ici, sur un plat, la tête de Jean Baptiste. Le roi fut[56] attristé;[57] mais, à cause de ses serments et des convives, il commanda[58] qu'on (*it / to her*) _____ _____ donne. (Mt 14:8–9, NSg)

5. De même il prit[59] la coupe, après le repas, et (*it / to them*) _____ _____ donna,[60] en disant:[61] Cette coupe est la nouvelle alliance en mon sang, qui est répandu[62] pour vous. (Lc 22:20, NSg)

6. [Moïse] reçut[63] de Dieu des paroles de vie pour (*them / to us*) _____ _____ transmettre.[64] (BSm Ac 7:38)

7. [Jacob] dit[65] à Laban: Je te servirai[66] pendant sept ans si tu me donnes Rachel, ta fille cadette, en mariage. Et Laban répondit:[67] Je préfère (*her / to you*) _____

---

49 **livra** *ps., 3rd s.* delivered.
50 **prirent** *ps., 3rd pl.* took.
51 **rendras** *fut., 2nd s.* will render.
52 **à combien plus forte raison** how much more.
53 **donnera** *fut., 3rd s.* will give.
54 Literally, "to him."
55 **dit** *ps., 3rd s.* said.
56 **fut** *ps., 3rd s.* was.
57 **attristé, -e** saddened.
58 **commanda** *ps., 3rd s.* ordered.
59 **prit** *ps., 3rd s.* took
60 **donna** *ps., 3rd s.* gave
61 **disant** *ger.* saying
62 **répandu, -e** shed
63 **reçut** *ps., 3rd s.* received
64 **transmettre** to transmit, convey
65 **dit** *ps., 3rd s.* said
66 **servirai** *fut., 3rd s.* will serve
67 **répondit** *ps., 3rd s.* answered

_____ donner à toi plutôt qu'[68]à un autre. Reste chez moi. (BSm Gn 29:18–19)

Venir and the Recent Past

Venir is an irregular verb meaning "to come." You have already been exposed to it a number of times in the readings and exercises. Here is the full indicative present tense conjugation:

10.11

je viens
tu viens
il (elle, on) vient
nous venons
vous venez
ils (elles) viennent

Venir followed by the preposition **de** means "to come from":

Ainsi **la foi vient de** ce qu'on entend, et ce qu'on entend **vient de** la parole de Christ. (Rm 10:17, Sg) *So faith comes from hearing, and hearing through the word of Christ.* (ESV)

Agar, servante de Saraï, **d'où viens-tu**, et où vas-tu? (Gn 16:8, Sg) *Hagar, servant of Sarai, where have you come from and where are you going?* (ESV)

Several other verbs are conjugated on the same model as **venir**:

10.12

appartenir (à) to belong	**parvenir (à)** to reach, attain
contenir to contain	**provenir de** to originate in
convenir to suit, agree	**prévenir** to prevent, inform, forewarn
détenir to hold, detain, withhold	**retenir** to retain
devenir to become	**revenir** to come back
entretenir to keep up, entertain	**tenir** to have, hold
maintenir to maintain	**soutenir** to sustain, support
obtenir to obtain	**subvenir (à)** to supply, provide for

When **venir** is followed by the preposition **de** + infinitive, it conveys the sense of "just" and is known as the "Recent Past." An example occurs in this lesson's reading:

Apportez quelques-uns de ces poissons que **vous venez de prendre**. (Jn 21:10, BSm) *Bring some of the fish that you have just caught.* (ESV)

Exercises

A. Fill in the blanks with the appropriate conjugation of the infinitive given within parentheses:

68 **qu'** than

clef *f.* key
du moins at least
livrer to deliver, hand over
richesse *f.* riches
univers *m.* universe

1. La bonne crainte (*venir*) _____ de la foi; la fausse crainte (*venir*) _____ du doute. (Pascal, *Pensées* 262)
2. Comment les morts ressuscitent-ils, et avec quel corps (*revenir*) _____-ils? (1 Co 15:35, Sg)
3. L'Éternel dit[69] à Satan: Voici, tout ce qui lui (*appartenir*) _____, je te le livre; seulement, ne porte pas la main sur lui. (Jb 1:12, Sg)
4. Si vous ne (*devenir*) _____ comme les petits enfants, vous n'entrerez[70] pas dans le royaume des cieux. (Mt 18:3, NSg)
5. Voici, je suis vivant aux siècles des siècles. Je (*tenir*) _____ les clefs de la mort et du séjour des morts. (Ap 1:18, Sg)
6. Et nous sommes sa maison, si du moins nous (*retenir*) _____ ferme jusqu'au bout la confiance et la gloire de l'espérance. (He 3:6, Db)
7. Une femme qui a de la grâce (*obtenir*) _____ la gloire, et ceux qui ont de la force (*obtenir*) _____ la richesse. (Pr 11.16, Sg).
8. Grand Dieu! dont[71] la seule présence (*soutenir*) _____ la nature et (*maintenir*) _____ l'harmonie des lois de l'univers. (Buffon, *De la Nature*)
9. On ne naît pas homme, on le (*devenir*) _____. (Erasme, *Adages*)

B. Translate the following sentences containing expressions in the "Recent Past":

10.13

aujourd'hui today
belle-mère *f.* mother-in-law
bonté *f.* goodness
église *f.* church
espion *m.* spy
preuve *f.* proof

1. Tu viens de montrer aujourd'hui que tu agis avec bonté envers moi. (1 S 24:19, BSm)

2. Joseph leur dit:[72] Je viens de vous le dire, vous êtes des espions. (Gn 42:14, Sg)

3. Il y a là un grand mystère: je parle de ce que je viens de dire au sujet du Christ et de l'Église. (Ep 5:32, BSm)

---

[69] **dit** *ps.*, 3rd *s.* said
[70] **entrerez** *fut.*, 2nd *pl.* will enter
[71] **dont** whose
[72] **dit** *ps.*, 3rd *s.* said

4. Ce que tu viens de faire est une preuve d'amour envers ta belle-mère. (Rt 3:10, BSm)

5. Qu'avons-nous encore besoin de témoignages? Nous venons de l'entendre nous-mêmes de sa bouche. (Lc 22:71, BSm)

The Partitive

The partitive article is used in French to express a quantity that is not countable. (If countable, the indefinite article **un, une** or **des** instead is used.) The partitive corresponds to the English expression "some," although even this word is often implied and hence dropped by Anglophones. You have already encountered the partitive in the first sentence of this lesson's reading:

> Une fois descendus à terre, ils aperçurent un feu de braise avec **du poisson** dessus, et **du pain**. (Jn 21:9, BSm) *As soon then as they were come to land, they saw a fire of coals there, and fish laid thereon, and bread.* (KJV)

The forms of the partitive are identical to the contractions of the preposition **de** + definite article—though not to be confused in meaning—and are as follows: **du, de la, de l'**, and **des**. The partitive often occurs after verbs of consumption, many of which are irregular, and are to be studied later:

> Au moment du repas, Boaz dit à Ruth: Approche, mange **du pain**. (Rt 2:14, Sg) *And at mealtime Boaz said to her, Come here and eat some bread.* (ESV)
>
> Éprouve tes serviteurs pendant dix jours, et qu'on nous donne **des légumes** à manger et **de l'eau** à boire. (Dn 1:12, Sg) *Test your servants for ten days; let us be given vegetables to eat and water to drink.* (ESV)
>
> Allez, mangez **des viandes grasses**, buvez **des liqueurs douces** ... car la joie de l'Éternel est votre force. (Ne 8:10, NSg) *Go your way. Eat the fat and drink sweet wine ... for the joy of the* LORD *is your strength.* (ESV)

But the partitive may be used in an abstract sense, too, as is seen in Peter's reply to Jesus in the lesson's reading: "Seigneur, tu sais tout, tu sais que j'ai **de l'amour** pour toi" (Jn 21:17, BSm). Whereas all the other French versions, as noted above, render this phrase "Tu sais que je t'aime" (Sg, BFC, NSg, TOB, Jer), the use of the partitive here may signal an attempt to attenuate the notion of love, in conformity with the original Greek expression. In all events, examples of abstract use of the partitive abound in Scripture:

> Il donne **de la force** à celui qui est fatigué. (Es 40:29, Sg) *He gives strength to the weary.* (NIV)

In the negative, the various forms of the partitive (**du, de la, de l', des**)—similar to what occurs with the indefinite article (**un, une, des**) after a negative—, all become **de**:

> Car Dieu **ne** fait **pas de** favoritisme. (Rm 2:11, BSm) *For God does not show favoritism.* (NIV)

Introduction to Theological French

Exercises

A. Fill in the blanks with the appropriate form of the partitive (**du**, **de la**, **de l'**, **des**, or **de**):

10.14

aussitôt immediately
blé *m.* grain
bœuf[73] *m.* steer, beef
demain tomorrow
égorger to cut the throat of
gaîté *f.* gaiety, mirth
graisse *f.* fat

joie *f.* joy
nourriture *f.* food
orphelin *m.* orphan
rosée *f.* dew
tuer to kill, slaughter
veuve *f.* widow

1. Que Dieu te donne _____ rosée du ciel et _____ graisse de la terre, _____ blé et _____ vin en abondance! (Gn 27:28, Sg)
2. Mais un des soldats lui perça[74] le côté avec une lance,[75] et aussitôt il sortit[76] _____ sang et _____ eau. (Jn 19:34, Sg)
3. Pourquoi raisonnez-vous sur ce que vous n'avez pas _____ pains? (Mc 8:17, Sg)
4. Et voici _____ gaîté et _____ joie! On égorge _____ bœufs et l'on tue _____ brebis (*pl.*), On mange _____ viande et l'on boit[77] _____ vin: Mangeons et buvons, car demain nous mourrons[78]! (Es 22:13, Sg)
5. Car l'Éternel, votre Dieu, est le Dieu des dieux, …qui fait droit à l'orphelin et à la veuve, qui aime l'étranger et lui donne _____ nourriture et _____ vêtements. (Dt 10:17–18, Sg)
6. Car Jean Baptiste est venu,[79] ne mangeant[80] pas _____ pain et ne buvant[81] pas _____ vin, et vous dites:[82] Il a un démon. (Lc 7:33, Sg)

B. Translate the following sentences containing partitive expressions:

10.15

d'après according to
émonder to prune
miel *m.* honey
pardon *m.* forgiveness

presque almost
retrancher to cut off
sarment *m.* stem, vine-shoot

---

73 In the plural "bœufs," the final "f" is not pronounced [bø].
74 **perça** *ps., 3rd s.* pierced
75 **lance** *f.* spear, lance
76 **sortit** *ps., 3rd s.* went out
77 **boit** drinks
78 **mourrons** *fut., 1st pl.* shall die
79 **est venu** *pc., 3rd s.* came
80 **mangeant** *ger.* eating
81 **buvant** *ger.* drinking
82 **dites** *ind., 2nd pl.* say

1. Mon fils, mange du miel, car il est bon. (Pr 24:13, Sg)

2. Et presque tout, d'après la loi, est purifié[83] avec du sang, et sans effusion de sang il n'y a pas de pardon. (He 9:22, Sg)

3. Tout sarment qui est en moi et qui ne porte pas de fruit, il le retranche; et tout sarment qui porte du fruit, il l'émonde. (Jn 15:2, Sg)

Review and Expansion Exercises

A. Fill in the blanks with the appropriate vocabulary word, making all necessary agreements according to context:

agneau	demain	nombre
bateau	filet	soin
cinquante	fois	tirer

1. Allez: je vous envoie comme des _____ au milieu des loups.[84] (Lc 10:3, BSm)
2. Il y a un grand _____ de vérités, et de foi et de morale, qui semblent répugnantes et qui subsistent toutes dans un ordre admirable. (Pascal, *Pensées* 862)
3. Les Juifs lui dirent:[85] Tu n'as pas encore _____ ans, et tu as vu[86] Abraham! (Jn 8:57, Sg)
4. Aujourd'hui dans le trône et _____ dans la boue. (Corneille, *Polyeucte*)
5. Il est nécessaire[87] de prendre _____ de la faiblesse de quelques-uns qui, trop souvent, sont troublés par de tels scandales et en viennent à[88] douter. (Calvin, *Institution chrétienne*. Epître au Roi François Ier)
6. Puis l'Éternel dit[89] à Noé: Entre dans le _____, toi et toute ta famille. (Gn 7:1, BSm)

---

83 **purifié, -e** purified
84 **loup** *m.* wolf
85 **dirent** *ps., 3rd pl.* said
86 **as vu** *pc., 2nd s.* have seen
87 **nécessaire** necessary
88 **en venir à** to come to (the point of)
89 **dit** *ps., 3rd s.* said

7. Le royaume des cieux est encore semblable[90] à un _____ jeté[91] dans la mer et ramassant[92] des poissons de toute espèce.[93] (Mt 13:47, Sg)
8. C'est à Antioche que, pour la première _____, les disciples de Jésus furent[94] appelés[95] chrétiens. (Ac 11:26, BFC)
9. Ce temps, sacrifié[96] à l'égoïsme, n'est pas tout perdu,[97] puisque Dieu sait _____ le bien du mal. (Vinet, *Nouveaux discours*, «Le Temps de faire le bien»)

B. The following exercise is identical to the one above in the section on **savoir** versus **connaître**, except that the verbs have now been removed. Fill in the blank with the correct form of one or the other verb:

1. Car je _____ que celui que tu bénis est béni, et que celui que tu maudis[98] est maudit. (No 22:6, Sg)
2. Je _____ mes brebis, et elles me _____. (Jn 10:14, Sg)
3. Le Seigneur _____ délivrer de l'épreuve les hommes pieux, et réserver les injustes pour êtres punis au jour du jugement. (2 P 2:9, Sg)
4. L'esprit malin leur répondit: Je _____ Jésus, et je _____ qui est Paul; mais vous, qui êtes-vous? (Ac 19:15, Sg)
5. Je _____ tes œuvres. Je _____ que tu n'es ni froid ni bouillant. (Ap 3:15, Sg)
6. Ils lui demandèrent: Où est ton Père? Jésus répondit: Vous ne _____ ni moi, ni mon Père. (Jn 8:19, BFC)
7. Adultères que vous êtes! ne _____ -vous pas que l'amour du monde est inimitié contre Dieu? (Jc 4:4, Sg)

C. The passage below is taken from the French translation of the Vatican II Council. Some of the more obvious cognates, which you have studied in the Art of Reaing French sections at the end of each chapter and you should therefore recognize by now, are not glossed or given in the new vocabulary list. Read for general comprehension and answer the questions following the text:

10.16

commun, -e common
concile *m.* council
croissance *f.* growth
disposer de to have at one's disposal
évêque *m.* bishop
moyen *m.* means
par conséquent consequently
perpétuel, -le perpetual

---

90 **semblable** similar, like
91 **jeté** cast, thrown
92 **ramassant** *ger.* gathering
93 **espèce** *f.* species
94 **furent** *ps., 3rd pl.* were
95 **appelé, -e** called
96 **sacrifié, -e** sacrificed
97 **perdu, -e** lost
98 **maudis** *ind., 2nd s.* curse

Chapter 10

divers, -e various, diverse
épiscopat *m.* Episcopate
personne[99] *f.* person

Le Christ Seigneur, pour assurer au Peuple de Dieu des pasteurs et les moyens de sa croissance, a institué[100] dans son Église divers ministères qui tendent au bien de tout le corps. En effet, les ministres qui disposent du pouvoir sacré sont au service de[101] leurs frères, pour que[102] tous ceux qui appartiennent au Peuple de Dieu et jouissent par conséquent, en toute vérité, de la dignité chrétienne, puissent[103] parvenir au salut, dans leur effort commun, libre et ordonné,[104] vers une même fin.

Ce saint Concile, s'engageant[105] sur les traces du premier Concile du Vatican, enseigne et déclare avec lui que Jésus Christ, Pasteur éternel, a édifié[106] la sainte Église en envoyant[107] ses Apôtres, comme lui-même avait été[108] envoyé[109] par le Père; il a voulu[110] que les successeurs de ces Apôtres, c'est-à-dire les évêques, soient[111] dans l'Église, pasteurs jusqu'à la consommation des siècles. Mais, pour que l'épiscopat lui-même fût[112] un et indivis,[113] il a mis[114] saint Pierre à la tête des autres Apôtres, instituant,[115] dans sa personne, un principe et un fondement perpétuels et visibles d'unité de la foi et de communion.

I. According to the above text:

    1. Why has Christ given ministers to his Church?

    2. How are bishops viewed and what is their role?

    3. Why has Peter been made preeminent in the Church?

---

99 To be distinguished from the negative expression **ne . . . personne**, which means "no one, nobody."
  100 **a institué** *pc.*, *3rd s.* has instituted, established
  101 **au service de** in the service of
  102 **pour que** in order that
  103 **puissent** *subj.*, *3rd pl.* may be able
  104 **ordonné, -e** orderly, well-ordered
  105 **s'engageant** *ger.* undertaking
  106 **a édifié** *pc.*, *3rd s.* has built
  107 **en envoyant** *ger.* by sending
  108 **avait été** *pqp.*, *3rd s.* had been
  109 **envoyé** *pp.* sent
  110 **a voulu** *pc.*, *3rd s.* has wanted
  111 **soient** *subj.*, *3rd pl.* be
  112 **fût** *impf. subj.*, *3rd s.* might be
  113 **indivis, -e** undivided
  114 **a mis** *pc.*, *3rd s.* has put
  115 **instituant** *ger.* instituting, establishing

D. The following passage is taken from 1 Corinthians 8:1–7 in the Louis Segond version. Some new material is glossed, but based upon what you have learned thus far and guessing at cognates, translate into English:

10.17

édifier to edify
enfler to inflate, swell
étant *ger.* being
néanmoins nevertheless
plusieurs several

réellement really, in reality
quelqu'un someone
sacrifié, -e sacrificed
soit . . . soit . . . either . . . or . . .
souillé, -e soiled

Pour ce qui concerne les viandes sacrifiées aux idoles, nous savons que nous avons tous la connaissance. –La connaissance enfle, mais la charité édifie.
Si quelqu'un croit[116] savoir quelque chose, il n'a pas encore connu[117] comme il faut connaître.
Mais si quelqu'un aime Dieu, celui-là est connu de[118] lui. –
Pour ce qui est donc de manger des viandes sacrifiées aux idoles, nous savons qu'il n'y a point d'idole dans le monde, et qu'il n'y a qu'un seul Dieu.
Car, s'il est[119] des êtres qui sont appelés[120] dieux, soit dans le ciel, soit sur la terre, comme il existe[121] réellement plusieurs dieux et plusieurs seigneurs,
néanmoins pour nous il n'y a qu'un seul Dieu, le Père, de qui viennent toutes choses et pour qui nous sommes, et un seul Seigneur, Jésus Christ, par qui sont toutes choses et par qui nous sommes.
Mais cette connaissance n'est pas chez tous. Quelques-uns, d'après la manière dont[122] ils envisagent encore l'idole, mangent de ces viandes comme étant sacrifiées aux idoles, et leur conscience, qui est faible, en est souillée.

THE ART OF READING FRENCH

The prefix **re-** (or the initial letter **r**) conveys repetition or return, as you may have noticed in this lesson with the verbs **venir** and **revenir**, **tenir** and **retenir**, **connaître** and **reconnaître** or **naître** and **renaître**. On that basis, try to determine the meaning of the following verbs:

rapporter, rassurer, rebâtir, recommencer, redemander, redevenir, refermer, rentrer, renvoyer, reprendre, retirer, retomber, retravailler, retrouver

---

116 **croit** *ind.*, 3rd *s.* believes
117 **connu** *pp.* known
118 The preposition **de** would be translated as "by" here.
119 **il est** = il y a
120 **appelé, -e** called
121 **il existe** = il y a
122 **dont** of which

Chapter 10

Self-Test E

The answers to the exercises below are given in footnote. If you not achieve 90% mastery here, you should go back and review the material before going on to the next chapter.

A. Match the French word on the left with its English meaning on the right:[123]
1. **gens** _____
2. **épreuve** _____
3. **repas** _____
4. **brebis** _____
5. **alors** _____
6. **prêter** _____
7. **culte** _____
8. **prochain** _____
9. **colère** _____
10. **plutôt** _____
11. **droiture** _____
12. **impie** _____

a. *meal*
b. *uprightness*
c. *anger*
d. *worship*
e. *people*
f. *sheep*
g. *rather*
h. *ungodly, impious*
i. *to lend*
j. *trial*
k. *then*
l. *neighbor*

B. Provide the correct conjugation for the following verbs:[124]
1. (**répondre**) tu _____
2. (**perdre**) il _____
3. (**attendre**) nous _____
4. (**savoir**) je _____
5. (**connaître**) elles _____
6. (**venir**) ils _____
7. (**devenir**) je _____
8. (**reconnaître**) on _____
9. (**revenir**) vous _____
10. (**savoir**) tu _____

C. Indicate the equivalent direct or indirect object pronoun in French:[125]
1. (*him*) _____
2. (*to her*) _____
3. (*you*, s.) _____
4. (*for us*, pl.) _____
5. (*them*) _____
6. (*to them*) _____

D. Give the correct form the interrogative adverb or pronoun as indicated in parentheses:[126]
1. (*who*, sub.) _____
2. (*how*) _____
3. (*what*, dir. ob.) _____
4. (*whom*, ob. of prep.) _____
6. (*where*) _____
7. (*what*, sub.) _____
8. (*what*, ob. of prep.) _____
9. (*whom*, dir. ob.) _____

[123] Exercise A: 1. *e*; 2. *j*; 3. *a*; 4. *f*; 5. *k*; 6. *i*; 7. *d*; 8. *l*; 9. *c*; 10. *g*; 11. *b*; 12. *h*.

[124] Exercise B: 1. *réponds*; 2. *perd*; 3. *attendons*; 4. *sais*; 5. *connaissent*; 6. *viennent*; 7. *deviens*; 8. *reconnaît*; 9. *revenez*; 10. *sais*.

[125] Exercise C: 1. *le*; 2. *lui*; 3. *te*; 4. *nous*; 5. *les*; 6. *leur*.

[126] Exercise D: 1. *qui*; 2. *comment*; 3. *que*; 4. *qui*; 5. *quand*; 6. *où*; 7. *qu'est-ce qui*; 8. *quoi*; 9. *qui*; 10. *pourquoi*.

5. (*when*) _____   10. (*why*) _____

E. Fill in the blank with the correct form of the partitive:[127]

1. **de** + **le** = _____   3. **de** + **l'** = _____

2. **de** + **la** = _____   4. **de** + **les** = _____

---

[127] Exercise E: 1. *du*; 2. *de la*; 3. *de l'*; 4. *des*.

Chapter 11

Pouvoir, Devoir, Vouloir
Ordinal Numbers
Il faut
The Gerund

Reading

The following lines are taken from the opening chapter of Calvin's *Institutes* in the first 1541 French edition. The text is presented in the original. Only the orthography has been modernized. The passage is often cited and is regarded by many as one of the most representative in the history of French Calvinism.

11.1

De la Connaissance de Dieu[1]

Toute la somme de notre sagesse, laquelle mérite d'être appelée[2] vraie et certaine sagesse, est quasi comprise en deux parties, à savoir[3] la connaissance de Dieu, et de nous-mêmes. Dont[4] la première doit[5] montrer non seulement qu'il est[6] un Dieu, lequel il faut que tous adorent et honorent, mais aussi que celui-ci[7] est la fontaine de toute vérité, sapience, bonté, justice, jugement, miséricorde, puissance, et sainteté, afin que de lui nous apprenions[8] d'attendre et demander toutes ces choses. Davantage, de les reconnaître avec louange et action de grâce procéder de lui. La seconde en nous montrant[9] notre imbécilité, misère, vanité et vilenie, nous amène à déjection,[10] défiance, et haine de nous-mêmes; en après enflamme en nous

---

1 Calvin, *Institution de la religion chrétienne* (1541), vol. 1. Critical edition by Olivier Millet (Geneva: Droz, 2008) 187–89.

2 **appelé, -e** called

3 **à savoir** namely

4 **dont** of which

5 **doit** *ind., 3rd s.* must

6 **il est** = il y a

7 **celui-ci** the latter

8 **apprenions** *subj., 1st pl.* learn

9 **en nous montrant** *ger.* by showing to us

10 **déjection**: In modern French, this word has come to denote evacuated matter. In the sixteenth century, the meaning was similar to the English sense of "dejection" or "abasement."

un désir de chercher Dieu d'autant qu'[11]en lui repose tout notre bien, duquel[12] nous nous trouvons[13] vides et dénués.

Or il n'est pas facile de discerner laquelle des deux précède et produit[14] l'autre. Car, vu qu'[15]il se trouve[16] un monde de toute misère en l'homme, nous ne nous[17] pouvons[18] pas droitement regarder, que nous ne soyons[19] touchés et points[20] de la connaissance de notre malheurté,[21] pour incontinent élever les yeux à Dieu, et venir pour le moins en quelque connaissance de lui. Ainsi par le sentiment de notre petitesse, rudesse, vanité, même aussi perversité et corruption, nous reconnaissons que la vraie grandeur, sapience, vérité, justice et pureté gît[22] en Dieu. Finalement, nous sommes émus par nos misères à considérer les biens du Seigneur, et pouvons pas affectueusement aspirer à lui, devant que[23] nous ayons commencé[24] de nous déplaire du tout en nous-mêmes.

ACTIVE VOCABULARY

11.2

action (*f.*) **de grâce** thanksgiving
affectueusement affectionately
amener to bring
aspirer to aspire
compris, -e comprised, included
davantage more (so), further
défiance *f.* mistrust, suspicion
dénué, -e (de) devoid
déplaire to displease
droitement rightly, directly
élever to elevate, raise
ému, -e moved

misère *f.* misery, destitution
partie *f.* part
petitesse *f.* smallness
pour le moins at (the very) least
précéder to precede
procéder to proceed
quasi almost, all but
quelque some, any
reposer to rest
rudesse *f.* coarseness
sapience *f.* wisdom
second,[25] **-e** second

11 **d'autant que** more especially as
12 **duquel** of which
13 **nous nous trouvons** *refl.*, *ind.*, *1st pl.* we find ourselves
14 **produit** *ind.*, *3rd s.* produces
15 **vu que** *seeing that*
16 **il se trouve** *refl.*, *3rd s.* = il y a, il existe
17 In contemporary French, the word order would be, "nous ne pouvons pas droitement nous regarder."
18 **pouvons** *ind.*, *1st pl.* can
19 **soyons** *subj.*, *1st pl.* be
20 **point** *pp.* pricked
21 **malheurté** *arch.*, *m.* misfortune
22 **gît** *ind.*, *3rd s.* lies (The infinite of this verb is **gésir**. The expressions **ci-gît**... "here lies..." and **ci-gisent**... "here lie..." are often found on gravestones.)
23 **devant que** (*arch.*) before
24 **ayons commencé** *p. subj.*, *1st pl* have begun
25 Pronounced [sə gõ].

enflammer *fig.* to excite, stir up
fontaine *f.* fountain
grandeur *f.* greatness, grandeur
imbécilité *f.* feebleness of mind
incontinent at once, forthwith

sentiment *m.* feeling, sense
somme *f.* sum, whole
vide empty
vilenie *f.* meanness, vileness

EXERCISES

A. Match the expressions in the left-hand column with the related notion in the right:

1. **aspirer**		a. touché
2. **sentiment**		b. ambitionner
3. **ému**		c. obscurité
4. **enflammer**		d. perception
5. **fontaine**		e. pauvreté
6. **imbécilité**		f. approximativement
7. **misère**		g. source
8. **miséricorde**		h. stupidité
9. **petitesse**		i. grossièrté
10. **quasi**		j. passionner
11. **rudesse**		k. pardon
12. **vide**		l. néant

B. Match the expressions in the left-hand column with their relative opposites on the right:

1. **compris**   a. confiance
2. **défiance**   b. exclu
3. **misère**   c. abondance
4. **petitesse**   d. noblesse
5. **vilenie**   e. grandeur
6. **vide**   f. plein

C. From the words in bold in the left-hand column, deduce the sense of those to the right:

1. **sentiment**   sentimental *adj.*   sentimentalité *n.*   privé de sentiment *n.*
2. **reposer**   repos *n.*   reposant *adj.*   repos éternel *n.*
3. **enflammer**   flamme *n.*   inflammatoire *adj.* flammes (*n.*) de l'Enfer
4. **vide**   vider *inf.*   vide *n.*   sans forme et vide *adj.*
5. **déplaire**   déplaisir *n.*   déplaisant *adj.*   plaire *inf.*
6. **rudesse**   rude *adj.*   rudement *adv.*   rude épreuve *adj.*

D. Translate the following phrases into English:
1. Ainsi donc, frères, aspirez au don de prophétie. (1 Co 14:39, Sg)

2. L'infinie grandeur de sa puissance. (Ep 1:19, Sg)

3. Car nous connaissons en partie, et nous prophétisons en partie. (1 Co 13:9, Sg)

4. Le jour de la colère et de la manifestation du juste jugement de Dieu. (Rm 2:5, Sg)

5. Tu es un jardin fermé, ma sœur, ma fiancée, une source fermée, une fontaine scellée.[26] (Ct 4:12, Sg)

Pouvoir, Devoir, Vouloir

The irregular verbs **pouvoir** ("to be able," "can") **devoir** ("should, ought, must") and **vouloir** ("to want") are commonly grouped together. The two former occur in the previous Calvin reading passage, while you have been exposed to the latter in various forms in previous exercises. They are conjugated in the present tense indicative as follows:

11.3

Pouvoir	Devoir	Vouloir
je peux[27]	je dois	je veux
tu peux	tu dois	tu veux
il (elle, on) peut	il (elle, on) doit	il (elle, on) veut
nous pouvons	nous devons	nous voulons
vous pouvez	vous devez	vous voulez
ils (elles) peuvent	ils (elles) doivent	ils (elles) veulent

In addition to necessity and obligation, **devoir** can also express probability, i.e. what is supposed to take place:

Et maintenant Boaz... n'est-il pas notre parent? Voici, **il doit vanner** cette nuit les orges qui sont dans l'aire. (Rt 3:2, Sg) *Is not Boaz... a kinsman of ours? Tonight he will be winnowing barley on the threshing floor.* (NIV)

When not followed by an infinitive, **devoir** means "to owe," whether in a literal or figurative sense:

Rendez à tous ce qui leur est dû: l'impôt à qui **vous devez l'impôt**, le tribut à qui **vous devez le tribut**, la crainte à qui **vous devez la crainte**, l'honneur à qui **vous devez l'honneur**. (Rm 13:7, Sg) *Pay to all what is owed to them: taxes to whom taxes are owed, revenue to whom revenue is owed, respect to whom respect is owed, honor to whom honor is owed.* (ESV)

The expression **vouloir dire** signifies "to mean":

26 **scellé, -e** sealed
27 For stylistic reasons, **je peux** is often written "je puis."

Mais il [Pierre] le nia devant tous, disant: Je ne sais ce que **tu veux dire**. (Mt 26:70, Sg) *But he denied it before them all, saying, "I do not know what you mean."* (ESV)

EXERCISES

A. Based upon your knowledge of biblical literature, or judging from context, fill in the blank with the correct form of the verb **pouvoir**, **devoir**, or **vouloir**:

11.4

blanc, -he white **noir, -e** black
diacre *m.* deacon **non plus** (n)either

1. Voici donc comment vous _____ prier: Notre Père qui es aux cieux! (Mt 6:9, Sg)
2. Ne jure pas non plus par ta tête, car tu ne _____ rendre blanc ou noir un seul cheveu. (Mt 5:36, Sg)
3. Jésus lui dit:[28] Si tu _____ être parfait, va, vends ce que tu possèdes, donne-le aux pauvres. (Mt 19:21, Sg)
4. Nous qui sommes forts, nous _____ supporter les faiblesses de ceux qui ne le sont pas. (Rm 15:1, Sg)
5. Je trouve donc en moi cette loi: quand je _____ faire le bien, le mal est attaché[29] à moi. (Rm 7:21, Sg)
6. Vous savez discerner l'aspect du ciel, et vous ne _____ discerner les signes des temps. (Mt 16:3, Sg)
7. Comment cet homme parle-t-il ainsi? Il blasphème. Qui _____ pardonner les péchés, si ce n'est Dieu seul? (Mc 2:7, Sg)
8. Les diacres _____ être maris d'une seule femme, et diriger bien leurs enfants et leurs propres maisons. (1 Tm 3:12, Sg)

B. Translate the following sentences containing the verbs **pouvoir**, **devoir**, and **vouloir**:

11.5

bruit *m.* noise **souffler** to blow
éloigner to remove **toutefois** nevertheless
diable *m.* devil **vent** *m.* wind

1. Vous avez pour père le diable, et vous voulez accomplir les désirs de votre père. (Jean 8:44, Sg)

2. C'est ainsi que les maris doivent aimer leurs femmes comme leurs propres corps. (Ep 5:28, Sg)

---

28 **dit** *ps., 3rd s.* said
29 **attaché, -e** attached

3. Un bon arbre ne peut porter de mauvais fruits, ni un mauvais arbre porter de bons fruits. (Mt 7:18, Sg)

4. Ainsi, il fait miséricorde à qui il veut, et il endurcit qui il veut. (Rm 9:18, Sg)

5. Or, à celui qui peut faire, par la puissance qui agit en nous, infiniment au-delà de tout ce que nous demandons ou pensons . . . (Eph 3:20, Sg)

6. Abba, Père, toutes choses te sont possibles, éloigne de moi cette coupe! Toutefois, non pas ce que je veux, mais ce que tu veux. (Mc 14:36, Sg)

7. En vérité, en vérité, je te le dis si un homme ne naît d'eau et d'Esprit, il ne peut entrer dans le royaume de Dieu. (Jn 3:5, Sg)

8. Le vent souffle où il veut; tu entends le bruit qu'il fait, mais tu ne sais pas d'où il vient ni où il va. (Jn 3:8, BFC)

Ordinal Numbers

In previous chapter readings, you have already been exposed to the ordinal numbers **premier** (-**ière**), **deuxième**, and **troisième**. In the present chapter, you have also seen the ordinal number **second** (-**e**). The latter tends to be used when there are only two items in question, whereas **deuxième** might be used instead when more items follow—a third, a fourth, a fifth, etc.—in a series.

In the main, except for **premier** and **second**, the ordinal number is formed by adding the suffix -**ième** to the cardinal number. If the cardinal number ends in **e**, however, this final letter is dropped:

11.6

1er	**premier** (^{1ère} **première**)	11^e	**onzième**
2^e	**deuxième**	12^e	**douzième**
3^e	**troisième**	13^e	**treizième**
4^e	**quatrième**	14^e	**quatorzième**
5^e	**cinquième**	15^e	**quinzième**
6^e	**sixième**	16^e	**seizième**
7^e	**septième**	17^e	**dix-septième**
8^e	**huitième**	18^e	**dix-huitième**
9^e	**neuvième**	19^e	**dix-neuvième**
10^e	**dixième**	20^e	**vingtième**

Note the special orthography of **cinq<u>u</u>ième**, **neu<u>v</u>ième**, and **dix-neu<u>v</u>ième**.

Before **huitième** and **onzième** the definite articles **le** and **la** do not elide:
> **Le huitième** jour, l'enfant sera circoncis. (Lv 12:3, Sg) *On the eighth day the boy is to be circumcised.* (NIV)
> La ville fut assiégée jusqu'à **la onzième année** du roi Sédécias. (2 R 25:2, Sg) *So the city was besieged till the eleventh year of King Zedekiah.* (ESV)

Note that, unlike English, French uses cardinal numbers with royalty:
> Louis quinze fut le coupable; Louis seize fut le puni! (Hugo[30]) *Louis the fifteenth was the guilty one; Louis the sixteenth was the one punished.*

EXERCISES

A. Fill in the blank with the correct expression **second** (-e) or **deuxième** according to the case:

11.7

étang *m.* lake
nécessaire necessary
ôter to remove, take away
remplacer to replace
reproche *f.* reproach
veille *f.* watch, vigil

1. C'est la _____ mort, l'étang de feu. (Ap 20:14, Sg)
2. Qu'il arrive à la _____ ou à la troisième veille, heureux ces serviteurs, s'il les trouve veillant[31]! (Lc 12:38, Sg)
3. Si, en effet, cette première alliance avait été[32] sans reproche, il ne serait[33] pas nécessaire de la remplacer par une _____. (He 8:7, NSg)
4. Il est arrivé[34] la même chose au _____ frère, puis au troisième, et ainsi de suite[35] jusqu'au septième. (Mt 22:26, BSm)
5. Et il viendra[36] une _____ fois, non plus pour ôter les péchés, mais pour sauver ceux qui attendent de lui leur salut. (He 9:28, BSm)
6. Puis il lui demanda[37] une _____ fois: Simon, fils de Jean, m'aimes-tu? (Jn 21:16, BSm)

B. Translate the following verses containing ordinal numbers into English:

11.8

mois *m.* month
rescapé, -e survivor

30 *Les voix intérieures*, "Sunt Lacrymae rerum."
31 **veillant** *pp.* watching, awake
32 **avait été** *plup.* had been
33 **serait** *cond.* would be
34 **est arrivé** *pc.*, *3rd s.* happened
35 **et ainsi de suite** and so on, and so forth
36 **viendra** *fut.*, *3rd s.* will come
37 **demanda** *ps.*, *3rd s.* asked

plaisir *m.* pleasure   **santé** *f.* health

1. Je punis la faute des pères sur leurs descendants jusqu'à la troisième et même la quatrième génération. (Ex 34:7, BSm)

2. Le cinquième ange versa[38] sa coupe sur le trône de la bête. (Ap 16:10, BSm)

3. Le cinquième jour du dixième mois de la onzième année de notre captivité, un rescapé de Jérusalem arriva[39] vers moi pour m'annoncer que la ville était tombée.[40] (Ez 33:21, BSm)

4. La passion la plus[41] forte du vingtième siècle : la servitude. (Albert Camus, *Carnets*)

5. Les neuf dixièmes de notre bonheur reposent sur la santé. Avec elle, tout devient source de plaisir. (Arthur Schopenhauer, *Aphorismes sur la sagesse dans la vie*)

Il faut

Besides employing the verb **devoir**, another way to indicate obligation in French is with the impersonal expression **il faut** ("it takes," "it is necessary"), whose infinitive is **falloir** ("to be necessary," "to be lacking"). This ubiquitous expression is often followed by **que** + the subjunctive, as in Calvin's text at the beginning of this chapter ("un Dieu, lequel **il faut** que tous adorent et honorent"). The subjunctive will be addressed in a later lesson. For now, it suffices to know that **il faut** can be followed as well by an infinitive or a direct object:

> Pierre et les apôtres répondirent: **Il faut obéir** à Dieu plutôt qu'aux hommes. (Ac 5:29, Sg) *Peter and the other apostles replied: We must obey God rather than men!* (NIV)
>
> Pour le vin nouveau, **il faut** des outres neuves. (Mc 2:22, BFC) *One puts new wine into fresh wineskins.* (NASB)

In the negative, the expression **il ne faut pas** is quite strong—much stronger than **il n'est pas nécessaire** ("it is not necessary")—and truly signifies what should not or must not

---

38 **versa** *ps., 3rd s.* poured
39 **arriva** *ps., 3rd s.* arrived
40 **était tombée** *plup., 3rd s.* had fallen
41 The expression **la plus** indicates the superlative here. For translation, add "-est" to the adjective.

be done:

> **Il ne faut pas agir** pendant la fête, pour ne pas provoquer d'émeute parmi le peuple. (Mc 14:2, BSm) *Not during the festival, otherwise there might be a riot of the people.* (NSAB)
>
> Néanmoins **il ne faut pas** mépriser la grâce que le Pape dispense; car elle est, comme je l'ai dit, une déclaration du pardon de Dieu. (Martin Luther, Thèse 38) *Nevertheless, the pope's remission and dispensation are in no way to be despised, for, as I have said, they proclaim the divine remission.* (Martin Luther, Thesis 38)

The impersonal expression **il faut** can also take an indirect object pronoun, which thereby personalizes the locution:

> Car **il nous faut** tous comparaître devant le tribunal de Christ. (2 Co 5:10, Sg) *For we must all appear before the judgment seat of Christ.* (ESV)

EXERCISES

A. Fill in the blank with the correct indirect object pronoun so as to be the equivalent of the subject pronoun + **devoir**:
  1. Je dois boire cette coupe. = Il _____ faut boire cette coupe.
     I must drink this cup. (cf. Mt 20:22; Mc 10:38–39)
  2. Nous devons boire cette coupe. = Il _____ faut boire cette coupe.
     We must drink this cup.
  3. Elle doit boire cette coupe.   = Il _____ faut boire cette coupe.
     She must drink this cup.
  4. Tu dois boire cette coupe. = Il _____ faut boire cette coupe.
     You must drink this cup.
  5. Ils doivent boire cette coupe. = Il _____ faut boire cette coupe.
     They must drink this cup.
  6. Vous devez boire cette coupe. = Il _____ faut boire cette coupe.
     You must drink this cup.

B. Translate into English the following maxims extracted from Alexandre Vinet's works[42] and all containing the expression **il faut**:

11.9

certes to be sure, yes indeed
impérissable imperishable
ivre drunk
recueillement *m.* contemplation

répéter[43] to repeat
souffrance *f.* suffering
vue *f.* sight, view

---

42 J.-F. Astié, *Esprit d'Alexandre Vinet: Pensées et réflexions extraites de tous ses ouvrages*, Tome premier. Lausanne: A. Delafontaine, 1861, pp. 67, 159, 202, 229.

43 **Répéter** takes a grave accent in closed syllable conjugations (**je répète, tu répètes, il/elle/on répète, ils/elles répètent**), which are all pronounced [re pɛt], whereas the **nous** and **vous** forms follow the open syllable infinitive [re pe te]: (**répétons** [re pe tõ], **répétez** [re pe te]).

1. Obéir est la loi, l'impérissable loi de notre nature morale, et il faut répéter à ce siècle, ivre de liberté, que la seule liberté digne de ce nom, c'est l'obéissance dans l'amour.

2. Il faut les souffrances pour que[44] Jésus-Christ nous profite, comme il faut Jésus-Christ pour que les souffrances nous profitent.

3. Il faut le silence, le recueillement, la vue du ciel, pour aimer; il faut une vie sérieuse et austère, pour aimer.

4. La religion peut devenir une passion comme une autre, et une passion, certes, avec laquelle il ne faut pas jouer.

The Gerund

The Gerund or Present Participle is that form of the verb which corresponds to the English ending "-ing." It is composed by adding the suffix **-ant** to the stem of the **nous** conjugation of the present tense verb:

Un peuple a-t-il entendu comme toi la voix de Dieu **parlant** au milieu du feu, sans perdre la vie? (Dt 4:33, BSm) *Has any other people heard the voice of God speaking out of fire, as you have, and lived?* (NIV)

Et ils étaient continuellement dans le temple, **louant** et **bénissant** Dieu. (Lc 24:53, Sg) *And they were continually in the temple praising and blessing God.* (KJV)

En **entrant** dans la ville, tu rencontreras une troupe de prophètes **descendant** du haut lieu . . . (1 S 10:5, Sg) *As you approach the town, you will meet a procession of prophets coming down from the high place . . .* (NIV)

If the verb ends in **-cer** or **-ger**, remember that the **nous** form commonly takes a cedilla or an "e" to soften the consonant. This phenomenon, in turn, is reflected in the gerund:

Quel sera le signe **annonçant** la fin de toutes ces choses? (Mc 13:4, NSg) *And what will be the sign that they are all about to be fulfilled?* (NIV)

Car Jean Baptiste est venu ne **mangeant** pas de pain . . . (Lc 7:33, Sg) *For John the Baptist has come eating no bread . . .* (ESV)

Three verbs (**avoir**, **être**, and **savoir**) have irregular present participles—**ayant**, **étant**, and **sachant** respectively:

C'est pourquoi, **ayant** ce ministère, selon la miséricorde qui nous a été faite,

---

44 **pour que** in order that

nous ne perdons pas courage. (2 Co 4:1, Sg) *Therefore, having this ministry by the mercy of God, we do not lose heart.* (ESV)

Car, le sacerdoce **étant** changé, nécessairement aussi il y a un changement de loi. (He 7:12, Sg) *For the priesthood being changed, there is made of necessity a change also of the law.* (KJV)

Jésus, **sachant** en lui-même que ses disciples murmuraient à ce sujet, leur dit: Cela vous scandalise-t-il? (Jn 6:61, Sg) *But Jesus, knowing in himself that his disciples were grumbling about this, said to them, "Do you take offense at this?"* (ESV)

The gerund is often preceded by the preposition **en**, which, in this case, is variously translated as "by," "in," "on," "upon," and "while." An example occurs in this lesson's reading:

La seconde **en nous montrant** notre imbécilité, misère, vanité et vilenie . . . (*The second, by showing to us our feebleness of mind, misery, vanity, and meanness . . .*)

EXERCISES

A. Fill in the blanks with the correct form of the gerund:

11.10

accomplissement *m.* fulfillment   **écarlate** scarlet
croix *f.* cross   **user (de)** to use

1. Celui qui est de la terre est de la terre, et il parle comme (*être*) _____ de la terre. (Jn 3:31, Sg)
2. Hé! toi qui détruis[45] le temple, et qui le rebâtis en trois jours, sauve-toi[46] toi-même, en (*descendre*) _____ de la croix! (Mc 15:29–30, Sg)
3. Jésus, (*regarder*) _____ autour de lui, dit[47] à ses disciples: Qu'il sera[48] difficile à ceux qui ont des richesses d'entrer dans le royaume de Dieu! (Mc 10:23, Sg)
4. . . .une femme assise sur une bête écarlate, pleine de noms de blasphème, (*avoir*) _____ sept têtes et dix cornes. (Ap 17:3, Sg)
5. Bien plus, nous nous glorifions[49] même des afflictions, (*savoir*) _____ que l'affliction produit[50] la persévérance. (Rm 5:3, Sg)
6. Le Seigneur ne tarde pas dans l'accomplissement de la promesse . . . mais il use de patience envers vous . . . (*vouloir*) _____ que tous arrivent à la repentance. (2 P 3:9, Sg)

45 **détruis** *ind., 2nd s.* destroy
46 **sauve-toi** *imp., 2nd s.* save yourself
47 **dit** *ps., 3rd s.* said
48 **sera** *fut., 3rd s.* will be
49 **nous glorifions** *refl. ind., 1st pl.* boast
50 **produit** *ind., 3rd s.* produces

7. Et Jésus, (*connaître*) _____ leurs pensées, dit:⁵¹ Pourquoi avez-vous de mauvaises pensées dans vos cœurs? (Mt 9:4, Sg)

8. Mais si ton ennemi a faim, donne-lui à manger; s'il a soif, donne-lui à boire; car en (*agir*) _____ ainsi, ce sont des charbons ardents que tu amasseras⁵² sur sa tête. (Rm 12:20, Sg)

B. Translate the following sentences containing the present participle into English:

11.11

cesser to cease
mondain, -e worldly
nouvelle *f.* news
pluie *f.* rain

prémices *f.pl.* first fruits
saison *f.* season
Sauveur *m.* Saviour
soupirer to sigh

1. C'est en pardonnant qu'on obtient le pardon. (Prière de Saint François d'Assise)

2. Et ce n'est pas elle [la création] seulement; mais nous aussi, qui avons les prémices de l'Esprit, nous aussi nous soupirons en nous-mêmes, en attendant l'adoption, la rédemption de notre corps. (Rm 8:23, Sg)

3. Elle [la grâce de Dieu] nous enseigne à renoncer à l'impiété et aux convoitises mondaines, et à vivre dans le siècle présent selon la sagesse, la justice et la piété, en attendant la bienheureuse espérance, et la manifestation de la gloire du grand Dieu et de notre Sauveur Jésus Christ. (Tt 2:12–13, Sg)

4. Jésus parcourait⁵³ toute la Galilée, enseignant dans les synagogues, prêchant la bonne nouvelle du royaume, et guérissant toute maladie et toute infirmité parmi le peuple. (Mt 4:23, Sg)

5. . . . quoiqu'⁵⁴il n'ait cessé⁵⁵ de rendre témoignage de ce qu'il est, en faisant du bien, en vous dispensant du ciel les pluies et les saisons fertiles, en vous donnant la nourriture avec abondance et en remplissant vos cœurs de joie. (Ac 14:17, Sg)

---

51 **dit** *ps.*, 3rd *s.* said
52 **amasseras** *fut.*, 2nd *s.* will heap
53 **parcourait** *impf.*, 3rd *s.* went throughout
54 **quoiqu'** although
55 **n'ait cessé** *p. subj.*, 3rd *s.* has not ceased

CHAPTER 11

REVIEW AND EXPANSION EXERCISES

A. Fill in the blanks with the appropriate vocabulary word, making all necessary agreements according to context:

    amener   **croix**   **pluie**
    aspirer   **ému**   **recueillement**
    blanc   **plaisir**   **saison**

1. Cette parole est certaine: Si quelqu'un _____ à la charge d'évêque, il désire une œuvre excellente. (1 Tm 3:1, Sg)
2. Je suis _____ de compassion pour cette foule; car voilà trois jours qu'ils sont près de moi, et ils n'ont rien à manger. (Mc 8:2, Sg)
3. L'amour n'est qu'un _____, l'honneur est un devoir. (Corneille, *Le Cid*)
4. Par là [la disposition de l'année, selon l'Église] toutes les _____ sont fructueuses[56] pour les chrétiens; tout y[57] est plein de Jésus-Christ. (Bossuet, *Oraisons funèbres*)
5. Ou est-ce le ciel qui donne la _____? N'est-ce pas toi, Éternel, notre Dieu? (Jr 14:22. Sg)
6. Car la prédication de la _____ est une folie pour ceux qui périssent. (1 Co 1:18, Sg)
7. Voici, cet enfant est destiné[58] à _____ la chute[59] et le relèvement[60] de plusieurs en Israël, et à devenir un signe … (Lc 2:34, Sg)
8. Puis je vis[61] le ciel ouvert, et voici, parut[62] un cheval[63] _____. (Ap 19:11, Sg)
9. Il me semble[64] que je reconnais cette modestie, cette paix, ce _____ que nous lui[65] voyions[66] devant les autels … (Bossuet, *Oraisons funèbres*)

B. The following passage is taken from Pascal's treatise *Sur la condition des grands*. Some new vocabulary and grammar are glossed. By what you have learned, guessing at cognates, and consulting, if need be, the glossary, translate into English:

11.12

    assujettir to subjugate   **égal, -e** equal
    attirer to draw, attract   **étendue** *f.* size, expanse

56 **fructueux, -se** fruitful
57 **y** there
58 **destiné, -e** destined
59 **chute** *f.* fall
60 **relèvement** *m.* rising
61 **vis** *ps., 1ˢᵗ s.* saw
62 **parut** *ps., 3ʳᵈ s.* appeared
63 **cheval** *m.* horse
64 **il me semble** it seems to me
65 The **lui** here refers to Marie-Thérèse d'Autriche.
66 **voyions** *impf., 1ˢᵗ pl.* we use to see

à votre avis in your opinion
besoin *m.* need
concupiscence *f.* lusts of the flesh
cupidité *f.* covetousness, greed
dureté *f.* hardness, harshness
proprement properly
respirer to breathe (*fig.* betoken)
satisfaire (à) to satisfy
sorte *f.* sort, manner, kind
sujet, -te subject (of a state)

TROISIÈME DISCOURS

Je vous veux[67] faire connaître,[68] Monsieur, votre condition véritable; car c'est la chose du monde que les personnes de votre sorte ignorent le plus.[69] Qu'est-ce, à votre avis, d'être grand seigneur? C'est être maître de plusieurs objets de la concupiscence des hommes, et ainsi pouvoir satisfaire aux besoins et aux désirs de plusieurs. Ce sont ces besoins et ces désirs qui les attirent auprès de vous . . .

Dieu est environné[70] de[71] gens pleins de charité, qui lui demandent les biens de la charité qui sont en sa puissance: ainsi il est proprement le roi de la charité.

Vous êtes de même environné d'un petit nombre de personnes, sur qui vous régnez en votre manière. Ces gens sont pleins de concupiscence. Ils vous demandent les biens de la concupiscence; c'est la concupiscence qui les attache à vous. Vous êtes donc proprement un roi de concupiscence. Votre royaume est de peu d'étendue; mais vous êtes égal en cela aux plus grands rois de la terre. Ils sont comme vous des rois de concupiscence. C'est la concupiscence qui fait leur force, c'est-à-dire la possession des choses que la cupidité des hommes désire.

Mais en connaissant votre condition naturelle, usez des moyens qu'elle vous donne, et ne prétendez pas régner par une autre voie que par celle qui vous fait roi. Ce n'est point votre force et votre puissance naturelle qui vous assujettit toutes ces personnes. Ne prétendez donc point les dominer par la force, ni les traiter avec dureté . . .

Il faut mépriser la concupiscence et son royaume, et aspirer à ce royaume de charité où tous les sujets ne respirent que la charité, et ne désirent que les biens de la charité . . .

THE ART OF READING FRENCH

Impersonal expressions such as **il faut** are those which do not have a specific subject. The subject is expressed with either **il** or **ce**, which translate as "it." Among the more common impersonal expressions you will encounter are **il vaut mieux** ("it is better"), **il semble** ("it seems"), **il paraît** ("it seems, appears"), and **il suffit** ("it suffices"). Most contain the

67 In modern French, the syntax would be: "Je veux vous faire . . ."
68 **faire connaître** to make known
69 **le plus** the most
70 **environné, e** surrounded
71 **de** by

verb **être**. Based upon what you have learned thus far, what do the following mean?

il est bon, il est certain, il est clair, il est évident, il est important, il est juste, il est nécessaire, il est normal, il est possible, il est temps, il est utile, il est vrai

Chapter 12

Voir, Croire, Boire
Adjectives Preceding the Noun
Dire, Lire, Écrire
Cardinal Numbers (continued)

Reading

Saint François de Sales (1567–1622) was born in Upper Savoy, in a region that is now French territory. In his capacity as Bishop of Geneva—though the seat was located in Annecy, Savoy, because the former city was under Calvinist control—he sought to win Protestants back to the Old Faith. He was a master preacher and is widely respected for his writings on spiritual formation, most notably for his *Introduction à la vie dévote* (1608), from which the following passage is taken. The text here appears in modernized form.

12.1

Du Paradis[1]

1. Considérez une belle nuit bien sereine, et pensez combien il fait bon[2] voir le ciel avec cette multitude et variété d'étoiles. Or, joignez[3] maintenant cette beauté avec celle d'un beau jour, en sorte que[4] la clarté du soleil n'empêche point la claire vue des étoiles ni de la lune; et puis après, dites[5] hardiment que toute cette beauté mise[6] ensemble n'est rien au prix de[7] l'excellence du grand paradis. Ô que ce lieu est désirable et amiable, que cette cité est précieuse!

2. Considérez la noblesse, la beauté et la multitude des citoyens et habitants de cet heureux pays: ces millions de millions, d'anges, de chérubins et séraphins, cette troupe d'apôtres, de martyrs, de confesseurs, de vierges, de saintes dames; la

---

1 *Introduction à la vie devote de Saint François de Sales, évêque et prince de Genève* (Paris: Léonard, 1696) 52–54.

2 **il fait bon** it is pleasant

3 **joignez** *imp., 2ⁿᵈ pl.* join

4 **en sorte que** so that

5 **dites** *imp., 2ⁿᵈ pl.* say

6 **mise** *pp.* put

7 **au prix de** in comparison with

multitude est innumérable. Ô que cette compagnie est heureuse! Le moindre de tous est plus beau à voir que tout le monde; que sera[8]-ce de les voir tous? Mais, mon Dieu, qu'ils sont heureux! toujours ils chantent le doux cantique de l'amour éternel; toujours ils jouissent d'une constante allégresse; ils s'entre-donnent[9] les uns aux autres[10] des contentements indicibles, et vivent[11] en la consolation d'une heureuse et indissoluble société.

3. Considérez enfin quel bien ils ont tous de jouir de Dieu qui les gratifie pour jamais[12] de son aimable regard, et par celui-ci répand dedans leurs cœurs un abîme de délices. Quel bien d'être à jamais uni[13] à son Principe! Ils sont là comme des heureux oiseaux, qui volent et chantent à jamais[14] dedans l'air de la Divinité qui les environne de toutes parts[15] de plaisirs incroyables; là, chacun à qui mieux mieux,[16] et sans envie, chante les louanges du Créateur. Béni soyez-vous[17] à jamais, ô notre doux et souverain Créateur et Sauveur, qui nous êtes si bon,[18] et nous communiquez si libéralement votre gloire. Et réciproquement, Dieu bénit d'une bénédiction perpétuelle tous ses saints: «Bénies soyez-vous à jamais, dit-il, mes chères créatures, qui m'avez servi[19] et qui me louez éternellement avec si grand amour et courage.»

ACTIVE VOCABULARY

12.2

abîme *m.* abyss
allégresse *f.* gladness, joy
amiable friendly, amicable
cantique *m.* hymn
chacun, -e each one
cher, -ère dear
chérubin *m.* cherub
cité *f.* city
citoyen, -ne citizen
clarté *f.* clarity
communiquer to communicate

hardiment boldly
incroyable unbelievable
indicible inexpressible
libéralement liberally, generously
louer to praise
lune *f.* moon
martyr, -e martyr
moindre *m.* least
noblesse *f.* nobleness, nobility
nuit *f.* night
oiseau *m.* bird

8 **sera** *fut., 3rd s.* will be

9 **s'entre-donneront** *fut., 3rd pl.* will give each other

10 **les uns aux autres** one to another (the expression is added here to emphasize reciprocity)

11 **vivent** *ind., 3rd pl.* live

12 **pour jamais** for ever

13 **uni** *pp.* united

14 **à jamais** for ever

15 **de toutes parts** on every side

16 **à qui mieux mieux** vying with one another

17 **soyez** *subj., 2nd pl.* be

18 **si bon … si libéralement … si grand …** As stated in Chapter 8, when "si" is followed by an adjective or an adverb, it means "so."

19 **avez servi** *pc., 2nd pl.* have served

compagnie *f.* company, group
dame *f.* lady
délice[20] *m.* delight
empêcher to forbid, prevent
ensemble together
environner to surround
étoile *f.* star
gratifier to confer, bestow
paradis *m.* paradise, heaven
précieux, -euse precious
réciproquement reciprocally
regard *m.* look
séraphin *m.* seraph
serein, -e serene, calm
troupe *f.* troop, throng
voler to fly

EXERCISES

A. Match the expressions in the left-hand column with the related notion in the right:

1. **abîme**   a. célébrer
2. **incroyable**   b. gaîté
3. **paradis**   c. astre
4. **allégresse**   d. extraordinaire
5. **noblesse**   e. ténèbres
6. **regard**   f. faire obstacle
7. **clarté**   g. lumière
8. **nuit**   h. aristocratie
9. **empêcher**   i. vue
10. **troupe**   j. profondeur
11. **étoile**   k. éden
12. **louer**   l. armée

B. Match the expressions in the left-hand column with their relative opposites on the right:

1. **ensemble**   a. obscurité
2. **plaisir**   b. commun
3. **serein**   c. anxieux
4. **précieux**   d. calvaire
5. **clarté**   e. partie
6. **paradis**   f. déplaisir

C. From the words in bold in the left-hand column, deduce the sense of those to the right:

1. **cantique**   chantre *n.*   cantate *n.*   Cantique (*n.*) des cantiques
2. **cité**   citadelle *n.*   citadin *n.*   Cité (*n.*) de Dieu
3. **martyr**   martyriser *inf.* martyre *n.*   Louis XVI, roi martyr *adj.*
4. **hardiment**   hardi *adj.*   hardiesse *n.*   enhardir *inf.*
5. **incroyable**   incroyance *n.*   incroyant *n.*   croyant *n.*
6. **libéralement** libéral *adj.*   libéraliser *inf.* libéralisme *n.*
7. **dame**   madame *n.*   Notre-Dame *n.*   Dame (*n.*) Nature

---

20   When used in the plural, as happens to occur in this reading, the word is feminine.

D. Translate the following phrases into English:
1. Une face de chérubin.

2. Ô palais de David et sa chère cité. (Racine, *Athalie*)

3. Venez, chantons avec allégresse à l'Éternel! (Ps 95:1, Sg)

4. Votre foi, plus précieuse que l'or périssable. (1 P 1:7, Sg)

5. Une postérité nombreuse comme les étoiles du ciel. (He 11:12, Sg)

6. Mon abîme d'orgueil, de curiosité, de concupiscence. (Pascal, *Pensées*)

7. Car nous n'avons point ici-bas[21] de cité permanente, mais nous cherchons celle qui est à venir. (He 13:14, Sg)

Voir, Croire, Boire

The irregular verbs **voir** ("to see") **croire** ("to believe") and **boire** ("to drink") have some similarities and often find themselves grouped together. The first verb occurs three times in the infinitive in the François de Sales reading passage above, and you have encountered several forms of the latter two in previous chapters. They are fully conjugated in the present tense below:

12.3

Voir	Croire	Boire
je vois	je crois	je bois
tu vois	tu crois	tu bois
il (elle, on) voit	il (elle, on) croit	il (elle, on) boit
nous voyons	nous croyons	nous buvons
vous voyez	vous croyez	vous buvez
ils (elles) voient	ils (elles) croient	ils (elles) boivent

Prévoir ("to foresee") and **revoir** ("to see again," "check") are also conjugated like **voir**.

Croire à means "to believe in" the existence of a thing or the truth of an idea, while **croire en** means "to believe in" or "to have faith in" a being, most notably God:
>> Mais si **vous ne croyez pas à** ses écrits, comment **croirez-vous à** mes paroles? (Jn 4:47, Sg) *But if you do not believe his writings, how will you believe my words?* (ESV)
>> Car en ce qui concerne le Christ, Dieu vous a accordé la grâce, non seulement

---

21 **ici-bas** here below

de **croire en lui**, mais encore de souffrir pour lui. (Ph 1:29, BSm) *For it has been granted to you on behalf of Christ not only to believe on him, but also to suffer for him.* (NIV)

EXERCISES

A. Fill in the blanks with the correct form of the irregular verb in parentheses:

12.4

conduite *f.* conduct, behavior
manque *m.* lack
publicain Publican
racine *f.* root
religieux *m.* monk, friar

roc *m.* rock
sans cesse without ceasing
succomber to succumb
troupeau *m.* flock

1. Celui qui mange ma chair et qui (*boire*) _____ mon sang a la vie éternelle. (Jn 6:54, Sg)
2. Car auprès de toi est la source de la vie; par ta lumière nous (*voir*) _____ la lumière. (Ps 36:9, Sg)
3. Ceux qui sont sur le roc, ce sont ceux qui, lorsqu'ils entendent la parole, la reçoivent[22] avec joie; mais ils n'ont point de racine, ils (*croire*) _____ pour un temps, et ils succombent au moment de la tentation. (Lc 8:13, Sg)
4. Laban répondit,[23] et dit[24] à Jacob: Ces filles sont mes filles, ces enfants sont mes enfants, ce troupeau est mon troupeau, et tout ce que tu (*voir*) _____ est à moi. (Gn 31:43, Sg)
5. Jésus lui dit:[25] Si tu peux! . . . Tout est possible à celui qui (*croire*) _____. (Mc 9:23, Sg)
6. Ma faute est toujours là, je la (*revoir*) _____ sans cesse. (Ps 51:5, BFC)
7. Pourquoi mangez-vous et (*boire*) _____-vous avec les publicains et les gens de mauvaise vie? (Lc 5:30, Sg)
8. Ce qui fait qu'on ne (*croire*) _____ aux miracles, est le manque de charité. (Pascal, *Pensées*)
9. Cet âge est fort bizarre, et je (*prévoir*) _____ bien que plusieurs diront[26] qu'il n'appartient qu'aux religieux et gens de dévotion de faire des conduites si particulières[27] à la piété. (François de Sales, *Introduction à la vie dévote*)

B. Translate the following sentences containing the verbs **voir**, **prévoir**, **revoir**, **croire**, and **boire**:

[22] **reçoivent** *ind.*, 3rd *pl.* receive
[23] **répondit** *ps.*, 3rd *s.* answered
[24] **dit** *ps.*, 3rd *s.* said
[25] **dit** *ps.*, 3rd *s.* said
[26] **diront** *fut.*, 3rd *pl.* will say
[27] **particulier, -ière** particular, peculiar

12.5

dessein *m.* design, intention
éclairer to light, illuminate
genre humain *m.* human race
lever du soleil *m.* sunrise
monarque *m.* monarch

1. En vérité, en vérité, je vous le dis, si vous ne mangez la chair du Fils de l'homme, et si vous ne buvez son sang, vous n'avez point la vie en vous-mêmes. (Jean 6:53, Sg)

2. Le temps est accompli,[28] et le royaume de Dieu est proche. Repentez-vous,[29] et croyez à la bonne nouvelle. (Mc 1:15, Sg)

3. Quand je vois l'aurore, je prévois le lever du soleil. Ce que je vois est présent; mais ce que je prévois est encore à venir. (Saint Augustin, *Confessions*)

4. Je veux dans un seul malheur déplorer toutes les calamités du genre humain, et dans une seule mort faire voir la mort et le néant de toutes les grandeurs humaines. (Bossuet, *Oraisons funèbres*)

5. Revois tes actions, tes discours, tes pensées / Peut-être y[30] verras[31]-tu, malgré ton bon dessein, / À chaque occasion mille offenses glissées[32] / Contre le Grand Monarque ou contre le prochain. (Corneille, *L'imitation de Jésus-Christ*)

6. Ce n'est pas assez au prince de voir, il faut qu'il prévoie.[33] (Bossuet, *Politique tirée des propres paroles de l'Écriture sainte*)

7. Celui qui n'a pas vu[34] cette lumière pure est aveugle comme un aveugle-né: il passe sa vie dans une profonde nuit, comme les peuples que le soleil n'éclaire point pendant plusieurs mois de l'année; il croit être sage et il est insensé; il croit tout voir et il ne voit rien. (Fénelon, *Aventures de Télémaque*)

28 **accompli** *pp.* accomplished, fulfilled
29 **repentez-vous** *refl. imp., 2nd pl.* repent
30 **y** there
31 **verras** *fut., 2nd s.* will see
32 **glissé, -e** slipped (in)
33 **prévoie** *subj, 3rd s.* = **prévoit**
34 **n'a pas vu** *pc., 3rd s.* has not seen

Adjectives Preceding the Noun

As you saw in Chapter 4, in French, adjectives generally follow the noun they modify. In certain poetic or highly stylized texts, adjectives may be placed before the noun. You saw a number of examples of these in François de Sales' prose:

...la **claire** vue des étoiles ...

Considérez la noblesse, la beauté et la multitude des citoyens et habitants de cet **heureux** pays ...

...toujours ils chantent le **doux** cantique de l'amour eternal.

...la consolation d'une **heureuse** et **indissoluble** société.

...ô notre **doux** et **souverain** Créateur et Sauveur ...

In the previous lesson, you also saw that ordinal numbers, which are really adjectives agreeing in gender and number with the noun they modify, regularly precede the noun. This would also include **premier** and **dernier**:

Le **premier** homme, Adam, devint[35] une âme vivante. Le **dernier** Adam est devenu[36] un esprit vivifiant. (1 Co 15:45, Sg) *The first man Adam became a living being; the last Adam, a life-giving spirit.* (NIV)

However, a certain number of short and common adjectives also precede the noun as a matter of course. The majority of these you have already studied:

12.6

ancien, -ne old; former	**jeune** young
autre other	**joli, -e** pretty
beau, belle beautiful, handsome	**long, -ue** long
bon, -ne good	**mauvais, -e** bad, evil
chaque each	**nouveau, nouvelle** new
cher, -ère dear; expensive	**pauvre** poor; unfortunate
faux, -sse false, fake	**petit, -e** small, little
gentil, -le nice, kind	**vieux, vieille** old
grand, -e big, tall; great	**vrai, -e** true
gros, -se large, thick	

Several examples are found in this lesson's reading:

Considérez une **belle** nuit bien sereine ...

Or, joignez maintenant cette beauté avec celle d'un **beau** jour ...

«Bénies soyez-vous à jamais, dit-il, mes **chères** créatures, qui m'avez servi et qui me louez éternellement avec si **grand** amour et courage.»

A handful of adjectives—**ancien, cher, grand,** and **pauvre**—may either precede or follow the noun, and will vary in meaning depending upon their position. In general, when the adjective goes after, it is to be taken in a literal sense; when it comes before, it

---

35 **devint** *ps., 3ʳᵈ s.* became
36 **est devenu** *pc., 3ʳᵈ s.* has become

is to be taken in figurative sense:

> [LITERAL] Mes chers amis, ce n'est pas un nouveau commandement que je vous écris: il s'agit d'un commandement **ancien** . . . (1 Jn 2:7, BSm) *Beloved, I am not writing a new commandment to you, but an old commandment . . .* (NASB)
>
> [FIGURATIVE] Car les **anciennes** souffrances seront oubliées, elles seront cachées à mes yeux. (Es 65:16, Sg) *Because the former troubles are forgotten, And because they are hidden from My sight!* (NASB)

> [LITERAL] Un flacon d'albâtre plein d'un parfum très **cher**. (Mc 14:3, BFC) *An alabaster jar of very expensive perfume.* (NIV)
>
> [FIGURATIVE] C'est pourquoi, mes **chers** frères, soyez fermes . . . (1 Co 15:58, BSm) *Therefore, my dear brothers, stand firm . . .* (NIV)

> [LITERAL] Les Émim y habitaient auparavant; c'était un peuple **grand**, nombreux et de haute taille, comme les Anakim. (Dt 2:10, Sg) *The Emim formerly lived there, a people great and many, and tall as the Anakim.* (ESV)
>
> [FIGURATIVE] Je vous le dis, même en Israël je n'ai pas trouvé une aussi **grande** foi. (Lc 7:9, Sg) *I tell you, I have not found such great faith even in Israel.* (NIV)

> [LITERAL] Moi, je suis un homme **pauvre** et de peu d'importance. (1 S 18:23, Sg) *I'm only a poor man and little known.* (NIV)
>
> [FIGURATIVE] Comment retournez-vous à ces faibles et **pauvres** rudiments, auxquels de nouveau vous voulez vous asservir encore? (Ga 4:9, Sg) *How can you turn back again to the weak and worthless elementary principles of the world, whose slaves you want to be once more?* (ESV)

Note that the adjectives **beau**, **nouveau**, and **vieux** take a special form before a masculine noun beginning with a vowel or mute "h" and are pronounced exactly like the feminine form:

> Joseph était un très **bel** homme ayant un beau visage. (Gn 39:6, BSm) *Now Joseph was handsome in form and appearance.* (ESV)
>
> Pouvons-nous savoir, lui dirent-ils alors, en quoi consiste ce **nouvel** enseignement dont tu parles? (Ac 17:19, BSm) *May we know what this new teaching is that you are presenting?* (ESV)
>
> . . .sachant que notre **vieil** homme a été crucifié avec lui . . . (Rm 6:6, Sg) *. . .knowing this, that our old self was crucified with Him . . .* (NASB)

When adjectives precede the noun in the plural, for euphonic—and not grammatical—reasons, the indefinite article **des** generally becomes **de**:

> Qu'ils sont beaux sur les montagnes, les pieds de celui qui apporte **de bonnes nouvelles**. (Es 52:7, Sg) *How beautiful upon the mountains are the feet of him who brings good news.* (ESV)
>
> Tout bon arbre porte **de bons fruits**, mais le mauvais arbre porte **de mauvais**

fruits. (Mt 7:17, Sg) *So every good tree bears good fruit, but the bad tree bears bad fruit.* (NASB)

La nature elle-même ne vous enseigne-t-elle pas que c'est une honte pour l'homme de porter **de longs cheveux** . . . (1 Co 11:14, Sg) *Does not even nature itself teach you that if a man has long hair, it is a dishonor to him . . .* (NIV)

Exercises

A. Translate into English the following verses containing adjectives which precede the noun:

12.7

bergerie *f.* sheep-fold
de loin from afar
marchand *m.* merchant
naissance *f.* birth
oubli *m.* forgetfulness

parfum *m.* perfume
tellement so much
semblable similar, like
trésor *m.* treasure
trompeur, -euse deceitful

1. Le royaume des cieux est encore semblable à un marchand qui cherche de belles perles. (Mt 13:45, Sg)

2. Une bonne réputation vaut mieux que[37] le bon parfum, et le jour de la mort que le jour de la naissance. (Qo 7:1, Sg)

3. Mes chers frères, je désire tellement vous revoir! Vous êtes ma joie et ma couronne de victoire! (Ph 4:1, BFC)

4. J'ai encore d'autres brebis, qui ne sont pas de cette bergerie. (Jn 10:16, Sg)

5. Ces hommes-là sont de faux apôtres, des ouvriers trompeurs, déguisés[38] en apôtres de Christ. (2 Co 11:13, Sg)

6. Mais celui en qui ces choses ne sont point est aveugle, il ne voit pas de loin, et il a mis[39] en oubli la purification de ses anciens péchés. (2 P 1:9, Sg)

---

37 **vaut** (*ind.*, 3rd *s.*) **mieux que** is better than
38 **déguisé, -e** disguised
39 **a mis** *pc.*, 3rd *s.* has put.

7. L'homme qui est bon tire de bonnes choses du bon trésor qui est en lui; mais l'homme qui est mauvais tire de mauvaises choses du mauvais trésor qui est en lui. (Mt 12:35, BSm)

8. Vraiment, je vous l'assure: si vous ne changez pas d'attitude et ne devenez pas comme de petits enfants, vous n'entrerez pas[40] dans le royaume des cieux. (Mt 18:3, BSm)

B. Determine whether the adjective should precede or follow the noun, in other words whether it is to be taken in a literal or figurative sense:

12.8

berceau *m.* cradle
coudée *f.* cubit
frappé, -e stricken
guerrier *m.* warrior
mendiant, -e mendicant
plante *f.* sole (of the foot)
sommet *m.* crown (of the head)
taille *f.* size

1. (*ancien*) C'est un _____ Testament _____ interlinéaire[41] hébreu-français.
2. (*cher*) C'est un _____ prix _____ à payer.
3. (*grand*) Goliath: un _____ guerrier _____, ayant une taille de plus de six coudées.
4. (*ancien*) La _____ Grèce _____ est le berceau de la civilisation.
5. (*pauvre*) François d'Assise: un _____ religieux _____, qui établit un ordre mendiant.
6. (*grand*) David: un _____ guerrier _____, le héros du camp israélite.
7. (*pauvre*) Job: un _____ homme _____, frappé d'un ulcère malin, depuis la plante du pied jusqu'au sommet de la tête.
8. (*cher*) «_____ Théophile _____, dans mon premier livre . . .» (Ac 1:1, BFC)

Dire, Lire, Écrire

The irregular verbs **dire** ("to say, tell"), **lire** ("to read") and **écrire** ("to write") are commonly grouped together. You have encountered almost the entire conjugation of **dire** indirectly in previous chapters and two instances occur in the lesson's reading. You have also been exposed to almost all the forms of **écrire** previously. These verbs are now fully conjugated in the present tense below:

---

40 **n'entrerez pas** *fut., 2ⁿᵈ pl.* will not enter
41 **interlinéaire** interlinear

Dire	Lire	Écrire
je dis	je lis	j'écris
tu dis	tu lis	tu écris
il (elle, on) dit	il (elle, on) lit	il (elle, on) écrit
nous disons	nous lisons	nous écrivons
vous dites	vous lisez	vous écrivez
ils (elles) disent	ils (elles) lisent	ils (elles) écrivent

Other irregular verbs conjugated on the same model as **dire** are **redire** ("to say again"), **contredire** ("to contradict"), **interdire** ("to forbid, prohibit"), **médire** ("to slander"), and **prédire** ("to predict, foresee"), with the notable exception that in the second person plural all, except **redire**, end in **-sez**.

Verbs conjugated like **lire** are **relire** ("to read again, proof") and **élire** ("to elect"), while verbs conjugated like **écrire** are **décrire** ("to describe"), **inscrire** ("to inscribe"), **prescrire** ("to prescribe"), and **transcrire** ("to transcribe").

Exercises

A. Based upon your knowledge of biblical literature or judging from context, fill in the blank with the correct form of the three verbs **dire, lire,** or **écrire**:

1. Car, depuis bien des[42] générations, Moïse a dans chaque ville des gens qui le prêchent, puisqu'on le _____ tous les jours de sabbat dans les synagogues. (Ac 15:21, Sg)
2. Si nous _____ que nous n'avons pas péché,[43] nous le faisons menteur, et sa parole n'est point en nous. (1 Jn 1:10, Sg)
3. Je vous salue, moi Paul, de ma propre main. C'est là ma signature dans toutes mes lettres; c'est ainsi que j'_____. (2 Th 3:17, Sg)
4. Aujourd'hui encore, chaque fois qu'ils _____ les livres de Moïse, un voile recouvre[44] leur intelligence. (2 Co 3:15, BFC)
5. Vous m'appelez Maître et Seigneur; et vous _____ bien, car je le suis. (Jn 13:13, Sg)
6. Or, notre communion est avec le Père et avec son Fils Jésus Christ. Et nous _____ ces choses, afin que notre joie soit[45] parfaite. (1 Jn 1:3–4, Sg)

[42] **bien des** a good many
[43] **n'avons pas péché** *pc., 3rd s.* have not sinned
[44] **recouvre** *ind., 3rd s.* covers over
[45] **soit** *subj., 3rd s.* be

7. Philippe courut,⁴⁶ et entendit⁴⁷ l'Éthiopien lire dans le prophète Ésaïe. Alors il lui demanda:⁴⁸ Comprends⁴⁹-tu ce que tu _____? (Ac 8:30, BSm)

B. Translate the following sentence into English:

12.10

contestation *f.* dispute
Gentil *m.* Gentile
bourreau *m.* executioner
occuper to occupy
pompe *f.* pomp, display
tendresse *f.* tenderness

1. Il y a des reproches qui louent et des louanges qui médisent. (La Rochefoucauld, *Maximes et Réflexions morales*)

2. Vous entrez en contestation lorsqu'on veut vous interdire les pompes criminelles du monde. (Massillon, *La Pécheresse*)

3. Non seulement je lis vos lettres avec plaisir, ma chère fille, mais je les relis avec une tendresse qui m'occupe et qui me fait aimer mes promenades solitaires. (Mme de Sévigné, *Lettre* 21 septembre 1669)

4. O princes! ô rois! vous voyez que je vous parle sans intérêt:⁵⁰ écoutez donc celui qui vous aime assez pour vous contredire et pour vous déplaire en vous représentant la vérité. (Fénelon, *Aventures de Télémaque*)

5. Vous, seigneurs, vous avez contre vous l'Écriture et l'histoire, qui vous enseignent que la tyrannie a toujours été⁵¹ punie.⁵² Vous êtes vous-mêmes des tyrans et des bourreaux, vous interdisez l'Évangile. (*Mémoires de Martin Luther*, trans. Jules Michelet)

6. Il [Dieu] écrit de sa propre main, sur deux tables qu'il donne à Moïse au haut du mont Sinaï, le fondement de cette loi, c'est-à-dire le décalogue ou les dix commandements, qui contiennent les premiers principes du culte de Dieu et de la société humaine. (Bossuet, *Discours sur l'histoire universelle*)

46 **courut** *ps.*, *3ʳᵈ s.* ran
47 **entendit** *ps.*, *3ʳᵈ s.* heard
48 **demanda** *ps.*, *3ʳᵈ s.* asked
49 **comprends** *ind.*, *2ⁿᵈ s.* understand
50 **sans intérêt** disinterestedly (as opposed to "uninterestedly")
51 **a ... été** *pc.*, *3ʳᵈ s.* has been
52 **puni, -e** punished

7. Le peuple Juif tout entier le prédit [le Christ] avant sa venue. Le peuple Gentil l'adore après . . . Les deux peuples Gentil et Juif le regardent comme leur centre. (Pascal, *Pensées*)

CARDINAL NUMBERS (CONTINUED)

In previous chapters, you have learned the cardinal numbers **zéro** through **vingt**, as well as **cinquante**, **cent**, and **mille** as part of your active vocabulary. In the current reading, you also encounter the word **million**. Here is a more complete listing of the numbers through ninety-nine; the gaps can be filled in by following the established pattern:

12.11

21	vingt et un	31	trente et un	62	soixante-deux
22	vingt-deux	32	trente-deux	70	soixante-dix
23	vingt-trois	40	quarante	71	soixante et onze
24	vingt-quatre	41	quarante et un	72	soixante-douze
25	vingt-cinq	42	quarante-deux	80	quatre-vingts
26	vingt-six	50	cinquante	81	quatre-vingt-un
27	vingt-sept	51	cinquante et un	82	quatre-vingt-deux
28	vingt-huit	52	cinquante-deux	90	quatre-vingt-dix
29	vingt-neuf	60	soixante	91	quatre-vingt-onze
30	trente	61	soixante et un	92	quatre-vingt-douze

As an exception to the pattern, note that **quatre-vingts** is written with an "s," and that the subsequent numbers based upon it are not.

In some French-speaking countries, seventy, eighty, and ninety are **septante**, **octante** or **huitante**, and **nonante** respectively.

The numbers one hundred through a million can also be deduced by following the basic pattern set forth below:

12.12

100	cent	300	trois cents	800	huit cents
101	cent un	400	quatre cents	900	neuf cents
102	cent deux	500	cinq cents	1.000	mille
200	deux cents	600	six cents	2.000	deux mille
201	deux cent un	700	sept cents	1.000.000	un million

Note that the "s" of **cents** is dropped when followed by any other number (e.g. **deux cent un**) and that **mille** is invariable and never takes an "s" (e.g. **deux mille**).

In French, years are expressed with a multiple of **cent** or with **mille** (often spelled **mil** in written form).

1492   quatorze cent quatre-vingt-deux (mil quatre cent quatre-vingt-deux)

Chapter 12

Exercises

A. Based upon your knowledge of biblical literature, fill in the blank with the appropriate number from the list below:

vingt-quatre	soixante-dix	cent vingt
trente	quatre-vingts	quatre cent trente
quarante	quatre-vingt-dix	cent quarante-quatre mille

1. Sarah, âgée de _____ ans, lorsqu'elle enfante Isaac. (cf. Gn 17:17)
2. Le séjour des enfants d'Israël en Égypte: _____ ans. (cf. Ex 12:40)
3. L'âge de Moïse lorsqu'il retourne en Égypte: _____ ans. (cf. Ex 7:7)
4. La captivité de Babylone: _____ ans. (cf. Je 25:11)
5. L'âge de Jésus au début de son ministère: _____ ans. (cf. Lc 3:23)
6. La tentation de Jésus dans le désert: _____ jours. (cf. Lc 4:2)
7. Le nombre des disciples réunis[53] dans la chambre haute avant Pentecôte: _____. (cf. Ac 1:15)
8. Le nombre des vieillards[54] autour du trône: _____. (cf. Ap 4:4)
9. Le nombre des rachetés[55] de toutes les tribus des fils d'Israël: _____. (cf. Ap 7:4)

B. Based upon your knowledge of Church History, match events with the appropriate date:

trois cent vingt-cinq	mil cinq cent cinquante-trois
mil deux cent quatre	mil six cent quatre-vingt-cinq
mil quatre cent quatorze	mil sept cent quatre-vingt-dix
mil cinq cent trente-quatre	mil huit cent soixante-dix
mil cinq cent quarante-deux	mil neuf cent soixante-trois

1. La proclamation du dogme de l'infaillibilité papale (1870): _____
2. Le premier Concile de Nicée a lieu[56] (325): _____
3. La Révolution française abolit les vœux[57] monastiques (1790): _____
4. L'Inquisition est instaurée à Rome (1542): _____
5. Henri VIII se proclame[58] chef de l'Église d'Angleterre (1534): _____
6. La Révocation de l'Édit de Nantes (1685): _____
7. Calvin fait condamner à mort et brûler[59] Michel Servet (1553): _____
8. Le Concile de Constance condamne Wyclif et Hus (1414): _____

53 **réuni, -e** gathered together
54 **vieillard** *m.* old man, elder
55 **racheté, -e** redeemed
56 **a lieu** takes place
57 **vœu** *m.* vow
58 **se proclame** *ind., refl., 3rd s.* proclaims himself
59 **brûler** to burn

9. Le sac[60] de Constantinople par les Croisés[61] (1204): _____
10. Le commencement du Concile de Vatican II (1963): _____

Review and Expansion Exercises

A. Fill in the blanks with the appropriate vocabulary word, making all necessary agreements according to context:

cantique	**incroyable**	**noblesse**
chacun	**libéralement**	**sommet**
délice	**moindre**	**troupe**

1. Ô mont de Sinaï, conserve la mémoire / De ce jour à jamais auguste et renommé,[62] / Quand sur ton _____ enflammé... (Racine, *Athalie*)
2. Quelqu'un parmi vous est-il dans la souffrance? Qu'il prie. Quelqu'un est-il dans la joie? Qu'il chante des _____. (Jc 5:13, Sg)
3. Centurion: c'est le nom que l'on donne à celui qui commande une _____ de cent hommes.
4. C'est pour cette espérance, ô roi, que je suis accusé par des Juifs! Quoi! vous semble-t-il _____ que Dieu ressuscite les morts? (Ac 26:7–8, Sg)
5. Car je suis le _____ des apôtres, je ne suis pas digne d'être appelé apôtre, parce que j'ai persécuté[63] l'Église de Dieu. (1 Co 15:9, Sg)
6. Tel,[64] qui donne _____, devient plus riche; Et tel, qui épargne[65] à l'excès, ne fait que s'appauvrir.[66] (Pr 11:24. Sg)
7. Apprenez qu'un gentilhomme[67] qui vit mal est un monstre dans la nature; que la vertu est le premier titre[68] de _____; que je regarde bien moins au nom qu'on signe, qu'aux actions qu'on fait. (Molière, *Dom Juan*)
8. Voici, ceux qui portent des habits magnifiques, et qui vivent dans les _____, sont dans les maisons des rois. (Lc 7:25, Sg)
9. Voici, je viens bientôt,[69] et ma rétribution est avec moi, pour rendre à _____ selon ce qu'est son œuvre. (Ap 22:12, Sg)

---

60 **sac** *m.* sacking, pillage
61 **Croisé** *m.* Crusader
62 **renommé, -e** renowned, famed
63 **ai persécuté** *pc., 1ˢᵗ s.* have persecuted
64 **tel** *pron.* such a one
65 **épargner** to save (up), economize
66 **s'appauvrir** *refl.* to grow poor(er)
67 **gentilhomme** *m.* gentleman
68 **titre** *m.* title
69 **bientôt** soon

B. The following three passages are taken from l'Abbé Prévost's sentimental novel *Manon Lescaut* (1731). The eponymous heroine is a classic *femme fatale* for whom a young seminary student of noble birth—the Chevalier des Grieux—forsakes faith, family, and fortune. The extent to which l'Abbé Prévost's tragic love story may be autobiographical is a matter of rampant conjecture. We do know that Prévost himself led an existence rich in peripateia, passing in and out of monastic life and being linked with women of doubtful character. Some new vocabulary is presented and unfamiliar grammatical items are glossed. Through what you have learned, by guessing at cognates, and by consulting if needed a glossary, read for general comprehension and answer the questions following the text:

12.13

ambigu, -e ambiguous
chimère *f.* chimera
choix *m.* choice
compter to count
espérer[70] to hope
éviter to avoid
fond *m.* background, bottom
fumée *f.* smoke

infortune *f.* misfortune
laisser to allow
mélange *m.* mingling, mixture
méprisable contemptible
mérite *m.* merit
profane secular, ungodly
remède *m.* remedy
sot, -te silly, foolish

[*An outer narrator relates his first meeting with the Chevalier des Grieux, who will then narrate his own story. He presents Des Grieux as an Aristotelian hero, "neither too evil, nor too good."*]

Il [le public] verra,[71] dans la conduite de M. des Grieux, un exemple terrible de la force des passions. J'ai à peindre[72] un jeune aveugle, qui refuse d'être heureux, pour se précipiter[73] volontairement dans les dernières[74] infortunes; qui, avec toutes les qualités dont[75] se forme[76] le plus brillant mérite, préfère, par choix, une vie obscure et vagabonde, à tous les avantages de la fortune et de la nature; qui prévoit ses malheurs, sans vouloir les éviter; qui les sent[77] et qui en[78] est accablé,[79] sans profiter des remèdes qu'on lui offre[80] sans cesse et qui peuvent à tous moments les finir; enfin un caractère ambigu, un mélange de vertus et de

70 Note that the accent remains acute open syllables and becomes grave when found in a closed syllable: **espère, espères, espère, espérons, espérez, espère**.
71 **verra** *fut.*, *3rd s.* will see
72 **peindre** to paint, depict
73 **se précipiter** *refl.* to throw himself
74 **dernières** *fig.* extreme, dire, worst
75 **dont** of which
76 **se forme** *ind., refl., 3rd s.* is formed
77 **sent** *ind., 3rd s.* senses, feels, is conscious of
78 **en** by them
79 **accablé, -e** overwhelmed
80 **offre** *ind., 3rd s.* offers

vices, un contraste perpétuel de bons sentiments et d'actions mauvaises. Tel est le fond du tableau que je présente.

[*After Manon's first betrayal, the Chevalier des Grieux needs several months of forced confinement to recover. At last deemed cured from the dangers of love, he enters the seminary at Saint-Sulpice. When the time comes for Des Grieux to undergo public examination in theology, Manon is spurred by either curiosity or remorse to attend the proceedings. Afterwards, she obtains a private meeting with Des Grieux and claims her heart has never ceased to be his.*]

Chère Manon! lui dis[81]-je, avec un mélange profane d'expressions amoureuses et théologiques, tu es trop adorable pour une créature. Je me sens[82] le cœur emporté[83] par une délectation victorieuse. Tout ce qu'on dit de la liberté à Saint-Sulpice est une chimère. Je vais perdre ma fortune et ma réputation pour toi, je le prévois bien; je lis ma destinée dans tes beaux yeux; mais de quelles pertes ne serai[84]-je pas consolé[85] par ton amour! Les faveurs de la fortune ne me touchent point; la gloire me paraît une fumée; tous mes projets de vie ecclésiastique étaient[86] de folles imaginations; enfin tous les biens différents de ceux que j'espère avec toi sont des biens méprisables, puisqu'ils ne sauraient[87] tenir un moment, dans mon cœur contre un seul de tes regards.

[*The Chevalier des Grieux's resources evaporate once again, which proves fatal for Manon, ever alive to pleasure and luxury. She leaves the following letter for him explaining her departure.*]

Je te jure, mon cher Chevalier, que tu es l'idole de mon cœur et qu'il n'y a que toi au monde que je puisse[88] aimer de la façon dont je t'aime; mais ne vois-tu pas, ma pauvre chère âme, que, dans l'état où nous sommes réduits,[89] c'est une sotte vertu que la fidélité? Crois-tu qu'on puisse[90] être bien tendre lorsqu'on manque de pain? [...] Je t'adore, compte là-dessus; mais laisse-moi, pour quelque temps, le ménagement de notre fortune. Malheur à qui va tomber dans mes filets! Je travaille pour rendre mon Chevalier riche et heureux.

I. According to the above text:

81 **dis** *ps., 1ˢᵗ s.* said
82 **me sens** *refl. ind., 1ˢᵗ s.* feel
83 **emporté, -e** carried away
84 **serai** *fut., 1ˢᵗ s.* will be
85 **consolé, -e** consoled, comforted
86 **étaient** *impf., 3ʳᵈ pl.* were
87 **ne sauraient** *cond., 3ʳᵈ pl.* would not be able
88 **puisse** *subj., 1ˢᵗ s.* may be able
89 **réduit, -e** reduced
90 **puisse** *subj., 3ʳᵈ s.* may be able

Chapter 12

1. In what way is Des Grieux's character ambiguous, a mixture of virtue and vice?

2. What is Des Grieux prepared to sacrifice for Manon?

3. Describe Manon's own character.

The Art of Reading French

In French, words beginning with an **es** or **é** oftentimes correspond to an initial "s" in English. On that basis, you should be able to readily tell the meaning of the following words, some of which you have already seen in other contexts:

écarlate, école, Écriture, épice, épouse, esclave, espace, espion, esprit, estomac, étable, état, étrange, étude, étudiant

INTRODUCTION TO THEOLOGICAL FRENCH

Self-Test F

The answers to the exercises below are given in footnote. If you not achieve 90% mastery here, you should go back and review the material before going on to the next chapter.

A. Match the French word on the left with its English meaning on the right:[91]

1. ému, -e _____
2. croix _____
3. pluie _____
4. sapience _____
5. non plus _____
6. bruit _____
7. étang _____
8. louer _____
9. étoile _____
10. racine _____
11. vieux, vieille _____
12. oubli _____

a. *rain*
b. *star*
c. *(n)either*
d. *old*
e. *lake*
f. *cross*
g. *root*
h. *forgetfulness*
i. *to praise*
j. *moved*
k. *noise*
l. *wisdom*

B. Provide the correct conjugation for the following verbs:[92]

1. (**pouvoir**) tu _____
2. (**falloir**) il _____
3. (**vouloir**) nous _____
4. (**devoir**) je _____
5. (**voir**) elles _____
6. (**lire**) ils _____
7. (**croire**) je _____
8. (**boire**) on _____
9. (**dire**) vous _____
10. (**écrire**) tu _____

C. Write out the corresponding ordinal number in French:[93]

1. (1er) _____
2. (5e) _____
3. (9e) _____
4. (12e) _____
5. (16e) _____
6. (20e) _____

D. Give the correct form of the gerund based on the verb indicated in parentheses:[94]

1. (**louer**) _____
4. (**manger**) _____

---

91   Exercise A: 1. j; 2. f; 3. a; 4. l; 5. c; 6. k; 7. e; 8. i; 9. b; 10. g; 11. d; 12. h.
92   Exercise B: 1. peux; 2. faut; 3. voulons; 4. dois; 5. voient; 6. lisent; 7. crois; 8. boit; 9. dites; 10. écris.
93   Exercise C: 1. premier; 2. cinquième; 3. neuvième; 4. douzième; 5. seizième; 6. vingtième.
94   Exercise D: 1. louant; 2. bénissant; 3. descendant; 4. mangeant; 5. ayant; 6. étant.

2. (bénir) _____   5. (avoir) _____
3. (descendre) _____ 6. (être) _____

E. Put the following series of words in the correct order:[95]

1. (vin/bon/un/blanc) _____
2. (mortel/vrai/péché/un) _____
3. (une/loi/sainte/vieille) _____
4. (mauvais/spirituels/de/fruits) _____

F. Match the number on the left with the French word on the right:[96]

1. 71 _____   a. *vingt-huit*
2. 28 _____   b. *six cent soixante-six*
3. 80 _____   c. *soixante et onze*
4. 666 _____   d. *quatre-vingts*
5. 42 _____   e. *quarante-deux*

---

[95] Exercise E: 1. un bon vin blanc; 2. un vrai péché mortel; 3. une vieille loi sainte; 4. de mauvais fruits spirituels.

[96] Exercise F: 1. c; 2. a; 3. d; 4. b; 5. e.

Chapter 13

Asseoir, Cueillir, Vêtir
Prendre and Irregular -re Verbs
Passé composé: Verbs Conjugated with *Avoir*
Past Participle Agreement

Reading

The following passage taken from Matthew 25:31–46, concerning the decisive criteria of judgment upon Christ's Return, is quoted in the Louis Segond version. The vocabulary is fairly restricted, with a number of words repeated, though now you will want to take due grammatical note of the verbs here in the compound past, to which you have already had passive exposure in some of the previous readings and exercises.

13.1 🔊

La Parabole des brebis et des boucs

Lorsque le Fils de l'homme viendra[1] dans sa gloire, avec tous les anges, il s'assiéra[2] sur le trône de sa gloire. Toutes les nations seront[3] assemblées[4] devant lui. Il séparera[5] les uns d'avec les autres, comme le berger sépare les brebis d'avec les boucs; et il mettra[6] les brebis à sa droite, et les boucs à sa gauche. Alors le roi dira[7] à ceux qui seront à sa droite: Venez, vous qui êtes bénis de mon Père; prenez[8] possession du royaume qui vous a été[9] préparé[10] dès la fondation du monde. Car j'ai eu[11] faim,

---

1 **viendra** *fut.*, 3rd *s.* will come
2 **s'assiéra** *fut.*, 3rd *s.* will sit
3 **seront** *fut.*, 3rd *pl.* will be
4 **assemblées** *pp.* assembled
5 **séparera** *fut.*, 3rd *s.* will separate
6 **mettra** *fut.*, 3rd *s.* will put
7 **dira** *fut.*, 3rd *s.* will say
8 **prenez** *imp.*, 2nd *pl.* take
9 **été** *pp.* been
10 **préparé** *pp.* prepared
11 **eu** *pp.* had

et vous m'avez donné[12] à manger; j'ai eu soif, et vous m'avez donné à boire; j'étais[13] étranger, et vous m'avez recueilli;[14] j'étais nu, et vous m'avez vêtu;[15] j'étais malade, et vous m'avez visité;[16] j'étais en prison, et vous êtes venus[17] vers moi. Les justes lui répondront:[18] Seigneur, quand t'avons-nous vu[19] avoir faim, et t'avons-nous donné à manger; ou avoir soif, et t'avons-nous donné à boire? Quand t'avons-nous vu étranger, et t'avons-nous recueilli; ou nu, et t'avons-nous vêtu? Quand t'avons-nous vu malade, ou en prison, et sommes-nous allés[20] vers toi? Et le roi leur répondra:[21] Je vous le dis en vérité, toutes les fois que vous avez fait[22] ces choses à l'un de ces plus petits de mes frères, c'est à moi que vous les avez faites.[23]

Ensuite il dira à ceux qui seront à sa gauche: Retirez-vous[24] de moi, maudits;[25] allez dans le feu éternel qui a été préparé pour le diable et pour ses anges. Car j'ai eu faim, et vous ne m'avez pas donné à manger; j'ai eu soif, et vous ne m'avez pas donné à boire; j'étais étranger, et vous ne m'avez pas recueilli; j'étais nu, et vous ne m'avez pas vêtu; j'étais malade et en prison, et vous ne m'avez pas visité. Ils répondront aussi: Seigneur, quand t'avons-nous vu ayant faim, ou ayant soif, ou étranger, ou nu, ou malade, ou en prison, et ne t'avons-nous pas assisté?[26] Et il leur répondra: Je vous le dis en vérité, toutes les fois que vous n'avez pas fait ces choses à l'un de ces plus petits, c'est à moi que vous ne les avez pas faites. Et ceux-ci iront[27] au châtiment éternel, mais les justes à la vie éternelle.

ACTIVE VOCABULARY

13.2

assembler to assemble
asseoir to seat, establish
assister[28] to assist

mettre to put
nu, -e naked
parabole *f.* parable

12 **donné** *pp.* given
13 **étais** *impf.*, *1st s.* was
14 **recueilli** *pp.* taken in
15 **vêtu** *pp.* clothed
16 **visité** *pp.* visited
17 **êtes venus** *pc.*, *2nd pl.* came
18 **répondront** *fut.*, *3rd pl.* will answer
19 **vu** *pp.* seen
20 **sommes-nous allés** *pc.*, *1st pl.* have we gone, did we go
21 **répondra** *fut.*, *1st pl.* will answer
22 **fait** *pp.* done
23 As you will see in the lesson, the past particple (in this case **fait**) agrees in gender and number will a preceding direct object.
24 **retirez-vous** *imp.*, *refl.*, *2nd pl.* withdraw
25 **maudit, -e** cursed
26 **assisté** *pp.* assisted
27 **iront** *fut.*, *3rd pl.* will go
28 The more common meaning of **assister**, taking as well the preposition **à**, is "to attend."

bouc *m.* goat
châtiment *m.* chastisement
dès *prep.* since, from
fondation *f.* foundation
malade sick
maudire[29] to curse
préparer to prepare
prison *f.* prison, jail
recueillir to take in
retirer to withdraw
vêtir to clothe, dress
visiter to visit

EXERCISES

A. Match the expressions in the left-hand column with the related notion in the right:
1. **châtiment**   a. aider
2. **visiter**   b. accoutrer
3. **mettre**   c. joindre
4. **retirer**   d. anathémiser
5. **asseoir**   e. base
6. **maudire**   f. ôter
7. **assister**   g. punition
8. **fondation**   h. incarcération
9. **parabole**   i. installer
10. **prison**   j. allégorie
11. **assembler**   k. placer
12. **vêtir**   l. fréquenter

B. Match the expressions in the left-hand column with their relative opposites on the right:
1. **châtiment**   a. dévêtir
2. **malade**   b. bénir
3. **maudire**   c. guérison
4. **vêtir**   d. récompense
5. **préparer**   e. donner
6. **retirer**   f. terminer

C. From the words in bold in the left-hand column, deduce the sense of those to the right:
1. **malade**   maladie *n.*   maladif *adj.*   malade (*n.*) imaginaire
2. **fondation** fonder *inf.*   fondateur *n.*   fondamental *adj.*
3. **visiter**   visite *n.*   visiteur *n.*   fête de la Visitation (*n.*)
4. **vêtir**   revêtir *inf.*   vestimentaire *adj.*   vêtements (*n.*) sacerdotaux
5. **prison**   prisonnier *n.*   emprisonner *inf.*   emprisonnement *n.*
6. **châtiment** châtieur *n.*   châtier *inf.*   châtiment (*n.*) céleste

---

29 In spite of its ending, **maudire** is conjugated in the present like an -**ir** verb: **maudis, maudis, maudit, maudissons, maudissez, maudissent**.

D. Translate the following phrases into English:

1. Qui aime bien châtie bien. (Prov.)

2. L'homme est une prison où l'âme reste[30] libre. (Hugo, *Les Contemplations*)

3. Celui qui pèche est du diable, car le diable pèche dès le commencement. (1 Jn 3:8, Sg)

4. Je suis le bon berger. Le bon berger donne sa vie pour ses brebis. (Jn 10:11, Sg)

5. Supportez le châtiment: c'est comme des fils que Dieu vous traite; car quel est le fils qu'un père ne châtie pas? (He 12:7, Sg)

6. Vous êtes destinée, ma chère fille, à être une pierre[31] fondamentale de Saint-Cyr.[32] (Mme de Maintenon, Lettre à Mlle de la Maisonfort,[33] 6 février 1692)

7. Les figures de l'Évangile pour l'état de l'âme malade sont des corps malades. (Pascal, *Pensées*)

8. Cette maladie n'est point à la mort; mais elle est pour la gloire de Dieu, afin que le Fils de Dieu soit[34] glorifié par elle. (Jn 11:4, Sg)

Asseoir, Cueillir, Vêtir

Asseoir ("to seat, establish") **cueillir** ("to gather, pick, pluck"), and **vêtir** ("to clothe, dress") are considered highly irregular, though, in fact, **cueillir** is conjugated just like an -**er** verb. **Asseoir** and **vêtir** as well as their derivatives are often used in a reflexive sense, but this aspect will be treated in a subsequent chapter.

13.3

Asseoir	Cueillir	Vêtir
j'assieds	je cueille	je vêts
tu assieds	tu cueilles	tu vêts

---

30 In translating, remember that **rester** is a false cognate. In French, the verb "to rest" is **reposer**, which you saw in the 23rd Psalm at the end of Chapter 8 and studied formaly in Chapter 11.

31 **pierre** *f.* stone.

32 Saint-Cyr was a boarding school established in 1684 by Louis XIV at the behest of his former mistress and second wife, Madame de Maintenon, who desired an institution for young women of impoverished noble families.

33 Mlle de la Maisonfort, a cousin of Madame Guyon, had attracted the favor of the foundress, who thought to make her a future Superior of the house.

34 **soit** *subj.*, 3rd *s.* be

il (elle, on) assied	**il (elle, on) cueille**	**il (elle, on) vêt**
nous asseyons	**nous cueillons**	**nous vêtons**
vous asseyez	**vous cueillez**	**vous vêtez**
ils (elles) asseyent	**ils (elles) cueillent**	**ils (elles) vêtent**

For recognition purposes only, **asseoir** has an alternative present-tense conjugation, which you might encounter in your studies, although the one given above is more common: **assois, assois, assoit, assoyons, assoyez, assoient**. The only derivative verb is **rasseoir** ("to reseat, settle").

Accueillir ("to welcome") and **recueillir** ("to collect," "gather up," [*fig.*] "take in") are also conjugated like **cueillir**.

Dévêtir ("to undress") and **revêtir** ("to reclothe") are derivatives of **vêtir**. In contemporary usage, **habiller** ("to dress"), **déshabiller** ("to undress"), and **rhabiller** ("to reclothe") tend to replace them. However, in religious discourse, **revêtir** in particular is to be retained. Metaphorically, it can signify "to invest with, assume a dignity." In biblical literature, it has the specialized meaning of "putting on" Christ or Christian virtue:

> Tenez donc ferme: ayez à vos reins la vérité pour ceinture; **revêtez** la cuirasse de la justice. (Ep 6:14, Sg) *Stand therefore, having fastened on the belt of truth, and having put on the breastplate of righteousness.* (ESV)

EXERCISES

A. Fill in the blanks with the correct form of the irregular verb in parentheses:

13.4

aromate *m.* spice	**murmurer** to murmur
avancé, -e advanced, late	**parure** *f.* adorning, finery
diligemment diligently	**rassasié, -e** satisfied (hunger, passion)
exhorter to exhort	**rejeter**[35] to reject
extérieur, -e outer, outward	**semer**[36] to sow
intérieur, -e inner, inward	**tressé, -e** braided

1. La nuit est avancée, le jour est tout proche. Rejetons donc les œuvres des ténèbres et (*revêtir* [*imp.*, 1ˢᵗ *pl.*]) _____ les armes de la lumière. (Rm 13:12, TOB)
2. Et les pharisiens et les scribes murmuraient,[37] disant: Cet homme (*accueillir*) _____ des gens de mauvaise vie, et mange avec eux. (Lc 15:2, Sg)
3. J'entre dans mon jardin, ma sœur, ma fiancée; je (*cueillir*) _____ ma

---

[35] Much like **appeler** with its double consonants in certain forms, the **t** here is doubled in all but the first and second person plural: **rejette, rejettes, rejette, rejetons, rejetez, rejettent**.

[36] Like **lever** and **promener**, this verb takes a grave accent in its closed syllable conjugations (**je sème, tu sèmes, il/elle/on sème, ils/elles sèment**), which are all pronounced [sɛm], whereas the **nous** and **vous** forms follow the open syllable infinitive [sə me]: (**semons** [sə mõ], **semez** [sə me]).

[37] **murmuraient** *impf., 3ʳᵈ pl.* murmured

myrrhe[38] avec mes aromates. (Ct 5:1, Sg)

4. Vous semez beaucoup, et vous (*recueillir*) _____ peu, vous mangez, et vous n'êtes pas rassasiés. (Ag 1:6, Sg)

5. Ce juge est Dieu! Dieu qui, souvent, (*asseoir*) _____ sa vengeance au sein des[39] familles, et se sert[40] éternellement des enfants contre les mères, des pères contre les fils, des peuples contre les rois, des princes contre les nations, de tout contre tout. (Honoré de Balzac, *La Femme de trente ans*)

6. Ayez, non cette parure extérieure qui consiste dans les cheveux tressés, les ornements d'or, ou les habits qu'on (*revêtir*) _____, mais la parure intérieure et cachée[41] dans le cœur . . . (1 P 3:3–4, Sg)

7. David exhorte les fidèles à considérer plus diligemment tous les exemples qui se présentent[42] à voir . . . mais il enseigne quant et quant[43] que c'est en vain qu'on (*asseoir*) _____ jugement sur le premier regard. (Calvin, *Commentaire sur le Psaume 37*)

B. Translate the following sentences containing the irregular verbs:

13.5

bienveillance *f.* benevolence	**épine** *f.* thorn(-bush)
créance *f.* belief, credence	**figue** *f.* fig
chardon *m.* thistle	**insensiblement** imperceptibly
de part et d'autre on both sides	**quiconque** who(so)ever, anyone who
douceur *f.* meekness	**raisin** *m.* grape

1. Puisque vous êtes élus, sanctifiés, aimés par Dieu, revêtez donc des sentiments de compassion, de bienveillance, d'humilité, de douceur, de patience. (Col 3:12, TOB)

2. Quiconque vous accueille m'accueille; quiconque m'accueille accueille celui qui m'a envoyé.[44] (Mt 10:40, BFC)

3. Vous les reconnaîtrez[45] à leurs fruits. Cueille-t-on des raisins sur des épines, ou des figues sur des chardons? (Mt 7:16, Sg)

---

38 **myrrhe** *m.* myrrh
39 **au sein de** in the bosom of
40 **se sert** *refl., 3rd s.* uses
41 **caché, -e** hidden
42 **se présentent** *refl., 3rd pl.* present themselves
43 **quant et quant** *arch.* at the same time
44 **envoyé** *pp.* sent
45 **reconnaîtrez** *fut., 2nd pl.* will recognize

4. [Montaigne] ...détruit[46] insensiblement tout ce qui passe pour le plus certain parmi les hommes, non pour établir le contraire avec une certitude ..., mais pour faire voir seulement que, les apparences étant égales de part et d'autre, on ne sait où asseoir sa créance. (Pascal, *Entretien avec M. de Saci*)

Prendre and Irregular *-re* Verbs

You have already actively learned **prendre** ("to take, have") as a vocabulary item in Chapter 8, and have seen the infinitive as well as some of its forms in various contexts in previous exercises. **Prendre** is conjugated like an **-re** verb, except that it is irregular in its plural forms:

13.6

je prends	**nous prenons**
tu prends	**vous prenez**
il (elle, on) prend	**ils (elles) prennent**

A great number of idiomatic expressions are associated with the verb **prendre**, some of which you have already encountered, such as in this lesson (**prendre possession**) or in previous ones (**prendre au sérieux, prendre garde, prendre soin, prendre en gage**). Here are some other expressions you may come upon in your studies, many of which have a decided theological resonance:

13.7

prendre à témoin to take to witness	**prendre l'habit** to become a monk
prendre à la lettre to take literally	**prendre le deuil** to go into mourning
prendre courage to take courage	**prendre le petit collet** to enter the church
prendre de la nourriture to take food	**prendre le voile** to take the veil
prendre en faute to catch in the act	**prendre les armes** to take up arms
prendre en patience to bear patiently	**prendre part à** to take part in, to join
prendre en pitié to take pity on	**prendre parti** to take (a) side
prendre garde à to beware of	**prendre plaisir à** to take pleasure in
prendre la discipline to mortify oneself	**prendre son temps** to one's time
prendre la fuite to flee	**prendre une décision** to make a decision
prendre la parole to begin speaking	**prendre une femme** to take a wife

Among those verbs patterned on **prendre** are the following:

13.8

apprendre[47] to learn	**entreprendre** to undertake
comprendre to understand	**reprendre** to take again, retake
désapprendre to unlearn	**surprendre** to surprise

---

46   **détruit** *ind.*, 3rd *s.* destroys
47   When followed by an infinitive, **apprendre** takes the preposition **à**.

Chapter 13

Exercises

A. Fill in the blanks with the correct form of the irregular verb in parentheses:

13.9

après-demain day after tomorrow **malédiction** *f.* malediction, curse
causeur, -euse talkative, chatty **oisif, -ve** idle
époque *f.* epoch **sonder** to sound, probe
intrigant, -e scheming

1. Ne (*comprendre*) _____-vous pas que tout ce qui entre dans la bouche va dans le ventre, puis est jeté[48] dans les lieux secrets? (Mt 15:17, Sg)
2. A la même époque, Abimélek . . . vint[49] trouver Abraham et lui dit:[50] Dieu fait réussir tout ce que tu (*entreprendre*) _____. (Gn 21:22, BSm)
3. Si vous n'écoutez pas, si vous ne (*prendre*) _____ pas à cœur de donner gloire à mon nom, dit l'Éternel des armées, j'enverrai[51] parmi vous la malédiction . . . (Ml 2:2, Sg)
4. Ils (*prendre*) _____ plaisir au mensonge; ils bénissent de leur bouche, et ils maudissent dans leur cœur. (Ps 62:4, Sg)
5. Avec cela, étant oisives, elles [les jeunes veuves] (*apprendre*) _____ à aller de maison en maison; et non seulement elles sont oisives, mais encore causeuses et intrigantes, disant ce qu'il ne faut pas dire. (1 Tm 5:13, Sg)
6. Jonathan dit[52] à David: Je (*prendre*) _____ à témoin l'Éternel, le Dieu d'Israël! Je sonderai[53] mon père demain ou après-demain. (1 S 20:12, Sg)

B. Match the idiomatic expression from the list on the left with the French definition on the right:

1. **prendre le deuil**   a. devenir religieuse
2. **prendre l'habit**   b. expliquer selon le sens littéral
3. **prendre le voile**   c. commencer à parler
4. **prendre le petit collet**   d. supporter patiemment
5. **prendre en patience**   e. entrer en état ecclésiastique
6. **prendre la parole**   f. faire pénitence
7. **prendre à la lettre**   g. invoquer le témoignage
8. **prendre la discipline**   h. porter le noir à l'occasion d'une mort
9. **prendre à témoin**   i. devenir moine

C. Translate the following sentences containing irregular -re verbs into English:

---

48 **jeté** cast, thrown
49 **vint** *p.s.* came
50 **dit** *ps. 3rd s.* said
51 **enverrai** *fut.* shall send
52 **dit** *ps. 3rd s.* said
53 **sonderai** *fut.* shall probe

art *m.* art, skill
laisser[54] to leave
oublier to forget

pendant que *conj.* while
tristesse *f.* sadness

1. Prends, lis! Prends, lis! (Saint Augustin, *Confessions*)

2. Vous êtes dans l'erreur, parce que vous ne comprenez ni les Écritures, ni la puissance de Dieu. (Mt 22:29, Sg)

3. Je veux oublier mes souffrances, laisser ma tristesse, reprendre courage. (Jb 9:27, Sg)

4. Prenez garde aux chiens, prenez garde aux mauvais ouvriers, prenez garde aux faux circoncis. (Ph 3:2, Sg)

5. Allez, et apprenez ce que signifie: Je prends plaisir à la miséricorde, et non aux sacrifices. (Mt 9:13, Sg)

6. Marchez, pendant que vous avez la lumière, afin que les ténèbres ne vous surprennent point: celui qui marche dans les ténèbres ne sait où il va. (Jn 12:35, Sg)

7. Sachant que, depuis plusieurs années, tu es juge de cette nation, c'est avec confiance que je prends la parole pour défendre ma cause. (Ac 24:10, Sg)

8. Un des arts les plus[55] importants et les plus difficiles, c'est celui de désapprendre le mal. (Diderot, *Encyclopédie*)[56]

Passé composé: Verbs Conjugated with *Avoir*

The *passé composé*, or compound past, is employed in French to describe events in the past that have a distinct beginning and end. Already, in this manual, you have been

54 In the previous lesson, you learned that **laisser** can also mean "to allow."
55 **les plus** the most
56 The maxim has been attributed to the Greek philosopher Antisthenes.

exposed to countless examples of this tense. For most verbs, the *passé composé* is formed with the present tense of the auxiliary verb **avoir** plus the past participle of the main verb. For verbs ending in **-er**, the past participle is formed by dropping the final "r" and adding an acute accent to the final "e"; for **-ir** verbs, by dropping the final "r"; and for **-re** verbs, by dropping the **-re** and adding "u":

13.11 🔊

Chanter	Obéir	Entendre
j'ai chanté	**j'ai obéi**	**j'ai entendu**
tu as chanté	**tu as obéi**	**tu as entendu**
il (elle, on) a chanté	**il (elle, on) a obéi**	**il (elle, on) a entendu**
nous avons chanté	**nous avons obéi**	**nous avons entendu**
vous avez chanté	**vous avez obéi**	**vous avez entendu**
ils (elles) ont chanté	**ils (elles) ont obéi**	**ils (elles) ont entendu**

The *passé composé* can have a number of English equivalents. For instance, **j'ai chanté** may mean "I sang," "I have sung," or "I did sing," according to the given context.

Irregular verbs generally have irregular past participles:

13.12 🔊

asseoir	assis	**dire**	dit	**prendre**	pris
avoir	eu[57]	**écrire**	écrit	**savoir**	su
boire	bu	**être**	été	**tenir**[58]	tenu
connaître	connu	**faire**	fait	**valoir**[59]	valu
croire	cru	**falloir**	fallu	**vêtir**	vêtu
cueillir	cueilli	**lire**	lu	**voir**	vu
devoir	dû	**pouvoir**	pu	**vouloir**	voulu

The past participles of derivatives of any of these verbs will follow the same pattern: **accueillir** / *accueilli*, **comprendre** / *compris*, **décrire** / *décrit*, **reconnaître** / *reconnu*, **relire** / *relu*, etc.

In the *passé composé*, negative expressions are placed around the helping verb:
>Quel mal a-t-il fait? Je **n'ai rien** trouvé en lui qui mérite la mort. (Lc 23:22, Sg) *Why, what evil has he done? I have found in him no guilt deserving death.* (ESV)
>
>Et le Père qui m'a envoyé a rendu lui-même témoignage de moi. Vous **n'avez jamais** entendu sa voix, vous **n'avez point** vu sa face. (Jn 5:37, Sg) *And the*

---

57 Pronounced [y].

58 **Tenir** belongs to the group of verbs conjugated like **venir** in the present. It is listed here instead because **venir**, as you will soon see, is always conjugated with **être** as a helping verb in the *passé composé*.

59 You have seen this verb before in the common impersonal expression **il vaut mieux** ("it is better").

Father who sent me has himself testified concerning me. You have never heard his voice nor seen his form. (NIV)

Notable exceptions to this rule are the negative expressions **ne . . . personne, ne . . . aucun**, and **ne . . . ni . . . ni . . .**,[60] the latter part of which instead follows the past participle:

> Je **n'**ai désiré **ni** l'argent, **ni** l'or, **ni** les vêtements de **personne**. (Ac 20:33, Sg) *I have not coveted anyone's silver or gold or clothing.* (NIV)
>
> Entre eux et nous, il [Dieu] **n'**a fait **aucune** différence puisque c'est par la foi qu'il a purifié leur cœur. (Ac 15:9, BSm) *He made no distinction between us and them, for he purified their hearts by faith.* (NIV)

In the *passé composé*, direct and indirect object pronouns are placed before the auxillary verb. If the sentence is also in the negative, the pronoun then follows the particle **ne**:

> Au désert, nos pères ont mangé la manne, ainsi qu'il est écrit: Il **leur** a donné à manger un pain qui vient du ciel. (Jn 6:31, TOC) *Our fathers ate the manna in the wilderness; as it is written, He gave them bread from heaven to eat.* (ESV)
>
> Quiconque demeure en lui ne pèche point; quiconque pèche **ne** l'a **pas** vu, et **ne** l'a **pas** connu. (1 Jn 3:6, Sg) *No one who abides in him keeps on sinning; no one who keeps on sinning has either seen him or known him.* (ESV)

Finally, syntactically, most adverbs tend to be placed between the helping verb and the past participle:

> O roi, mon seigneur, ces hommes ont **mal** agi en traitant de la sorte Jérémie, le prophète, en le jetant dans la citerne. (Jr 38:9, Sg) *My lord the king, these men have done evil in all that they did to Jeremiah the prophet by casting him into the cistern.* (ESV)
>
> Ainsi, mes bien-aimés, comme vous avez **toujours** obéi, travaillez à votre salut avec crainte et tremblement. (Ph 2:12, Sg) *Therefore, my beloved, as you have always obeyed, . . .work out your own salvation with fear and trembling.* (ESV)

EXERCISES

A. Determine the past particle of the following verbs based upon the list of regular and irregular verbs presented above:

1. finir: _____
2. paraître: _____
3. obtenir: _____
4. vendre: _____
5. revoir: _____
6. donner: _____
7. rasseoir: _____
8. apprendre: _____
9. refaire: _____
10. revêtir: _____
11. prédire: _____
12. recueillir: _____

---

60 This is mainly true when taking an object. Note, however, the construction when used solely with past participles: "Car je **ne** l'ai **ni** reçu **ni** appris d'un homme, mais par une révélation de Jésus Christ." (Ga 1:12, Sg) *I did not receive it from any man, nor was I taught it; rather, I received it by revelation from Jesus Christ.* (NIV)

B. Put the verbs in parentheses into the *passé composé*:

13.13

ainsi que (just) as
appliquer to apply
avoir part à to have a share in
fureur *f.* fury, wrath

goûter to taste
patrie *f.* fatherland
poursuite *f.* pursuit
sottise *f.* foolishness

1. J' (*appliquer*) _____ mon cœur à connaître la sagesse, et à connaître la sottise et la folie; j' (*comprendre*) _____ que cela aussi c'est la poursuite du vent. (Qo 1:17, Sg)
2. Qui (*croire*) _____ à ce qui nous était[61] annoncé? Qui (*reconnaître*) _____ le bras de l'Éternel? (Es 53:1, Sg)
3. Il (*falloir*) _____ quarante-six ans pour bâtir ce temple, et toi, en trois jours tu le relèveras![62] (Jn 2:20, Sg)
4. En effet, ceux qui (*être*) _____ une fois éclairés, qui (*goûter*) _____ au don du ciel, qui (*avoir*) _____ part au Saint-Esprit ... (He 6:4, BSm)
5. Toutes les nations (*boire*) _____ du vin de la fureur de son impudicité. (Ap 18:3, Sg)
6. Non, dit[63] Jacob, je t'en prie,[64] si j' (*obtenir*) _____ ta faveur, accepte mon présent, car je t' (*voir*) _____ en face comme on regarde la face de Dieu, et tu m' (*accueillir*) _____ favorablement. (Gn 33:10, BSm)
7. Fais ici, dans ta patrie, tout ce que nous (*apprendre*) _____ que tu (*faire*) _____ à Capernaüm. (Lc 4:23, Sg)
8. Et maintenant, frères, je sais que vous (*agir*) _____ par ignorance, ainsi que vos chefs. (Ac 3:17, Sg)
9. J' (*prier*) _____ tes disciples de chasser l'esprit, et ils (*ne pas pouvoir*) _____. (Mc 9:18, Sg)

C. Translate the following verses into English, being ever mindful of the new vocabulary:

13.14

d'avance in advance, beforehand
embaumer to embalm

gueule *f.* mouth (animal)
sépulture *f.* burial

1. J'ai entendu ta voix dans le jardin, et j'ai eu peur, parce que je suis nu. (Gn 3:10, Sg)

---

61 **était** *impf.*, 3rd *s.* was
62 **relèveras** *fut.*, 2nd *s.* will raise
63 **dit** *ps.*, 3rd *s.* said
64 **t'en prie** beg of you

2. Mais Dieu a choisi les choses folles du monde pour confondre les sages; Dieu a choisi les choses faibles du monde pour confondre les fortes. (1 Co 1:27, Sg)

3. Elle a fait ce qu'elle a pu; elle a d'avance embaumé mon corps pour la sépulture. (Mc 14:8, Sg)

4. Maintenant Dieu a placé chacun des membres dans le corps comme il a voulu. (1 Co 12:18, Sg)

5. Pour ce qui est de la résurrection des morts, n'avez-vous pas lu ce que Dieu vous a dit: Je suis le Dieu d'Abraham, le Dieu d'Isaac, et le Dieu de Jacob? (Mt 22:31–32, Sg)

6. Mon Dieu a envoyé son ange et fermé la gueule des lions, qui ne m'ont fait aucun mal, parce que j'ai été trouvé innocent devant lui; et devant toi non plus, ô roi, je n'ai rien fait de mauvais. (Dn 6:22, Sg)

PAST PARTICIPLE AGREEMENT

In the *passé composé*, the past participle of verbs conjugated with **avoir** agrees in gender and number with a preceding direct object. You have already seen two instances in the reading of past participle agreement with a preceding direct object pronoun (in both cases, "les" refers back to "choses," which is feminine plural:

...toutes les fois que vous avez fait ces *choses* à l'un de ces plus petits de mes frères, c'est à moi que vous **les** avez **faites**. (Mt 25:40, Sg)

...toutes les fois que vous n'avez pas fait ces *choses* à l'un de ces plus petits, c'est à moi que vous ne **les** avez pas **faites**. (Mt 25:45, Sg)

Thus, an "e" is added to the past participle to agree with a preceding feminine singular direct object, an "s" to agree with a preceding masculine plural direct object,[65] and an "es" to agree with a preceding feminine plural direct object:

Le Rabbin a lu <u>le Décalogue</u>.	Le Rabbin l'a lu.
Le Rabbin a lu <u>la Torah</u>.	Le Rabbin l'a lue.
Le Rabbin a lu <u>les Prophètes</u>.	Le Rabbin **les** a lus.
Le Rabbin a lu <u>les Tables de la Loi</u>.	Le Rabbin **les** a lu**es**.

Note that a direct object may also precede the past participle through the construction

---

[65] Note that if the past participle already ends in an "s" (such as in "assis"), an extra "s" is not added.

with "que" or in the interrogative form, in which case there would also be agreement:

> Déclarez-nous quels sont les **faits** passés que vous avez **prédits**. (Es 41:22, BSm)
> *Tell us what the former things were.* (NIV)
>
> Quelles **villes** m'as-tu **données** là, mon frère? (1 R 9:13, Sg) *What are these cities which you have given me, my brother?* (NASB)

EXERCISES

A. In the following sentences, make past participles agree with the corresponding direct objects by adding "e," "s" or "es." For your aid, the direct objects and their pronouns are italicized.

13.15

couper to cut
d'ailleurs moreover
dévorer to devour
dicter to dictate
encre *m.* ink

épouse *f.* spouse
naufrage *m.* shipwreck
par rapport à with respect to
sérieux *m.* seriousness
territoire *m.* territory

1. J'ai recueilli tes *paroles*, et je *les* ai dévoré____. (Jr 15:16, Sg)
2. J'ai saisi ma *concubine*, et je *l'*ai coupé____ en *morceaux*, que j'ai envoyé____ dans tout le territoire de l'héritage d'Israël. (Jg 20:6, SG)
3. La *mer* est à lui, c'est lui qui *l'*a fait____; la *terre* aussi, ses mains *l'*ont formé____. (Ps 95:5, Sg)
4. A la résurrection, duquel des sept frères sera-t-elle[66] la *femme*? Car ils *l'*ont tous eu____ pour épouse. (Mt 22:28, BSm)
5. Cette *conscience*, quelques-uns *l'*ont perdu____, et ils ont fait naufrage par rapport à la foi. (1 Tm 1:19, Sg)
6. D'ailleurs, puisque nos *pères* selon la chair *nous* ont châtié____, et que nous *les* avons respecté____ . . . (He 12:9, Sg)
7. Il m'a dicté de sa bouche toutes ces *paroles*, et je *les* ai écrit____ dans ce livre avec de l'encre. (Jr 36:18, Sg)
8. C'est pourquoi écoutez la *résolution* que l'Éternel a pris____ contre Babylone . . . (Jr 50:40, Sg)
9. Avant la lumière de l'Évangile, j'ai été attaché avec zèle aux *lois* papistiques[67] et aux *traditions* des Pères autant que n'importe qui[68] et je *les* ai défend____ avec grand sérieux comme saintes et nécessaires au salut. (Martin Luther, *Commentaire sur l'Épître aux Galates*)

B. Translate the following verses into English:

---

66 **sera-t-elle** *futur., 3rd s.* will she be
67 **papistique** *arch.* and *pej.* Papist
68 **autant que n'importe qui** as much as anyone

13.16

créer to create
de la part de on behalf of
époux *m.* spouse
fiancer to engage
fosse *f.* pit, grave
fouler to crush, trample (down)
jaloux, -se jealous

1. Les nations tombent dans la fosse qu'elles ont faite. (Ps 9:15, Sg)

2. J'ai foulé des peuples dans ma colère, je les ai rendus ivres dans ma fureur. (Es 63:6, Sg)

3. Vous savez, en effet, quels préceptes nous vous avons donnés de la part du Seigneur Jésus. (1 Th 4:2, Sg)

4. Car je suis jaloux de vous d'une jalousie de Dieu, parce que je vous ai fiancés à un seul époux, pour vous présenter à Christ comme une vierge pure. (2 Co 11:2, Sg)

5. Tu es digne, notre Seigneur et notre Dieu . . . car tu as créé toutes choses, et c'est par ta volonté qu'elles existent et qu'elles ont été créées. (Ap 4: 11, Sg)

REVIEW AND EXPANSION EXERCISES

A. Fill in the blanks with the appropriate vocabulary word, making all necessary agreements according to context:

bouc	jaloux	patrie
exhorter	malade	rassasié, -e
gueule	oublier	tristesse

1. C'est le Seigneur qui m'a assisté et qui m'a fortifié[69] . . . Et j'ai été délivré de la _____ du lion. (1 P 5:8, Sg)
2. Vous me cherchez, non parce que vous avez vu des miracles, mais parce que vous avez mangé des pains et que vous avez été _____. (Jn 6:26, Sg)
3. J'éprouve[70] une grande _____, et j'ai dans le cœur un chagrin continuel. (Rm 9:2, Sg)
4. Au sens figuré,[71] on dit que la céleste _____ est le Ciel, ou le séjour des

---

69 **fortifier** to strengthen
70 **éprouver** to feel
71 **au sens figuré** in a figurative sense

bienheureux après la mort.

5. Quelqu'un parmi vous est-il _____ ? Qu'il appelle les anciens[72] de l'Église, et que les anciens prient pour lui, en l'oignant[73] d'huile au nom du Seigneur. (Ja 5:14, Sg)

6. Car Dieu n'est pas injuste, pour _____ votre travail[74] et l'amour que vous avez montré pour son nom. (He 6:10, Sg)

7. Sur l'échafaud,[75] le vieux prêtre _____ le criminel à la mort; c'est-à-dire qu'il l'encourage à mourir en bon chrétien.

8. Car moi, l'Éternel, ton Dieu, je suis un Dieu _____, qui punis l'iniquité des pères sur les enfants jusqu'à la troisième et à la quatrième génération. (Dt 5:9, Sg)

9. Dans le Lévitique, on charge[76] le _____ émissaire[77] des malédictions du peuple et le chasse dans le désert (cf. Lv 16:22). Figurativement, c'est un homme sur lequel on fait retomber[78] les fautes des autres.

B. The following extract is taken from an anyonymous medieval mystery play called *Le Jeu d'Adam*. It appears here in modernized form,[79] with occasional grammatical items glossed for your aid, as well as some new vocabulary to be learned. Read for general comprehension and answer the true-false questions following the text.

13.17

accablé, -e overcome, overwhelmed
ajouter to add
autrefois previously, formerly
blâmer to blame
causer to cause
contribuer to contribute
de bonne heure *adv.* early
défense *f.* defense
délibérément deliberately
désobéissance *f.* disobedience
désoler to distress, grieve
deviner to guess

inquiet, -ète worried
longtemps *adv.* long, a long time
méfait *m.* misdeed
outrage *m.* outrage, flagrant insult
plonger to plunge
pomme *f.* apple
prescription *f.* statute, regulation
rappeler[80] to recall
ressemblance *f.* resemblance, likeness
sans retour without remedy
sitôt so soon, at once
trahison *f.* betrayal

72 **ancien** *m. ecc.* (church) elder
73 **en l'oignant** by anointing him
74 **travail** *m.* work
75 **échafaud** *m.* gallows
76 **charger** to load, burden
77 **émissaire** emissary
78 **faire retomber** to lay blame on

79 *Adam, mystère du XIIe siècle*, critical text and translation by Léon Palustre (Paris: Dumoulin, 1877) 55–83.

80 Like **appeler** ("to call"), the **l** is doubled in all but the first and second person plural of this verb: **je rappelle, tu rappelles, il/elle/on rappelle, nous rappelons, vous rappelez, ils/elles rappellent**

espoir *m.* hope
expiation *f.* expiation, atonement
hélas *inter.* alas
transgresser to transgress
triste sad
valoir[81] to be worth

[*Adam has just partaken of the forbidden fruit.*]

ADAM
Hélas! pécheur, qu'ai-je fait?
Je suis mort maintenant sans retour.
Sans espoir de délivrance je suis mort . . .
J'ai abandonné mon Créateur
Par le conseil de ma coupable épouse.
Hélas! pécheur, que vais-je faire? . . .
Je suis perdu sans retour.
J'ai si mal agi envers mon Seigneur,
Que je ne puis[82] lui présenter ma défense;
Car moi j'ai tort et lui raison . . .
Hélas! Ève, quel malheur tu as causé!
De quel grand châtiment n'ai-je pas été frappé,
Lorsque tu m'as été donnée pour épouse:
Maintenant je suis perdu par ta faute.
Ton mauvais conseil m'a plongé dans l'infortune . . .

DIEU
Qu'as-tu fait? Pourquoi as-tu honte? . . .

ADAM
Je suis tellement accablé sous le poids de ma honte,
Que je n'ose plus te regarder en face.

DIEU
Je t'ai fait à ma ressemblance:
Pourquoi as-tu transgressé mon commandement?
Je t'ai formé entièrement à mon image,
Ce qui rend l'outrage que tu m'as fait plus grand;
Tu n'as en rien observé mes prescriptions,
Tu les as transgressées délibérément.
Tu as mangé du fruit . . .

ADAM
La femme que tu m'as donnée,

---

81 You have seen this verb before in the common impersonal expression **il vaut mieux** ("it is better"). The full conjugation is as follows: **vaux, vaux, vaut, valons, valez, valent**.

82 As mentioned in Chapter 11, **puis** is an alternative form of "peux."

A la première commis[83] cette désobéissance;
Elle m'a donné la pomme et je l'ai mangée:
Maintenant il m'est avis[84] que cela m'est tourné à mal.[85]
Cette action m'a mal réussi:
J'ai mal agi par la faute de ma femme.

DIEU

Tu as cru ta femme plus que[86] moi,
Tu as mangé le fruit sans ma permission . . .
Et toi, Ève, femme perverse,
Tu as commencé de bonne heure à me faire la guerre,
Tu as peu observé mes commandements.

ÈVE

C'est le maudit serpent qui m'a trompée.

DIEU

Par lui tu as cru devenir semblable à moi;
Devines-tu bien ce qui va t'arriver?
Autrefois vous aviez[87] la domination
Sur tout ce qui a vie dans le monde:
Comment l'as-tu sitôt perdue?
Maintenant te voilà triste et inquiète;
As-tu, dis-moi, fait gain ou perte? . . .
[*Adam and Eve have now been banished from Eden.*]

ADAM

Oh! femme perverse, pleine de trahison,
Comme tu m'as mis[88] promptement en grande perdition!
Comment m'as-tu fait perdre le bon sens,[89] la raison!
Or je m'en repens,[90] mais n'en puis obtenir pardon.[91]
Misérable Ève, combien tu as été portée au mal,
Pour ajouter foi[92] si vite au conseil du serpent!
Par ta faute je suis mort, j'ai perdu l'existence . . .

83 **commis** *pp.* committed
84 **m'est avis** my impression is
85 **m'est tourné à mal** has done me an ill turn
86 **plus que** more than
87 **aviez** *impf., 2ⁿᵈ pl.* had
88 **mis** *pp.* put
89 **bon sens** common sense
90 **m'en repens** *refl., 1ˢᵗ s.* repent of it
91 **n'en puis obtenir pardon** *1ˢᵗ s.* can't obtain pardon for it
92 **ajouter foi** to lend credence, believe in

ÈVE

Adam, beau sire, vous m'avez beaucoup blâmée,
Ma vilenie rappelé et reproché.
Si j'ai mal fait, j'en[93] supporte le châtiment:
Je suis coupable, je serai[94] jugée par Dieu.
J'ai mal agi envers Dieu et envers toi,
Mon méfait pendant très longtemps sera[95] rappelé,
Ma faute est grande, mon péché me désole,
Je suis misérable, je suis privée[96] de tout bien;
Je n'ai pas de bonnes raisons à faire valoir[97] devant Dieu,
Tout contribue à me faire paraître plus coupable.
Pardonnez-moi, car l'expiation m'est impossible.

I. Indicate whether true or false:
   1. Adam attempts to argue his way out of his predicament.
   2. Adam regrets ever having been paired with Eve.
   3. God finds extenuating circumstances in Adam's disobedience.
   4. Eve pins the blame for her deception on Adam.
   5. The Serpent made Eve believe she could become like God.
   6. Adam repents of his sin, though he doesn't find the assurance of forgiveness.
   7. In spite of her own despair, Eve seeks forgiveness from Adam.

C. The passage below is taken from Théodore de Bèze's *Abraham sacrifiant* (1550). Bèze is best known as Calvin's successor in Geneva. His dramatic work has the distinction, though, of being the first tragedy written in the French language. Though thoroughly Calvinist in content and themes, its structure is based on Euripides' *Iphigenia at Aulis*. The text has been modernized and some vocabulary and grammar have been glossed for your aid. Translate into English:

13.18

aucunement in any way, at all
débat *m.* dispute, debate
en bas below

en haut above
quelque part somewhere

SATAN, en habit de moine[98]
Je vais, je viens, jour et nuit je travaille,

93 **en** for it
94 **serai** *fut.* shall be
95 **sera** *fut. 3rd s.* will be
96 **privé, -e** deprived
97 **faire valoir** to put forward, assert
98 Théodore de Bèze, *Abraham sacrifiant,* edited by K. Cameron, K. M. Hall, and F. Higman, (Geneva: Droz, 1967) 195–208.

Et m'est avis,[99] en quelque part que j'aille,[100]
Que je ne perds ma peine aucunement.
Règne le dieu en son haut firmament,
Mais pour le moins la terre est toute à moi,
Et n'en déplaise[101] à Dieu ni à sa Loi.
Dieu est aux cieux par les siens[102] honoré,
Des miens[103] je suis en la terre adoré;
Dieu est au ciel, et bien, je suis en terre.
Dieu fait la paix, et moi je fais la guerre.
Dieu règne en haut, et bien je règne en bas.
Dieu fait la paix, et je fais les débats.
Dieu a créé et la terre et les cieux;
J'ai bien plus[104] fait, car j'ai créé les dieux.

THE ART OF READING FRENCH

The prefix **in-**, **im-** or **mal-** correspond in English to the negative "not" or the prefixes "dis-," "im-," "in-," "mis-," and "un-." You have already seen numerous examples in the manual (**impiété** ≠ **piété**, **malheureux** ≠ **heureux**, **incroyance** ≠ **croyance**). On the same basis, try to determine what the following words might mean in English:

imparfait, impartial, impénitent, impensable, imprévisible, improuvable, imprudence, impuni, impureté

inaccoutumé, inattendu, incertain, inchangeable, incirconcision, inconnu, inconscience, indécent, infaisable, infortune, inintelligent, injuste, instable, intouchable

malaise, malappris, malentendu, malhonnête, malsain

99 **m'est avis** my impression is
100 **que j'aille** *subj.*, *1ˢᵗ s.* that I may go
101 **n'en déplaise** *subj.*, *3ʳᵈ s.* with all due deference
102 **siens** his own people
103 **miens** my own people
104 **bien plus** much more

Chapter 14

***Mettre* and Similar Verbs**
Possessive Pronouns
***Dormir* and Irregular *-ir* Verbs**
Passé composé*: Verbs Conjugated with *être

Reading

Georges Bernanos (1888–1948) is one of the most original writers of the so-called French Catholic Literary Revival during the first half of the last century. In the novel considered his masterpiece, *Diary of a Country Priest* (1936), an older priest mentors a young priest in his first parish, the Curé of Ambricourt, who maintains a daily record of his experiences. At every turn, the neophyte priest faces opposition, miscomprehension, and rejection, which heigthen his sense of unsuitability for ministry. His mental anguish is further compounded by a physical ailment, which later turns out to be an undiagnosed stomach cancer. Ironically, the Curé of Ambricourt's self-doubt serves a redemptive purpose, for he thereby gains insight into the state of mind of his more conflicted congregants and shares in their suffering. At the end of the novel, the Curé of Ambricourt seeks medical attention for his condition in Lille. Sensing death imminent, he finally gives himself up to God's will and finds a renewed strength and joy. Moreover, only now does he come to accept himself, shortcomings and all. He requests that a lasped priest, a former seminary classmate with whom he has been lodging, minister the last rites. In a letter to the Curé of Ambricourt's mentor, concluding the novel, the defrocked priest relates his friend's last words. The text below has been only slightly abridged.

14.1

Lille,[1] le ... février 19 ...

Monsieur le curé,

Je vous adresse sans retard les renseignements que vous avez bien voulu solliciter. Je les compléterai[2] ultérieurement par un récit auquel mon état de santé ne m'a pas permis[3] de mettre la dernière main ...

1 Lille is an industrialized city in northeastern France.
2 **compléterai** *fut.*, 1st *s.* shall complete
3 **permis** *pp.* permitted

Chapter 14

La visite de mon ami m'avait fait[4] un sensible[5] plaisir. Notre affection, née aux plus belles années de notre jeunesse, était[6] de celles qui n'ont rien à craindre des injures du temps. Je crois d'ailleurs que sa première intention n'était pas de prolonger sa visite au-delà du délai nécessaire à une bonne et fraternelle causerie. Vers dix-neuf heures environ, il s'est senti[7] légèrement indisposé. J'ai cru devoir le retenir à la maison. Mon intérieur, quoique fort[8] simple, paraissait lui plaire beaucoup et il n'a fait aucune difficulté pour accepter d'y[9] passer la nuit...

Vers quatre heures, ne pouvant dormir, je suis allé[10] discrètement jusqu'à sa chambre, et j'ai trouvé mon malheureux camarade étendu à terre, sans connaissance.[11] ... Tandis que j'attendais[12] le médecin, notre pauvre ami a repris connaissance. Mais il ne parlait pas.[13] D'épaisses gouttes de sueur coulaient[14] de son front, de ses joues, et son regard, à peine visible entre ses paupières entrouvertes, semblait[15] exprimer une grande angoisse. J'ai constaté que son pouls s'affaiblissait[16] très vite. Un petit voisin est allé[17] prévenir le prêtre de garde,[18] vicaire à la paroisse de Sainte-Austreberthe. L'agonisant m'a fait comprendre par signes qu'il désirait[19] son chapelet, que j'ai pris dans la poche de sa culotte, et qu'il a tenu dès lors,[20] serré sur sa poitrine. Puis il a paru retrouver ses forces, et d'une voix presque inintelligible m'a prié de l'absoudre. Son visage était plus calme, il a même souri.[21] Bien qu'[22]une juste appréciation des choses me fît[23] une obligation de ne pas me rendre à son désir avec trop de hâte, l'humanité ni l'amitié ne m'eussent permis[24] un refus. J'ajoute que je crois m'être acquitté[25] de ce devoir dans un sentiment propre à[26] vous donner toute sécurité.

---

4 **avait fait** *plup., 3rd s.* had made
5 **sensible** palpable
6 **était** *impf., 3rd s.* was
7 **s'est senti** *refl., pc., 3rd s.* felt
8 **fort** = très
9 **y** = là
10 **suis allé** *pc., 3rd s.* went
11 **sans connaissance** unconscious
12 **attendais** *impf., 1st s.* was waiting for
13 **ne parlait pas** *impf., 3rd s.* wasn't speaking
14 **coulaient** *impf., 3rd pl.* was running
15 **semblait** *impf., 3rd s.* seemed
16 **s'affaiblissait** *refl., impf., 3rd s.* was weakening
17 **est allé** *pc., 3rd s.* went
18 **de garde** on call
19 **désirait** *impf., 3rd s.* desired
20 **dès lors** from that time on
21 **souri** *pp.* smiled
22 **bien que** *conj.* although
23 **me fît** (*impf. subj., 3rd s.*) **une obligation** put me under obligation
24 **ne m'eussent permis** *impf. subj., 3rd pl.* wouldn't have permitted me
25 **m'être acquitté** to have fulfilled
26 **propre à** adapted to, suited for

Le prêtre se faisant toujours attendre,[27] j'ai cru devoir exprimer à mon infortuné camarade le regret que j'avais[28] d'un retard qui risquait[29] de le priver des consolations que l'Église réserve aux moribonds. Il n'a pas paru m'entendre. Mais quelques instants plus tard, sa main s'est posée[30] sur la mienne,[31] tandis que son regard me faisait[32] nettement signe d'approcher mon oreille de sa bouche. Il a prononcé alors distinctement, bien qu'avec une extrême lenteur, ces mots que je suis sûr de rapporter très exactement: «Qu'est-ce que cela fait? Tout est grâce.»

Je crois qu'il est mort presque aussitôt.

ACTIVE VOCABULARY

14.2

absoudre to absolve	**joue** *f.* cheek
agonisant, -e dying person	**légèrement** slightly
à peine hardly, scarcely	**lenteur** *f.* slowness
causerie *f.* talk, chat	**médecin** *m.* doctor
chapelet *m.* rosary	**nettement** clearly
constater to ascertain	**paupière** *f.* eyelid
culotte *f.* breeches	**poche** *f.* pocket
curé *m.* curate	**poitrine** *f.* chest
délai *m.* delay	**pouls**[33] *m.* pulse
discrètement discretely	**prolonger** to prolong
dormir to sleep	**quoique** although
entrouvert, -e half-open	**récit** *m.* account, narration
environ *adv.* about	**refus** *m.* refusal
épais, -se thick	**renseignement** *m.* information
exprimer to express	**retard** *m.* delay
février February	**serré, -e** tight, close
front *m.* forehead	**solliciter** to solicit, request earnestly
goutte *f.* drop (of liquid)	**sueur** *f.* sweat
indisposé, -e indisposed, unwell	**ultérieurement** later on, subsequently
injure *f.* wrong, insult	**vicaire** *m.* vicar[34]
jeunesse *f.* youth	**voisin, -e** neighbor

27 **se faisant** (*refl., ger.*) **toujours attendre** still making us wait for him
28 **avais** *impf.*, 1st *s.* had
29 **risquait** *impf.*, 3rd *s.* risked
30 **s'est posée** *refl., pc.,* 3rd *s.* settled
31 **mienne** *poss. pron.* mine
32 **faisait** *impf.,* 3rd *s.* made
33 Pronounced [pu].
34 **vicaire** *R.C.Ch.* (assistant) priest

Chapter 14

Exercises

A. Match the expressions in the left-hand column with the related notion in the right:
1. **chapelet**   a. pause
2. **agonisant**   b. pardonner
3. **délai**   c. secrètement
4. **causerie**   d. articuler
5. **poitrine**   e. rejet
6. **refus**   f. conversation
7. **lenteur**   g. buste
8. **exprimer**   h. inertie
9. **sueur**   i. discerner
10. **constater**   j. transpiration
11. **absoudre**   k. rosaire
12. **discrètement**   l. moribond

B. Match the expressions in the left-hand column with their relative opposites on the right:
1. **absoudre**   a. courtoisie
2. **lenteur**   b. cesser
3. **jeunesse**   c. hâte
4. **nettement**   d. vaguement
5. **prolonger**   e. vieillesse
6. **injure**   f. condamner

C. From the words in bold in the left-hand column, deduce the sense of those to the right:
1. **voisin**   voisinage *n.*   voisiner *inf.*   voisin (*adj.*) de la mort
2. **nettement**   net *adj.*   netteté *n.*   avoir la conscience nette *adj.*
3. **médecin**   médecine *n.*   médical *adj.*   médecin (*n.*) de l'âme
4. **jeunesse**   rajeunir *inf.*   rajeunissant *adj.* erreurs de la jeunesse *n.*
5. **lenteur**   lent *adj.*   lentement *adj.*   ralentir *inf.*
6. **agonisant**   agoniser *inf.*   agonie *n.*   être à l'agonie *n.*
7. **discrètement**   discret *adj.*   discrétion *n.*   âge de discrétion *n.*

D. Translate the following phrases into English:
1. Sa sueur devint[35] comme des gouttes de sang. (Lc 22:44, BSm)

2. Les pensées du cœur de l'homme sont mauvaises dès sa jeunesse. (Gn 8:21, Sg)

3. Si quelqu'un te frappe sur la joue droite, présente-lui aussi l'autre. (Mt 5:39, Sg)

---

35 **devint** *ps., 3rd s.* became

4. Puisque beaucoup ont entrepris de composer un récit des événements accomplis parmi nous ... (Lc 1:1, TOB)

5. L'Éternel est dans son saint temple, l'Éternel a son trône dans les cieux; ses yeux regardent, ses paupières sondent les fils de l'homme. (Ps 11:4, Sg)

6. On a si peu d'assurance quand on n'a pas la conscience bien nette. (Marivaux, *La vie de Marianne*)

7. Mais maintenant elle [la Réforme] a endurci son front, elle ne sait plus rougir. (Bossuet, *Histoire des variations des Églises protestantes*)

Mettre and Similar Verbs

You were introduced to **mettre** ("to put, put on)") as a vocabulary word in Chapter 10. The infinitive occurs in this lesson's reading and you have seen many of its forms as well in various contexts in previous exercises. **Mettre** is conjugated as follows:

14.3

je mets	**nous mettons**
tu mets	**vous mettez**
il (elle, on) met	**ils (elles) mettent**

past participle: **mis**

A number of idiomatic expressions are associated with the verb **mettre**, some of which you might come across in your theological studies:

14.4

mettre à exécution to put into effect	**mettre en doute** to call into question
mettre à la question to torture	**mettre en danger** to imperil, jeopardize
mettre la main sur to lay hands on	**mettre en liberté** to let loose
mettre à la raison to bring to one's senses	**mettre en lumière** to bring to light
mettre à l'épreuve to put to the test	**mettre en mouvement** to set in motion
mettre à l'œuvre to set to work	**mettre en pièces** to dash to pieces
mettre à mort to put to death	**mettre en pratique** to put into practice
mettre à part to set aside	**mettre en ordre** to set in order
mettre à sac to pillage	**mettre en usage** to put into use
mettre en avant to advance, put forward	**mettre fin à** to put an end to
mettre en colère[36] to anger	**mettre le siège à** to lay siege to

The compounds of **mettre** are several:

---

36 This expression is often used reflexively, in which case it means "to become angry." Reflexive verbs are discussed in the next chapter.

Chapter 14

14.5

admettre to admit
commettre to commit
compromettre to compromise
émettre to emit, utter (sound)
omettre to omit

permettre to permit
promettre to promise
remettre to deliver, replace, put off
soumettre to submit
transmettre to transmit

Exercises

A. Fill in the blanks with the correct form of the compound of **mettre** in parentheses:

14.6

irréprochable irreproachable
ouvrage *m.* work, workmanship
parvis *m.* fore-court (in temple)

pénible laborious, arduous
rechercher to search for, inquire into
triompher to triumph

1. Heureux celui que tu choisis et que tu (*admettre*) _____ en ta présence, pour qu[37]'il habite dans tes parvis! (Ps 65:4, Sg)
2. Jésus s'écria[38] d'une voix forte: Père, je (*remettre*) _____ mon esprit entre tes mains. (Lc 23:46, Sg)
3. J'ai appliqué mon cœur à rechercher et à sonder par la sagesse tout ce qui se fait[39] sous les cieux: c'est là une occupation pénible, à laquelle Dieu (*soumettre*) _____ les fils de l'homme. (Qo 1:13, Sg)
4. Ainsi, que ceux qui souffrent[40] selon la volonté de Dieu (*remettre*) _____[41] leurs âmes au fidèle Créateur, en faisant ce qui est bien. (1 P 4:19, Sg)
5. Efforce-toi[42] de te présenter devant Dieu en homme qui a fait ses preuves,[43] en ouvrier qui n'a pas à rougir de son ouvrage, parce qu'il (*transmettre*) _____ correctement la Parole de vérité. (2 Tm 2:15, BSm)
6. Ils [faux docteurs] leur (*promettre*) _____ la liberté, quand ils sont eux-mêmes esclaves de la corruption, car chacun est esclave de ce qui a triomphé de lui. (2 P 2:19, Sg)
7. Nous travaillons, en effet, et nous combattons,[44] parce que nous (*mettre*) _____ notre espérance dans le Dieu vivant, qui est le Sauveur de tous les hommes, principalement des croyants. (1 Tm 4:10, Sg)
8. Je (*ne pas permettre*) _____ à la femme d'enseigner, ni de prendre de l'autorité sur l'homme; mais elle doit demeurer dans le silence. (1 Tm 2:12, Sg)

37 **pour que** in order that
38 **s'écria** *ps., 3rd* cried out
39 **se fait** *refl., 3rd* develops, takes place
40 **souffrent** *3rd pl.* suffer
41 Technically, the verb here is in the subjunctive mood (to be studied later), though its form is the same as the indicative.
42 **efforce-toi** *refl., imp.* strive, endeavor
43 **faire ses preuves** to prouve oneself
44 **combattons** *1st pl.* fight

9. Voilà pourquoi tu es juste quand tu (*émettre*) _____ ta sentence, et tu es irréprochable quand tu rends ton jugement. (Ps 51:6, BSm)

B. Match the idiomatic expression from the list on the left with the French definition on the right:

    1. **mettre à l'épreuve**   a. torturer
    2. **mettre à mort**   b. terminer
    3. **mettre en liberté**   c. employer
    4. **mettre à la question**   d. tuer
    5. **mettre en ordre**   e. éclairer
    6. **mettre en danger**   f. hasarder
    7. **mettre fin à**   g. éprouver
    8. **mettre en lumière**   h. arranger
    9. **mettre en usage**   i. libérer

C. Translate the following sentences containing derivatives of the verb **mettre** and master the new vocabulary.

14.7

allumer to light, ignite
à plus forte raison all the more
boisseau *m.* bushel
chandelier *m.* candlestick
genre *m.* kind
outrager to outrage
sévère severe, harsh

1. D'ailleurs, puisque nos pères selon la chair nous ont châtiés, et que nous les avons respectés, ne devons-nous pas à bien plus forte raison nous soumettre au Père des esprits, pour avoir la vie? (He 12:9, Sg)

2. A votre avis, si quelqu'un ... outrage le Saint-Esprit, qui nous transmet la grâce divine, ne pensez-vous pas qu'il mérite un châtiment plus sévère encore? (He 10:29, BSm)

3. Leurs œuvres ne leur permettent pas de revenir à leur Dieu, parce que l'esprit de prostitution est au milieu d'eux, et parce qu'ils ne connaissent pas l'Éternel. (Os 5:4, Sg)

4. Et on n'allume pas une lampe pour la mettre sous le boisseau, mais on la met sur le chandelier, et elle éclaire tous ceux qui sont dans la maison. (Mt 5:15, Sg)

5. J'ai donc appris que ce peuple, unique en son genre, s'oppose[45] sans cesse au reste

---

45 **s'oppose** *refl.*, 3rd *s.* is opposed.

de l'humanité . . . il est hostile à tout ce que j'entreprends, il commet les pires méfaits et, de cette manière, compromet la stabilité de l'empire. (Est gr 3:5, BFC)

D. Put the verb in parentheses into the *passé composé*, while paying special attention to whether or not the past participle agrees and learning the new vocabulary:

14.8

bien-aimé, -e beloved
enlever to remove, carry away
superflu *m.* superfluity, excess
tronc *m.* collecting-box

1. Celui-ci est mon Fils bien-aimé, en qui j' (*mettre*) _____ toute mon affection. (Mt 3:17, Sg)
2. Car c'est de leur superflu que tous ceux-là (*mettre*) _____ des offrandes dans le tronc, mais elle (*mettre*) _____ de son nécessaire.[46] (Lc 21:4, Sg)
3. Voici, les hommes que vous (*mettre*) _____ en prison sont dans le temple, et ils enseignent le peuple. (Ac 5:25, Sg)
4. Heureux l'homme qui supporte patiemment la tentation; car, après avoir été éprouvé, il recevra[47] la couronne de vie, que le Seigneur (*promettre*) _____[48] à ceux qui l'aiment. (Jc 1:12, Sg)
5. Le Père aime le Fils, et il (*remettre*) _____ toutes choses entre ses mains. (Jn 3:35, Sg)
6. Ainsi parle toute l'assemblée de l'Éternel: Que signifie cette infidélité que vous (*commettre*) _____[49] envers le Dieu d'Israël . . .? (Jo 22:16, Sg)
7. En effet, ce n'est pas à des anges que Dieu (*soumettre*) _____ le monde à venir dont[50] nous parlons. (He 2:5, BFC)
8. Ils ont enlevé du sépulcre le Seigneur, et nous ne savons où ils l' (*mettre*) _____. (Jn 20:2, Sg)

Possessive Pronouns

In this lesson's reading, the lapsed priest states at one point, "Mais quelques instants plus tard, sa main s'est posée sur la mienne . . ." (*But a few moments later, his hand settled on mine . . .*). In this sentence, "la mienne" is a possessive pronoun. It takes the place of "ma main," or a possessive adjective + a noun, a construction which theoretically could have been employed instead. But like most pronouns, the possessive is used to avoid repetition in speech. Now the possessive pronoun has the following forms:

---

46 The word **nécessaire** functions here as a noun.
47 **recevra** *fut.*, 3rd *s.* will receive
48 The past participle must agree with "couronne," since it is a direct object which precedes.
49 Here, too, the past participle must agree with the preceding direct object, "infidélité."
50 **dont** of which

Singular	Plural	Meaning
le mien *m.* la mienne *f.*	les miens *m.* les miennes *f.*	*mine*
le tien *m.* la tienne *f.*	les tiens *m.* les tiennes *f.*	*yours*
le sien *m.* la sienne *f.*	les siens *m.* les siennes *f.*	*his, hers, its*
le nôtre *m.* la nôtre *f.*	les nôtres *m.* les nôtres *f.*	*ours*
le vôtre *m.* la vôtre *f.*	les vôtres *m.* les vôtres *f.*	*yours*
le leur *m.* la leur *f.*	les leurs *m.* les leurs *f.*	*theirs*

As may be observed, like possessive adjectives, possessive pronouns agree in gender and number with the object possessed. In idiomatic usage, however, the masculine plural used without apparent antecedent may refer to one's family, friends or followers:

> Va dans ta maison, vers **les tiens**, et raconte-leur tout ce que le Seigneur t'a fait, et comment il a eu pitié de toi. (Mc 5:19, Sg) *Go home to your family and tell them how much the Lord has done for you, and how he has had mercy on you.* (NIV)

The circumflex in both **nôtre** [notr] and **vôtre** [votr] indicates closed vowels, as opposed to the open vowels of possessive adjectives **notre** [nɔtr] and **votre** [vɔtr].

Since the definite article is part of the expression, when **le** and **les** are preceded by **à** or **de**, they give rise to the usual contractions:

> Et nous y avons vu les géants, enfants d'Anak, de la race des géants: nous étions à nos yeux et **aux leurs** comme des sauterelles. (No 13:33, Sg) *And there we saw the giants, the sons of Anak, which come of the giants: and we were in our own sight as grasshoppers, and so we were in their sight.* (KJV)

> Car celui qui entre dans le repos de Dieu se repose de ses œuvres, comme Dieu s'est reposé **des siennes**. (He 4:10, SG) *For anyone who enters God's rest also rests from his own work, just as God did from his.* (NIV)

Chapter 14

Exercises

A. Fill in the blanks with the appropriate form of the possessive pronoun. Antecedents are italicized for your aid. Also, when deciding between second-person singular or second-person plural forms, it will be helpful to consider the context of the entire sentence. Assimilate the new vocabulary:

14.10

acception *f.* respect, distinction
apprécier to appreciate
à son tour in one's turn
menace *f.* threat

paille *f.* straw
poutre *f.* (wooden) beam
quart *m.* quarter, forth part
tranquilliser to reassure, set at rest

1. Saluez Rufus, l'élu du Seigneur, et *sa mère*, qui est aussi (*mine*) _____. (Rm 16:13, Sg)
2. Ou comment peux-tu dire à ton frère: Laisse-moi ôter une paille de *ton œil*, toi qui as une poutre dans (*yours*) _____? (Mt 7:4, Sg)
3. Reste avec moi, ne crains[51] rien, car celui qui cherche *ma vie* cherche (*yours*) _____. (1 S 22:23, Sg)
4. Comme vous avez déjà reconnu en partie que nous sommes *votre gloire*, de même que[52] vous serez[53] aussi (*ours*) _____ au jour du Seigneur Jésus. (2 Co 1:14, Sg)
5. Car ils ont tranquillisé *mon esprit* et (*yours*) _____. Sachez donc apprécier de tels hommes. (1 Co 16:18, Sg)
6. Au lieu de déplorer *la mort* des autres, grand prince, je veux apprendre de vous à rendre (*mine*) _____ sainte. (Bossuet, *Oraisons funèbres*)
7. Qui peut compter la poussière de Jacob, et dire le nombre du quart d'Israël? Que je meure[54] de la mort des justes, et que *ma fin* soit[55] semblable à (*theirs*) _____! (No 23:10, Sg)
8. A présent, que l'Éternel vous témoigne à son tour sa grande bonté. Et moi-même, je veux aussi agir envers vous avec *la même bonté* que (*yours*) _____. (2 S 2:6, BSm)
9. Et vous, maîtres, agissez de même à leur égard, et abstenez-vous de[56] menaces, sachant que *leur maître* et (*yours*) _____ est dans les cieux, et que devant lui il n'y a point d'acception de personnes. (Ep 6:9, Sg)
10. Le cœur a son ordre, *l'esprit* a (*its*) _____, qui est par principes et démonstrations.[57] (Pascal, *Pensées*)

---

51 **crains** *imp.*, 2nd *s.* fear
52 **de même que** just as
53 **serez** *fut.*, 2nd *pl.* will be
54 **Que je meure** *subj.*, 1st *s.* Let me die
55 **soit** *subj.*, 3rd *s.* be
56 **abstenez-vous de** *imp.*, 2nd *pl.* abstain from
57 **démonstrations** proofs

B. Translate the following sentences containing possessive adjectives into English, while learning the new vocabulary:

14.11

dans la mesure (où) in so far as
déporter to deport
éminent, -e eminent
éprouver to feel

invoquer to call upon, invoke
jeûner to fast
rang *m.* rank
titre *m.* title

1. Celui à qui appartient l'épouse, c'est l'époux; mais l'ami de l'époux, qui se tient[58] là et qui l'entend, éprouve une grande joie à cause de la voix de l'époux: aussi cette joie, qui est la mienne, est parfaite. (Jn 3:29, Sg)

2. A ce moment, l'autre femme s'écria:[59] «Ce n'est pas vrai! C'est mon fils qui est vivant et c'est le tien qui est mort!» Mais la première reprit:[60] «Non! C'est ton fils qui est mort et le mien qui est vivant!» (1 R 3:22, BFC)

3. A l'Église de Dieu qui est à Corinthe, à ceux qui ont été sanctifiés en Jésus Christ, appelés à être saints, et à tous ceux qui invoquent en quelque lieu que ce soit[61] le nom de notre Seigneur Jésus Christ, leur Seigneur et le nôtre. (1 Co 1:2, Sg)

4. Recherchez la prospérité de la ville où je vous ai déportés et priez l'Éternel en sa faveur, car de sa prospérité dépend la vôtre. (Jr 29:7, BSm)

5. Il a ainsi acquis[62] un rang bien plus éminent que celui des anges, dans la mesure où le titre que Dieu lui a donné est incomparablement supérieur au leur. (He 1:4, BSm)

6. Ils lui dirent:[63] Les disciples de Jean, comme ceux des pharisiens, jeûnent fréquemment et font des prières, tandis que les tiens mangent et boivent. (Lc 5:33, Sg)

---

58 **se tient** *refl.*, 3rd *s.* stands
59 **s'écria** *ps.*, 3rd *s.* cried (out)
60 **reprit** *ps.*, 3rd *s.* replied
61 **en quelque lieu que ce soit** in whatever place
62 **acquis** *pp.* acquired
63 **dirent** *ps.*, 3rd *pl.* said

7. «Le mien» et «le tien» sont les termes les plus communs sur la terre, et nous ne pouvons guère nous en passer;[64] mais c'est cela même qui nous condamne. (Bourdaloue, *Sur la charité du prochain*)

DORMIR AND IRREGULAR -IR VERBS

In the above reading, when the defrocked priest begins a paragraph, "Vers quatre heures, ne pouvant dormir . . ." (*About four o'clock, not being able to sleep . . .*), he uses the verb **dormir**, which looks like an *-ir* verb, but has a special conjugation. Indirectly, in this manual, you have been exposed several verbs belonging to this group. With **dormir** serving as a model, they are conjugated in the following manner:

14.12

je dors	**nous dormons**
tu dors	**vous dormez**
il (elle, on) dort	**ils (elles) dorment**

past participle: **dormi**

A number of verbs belong to this category, some of which are in frequent use:

14.13

consentir to consent	**repartir** to leave again
démentir to belie	**ressentir** to feel (pain, emotion)
départir to divide	**ressortir** to go out again[65]
endormir to lull asleep	**sentir** to feel, smell, be conscious of
mentir to lie	**servir** to serve
partir to leave	**sortir** to go out

Note that the final consonant of the stem is dropped in the singular, but that it resurfaces in the plural. Thus, the conjugation for **mentir** is **mens, mens, ment, mentons, mentez,** and **mentent**, while that for **servir** is **sers, sers, sert, servons, servez,** and **servent**.

When followed by the preposition **de**, **partir** means "to leave from" and **sortir** "to come out from":

> **Pars d'**ici, et va en Judée, afin que tes disciples voient aussi les œuvres que tu fais. (Jn 7:3, Sg) *Leave here and go to Judea, that your disciples also may see the works you are doing.* (ESV)
>
> Toutes ces choses mauvaises **sortent du** dedans, et souillent l'homme. (Mc 7:23, Sg) *All these evil things come from within, and they defile a person.* (NIV)

---

64 **en passer** to do without them

65 By extension, this verb can also mean, "to be under the jurisdiction of (a court, a country)."

Introduction to Theological French

Exercises

A. Conjugate the verbs in parentheses in the present, and familiarize yourself with the new vocabulary:

14.14

achevé, -e concluded, accomplished
concupiscible lustful
douleur *f.* pain
œuf[66] *m.* egg

rameau *m.* (small) branch
sensible sensitive, susceptible
tenter to tempt
veiller to keep awake, watch

1. C'est le cœur qui (*sentir*) _____ Dieu, et non la raison. Voilà ce que c'est que la foi: Dieu sensible au cœur, non à la raison. (Pascal, *Pensées*)
2. Simon, tu (*dormir*) _____ ! Tu n'as pu veiller une heure! (Mc 14:37, Sg)
3. Quelle est cette parole? il commande avec autorité et puissance aux esprits impurs, et ils (*sortir*) _____ ! (Lc 4:36, Sg)
4. Si nous disons que nous sommes en communion avec lui, et que nous marchions[67] dans les ténèbres, nous (*mentir*) _____ , et nous ne pratiquons pas la vérité. (1 Jn 1:6, Sg)
5. C'est pour lui seul qu'il éprouve de la douleur en son corps, C'est pour lui seul qu'il (*ressentir*) _____ de la tristesse en son âme. (Jb 14:22, Sg)
6. Si vous obéissez à mes commandements que je vous prescris aujourd'hui, si vous aimez l'Éternel, votre Dieu, et si vous le (*servir*) _____ de tout votre cœur et de toute votre âme ... (Dt 11:13, Sg)
7. Dieu, qui est le Père du Seigneur Jésus, et qui est béni éternellement, sait que je (*ne point mentir*) _____ ! (2 Co 11:31, Sg)
8. Nous ne voulons pas, frères, que vous soyez[68] dans l'ignorance au sujet de ceux qui (*dormir*) _____ . (1 Th 4:13, Sg)
9. La nature nous tente continuellement, l'appétit concupiscible désire souvent; mais le péché n'est pas achevé si la raison ne (*consentir*) _____ . (Pascal, *Pensées*)
10. Notre salut (*sortir*) _____ tout entier de la grâce ou de la volonté miséricordieuse du Père des esprits, comme l'oiseau (*sortir*) _____ tout entier de l'œuf, comme le fruit (*sortir*) _____ tout entier du rameau. (Vinet, *Études évangéliques*)

B. Translate the following verses into English, being ever mindful of the new vocabulary:

14.15

affaire *f.* affair, business
autrui others

divertissement *m.* entertainment
insupportable unbearable

---

66 In the plural "œufs," the final "f" is not pronounced [pø].
67 **marchions** *subj.*, 1ˢᵗ *pl.* walk
68 **soyez** *subj.*, 2ⁿᵈ *pl.* be

bassesse *f.* baseness, lowness
conclure to conclude
repos *m.* rest
soupçonner to suspect

1. De la même bouche sortent la bénédiction et la malédiction. (Jc 3:10, Sg)

2. Partez, partez, sortez de là! Ne touchez rien d'impur! Sortez du milieu d'elle [Babylone]! (Es 52:11, Sg)

3. Daniel, serviteur du Dieu vivant, ton Dieu, que tu sers avec persévérance, a-t-il pu te délivrer des lions? (Dn 6:20, Sg)

4. Un cœur noble ne peut soupçonner en autrui / La bassesse et la malice / Qu'il ne sent point en lui. (Racine, *Esther*)

5. Quoique les personnes n'aient[69] point d'intérêt à ce qu'elles disent, il ne faut pas conclure de là[70] absolument qu'elles ne mentent point; car il y a des gens qui mentent simplement pour mentir. (Pascal, *Pensées*)

6. Pour ceux dont[71] la religion n'est pas le tout, il y a en effet deux sphères, la sphère religieuse et la sphère profane; mais pour le chrétien, rien n'est profane, tout sert à la sainteté. (Vinet, *Théologie pastorale*)

7. Rien n'est si insupportable à l'homme que[72] d'être dans un plein repos, sans passion, sans affaire, sans divertissement, sans application. Il sent alors son néant... (Pascal, *Pensées*)

C. Put the verb in parentheses into the *passé composé*, while learning the new vocabulary:

14.16

argile *f.* clay
asile *m.* shelter, refuge
couche *f.* bed
effet *m.* effect, result
endroit *m.* place
frontière *f.* border
pareil, -le like, similar
rendre grâce(s) à to give thanks to

69 **aient** *subj., 3rd pl.* have
70 **de là** from there
71 **dont** for whom
72 **que** than

1. Quelqu'un m'a touché; j' (*sentir*) _____ qu'une force sortait[73] de moi. (Lc 8:46, BSm)
2. Comment as-tu pu mettre en ton cœur un pareil dessein? Ce n'est pas à des hommes que tu (*mentir*) _____, mais à Dieu. (Ac 5:4, Sg)
3. Je rends grâces à Dieu, que mes ancêtres (*servir*) _____, et que je sers avec une conscience pure. (2 Tm 1:3, Sg)
4. Mais vous, vous m'avez abandonné, et vous (*servir*) _____ d'autres dieux. (Jg 10:13, Sg)
5. Qu'est-ce, en effet, dans la pensée de Dieu, qu'un être pour qui Dieu lui-même (*consentir*) _____ à mourir? (Vinet, *Études évangéliques*)
6. Qu'est-ce que tu m'as fait? N'est-ce pas pour Rachel que j' (*servir*) _____ chez toi? Pourquoi m'as-tu trompé? (Gn 29:25, Sg)
7. Elle[74] (*dormir*) _____ quinze ans dans sa couche d'argile, / Et rien ne pleure plus sur son dernier asile. (Lamartine, *Le Premier regret*)
8. Quel peuple ennemi de la France (*ne pas ressentir*) _____ les effets de sa valeur, et quel endroit de nos frontières (*ne pas servir*) _____ de théâtre à sa gloire? (Fléchier, *Oraisons funèbres*)

PASSÉ COMPOSÉ: VERBS CONJUGATED WITH *ÊTRE*

In French, transitional verbs and verbs of motion that are intransitive (i.e. which do not take a direct object) are conjugated with the help of **être** in the *passé composé*. In this manual, from time to time, you have also been exposed to examples of these compounds, most of which have been glossed. Unlike verbs conjugated with **avoir**, the past participle of verbs conjugated with **être** always agrees in gender and number with the subject, as can be seen in the conjugation of **aller** below:

14.17

je suis allé(e)	**nous sommes allé(e)s**
tu es allé(e)	**vous êtes allé(e)(s)**[75]
il (on) est allé	**ils sont allés**
elle est allée	**elles sont allées**

Like past tense verbs compounded by **avoir**, the *passé composé* of verbs conjugated with **être** serving as an auxiliary may have a number of English equivalents. For instance, **je suis allé(e)** might mean "I went," "I have gone," or "I did go," according to the context.

---

73 **sortait** *impf., 3rd s.* was going out

74 The poet refers to a former love interest, Graziella, who had died after his departure from Italy fifteen years previous.

75 It is to be remembered that the "vous" in French is also used in the formal register for the singular, which is why there four agreement possibilities in the compound past of verbs conjugated with **être**.

Most negative expressions surround the helping verb **être**—hence: **je ne suis pas allé(e)**, **tu n'es jamais allé(e), il n'est pas encore allé, elle n'est plus allée**, etc.

In addition to **aller**, among the verbs commonly helped by **être** in the compound past are the following (most of which are part of your active vocabulary, but all of which you have been exposed to in the manual). Take due note that some of the past participles are irregular:

arriver	arrivé	**naître**	né	**retourner**	retourné
descendre	descendu	**partir**	parti	**revenir**	revenu
devenir	devenu	**parvenir**	parvenu	**sortir**	sorti
entrer	entré	**passer**	passé	**tomber**	tombé
monter	monté	**rentrer**	rentré	**venir**	venu
mourir	mort	**rester**	resté		

Occasionally, some of these verbs can be used transitively, in which case they are conjugated with **avoir** instead (and the past participle does not agree with the subject):

> Celui qui écoute ma parole, et qui croit à celui qui m'a envoyé, a la vie éternelle et ne vient point en jugement, mais il **est passé** de la mort à la vie. (Jn 5:24, Sg) *Whoever hears my word and believes him who sent me has eternal life. He does not come into judgment, but has passed from death to life.* (ESV)

> Trois fois j'ai été battu de verges, une fois j'ai été lapidé, trois fois j'ai fait naufrage, j'ai **passé** un jour et une nuit dans l'abîme. (2 Co 11:25, Sg) *Three times I was beaten with rods, once I was stoned, three times I was shipwrecked, I spent a night and a day in the open sea.* (NIV)

In the above examples, **passer** is first conjugated with **être** because it is used in an intransitive sense—passing from one state to another—while in the second it is conjugated with **avoir** because it takes "un jour et une nuit" as a direct object. **Sortir** and **monter** are two other **être** verbs which are frequently used in a transitive sense as well.

EXERCISES

A. Conjugate the verbs in parentheses in the *passé composé*, remembering to make past participles agree with their subjects, and familiarize yourself the new vocabulary:

14.18

belle-sœur *f.* sister-in-law	**meurtrissure** *f.* bruise
comble *m.* depth, high point	**opprobre** *m.* disgrace, shame
cruche *f.* pitcher, jug	**perfide** perfidious, treacherous
épaule *f.* shoulder	**puiser** to draw (water)
fausseté *f.* falseness	**sanctuaire** *m.* sanctuary

1. Voici, Rebecca (*sortir*) _____, sa cruche sur l'épaule; elle (*descendre*) _____ à la source, et a puisé. Je lui ai dit: Donne-moi à boire, je te prie. (Gn 24:25, Sg)

2. Pour moi, frères, lorsque je (*aller*) _____ chez vous, ce n'est pas avec une supériorité de langage ou de sagesse que je (*aller*) _____ vous annoncer le témoignage de Dieu. (1 Co 2:1, Sg)

3. Car Christ (*ne pas entrer*) _____ dans un sanctuaire fait de main d'homme, en imitation du véritable, mais il (*entrer*) _____ dans le ciel même, afin de comparaître maintenant pour nous devant la face de Dieu. (He 9:24, Sg)

4. Personne n'[76] (*monter*) _____ au ciel, si ce n'est celui qui (*descendre*) _____ du ciel, le Fils de l'homme qui est dans le ciel. (Jn 3:13, Sg)

5. Je (*naître*) _____ et je (*venir*) _____ dans le monde pour rendre témoignage à la vérité. Quiconque est de la vérité écoute ma voix. (Jn 18:37, Sg)

6. Comme le corps sans âme (*mourir*) _____, de même la foi sans les œuvres (*mourir*) _____. (Ja 2:26, Sg)

7. Naomi dit[77] à Ruth: Voici, ta belle-sœur (*retourner*) _____ vers son peuple et vers ses dieux; retourne, comme ta belle-sœur. (Ru 1:15, Sg)

8. Ceux qui (*rester*) _____ de la captivité sont là dans la province, au comble du malheur et de l'opprobre. (Ne 1:3, Sg)

9. Malgré tout cela, la perfide Juda, sa sœur, (*ne pas revenir*) _____ à moi de tout son cœur; c'est avec fausseté qu'elle l'a fait, dit l'Éternel. (Jr 3:10, Sg)

10. Le châtiment qui nous donne la paix (*tomber*) _____ sur lui, et c'est par ses meurtrissures que nous sommes guéris. (Es 53:5, Sg)

B. Translate the following verses into English, being mindful of the new vocabulary:

14.19

cacher to hide

talent *m.* talent (weight, coin)

1. Je suis sorti du Père, et je suis venu dans le monde; maintenant je quitte le monde, et je vais au Père. (Jn 16:30, Sg)

2. J'ai eu peur, et je suis allé cacher ton talent dans la terre; voici, prends ce qui est à toi. (Mt 25:25, Sg)

3. Le salut est entré aujourd'hui dans cette maison, parce que celui-ci est aussi un fils d'Abraham. (Lc 19:9, Sg)

4. Ce n'est pas le séjour des morts qui te loue, ce n'est pas la mort qui te célèbre; ceux qui sont descendus dans la fosse n'espèrent plus en ta fidélité. (Es 38:18, Sg)

---

76 The negative pronoun **personne ne** ("no one") takes a masculine singular verb.

77 **dit** *ps.*, 3rd *s.* said

5. Ne me touche pas; car je ne suis pas encore monté vers mon Père. Mais va trouver mes frères, et dis-leur que je monte vers mon Père et votre Père, vers mon Dieu et votre Dieu. (Jn 20:17, Sg)

6. C'est qu'aujourd'hui, dans la ville de David, il vous est né un Sauveur, qui est le Christ, le Seigneur. (Lc 2:11, Sg)

7. Voici ce que dit celui qui a les sept esprits de Dieu et les sept étoiles: Je connais tes œuvres. Je sais que tu passes pour être vivant, et tu es mort. (Ap 3:1, Sg)

Review and Expansion Exercises

A. Fill in the blanks with the appropriate vocabulary word, making all necessary agreements according to context:

asile	**jeûner**	**ouvrage**
fausseté	**jeunesse**	**parvis**
insupportable	**opprobre**	**triompher**

1. *Imagination.* –C'est cette partie décevante[78] dans l'homme, cette maîtresse[79] d'erreur et de _____. (Pascal, *Pensées*)
2. Ce qui rend la vanité des autres _____, c'est qu'elle blesse[80] la nôtre. (La Rochefoucauld, *Maximes*)
3. Dans un des _____ aux hommes réservés, / Cette femme superbe[81] entre, le front levé. (Racine, *Athalie*).
4. Car nous sommes son _____, ayant été créés en Jésus Christ pour de bonnes œuvres, que Dieu a préparées d'avance . . . (Ep 2:10, Sg)
5. Car le jugement est sans miséricorde pour qui n'a pas fait miséricorde. La miséricorde _____ du jugement. (Jc 2:13, Sg)
6. Lorsque vous _____, ne prenez pas un air triste, comme les hypocrites . . . (Mt 6:16, Sg)
7. Tu es un _____ pour moi, tu me garantis[82] de la détresse, Tu m'entoures[83] de chants de délivrance. (Ps 32:7, Sg)
8. C'est la grâce que le Seigneur m'a faite, quand il a jeté les yeux sur moi pour ôter mon _____ parmi les hommes. (Lc 1:25, Sg)

78 **décevant, -e** deceptive
79 **maîtresse** *f.* mistress
80 **blesser** to wound, injure, offend
81 **superbe** proud, haughty
82 **garantir** to guarantee, shelter, protect
83 **entourer** to surround

Introduction to Theological French

9. Les qualités excessives nous sont ennemies . . . Trop de _____ et trop de vieillesse empêchent l'esprit. (Pascal, *Pensées*)

B. Conjugate the verbs in parentheses in the *passé composé*. Some of the verbs will take **avoir** as an auxillary and others with take **être**. If need be, remember to make past participles agree with their subjects or a preceding direct object. Familiarize yourself as well with the new vocabulary:

14.20

gémissement *m.* moan, groan **publier** to publish, proclaim
manne *f.* manna **rebelle** rebellious

1. Il (*venir*) _____ chez lui, et les siens (*ne pas l'accueillir*) _____. (Jn 1:11, BSm)
2. L'homme répondit:[84] La femme que tu (*mettre*) _____ auprès de moi m' (*donner*) _____ de l'arbre, et j'en[85] (*manger*) _____. (Gn 3:12, Sg)
3. Nous (*pécher*) _____, nous (*commettre*) _____ l'iniquité, nous (*être*) _____ méchants et rebelles . . . (Dn 9:5, Sg)
4. Car le Père lui-même vous aime, parce que vous m' (*aimer*) _____, et que vous (*croire*) _____ que je (*sortir*) _____ de Dieu. (Jn 16:27, Sg)
5. Ils (*retourner*) _____ aux iniquités de leurs premiers pères, qui (*refuser*) _____ d'écouter mes paroles, et ils (*aller*) _____ après d'autres dieux, pour les servir. (Jr 11:10, Sg)
6. Dès longtemps j' (*faire*) _____ les premières prédictions, elles (*sortir*) _____ de ma bouche, et je les (*publier*) _____: soudain j' (*agir*) _____ . . . (Es 48:3, Sg)
7. Malheur à vous, docteurs de la loi! parce que vous (*enlever*) _____ la clef de la science; vous (*ne pas entrer*) _____ vous-mêmes, et vous (*empêcher*) _____ d'entrer ceux qui le voulaient.[86] (Lc 11:52, Sg)
8. J' (*voir*) _____ la souffrance de mon peuple qui est en Égypte, j' (*entendre*) _____ ses gémissements, et je (*descendre*) _____ pour le délivrer. (Ac 7:34, Sg)
9. C'est ici le pain qui (*descendre*) _____ du ciel. Il n'en est pas comme de[87] vos pères qui (*manger*) _____ la manne et qui (*mourir*) _____: celui qui mange ce pain vivra[88] éternellement. (Jn 6:58, Sg)

C. The following stanzas are taken from Victor Hugo's long poem *À Villequier*. It was chosen for its vocabulary, and for the occurrence of several irregular -**ir** verbs. In

---

[84] **répondit** *ps., 3rd s.* answered
[85] **en** of it
[86] **voulaient** *impf., 3rd pl.* wanted
[87] **Il n'en est pas comme de** it is not as with
[88] **vivra** *fut., 3rd s.* will live

Chapter 14

the text, Hugo imagines a pilgrimage to Villequier, the town on the Seine where his daughter Léopoldine resided with her new husband. In 1843, she was drowned in the river, pulled down by her heavy skirts, when a boat overturned. Her young husband perished as well trying to save her. Hugo learned of the accident from the newspaper while traveling with his mistress in the south of France. Some new vocabulary is presented and unfamiliar grammatical items are glossed. Through what you have learned thus far, guessing at cognates, and consulting, if need be, the glossary, read the text for content and answer the questions at its conclusion:

14.21 🔊

attendri, -e softened, made tender	**malaisé, -e** difficult
briser to break	**matin** *m.* morning
clément, -e merciful	**onde** *f.* wave
couler to run (liquid)	**pâle** pale
délire *m.* delirium	**plaie** *f.* wound
désormais henceforth	**plaine** *f.* plain
ennui *m.* worry, anxiety	**pleur** *f.* tear
entrée *f.* entry, entrance	**réclamer** to lay claim to
fleur *f.* flower	**rocher** *m.* rock (high and pointed)
fleuve *m.* river	**saigner** to bleed
gazon *m.* grass	**tranquille** tranquil, quiet
indulgent, -e longsuffering	**vainqueur, -euse** victorious
jonc *m.* rush, reed	**vallon** *m.* small valley
joyeux, -euse joyous	

Maintenant que du deuil qui m'a fait l'âme obscure
    Je sors, pâle et vainqueur,
Et que je sens la paix de la grande nature
    Qui m'entre dans le cœur;

Maintenant que je puis, assis au bord des ondes,
Ému par ce superbe et tranquille horizon,
Examiner en moi les vérités profondes
Et regarder les fleurs qui sont dans le gazon;

Maintenant, ô mon Dieu! que j'ai ce calme sombre
    De pouvoir désormais
Voir de mes yeux la pierre[89] où je sais que dans l'ombre
    Elle dort pour jamais;

Maintenant qu'attendri par ces divins spectacles,
Plaines, forêts, rochers, vallons, fleuve argenté,[90]

---

89 Here the word **pierre** (lit. "stone") refers to Léopoldine's gravestone.
90 **argenté** silvery

Voyant ma petitesse et voyant vos miracles,
Je reprends ma raison devant l'immensité;

Je viens à vous, Seigneur, père auquel il faut croire;
    Je vous porte, apaisé,
Les morceaux de ce cœur tout plein de votre gloire
    Que vous avez brisé;

Je viens à vous, Seigneur! confessant que vous êtes
Bon, clément, indulgent et doux, ô Dieu vivant!
Je conviens que vous seul savez ce que vous faites,
Et que l'homme n'est rien qu'un jonc qui tremble au vent. (vv. 5–28)

Seigneur, je reconnais que l'homme est en délire
    S'il ose murmurer;
Je cesse d'accuser, je cesse de maudire,
    Mais laissez-moi pleurer!

Hélas! laissez les pleurs couler de ma paupière,
Puisque vous avez fait les hommes pour cela!
Laissez-moi me pencher[91] sur cette froide pierre
Et dire à mon enfant: Sens-tu que je suis là? (vv. 117–124)

Ne vous irritez pas[92] que je sois[93] de la sorte,
Ô mon Dieu! cette plaie a si longtemps saigné!
L'angoisse dans mon âme est toujours la plus forte,[94]
Et mon cœur est soumis, mais n'est pas résigné.

Ne vous irritez pas! fronts que le deuil réclame,
    Mortels sujets aux pleurs,
Il nous est malaisé de retirer notre âme
    De ces grandes douleurs.

Voyez-vous, nos enfants nous sont bien nécessaires,
Seigneur; quand on a vu dans sa vie, un matin,
Au milieu des ennuis, des peines, des misères,
Et de l'ombre que fait sur nous notre destin,

    Apparaître un enfant, tête chère et sacrée,
        Petit être joyeux,

---

91 **me pencher** to incline, stoop
92 **Ne vous irritez pas** *imp., 2ⁿᵈ pl.* don't grow angry
93 **sois** *subj., 1ˢᵗ s.* be
94 **la plus forte** the strongest

Chapter 14

Si beau, qu'on a cru voir s'ouvrir[95] à son entrée
   Une porte des cieux. (vv. 137–152)

I. Answer the following:

1. In the first four stanzas, how does Hugo describe the stage of grief in which he now finds himself?

2. In stanzas 5 through 8, how does Hugo describe God? How does he describe man's relationship with God?

3. In the final four stanzas, how does Hugo now characterize the nature of his grief? In his eyes, why is the death of a child especially poignant and apt to provoke a crisis of faith?

The Art of Reading French

In this manual, and in particular in these helpful hint sections at the end of lessons, you have often been encouraged to guess the meanings of French words that are new to you. As you have undoubtedly realized by now, there are limits to guessing, even with respect to so-called cognates. Although forty percent of English derives from French, because the two languages evolved differently, you will encounter a number of "faux amis" or "false cognates." Being aware of this pitfall, and being wary of how language functions in general, is also a skill that must be developed. Sometimes, context provides a clue as to the true signification of a false cognate. At other times, the meaning of the new word must simply be memorized. Even in this chapter, you have seen several false cognates, whose primary or theological meaning—even though the semantic range of word might actually allow for a secondary or other specialized meanings proximate to that of English—is better rendered instead by an English synonym:

French Word	Primary Meaning(s)	False Cognate
agonie	death-struggle	agony
appréciation	estimation, appraisal	appreciation
audience	hearing (in court of law)	audience
blesser	to wound, injure	to bless
charger	to load, burden	to charge
commode	convenient, comfortable	commode
confronter	to compare	to confront
couche	bed, layer, stratum	couch
crier	to cry out, shout	to cry
démonstration	proof	demonstration

---

95 **s'ouvrir** *refl.* To open

ennui	worry, anxiety	ennui
front	forehead, brow	front
indulgent	longsuffering	indulgent
injure	wrong, insult	injury
large	wide	large
prétendre	to claim	to pretend
rester	to stay, remain	to rest
sensible	sensitive	sensible
sombre	dark	somber
superbe	proud, haughty	superb
troubler	to disturb, perturb	to trouble

CHAPTER 14

Self-Test G

The answers to the exercises below are given in footnote. If you not achieve 90% mastery here, you should go back and review the material before going on to the next chapter.

A. Match the French word on the left with its English meaning on the right:[96]

1. **désormais** _____
2. **plaie** _____
3. **gémissement** _____
4. **autrui** _____
5. **jeûner** _____
6. **recueillir** _____
7. **enlever** _____
8. **allumer** _____
9. **pénible** _____
10. **goutte** _____
11. **poitrine** _____
12. **cacher** _____
13. **joue** _____
14. **châtiment** _____

a. *to fast*
b. *laborious, arduous*
c. *chest*
d. *drop (of liquid)*
e. *henceforth*
f. *to hide*
g. *to gather up, take in*
h. *wound*
i. *to remove, carry away*
j. *others*
k. *cheek*
l. *moan, groan*
m. *to light, ignite*
n. *chastisement*

B. Provide the correct present tense conjugation for the following verbs:[97]

1. (**mettre**) tu _____
2. (**dormir**) il _____
3. (**permettre**) nous _____
4. (**sentir**) je _____
5. (**apprendre**) elles _____
6. (**mentir**) ils _____
7. (**cueillir**) je _____
8. (**partir**) on _____
9. (**servir**) vous _____
10. (**admettre**) tu _____

C. Write out in French the corresponding possessive pronoun:[98]

1. (*mine, f.s.*) _____
2. (*yours, m.s.*) _____
3. (*ours, f.s.*) _____
4. (*his, m.pl.*) _____
5. (*theirs, m.s.*) _____
6. (*yours, f.pl.*) _____

D. Put the following present tense verbs in the *passé composé*:[99]

1. (**je chante**) _____
2. (**elle sort**) _____
3. (**il descend**) _____
4. (**tu ne vois pas**) _____
5. (**on prend**) _____
6. (**nous obéissons**) _____
7. (**vous savez**) _____
8. (**ils tombent**) _____
9. (**elles boivent**) _____
10. (**il ne va pas**) _____

[96] Exercise A: 1. e; 2. h; 3. l; 4. j; 5. a; 6. g; 7. i; 8. m; 9. b; 10. d; 11. c; 12. f; 13. k; 14. n.

[97] Exercise B: 1. mets; 2. dort; 3. permettons; 4. sens; 5. apprennent; 6. mentent; 7. cueille; 8. part; 9. servez; 10. admets.

[98] Exercise C: 1. la mienne; 2. le tien; 3. la nôtre; 4. les siens; 5. le leur; 6. les vôtres.

[99] Exercise D: 1. j'ai chanté; 2. elle est sortie; 3. il est descendu; 4. tu n'as pas vu; 5. on a pris; 6. nous avons obéi; 7. vous avez su; 8. ils sont tombés; 9. elles ont bu; 10. il n'est pas allé.

Chapter 15

OFFRIR AND SIMILAR VERBS
PRONOMINAL VERBS
THE PRONOUN Y
THE PRONOUN EN

READING

The following two excerpts are taken from Arnoul Gréban's fifteenth-century religious drama known as *Le Mystère de la passion*. In its original version, the mystery play was comprised of 35,000 verses, employed some 200 actors, and took place over a four-day period. Very little information remains about Gréban (c. 1420–?). He studied theology at the Sorbonne and, in 1455, he is listed as organist and choirmaster of Notre Dame in Paris. Later he held a canonry in Le Mans. The drama retraces salvation history from the Adamic fall to the central episodes of the life of Christ. In the passages below, the first concerns a development of the feet-washing scene, the second has to do with the empty tomb. The French is cited here in a modernized prose version.[1]

15.1

Alors Jésus se lève de table, retrousse les pans de sa tunique en les glissant dans sa ceinture et se ceint[2] la taille d'un linge.

SAINT PIERRE: Qu'est-ce que notre maître a en tête? Le voilà qui se lève sans rien dire. C'est bien étrange.
SAINT JEAN: Honte à nous si nous restons assis.
JÉSUS: Verse-moi une bonne quantité d'eau dans ce bassin.
PIRAGMON:[3] Si ce n'est que ça, en[4] voulez-vous en voilà.[5] Tenez,[6] ce n'est pas de l'eau de rose, mais elle est toute fraîche tirée du puits.
JÉSUS: Viens, Judas: tu vas voir ce que je veux faire.

  1 Arnoul Gréban, *Le Mystère de la Passion*, traduction et présentation de Micheline de Combarieu du Grès et Jean Subrenat (Paris: Gallimard, 1987), 268–69, 404–5.

  2 **se ceint la taille** *refl*, 3rd *s.* girds his waist

  3 Piragmon is the name that Gréban gives to one of the hosts of the inn. In classical literature, Piragmon was a Cyclops, and the servant of Vulcan.

  4 **en** some

  5 **en voulez-vous en voilà** *idiom.* as much as ever you like

  6 **Tenez** *imp.*, 2nd *pl.* look here

JUDAS: Et quoi donc, Seigneur?

JÉSUS: Te laver les pieds à toi et aux autres en signe et exemple d'humilité.

JUDAS: Puisque telle est ta volonté, ce n'est pas à moi de dire non.

SAINT THOMAS: C'est à n'en pas revenir![7] Mais Judas n'est-il pas bien outrecuidant de laisser notre maître s'offrir à le traiter ainsi?[8]

SAINT PIERRE: Moi, je ne le permettrais[9] à aucun prix. À Dieu ne plaise[10] que mon Seigneur veuille[11] s'abaisser à me servir ainsi!

JÉSUS: À ton tour, Pierre, tends-moi tes pieds.

SAINT PIERRE: Non, Seigneur, je ne peux pas te laisser faire.

JÉSUS: Tu ne comprends pas maintenant ce que je fais, mais tu comprendras[12] plus tard; et si je ne te lave pas, tu n'auras[13] point part à moi.

SAINT PIERRE: Je m'en remets à toi,[14] Seigneur; mais alors, s'il te plaît,[15] pas les pieds seulement, mais aussi les mains et la tête.

JÉSUS: Celui qui a pris un bain n'a plus besoin que de se laver les pieds pour être entièrement purifié. Et il est certain que, purs, vous l'êtes, mais pas tous: l'un de vous est souillé par le péché.

SAINT JEAN: Notre maître, s'agenouiller devant nous pour nous laver les pieds! quelle meilleure marque de son humilité et de son amour pour nous.

SAINT ANDRÉ: Et quelle meilleure façon de nous dire que nous devons nous aimer les uns les autres!

. . .

MADELEINE: Chers amis, que[16] le Dieu tout-puissant vous garde en sa sainte grâce. Je reviens d'auprès du tombeau de Jésus. On a enlevé le corps.

SAINT PIERRE: Jésus, mon maître, Dieu béni! Qui a commis ce forfait de retirer du sépulcre son corps précieux?

SAINT JEAN: J'y[17] vais de ce pas:[18] je ne peux prendre mon parti de rester dans l'ignorance de ce qui a pu se passer.

SAINT PIERRE: Je veux y être le premier, pour savoir ce qu'il en est[19] au juste.

Alors saint Pierre et saint Jean vont au tombeau. Saint Jean arrive le premier.

---

7 **C'est à n'en pas revenir** It can't be gotten over
8 **s'offrir à le traiter ainsi** to offer himself to be treated thus
9 **je ne le permettrais** *cond, 1st s.* I would not permit it
10 **À Dieu ne plaise** *subj., 3rd s.* God forbid
11 **veuille** *subj., 3rd s.* wants
12 **comprendras** *fut., 2nd s.* will understand
13 **auras** *fut., 2nd s.* will have
14 **Je m'en remets à toi** I am in your hands
15 **s'il te plaît** please
16 **que le Dieu tout-puissant** . . . May the Almighty God . . .
17 **y** there.
18 **de ce pas** right away.
19 **ce qu'il en est** what it's all about.

SAINT JEAN: J'ai couru[20] sans m'arrêter et me voici bon premier au tombeau. Je vais d'abord me rendre compte si le corps est toujours là. (*Alors il regarde sans entrer.*) Quoi! Je ne vois que le linceul dans lequel il était[21] enveloppé.

SAINT PIERRE: Le tombeau où notre maître reposait[22] est-il ouvert?

SAINT JEAN: Je n'ai pas osé y entrer; j'ai seulement regardé du dehors.

SAINT PIERRE: Et alors?

SAINT JEAN: Pour ce qui est du corps, on ne le voit pas.

SAINT PIERRE: Vous ne pouvez pas en[23] être sûr puisque vous n'avez pas pénétré à l'intérieur. Je vais entrer pour savoir ce qu'il en est vraiment.

SAINT JEAN: Eh bien?

SAINT PIERRE: Il n'y est pas. Il n'y a plus que le linceul, et le suaire dont[24] on lui avait recouvert[25] la tête; je l'ai trouvé à part, séparé du reste.

Alors saint Jean entre dans le tombeau.

SAINT JEAN: On a beau chercher partout, vous êtes dans le vrai. Il faut aller tout raconter à nos frères.

Active Vocabulary

15.2

abaisser (s') to stoop, humble onself
agenouiller (s') to kneel (down)
arrêter (s') to stop
au juste actually, rightly
avoir beau + *inf.* to do in vain
bain *m.* bath
bassin *m.* basin
ceinture *f.* belt
forfait *m.* crime
frais, fraîche fresh
glisser to slip, slide
laver (se) to wash oneself
lever[26] **(se)** to stand up, rise
linceul *m.* winding-sheet, shroud

meilleur, -e *adj.* better
offrir to offer
outrecuidant, -e presumptuous
pan *m.* skirt, flap (of garment)
part *f.* share, part, portion
partout everywhere
passer (se) to happen
puits *m.* well
raconter to tell, relate
rendre (se) compte de to realize
retrousser to tuck, turn up
souiller to soil, defile
suaire *m.* sindon, shroud
taille[27] *f.* waist

20 **couru** *pp.* ran.
21 **était** *impf.*, 3rd *s.* was.
22 **reposait** *impf.*, 3rd *s.* rested.
23 **en** of it.
24 **dont** with which.
25 **avait recouvert** *plup.*, 3rd *s.* had covered.
26 **Lever** takes a grave accent in closed syllable conjugations (**je lève, tu lèves, il/elle/on lève, ils/elles lèvent**), which are all pronounced [lεv], whereas the **nous** and **vous** forms follow the open syllable infinitive [lə ve]: (**levons** [lə võ], **levez** [lə ve]).
27 Earlier you saw that **taille** also means "size."

Chapter 15

linge *m.* linen
marque *f.* mark, sign
tunique *f.* tunic
verser to pour (out)

Exercises

A. Match the expressions in the left-hand column with the related notion in the right:
1. **glisser**   a. omniprésent
2. **ceinture**   b. narrer
3. **s'abaisser**   c. insolent
4. **partout**   d. s'humilier
5. **bain**   e. contaminer
6. **frais**   f. constater
7. **outrecuidant**   g. insérer
8. **offrir**   h. proposer
9. **souiller**   i. nouveau
10. **se rendre compte** j. lavage
11. **forfait**   k. transgression
12. **raconter**   l. cordelière

B. Match the expressions in the left-hand column with their relative opposite in the right:
1. **outrecuidant**   a. retirer
2. **s'arrêter**   b. pire
3. **souiller**   c. bienfait
4. **offrir**   d. purifier
5. **meilleur**   e. modeste
6. **forfait**   f. débuter

C. From the words in bold in the left-hand column, deduce the sense of those to the right:

1.	**offrir**	offre *n.*	offrande *n.*	offertoire *n.*
2.	**s'agenouiller**	genou *n.*	agenouillement *n.*	génuflexion *n.*
3.	**se lever**	levée *n.*	levain *n.*	lever (*n.*) du soleil
4.	**meilleur**	améliorer *inf.*	amélioration *n.*	un monde meilleur *adj.*
5.	**marque**	marquer *inf.*	marquant *adj.*	marque (*n.*) des temps
6.	**frais**	rafraîchir *inf.*	rafraîchissant *adj.*	rafraîchissement *n.*
7.	**bain**	baigneur *n.*	baignade *n.*	bain (*n.*) de sang

D. Translate the following phrases into English:
1. Le baptême est un bain qui rend à l'âme sa vigueur première. (Chateaubriand, *Génie du Christianisme*)

2. La nature du monde est de glisser, de passer vite, d'aller en fumée, en néant. (Bossuet, *Méditations sur l'Évangile*)

3. Ce n'est pas ce qui entre dans la bouche qui souille l'homme; mais ce qui sort de la bouche, c'est ce qui souille l'homme. (Mt 15:11, Sg)

4. Le christianisme a placé la charité comme un puits d'abondance dans les déserts de la vie. (Chateaubriand, *Génie du Christianisme*)

5. Mais toi, ô Éternel, tu connais bien leurs plans pour me faire mourir. Ne pardonne pas leur forfait! (Jr 18:13, BSm)

6. Ce sont ces âmes que Dieu chérit, ces âmes toujours fraîches et toujours nouvelles; qui, gardant inviolablement leur première fidélité. (Bossuet, *De Saint François de Paule*)

7. Bienheureux qui t'aime, / Jésus bien[28] suprême, / Source du bonheur; / Verse, dans mon âme, / De ta sainte flamme / La divine ardeur. (Charles Cuvier, *Bienheureux qui t'aime*)

8. Puisque j'ai coupé le pan de ton manteau et que je ne t'ai pas tué, sache et reconnais qu'il n'y a dans ma conduite ni méchanceté ni révolte, et que je n'ai point péché contre toi. (1 S 24:11, Sg)

Offrir and Similar Verbs

Offrir ("to offer, to offer up [sacrifice]") is considered an irregular **-ir** verb, for it takes the present tense endings of an **-er** verb. Note as well the unique past participle:

15.3

j'offre	nous offrons
tu offres	vous offrez
il (elle, on) offre	ils (elles) offrent

past participle: **offert**

Although verbs belonging to this classification are few in number, some are relatively common:

15.4

couvrir to cover	**redécouvrir** to rediscover
découvrir to uncover, discover	**rouvrir** to reopen
ouvrir to open	**souffrir** to suffer
recouvrir[29] to cover over	

---

28 The word **bien** is used here as a noun, not an adverb.

29 Note that a different verb, **recouvrer** ("to recover"), is used in the sense of regaining one's health, freedom, or property.

Chapter 15

Exercises

A. Fill in the blanks with the correct form of the verb in parentheses:

15.5

amour-propre *m.* self-esteem, pride
chute *f.* fall
condamnation *f.* condemnation
repousser to push back, thrust aside
procès *m.* lawsuit, trial
rugir to roar
superbe proud, haughty

1. Notre amour-propre (*souffrir*) _____ plus impatiemment la condamnation de nos goûts que de nos opinions. (La Rochefoucauld, *Maximes*)
2. Toutes choses sont des voiles qui (*couvrir*) _____ Dieu. (Pascal, *Pensées*)
3. Ils (*ouvrir*) _____ contre moi leur gueule, semblables au lion qui déchire et rugit. (Ps 22:13, Sg)
4. Car la terre sera[30] remplie de la glorieuse connaissance de l'Éternel comme les eaux (*recouvrir*) _____ le fond des mers. (Ha 2:14, BSm)
5. Cependant tu nous repousses, tu nous (*couvrir*) _____ de honte, tu ne sors plus avec nos armées. (Ps 44:9, Sg)
6. Si un homme couche[31] avec la femme de son père, et (*découvrir*) _____ ainsi la nudité de son père, cet homme et cette femme seront[32] punis de mort. (Lv 20:11, Sg)
7. Saint Augustin nous apprend qu'il est utile aux superbes de tomber, parce que leur chute leur (*ouvrir*) _____ les yeux. (Bossuet, *Panégyrique de Saint Pierre*)
8. C'est déjà certes un défaut chez vous que d'avoir des procès les uns avec les autres. Pourquoi ne (*souffrir*) _____ -vous pas plutôt quelque injustice? (1 Co 6:7, Sg)
9. Les hommes (*recouvrir*) _____ leur diable du plus bel ange qu'ils peuvent trouver. (Marguerite de Navarre, *Héptameron*)

B. Translate the following sentences and master the new vocabulary.

15.6

inconnu, -e unknown
instruit, -e educated, learned
larme *f.* tear
nue *f.* high cloud(s), *pl.* skies
parcourir to run through
prêt, -e ready, prepared
révérer[33] to revere, reverence

---

30 **sera** *fut.*, 2nd *s.* will be
31 **couche** 3rd *s.* sleeps (in sense of having sexual relations)
32 **seront** *fut.*, 3rd *pl.* will be
33 The second acute accent becomes grave in closed syllable conjugations (**je révère, tu révères, il/elle/on révère, ils/elles révèrent**), which are all pronounced [re vɛr], whereas the **nous** and **vous** forms follow the open syllable infinitive [re ve re]: (**révérons** [re ve rõ], **révérez** [re ve re]).

1. Découvrir Saint Pierre pour couvrir Saint Paul.

2. L'impossibilité où je suis de prouver que Dieu n'existe pas me fait découvrir son existence. (La Bruyère, *Caractères*)

3. Mais les belles âmes, ce sont les âmes universelles, ouvertes, et prêtes à tout; sinon instruites, au moins instruisables.[34] (Montaignes, *Essais*)

4. Avant tout, ayez les uns pour les autres une ardente charité, car la charité couvre une multitude de péchés. (1 P 4:8, Sg)

5. Ceux qui n'ont jamais souffert ne savent rien; ils ne connaissent ni les biens ni les maux; ils ignorent les hommes; ils s'ignorent[35] eux-mêmes. (Fénelon, *Aventures de Télémaque*)

6. Il est[36] un pays bienheureux / Où les larmes sont inconnues; / La foi le découvre à nos yeux, / Bien qu'il soit[37] au-delà des nues. (Ruben Saillens, *Il est un pays bienheureux*)

7. Car, en parcourant votre ville et en considérant les objets de votre dévotion, j'ai même découvert un autel avec cette inscription: A un dieu inconnu! Ce que vous révérez sans le connaître, c'est ce que je vous annonce. (Ac 17:23, Sg)

8. Toute souffrance est unique et toute souffrance est commune. Il faut me redire la seconde vérité quand je souffre et la première quand je vois souffrir les autres. (Henri de Lubac, *Paradoxes*)

Pronominal Verbs

Pronominal verbs are thus called because they are conjugated with an object pronoun that agrees with the subject. They also express an action reflected back towards the subject. For instance, the verb **lever** alone means "to raise," "lift (up)," even "remove

---

34 **instruisable** *arch.* teachable
35 **s'ignorent** *refl., 3rd pl.* do not know themselves
36 **Il est** There is
37 **Bien qu'il soit** *subj., 3rd s.* although it may be

(difficulty)," but, as in the very first sentence of the reading ("Alors Jésus se lève de table"), the action is performed by the agent upon himself, hence **se lever** signifies "to stand up" or "rise." Reflexive pronouns are identical in form to direct or indirect object pronouns, save in the third person, where **se** is employed in both singular and plural. The verb **se repentir** ("to repent") will be used as a model. It is conjugated like the irregular –**ir** verbs (cf. **dormir**), and has been chosen for its obvious theological resonance:

15.7

je me repens	**nous nous repentons**
tu te repens	**vous vous repentez**
il (elle, on) se repent	**ils (elles) se repentent**

The three forms of the affirmative imperative are as follows: **repens-toi** (2nd s.), **repentons-nous** (1st pl.), and **repentez-vous** (2nd pl.). Note that the pronouns are attached to the verb with a hyphen and that **te** becomes **toi** in the second person singular. In the negative, the pronouns reflexive pronouns precede the verb: **ne te repens pas** (2nd s.), **ne nous repentons pas** (1st pl.), and **ne vous repentez pas** (2nd pl.).

In addition to **s'arrêter, se laver,** and **se lever** from this lesson's vocabulary list, among the most common pronominal verbs you are likely to run across in your studies are the following:

15.8

s'amuser to have fun	**s'habituer à** to get used to
s'approcher de to draw near	**s'installer** to settle in
s'asseoir to sit down	**se lamenter** to lament, deplore
se baigner to bathe, swim	**se livrer à** to give onself up
se confier en to put one's trust in	**se marier** to get married
se convertir to become converted	**se promener**[38] to take a walk
se dépêcher to hurry	**se prosterner** to prostrate oneself
se détendre to relax	**se réjouir de** to rejoice
s'égarer to go astray	**se reposer** to rest
s'élever to rise up	**se retirer** to withdraw
s'excuser to excuse onself	**se réveiller** to wake up
se fâcher to get angry	**se revêtir de** to clothe oneself
se fiancer to get engaged	**se sentir** to feel
s'habiller to get dressed	**se venger** to be revenged

A reflexive pronoun may function as a direct or indirect object, depending on whether the verb is followed by **à** or not (see Chapter 9 for a list of common verbs taking the preposition). In other cases, when the reflexive verb takes a direct object, the pronoun becomes indirect and indicates possession. For instance, in the vocabulary, **se laver** means "to wash oneself," but in the reading passage, the phrase "se laver les pieds"

---

[38] Like **lever, promener** takes a grave accent in closed syllable conjugations (**je promène, tu promènes, il/elle/on promène, ils/elles promènent**), which are all pronounced [pro mɛn], whereas the **nous** and **vous** forms follow the open syllable infinitive [pro mə ne]: (**promenons** [pro mə nõ], **promenez** [pro mə ne]).

signifies "to wash one's feet," for "pieds" becomes the direct object and "se" (literally, "to oneself") is now an indirect object pronoun, indicating possession.

In an infinitive construction, where two verbs are employed together, the first of which is conjugated, the pronoun of the second infinitive verb will agree with the subject of the first conjugated verb, such as these examples from the reading:

SAINT JEAN: **Je** vais d'abord **me** rendre compte si le corps est toujours là.

SAINT PIERRE: À Dieu ne plaise que **mon Seigneur** veuille **s'**abaisser à me servir ainsi!

SAINT ANDRÉ: Et quelle meilleure façon de nous dire que **nous** devons **nous** aimer les uns les autres!

In addition to the reflexive meaning, pronominal verbs can also be used in a reciprocal sense, but, of course, only in the plural. For example, in the sentence cited above "nous devons **nous** aimer les uns les autres" ("we must love one another"), the object pronoun "nous" refers to separate entities. To avoid ambiguity, for "nous aimer" can also be taken in a reflexive sense (i.e. "we love ourselves), it is underscored here by the addition of "les uns les autres" ("one another").

Other pronominal verbs defy analysis into their component parts, are used exclusively with a reflexive object, and are thus more or less idiomatic. **S'agenouiller** ("to kneel") and **se repentir** ("to repent") belong to this category. Among the others which you may encounter in theological literature are the following:

15.9

s'abstenir de[39] to abstain from	**se fier à** to trust
s'adonner à to devote onself to	**se méfier de** to mistrust
s'en aller to go away	**se méprendre**[40] **sur** to be mistaken about
s'arroger qqch.[41] to lay claim to sth.	**se moquer de** to make fun of
s'écrier to cry out, exclaim	**se révolter** to rebel, revolt
s'efforcer de to endeavor, strive	**se soucier de** to mind, care about
s'emparer de to seize, take hold of	**se souvenir**[42] **de** to remember
s'évanouir to faint	**se suicider** to commit suicide

Still other common verbs take a distinct meaning when used pronominally. Compare the following:

15.10

adresser to address, direct	**s'adresser à** to speak to, appeal to
appeler to call	**s'appeler** to be named
attendre to wait (for)	**s'attendre à** to expect
coucher to put to bed, spend the night	**se coucher** to go to bed

39 Conjugated like **venir**.

40 Conjugated like **prendre**.

41 Because the verb takes a direct object, the reflexive pronoun functions as an indirect object; in the compound past, there is thus no agreement.

42 Conjugated like **venir**.

demander to ask (for)	**se demander**[43] to wonder
douter de to doubt	**se douter de** to suspect
endormir to lull to sleep	**s'endormir** to fall asleep
ennuyer[44] to bother, annoy	**s'ennuyer** to get bored
entendre to hear	**s'entendre avec** to get along with
mettre to put, place	**se mettre à** to begin
occuper to occupy	**s'occuper de** to take care of
offrir to offer	**s'offrir** to volunteer
rappeler to recall	**se rappeler** to remember
sauver to save	**se sauver** to run away
servir to serve	**se servir de** to use
tenir to have, hold	**se tenir** to stand; remain, stay
tromper to deceive	**se tromper** to be mistaken
trouver to find	**se trouver** to be, happen to be

Occasionally, the pronominal form may be employed with transitive verbs to convey a passive meaning. In this construction, the subject is in the third person:

La Cathédrale ne **se visite** pas pendant les offices religieux. *The Cathedral is not visited during religious services.*

Lastly, in the compound past, pronominal verbs are conjugated with the auxiliary **être**, although the past participle agrees with the pronoun—and then only when the pronoun is a direct object—and not with the subject:[45]

15.11

je me suis repenti(e)	nous nous sommmes repenti(e)s
tu t'es repenti(e)	vous vous êtes repenti(e)(s)
il (elle, on) s'est repenti(e)	ils (elles) se sont repenti(e)s

EXERCISES

A. To begin attempting to assimilate the new pronominal verbs to which you have been introduced, match the verb on the left with its relative opposite on the right:

    1. **se réveiller**   a. s'asseoir

---

43 Here the reflexive pronoun is an indirect object because the verb **demander** often takes the preposition **à**; in the compound past, there is no agreement.

44 Remember that verbs ending in **-yer** change from **y** to **i** in the stem of all present tense indicative forms except "nous" and "vous": **ennuie, ennuies, ennuie, ennuyons, ennuyez, ennuient.**

45 Since the pronoun of certain reflexive or reciprocal verbs can be indirect, there is no past participle agreement. Also, for the grammatically curious, when a direct object follows the pronominal verb and the pronoun thus indicates possession, there is no agreement. For example, in a phrase such as "elle s'est lavée" ("she washed herself"), the past participle agrees since "se" is a direct object. However, in a phrase such as "elle s'est lavé les pieds" ("she washed her feet"), "pieds" is now the direct object and "se" becomes indirect, hence the past participle shows no agreement.

2. **se fier à** b. se révolter
3. **se lever** c. se tenir
4. **s'amuser** d. se coucher
5. **se prosterner** e. s'entendre avec
6. **se convertir** f. se réjouir de
7. **se livrer à** g. s'adonner à
8. **se venger** h. s'égarer
9. **se lamenter** i. s'ennuyer
10. **s'abstenir de** j. se méfier de

B. Fill in the blanks with the correct present tense form of the pronominal verb in parentheses:

15.12

à bon escient deliberately, judiciously	**se détourner** to turn away, aside
à charge to be dependent	**obliger** to oblige, constrain, compel
à l'œuvre at work	**œuvrer** to labor
amant, -e lover	**soulier** *m.* shoe
s'attacher à to attach oneself, cleave to	**soutien** *f.* support
avoir l'air + *adj.* to seem	**travail** *m.* work
casque *m.* helmet	**s'unir à** to unite oneself with
cuirasse *f.* breastplate	

1. Je (*se coucher*) _____, et je (*s'endormir*) _____; je (*se réveiller*) _____, car l'Éternel est mon soutien. (Ps 3:6, Sg)
2. La vraie morale (*se moquer*) _____ de la morale. (Pascal, *Pensées*)
3. Dieu dit:[46] N'approche pas d'ici, ôte tes souliers de tes pieds, car le lieu sur lequel tu (*se tenir*) _____ est une terre sainte. (Ex 3:5, Sg)
4. Car il sait de quoi nous sommes formés, il (*se souvenir*) _____ que nous sommes poussière. (Ps 103:14, Sg)
5. La condition de ceux qui restent est toujours plus triste que celle des personnes qui (*s'en aller*) _____. (Marivaux, *La vie de Marianne*)
6. Personne n'a jamais vu Dieu; si nous (*s'aimer*) _____ les uns les autres, Dieu demeure en nous, et son amour est parfait en nous. (1 Jn 4:12, Sg)
7. Les hypocrites ce sont les plus dangereux de tous les méchants, parce qu'ils ont l'air bon et que l'on ne (*se méfier*) _____ pas d'eux. (Pamphile Lemay, *Picounoc le maudit*)
8. Vous (*se rappeler*) _____, frères, notre travail et notre peine: nuit et jour à l'œuvre, pour n'être à charge à aucun de vous, nous vous avons prêché l'Évangile de Dieu. (1 Th 2:9, Sg)
9. Il [Dieu] (*se revêtir*) _____ de la justice comme d'une cuirasse, et il met sur sa tête le casque du salut; il prend la vengeance pour vêtement, et il (*se couvrir*) _____ de la jalousie comme d'un manteau. (Es 59:17, Sg)

---

46 **dit** *ps., 3ʳᵈ s.* said

10. Je (*se réjouir*) _____ de pouvoir en toutes choses me confier en vous. (2 Co 7:16, Sg)

11. C'est en l'Éternel, notre Dieu, que nous (*se confier*) _____. (Es 36:7, Sg)

12. Ce qui fait que les amants et les maîtresses ne (*s'ennuyer*) _____ point d'être ensemble, c'est qu'ils parlent toujours d'eux-mêmes. (La Rochefoucauld, *Maximes*)

13. Si vous (*se détourner*) _____ et que vous (*s'attacher*) _____ au reste de ces nations qui sont demeurées parmi vous, si vous (*s'unir*) _____ avec elles par des mariages, et si vous formez ensemble des relations . . . (Jos 23:12, Sg)

14. Les gouvernements (*s'entendre*) _____ lorsque les peuples les obligent à s'entendre. (Albert Schweitzer)

15. En jugeant les autres un homme œuvre en vain; il (*se tromper*) _____ souvent et tombe facilement dans le péché; mais en se jugeant lui-même il œuvre toujours à bon escient. (Pierre Corneille, *Imitation de Jésus-Christ*)

C. Match the pronominal verb on the left with its rough equivalent on the right. This exercise is both designed to reinforce your assimilation of previously presented verbs and to expand your knowledge of others:

1. **s'égarer**   a. se tuer
2. **se dépêcher**   b. se perdre
3. **se fâcher**   c. s'échapper
4. **se livrer à**   d. se nommer
5. **s'adonner à**   e. se présenter
6. **s'emparer de**   f. s'incliner devant
7. **se suicider**   g. se précipiter
8. **s'offrir**   h. s'abandonner à
9. **se sauver**   i. se divertir
10. **s'amuser**   j. se mettre en colère
11. **s'appeler**   k. s'appliquer à
12. **se prosterner**   l. se saisir de

D. Translate the following sentences containing pronominal verbs into English:

15.13

accès *m.* access
attrait *m.* attraction, lure
habile skilful, clever
mourant, -e dying
persister to persist
progrès *m.* progress

1. L'Église ne doit pas seulement s'occuper des catholiques mais du monde. (Pape Jean XXIII)

2. Ne pense pas avoir fait[47] le moindre progrès, si tu ne te sens pas inférieur à tous. (Pierre Corneille, *Imitation de Jésus-Christ*)

47 **avoir fait** to have made

3. Se tromper est humain, persister dans son erreur est diabolique. (Saint Augustin, *Sermons*)

4. Vous dormez maintenant, et vous vous reposez! Voici, l'heure est proche, et le Fils de l'homme est livré aux mains des pécheurs. (Mt 26:45, Sg)

5. Si tu vois un homme habile dans son ouvrage, il se tient auprès des rois; il ne se tient pas auprès des gens obscurs. (Pr 22:29, Sg)

6. Les mourants qui parlent de leur testament peuvent s'attendre à être écoutés comme des oracles. (La Bruyère, *Caractères*)

7. J'ai entendu les gémissements des enfants d'Israël, que les Égyptiens tiennent dans la servitude, et je me suis souvenu de mon alliance. (Ex 6:5, Sg)

8. David répondit[48] au sacrificateur: Nous nous sommes abstenus de femmes depuis trois jours que je suis parti, et tous mes gens sont purs. (1 S 21:5, Sg)

9. Car on raconte, à notre sujet, quel accès nous avons eu auprès de vous, et comment vous vous êtes convertis à Dieu, en abandonnant les idoles pour servir le Dieu vivant et vrai. (1 Th 1:9, Sg)

10. Dieu . . . qui emploie toutes choses à ses fins cachées, s'est servi autrefois des chastes attraits de deux saintes héroïnes[49] pour délivrer ses fidèles des mains de leurs ennemis. (Bossuet, *Oraisons funèbres*)

THE PRONOUN Y

The pronoun **y** can refer to a locale that has previously been mentioned. It replaces a prepositional phrase—commonly introduced by prepositions of place such as **à, dans, sous, sur, devant,** or **derrière**—and its English equivalent in this case is "there" (whether the word "there" is implied or actually expressed). For instance, in this lesson's reading, when Madeleine announces to the disciples that her Lord's body has been removed from the tomb, the Saint Jean says he will immediately betake himself thither: "J'y vais de ce

48 **répondit** *ps., 3rd s.* answered
49 Judith and Esther

pas." Note here that the pronoun **y** elides with the subject pronoun "je," just as it would with the object pronouns "me," "te," and "se." In the negative, "ne" also elides with **y**, such as in the reading when Saint Pierre states that the Savior is no longer in the tomb and that only a shroud remains in his place: "Il n'**y** est pas. Il n'**y** a plus que le linceul . . ." Finally, as you might expect, there is liaison in [zi] with all the plural subject pronouns ("nous," "vous," "ils," "elles") and with the object pronoun "les."

The placement of the pronoun **y** is the same as that of other object pronouns. It precedes a conjugated verb, as in the examples above, or the second verb in an infinitive construction. For instance, in the reading, Saint Pierre says he wants to be the first at the tomb, "Je veux **y** être le premier," although Saint Jean arrives before him and states that he had not dared go in, "Je n'ai pas osé **y** entrer." In the compound past, the pronoun precedes the helping verb, whether **avoir** or **être**:

> J'**y** ai placé l'arche où est l'alliance de l'Éternel, l'alliance qu'il a faite avec les enfants d'Israël. (2 Ch 6:11, Sg) *There I have placed the ark, in which is the covenant of the LORD that he made with the people of Israel.* (NIV)
>
> Ils avaient creusé une fosse devant moi: Ils **y** sont tombés. (Ps 57:7, Sg) *They dug a pit in my path—but they have fallen into it themselves.* (NIV)

When used in combination with another object pronoun, **y** always follows:

> Le Dieu qui a fait le monde et tout ce qui s'**y** trouve . . . n'habite point dans des temples faits de main d'homme. (Ac 17:24, Sg) *The God who made the world and everything in it . . . does not live in temples built by human hands.* (NIV)

With certain verbs that take **à** + object (see Chapter 9), the pronoun **y** can also used when the object is a thing, as opposed to a person, which would then be replaced by an indirect object pronoun. In this case, **y** translates as "it" or "them," although, in colloquial English, the pronoun is often implied and not expressed:

> J'ai prié tes disciples de le chasser, mais ils n'**y** ont pas réussi.[50] (Lc 9:40, BSm) *And I begged your disciples to cast it out, but they could not.* (ESV)
>
> Et nous, nous avons connu l'amour que Dieu a pour nous, et nous **y** avons cru.[51] (1 Jn 4:16, Sg) *So we have come to know and to believe the love that God has for us.* (ESV)

EXERCISES

A. Translate into English the following verses which contain the pronoun y:

15.14

accoutumé, -e (à) accustomed (to)   **fortifier** to fortify, strengthen
encens *m.* incense

1. Si je monte aux cieux, tu y es; si je me couche au séjour des morts, t'y voilà. (Ps 139:8, Sg)

---

[50] As stated in Chapter 8, **réussir à** means "to succeed at" or "in."
[51] As stated in Chapter 12, **croire à** signifies "to believe in."

2. Ils m'ont abandonné, ils ont profané ce lieu, ils y ont offert de l'encens à d'autres dieux. (Jr 19:4, Sg)

3. Mais le peuple qui habite ce pays est puissant, les villes sont fortifiées, très grandes; nous y avons vu des enfants d'Anak. (No 13:28, Sg)

4. Et celui qui jure par le ciel jure par le trône de Dieu et par celui qui y est assis. (Mt 23:22, Sg)

5. Mais il [David] dit[52] à Saül: Je ne puis pas marcher avec cette armure, je n'y suis pas accoutumé. (1 S 17:39)

6. Et ce n'est pas pour s'offrir lui-même plusieurs fois qu'il y est entré, comme le souverain sacrificateur entre chaque année dans le sanctuaire avec du sang étranger. (He 9:25, Sg)

7. Car en six jours l'Éternel a fait les cieux, la terre et la mer, et tout ce qui y est contenu,[53] et il s'est reposé le septième jour: c'est pourquoi l'Éternel a béni le jour du repos et l'a sanctifié. (Ex 20:11, Sg)

8. Il est certain par l'Écriture que l'Esprit de Dieu habite au dedans de nous, qu'il y agit, qu'il y prie sans cesse, qu'il y gémit, qu'il y désire, qu'il y demande ce que nous ne savons pas nous-mêmes demander. (Fénelon, *Divers sentiments et avis chrétiens*)

The Pronoun *en*

As an object pronoun, **en** may be used to replace the partitive article (**du, de la, de l', des**) + a noun. In this case, it translates in English as "some" or, in the negative, as "not any." For example, in the reading passage, when Jesus requests "une bonne quantité d'eau dans ce bassin," and Pirgamon replies, "**en** voulez-vous **en** voilà" ("as much as ever you like," or literally "you want some, here's some"), the pronoun **en** implicitly stands for the partitive expression "de l'eau" ("some water").

Like **y**, the pronoun **en** elides with the subject pronoun "je" and with the object pronouns "me," "te," and "se." In the negative, it elides with "ne." Also, as expected, there

---

52 **dit** *ps., 3rd s.* said
53 **contenu** *adj.* contained

is liaison in [zã] with all the plural subject pronouns ("nous," "vous," "ils," "elles") and the object pronoun "les."

The pronoun **en** can also replace a noun modified by an expression of quantity or a number, in which case **en** translates as "of it" or "of them." Among the common expressions of quantity, some of which you have already seen in this manual, are **assez de** ("enough of"), **beaucoup de** ("a lot of"), **tant de** ("so much of"), **trop de** ("too much of"), and **un peu de** ("a little of").

En is also employed to replace **de** + a noun with verbs or expressions that take the preposition (**parler de, avoir besoin de, s'occuper de, être + adj. + de**, etc.). For instance, in the reading, Saint Pierre expresses doubts to Saint Jean about the missing body, "Vous ne pouvez pas **en** être sûr puisque vous n'avez pas pénétré à l'intérieur" ("You can't be sure of it since you haven't penetrated inside"). Pierre then adds, "Je vais entrer pour savoir ce qu'il **en** est vraiment" ("I'm going to enter to find out where it [the matter] really stands"), which shows that the pronoun is often used in an idiomatic sense as well. Another example from the reading is when Pierre states to Jésus, "Je m'**en** remets à toi (I am in your hands"). These expressions can only be memorized. Among the more common are the following:

15.15

en appeler à to appeal to	**s'en prendre à** to attack, blame
en avoir le cœur net to clear the matter up, get to the bottom of	**en prendre à son aise** to take it easy
en être ainsi to be thus	**n'en plus pouvoir** to be tired out
en être fait de to be done for	**s'en rapporter à** to rely on
n'en faire qu'à sa tête to follow one's own inclination	**en rester là** to proceed no further
en finir avec to be done with	**n'en pas revenir** not to get over
en imposer à to impose on, deceive	**en user bien/mal avec** to treat well/ill
	en venir à to come to (the point of doing)
	en vouloir à to bear a grudge

The placement of the pronoun **en** follows the same pattern as that of other pronouns—preceding a conjugated verb, the second verb in an infinitive construction, or the auxiliary in a compound tense. There is no agreement with the past participle in the past tense. When occurring in combination with **y** (or with any other object pronoun), **en** always follows:

> Nous apprenons, cependant, qu'il **y en** a parmi vous quelques-uns qui vivent dans le désordre, qui ne travaillent pas, mais qui s'occupent de futilités. (2 Th 3:11, Sg) *For we hear that some among you walk in idleness, not busy at work, but busybodies.* (ESV)

EXERCISES

A. Translate the following sentences that contain the pronoun en into English:

15.16

alcoolique alcoholic   **gouffre** *m.* pit, abyss

1. L'homme n'a pas de besoins? Il faut lui[54] en créer. (Jacques Ellul, *La Technique*)

2. Vous avez fait mourir le Prince de la vie, que Dieu a ressuscité des morts; nous en sommes tous témoins. (Ac 3:15, Sg)

3. Car toutes ces choses, ce sont les païens du monde qui les recherchent. Votre Père sait que vous en avez besoin. (Lc 12:30, Sg)

4. Le vent souffle où il veut, et tu en entends le bruit; mais tu ne sais d'où il vient, ni où il va. Il en est ainsi de tout homme qui est né de l'Esprit. (Jn 3:8, Sg)

5. D'où vient donc la sagesse? . . . Le gouffre et la mort disent : Nous en avons entendu parler. C'est Dieu qui en sait le chemin. C'est lui qui en connaît la demeure. (Jb 28:20, 22–23, Sg)

6. L'homme répondit:[55] La femme que tu as mise auprès de moi m'a donné de l'arbre, et j'en ai mangé. (Gn 3:12, Sg)

7. Mon Dieu, donnez-moi la sérénité d'accepter les choses que je ne puis changer, le courage de changer les choses que je peux, et la sagesse d'en connaître la différence. (Alcooliques anonymes, *Prière de la sérénité*)

8. Priez pour moi, afin qu'il me soit donné,[56] quand j'ouvre la bouche, de faire connaître[57] hardiment et librement le mystère de l'Évangile pour lequel je suis ambassadeur dans les chaînes, et que j'en parle avec assurance comme je dois en parler. (Ep 6:19—20:19, Sg)

B. Match the idiomatic expression containing the pronoun **en** on the left with its rough equivalent on the right. This exercice is both designed to help you learn these new expressions and to expand your knowledge of some others:

    1. **en appeler à**   a. attaquer

---

[54] Translate "lui" here as "for him."
[55] **répondit** *ps., 3rd s.* answered
[56] **afin qu'il me soit** (*subj., 3rd s.*) **donné** in order that it might be given me
[57] **faire connaître** to make known

2. **en rester là**   b. être fatigué
3. **en finir avec**   c. se détendre
4. **en vouloir à**   d. s'en remettre à
5. **n'en pas revenir**   e. cesser
6. **en prendre à son aise**   f. être surpris
7. **s'en prendre à**   g. avoir des griefs contre
8. **n'en plus pouvoir**   h. ne pas aller plus loin

C. Translate the following sentences that contain both pronouns **y** and **en** into English:

15.17

aisé, -e easy
bois *m.* wood
être d'accord to agree
étroit, -e narrow
eunuque *m.* eunuch

fleurir to flourish
mener[58] to lead
Papauté *f.* Papacy
ruineux, -euse ruinous
vil, -e lowly, ignoble

1. L'oraison du juste est la clef du ciel: sa prière y monte, et la pitié de Dieu en descend. (Saint Augustin, *Sermons*)

2. Le mal est aisé, il y en a une infinité; le bien presque unique. (Pascal, *Pensées*)

3. C'est pourquoi nous condamnons les assemblées de la Papauté, parce que la pure vérité de Dieu en est bannie et que les Sacrements y sont corrompus. (*Confession de la Rochelle*)

4. Si Jésus-Christ ne fait pas sa richesse, l'Église est misérable. Elle est stérile si l'Esprit de Jésus-Christ n'y fleurit pas. Son édifice est ruineux, si Jésus-Christ n'en est pas l'Architecte. (Henri de Lubac, *Méditation sur l'Église*)

5. Entrez par la porte étroite. Car large est la porte, spacieux est le chemin qui mènent à la perdition, et il y en a beaucoup qui entrent par là. (Mt 7:13, Sg)

6 Dans une grande maison, il n'y a pas seulement des vases d'or et d'argent, mais il y en a aussi de bois et de terre; les uns sont des vases d'honneur, et les autres sont d'un usage vil. (2 Tm 2:20, Sg)

---

58 **Mener** as well takes a grave accent in closed syllable conjugations (**je mène, tu mènes, il/elle/on mène, ils/elles mènent**), which are all pronounced [mɛn], whereas the **nous** and **vous** forms follow the open syllable infinitive [mə ne]: (**menons** [mə nɔ̃], **menez** [mə ne]).

7. C'est lui, Jésus Christ, qui est venu avec de l'eau et du sang; non avec l'eau seulement, mais avec l'eau et avec le sang; et c'est l'Esprit qui rend témoignage, parce que l'Esprit est la vérité. Car il y en a trois qui rendent témoignage: l'Esprit, l'eau et le sang, et les trois sont d'accord. (1 Jn 5:6–8, Sg)

8. Car il y a des eunuques qui le sont dès le ventre de leur mère; il y en a qui le sont devenus par les hommes; et il y en a qui se sont rendus tels eux-mêmes, à cause du royaume des cieux. (Mt 19:12, Sg)

REVIEW AND EXPANSION EXERCISES

A. Fill in the blanks with the appropriate vocabulary word, making all necessary agreements according to context:

bois	eunuque	linge
ceinture	gouffre	part
chute	mener	puits
étroit	larme	soulier

1. Il faut laver son _____ sale[59] en famille. (Proverbe français)
2. Ne dispute pas avec un beau parleur, ne mets pas de _____ sur le feu. (Si 8:3, Jer)
3. L'arrogance précède la ruine, et l'orgueil précède la _____. (Pr 16:18, Sg).
4. Or, telle est votre convoitise ; c'est un _____ toujours ouvert, qui ne dit jamais : c'est assez. (Bossuet, *Sermons de carême*)
5. L'espérance, toute trompeuse qu'elle soit,[60] sert au moins à nous _____ à la fin de la vie par un chemin agréable. (La Rochefoucauld, *Maximes*)
6. L'Éternel est ma _____, mon salut, mon breuvage: Il a fixé mon lot dans un bel héritage. (Merle d'Aubigné, *Recueil de Berne*)
7. Et voici, un Éthiopien, un _____, ministre de Candace, reine d'Éthiopie, et surintendant de tous ses trésors, venu à Jérusalem pour adorer . . . (Ac 8:27, Sg)
8. Tenez donc ferme: ayez à vos reins[61] la vérité pour _____; revêtez la cuirasse de la justice. (Ep 6:14, Sg)
9. Es-tu plus grand que notre père Jacob, qui nous a donné ce _____, et qui en a bu lui-même, ainsi que ses fils et ses troupeaux? (Jn 4:12, Sg)
10. Dieu dit: N'approche pas d'ici, ôte tes _____ de tes pieds, car le lieu sur lequel tu te tiens est une terre sainte. (Ex 3:5, Sg)
11. Sentez votre misère; soyez dans le deuil et dans les _____; que votre rire[62] se change en deuil, et votre joie en tristesse. (Jc 4:9, Sg)

---

59 **sale** dirty
60 **toute trompeuse qu'elle soit** (*subj.*, *3rd s.*) however deceiving it may be
61 **reins** *m.* loins
62 **rire** *m.* laughter

12. Que le passé d'un homme est _____ et court, à côté du vaste présent des peuples et de leur avenir[63] immense. (Chateaubriand, *Mémoires d'outre-tombe*)

B. The following two paragraphs are taken from Samuel Champlain's relation of the foundation of Quebec in 1608.[64] It was chosen for its pronominal verbs and pronouns **y** and **en**. Some new vocabulary is presented and unfamiliar grammatical items are glossed. The orthography and archaic expressions have also been modernized. You will be asked to answer questions based on the text. Some vocabulary is provided and other words are glossed, though you will need to guess at cognates and consult, if need be, the glossary:

15.18

anguille *f.* eel	**janvier** January
à propos to the point	**labourage** *m.* tilling, ploughing
bientôt soon	**neige** *f.* snow
castor *m.* beaver	**se nourrir de** to live, subsiste on
contraint, -e constrained	**pâtir** to suffer
coquillage *m.* shell-fish	**peau** *f.* skin
demi, -e half	**pêche** *f.* fishing
hiver *m.* winter	**sécher** to dry

Cependant, une quantité de sauvages étaient[65] cabanés[66] proche de nous, qui faisaient[67] pêche d'anguilles, qui commencent à venir comme au 15 septembre et finissent au 15 octobre. En ce temps, tous les sauvages se nourrissent de cette manne, et en font sécher pour l'hiver jusqu'au mois de février, alors que les neiges sont grandes comme de deux pieds et demi, et trois pieds pour le plus. C'est le temps quand leurs anguilles et autres choses qu'ils font sécher sont accommodées,[68] qu'ils vont chasser[69] aux castors, où ils sont jusqu'au commencement de janvier . . .

Tous ces peuples pâtissent tant que,[70] quelquefois, ils sont contraints de vivre de certains coquillages, et de manger leurs chiens et peaux, de quoi ils se couvrent contre le froid. Je tiens que si on leur montrait[71] à vivre et leur enseignait[72] le labourage des terres, et autres choses, ils apprendraient[73] fort bien.

63 **avenir** *m.* future

64 *Œuvres de Champlain*, edited by C.-H. Laverdière, 2 ed. (Québec: Desbarats, 1870), vol. 3, book 2, chapter 4, 162–63

65 **étaient** *impf., 3rd pl.* were

66 **cabanés** *arch.* housed in cabins

67 **faisait** *impf., 3rd pl.* were doing

68 **accommodées** dressed

69 Previously, you learned that **chasser** means "to drive out." Here it means "to hunt."

70 **tant que** to such a degree that

71 **montrait** *impf., 3rd s.* showed

72 **enseignait** *impf., 3rd s.* taught

73 **apprendraient** *cond., 3rd pl.* would learn

Car il y en a assez qui ont bon jugement et répondent à propos sur ce qu'on leur demande. Ils ont une méchanceté en eux, qui est d'user de vengeance, et d'être grands menteurs, gens auxquels[74] il ne faut pas trop se fier, sinon avec raison, et la force en la main. Ils promettent assez, mais ils tiennent[75] peu. Ce sont des gens dont[76] la plupart n'ont point de loi, selon que j'ai pu voir, avec tout plein d'autres fausses croyances. Je leur demandai[77] de quelle sorte de cérémonies ils se servaient[78] pour prier leur dieu, ils me dirent[79] qu'ils ne s'en servaient point d'autres, sinon que chacun le priait[80] en son cœur, comme il voulait.[81] Voilà pourquoi il n'y a aucune loi parmi eux, et ils ne savent que c'est qu'adorer et prier Dieu, vivant comme des bêtes brutes. Je crois que bientôt ils seraient réduits[82] bons Chrétiens si on habitait[83] leur terre, ce qu'ils désirent pour la plupart.

I. Answer the following:

1. According to Samuel Champlain, what is the main staple of the Amerindian diet in early fall? Why might he call it "manne"?

2. What is thereafter the principal activity of the Amerindians until January?

3. In what way does Champlain find their nomadic way of life wanting? What would improve their lot in his eyes?

4. How does Champlain perceive Amerindian mores? To what does he attribute their seeming lawlessness ("point de loi," "aucune loi")?

5. At the end of the passage, Champlain appears optimistic about the rapid conversion of native peoples to Christianity if they were merely surrounded by European colonists. And yet, history shows that evangelization in French Canada had little success. Why do you suppose this is?

---

74 **auxquels** to which
75 **tiennent** keep (promises)
76 **dont** of which
77 **demandai** *ps., 1st s.* asked
78 **se servaient** *impf., 3rd pl.* used
79 **dirent** *ps., 3rd pl.* said
80 **priait** *impf., 3rd s.* prayed
81 **voulait** *impf., 3rd s.* wanted
82 **seraient** (*cond., 3rd pl.*) **réduits** would be brought around to being
83 **habitait** *impf., 3rd s.* inhabited

C. The following passage is taken from the opening lines of Agrippa d'Aubigné's epic poem, *Les Tragiques* (1616), concerning the plight of his Calvinist coreligionists during the sixteenth-century French Wars of Religion. Divided into seven books—a number symbolic of d'Aubigné's ultimate, apocalyptic design—*Les Tragiques* interleaves literary influences from classical sources, such as tragedy and satire, in the first three books, before resorting to influences from genres like ecclesiastical history, martyrology, and eschatology in the final books. Some new vocabulary is presented and archaic grammatical items glossed. The orthography has also been modernized. You will need to guess at cognates and possibly consult the glossary. Read for general comprehension and answer the multiple choice questions following the text. These can also serve as a spring-board for discussion or for further investigation:

15.19 🔊

acharné, -e eager in pursuit
affligé, -e afflicted
bout *m.* end
coup *m.* strike, hit
courroux *m.* anger, wrath
dégât *m.* damage
dompter to tame, master
empoigner to grasp, seize
éploré, -e tearful, weeping
lait *m.* milk
las, -se tired, weary
mutin, -e unruly, refractory
ongle *m.* (finger-)nail

orgueilleux, -euse prideful
partage *m.* share, division
peindre to paint, portray
pitoyable pitiful
poing *m.* fist
se rallumer to rekindle
sanglant, -e bloody
sein *m.* breast
soupir *m.* sigh
suc *m.* juice
tétin *m.* teat
violer to violate
voleur *m.* thief

Je veux peindre la France une mère affligée,
Qui est, entre ses bras, de deux enfants chargée.
Le plus fort,[84] orgueilleux, empoigne les deux bouts
Des tétins nourriciers; puis, à force de coups
D'ongles, de poings, de pieds, il brise le partage
Dont[85] nature donnait[86] à son besson[87] l'usage;
Ce voleur acharné, cet Esau[88] malheureux,
Fait dégât du doux lait qui doit nourrir les deux,
Si que,[89] pour arracher à son frère la vie,
Il méprise la sienne et n'en a plus d'envie.

84 **le plus fort** the strongest
85 **dont** of which
86 **donnait** *impf., 3rd s.* gave
87 **besson** *arch.* twin
88 In modern French, this name is trisyllabic ("Ésaü"), as opposed to disyllabic here.
89 **si que** *arch.* so that, and so

Mais son Jacob pressé[90] d'avoir jeûné meshui,[91]
Ayant dompté longtemps en son cœur son ennui,[92]
A la fin se défend, et sa juste colère
Rend à l'autre un combat dont le champ est la mère.
Ni les soupirs ardents, les pitoyables cris,
Ni les pleurs réchauffés[93] ne calment leurs esprits;
Mais leur rage les guide et leur poison les trouble,
Si bien que leur courroux par leurs coups se redouble.
Leur conflit se rallume et fait[94] si furieux
Que d'un gauche[95] malheur ils se crèvent les yeux.[96]
Cette femme éplorée, en sa douleur plus forte,
Succombe à la douleur, mi-vivante, mi-morte;[97]
Elle voit les mutins, tout déchirés, sanglants,
Qui, ainsi que du cœur, des mains se vont cherchant.[98]
Quand, pressant à son sein d'une amour[99] maternelle
Celui qui a le droit et la juste querelle,[100]
Elle veut le sauver, l'autre, qui n'est pas las,
Viole, en poursuivant,[101] l'asile de ses bras.
Adonc[102] se perd le lait, le suc de sa poitrine;
Puis, aux derniers abois[103] de sa proche ruine,
Elle dit: «Vous avez, félons,[104] ensanglanté
Le sein qui vous nourrit et qui vous a porté;
Or, vivez[105] de venin, sanglante géniture,[106]
Je n'ai plus que du sang pour votre nourriture!»

90 **pressé** hard pressed
91 **meshui** *arch.* = aujourd'hui
92 You saw in Chapter 14 that in modern usage "ennui" connotes "worry" or "anxiety." In the sixteenth century, the meaning was much stronger, more akin to "pain" or "torment."
93 **réchauffés** rekindled, revived
94 **fait** becomes
95 **gauche** clumsy, inadvertent
96 **se crèvent les yeux** put out one another's eyes.
97 **mi-... mi-...** half-... half-...
98 **se vont cherchant** to continue seeking (to fight with) each other
99 This word was feminine in the sixteenth century. Even today, it is feminine when used in the plural.
100 Here the word mean "cause."
101 **en poursuivant** while pursuing
102 **adonc** *arch.* = donc
103 **aux derniers abois** in the final extremity
104 **félon** *arch.* disloyal, traitor
105 **vivez** *imp., 2nd pl.* live
106 **géniture** *arch.* offspring

Chapter 15

I. Circle the response you deem most appropriate:
1. The distressed mother in the text is an allegory . . .
    a. satirizing the Queen Mother Catherine de Medicis.
    b. decrying schisms within the "Mother Church."
    c. depicting the state of France during the Wars of Religion.
2. The vocabulary and general tone of the text are best described as . . .
    a. fault-finding and censorious.
    b. passionate and virulent.
    c. petulant and sarcastic.
3. In d'Aubigné's eyes, the two brothers function metonymically, in that:
    a. Esau represents the reprobate and Jacob the elect.
    b. Esau represents the Catholics and Jacob the Huguenots.
    c. Esau represents the Arminians and Jacob the Calvinists.
4. The efforts of the mother to save her two children are . . .
    a. met with nonchalance.
    b. eventually rewarded.
    c. brutally rebuffed.
5. The rivalry between the two brothers leads to . . .
    a. The total devastation of France.
    b. The mutual destruction of the two warring factions.
    c. Both a and b.
6. For d'Aubigné, which brother still bears the brunt of the blame?
    a. Esau.
    b. Jacob.
    c. Both brothers share equal blame.

The Art of Reading French

One of the most daunting challenges in learning a foreign language is mastering the use of prepositions, due to their seeming arbitrariness and widely varying translations in English. This is especially true of the two most common prepositions in French, **à** ("at," "to," "in") and **de** ("of," "from," "about"). You have seen in this and other chapters that both prepositions can follow certain verbs in taking an object (**arracher à, se fier à, en vouloir à**, etc.). In a later chapter, you will see that other verbs are followed by **à** or **de** with an infinitive. Apart from the memorization of French idioms, you will need to develop a kind of nimbleness in gauging meaning from context and by inference. For now, so as to raise your awareness of the vast palette of possible English renderings, take stock of the following expressions culled from this chapter alone:

à	=	*at*	à aucun prix (*not at any price*), à l'œuvre (*at work*), à la fin (*at the end*)
		to	à Jérusalem (*to Jerusalem*), à la perdition (*to perdition*), inférieur à (*inferior to*), accoumtumé à (*accustomed to*)
		in	tu n'aurais point part à (*you will have no share in me*), à nos yeux (*in our eyes*), à l'intérieur (*inside*)

		on	honte à nous (*shame on us*)
		for	prêt à tout (*ready for everything*),
		about	à notre sujet (*about us*)
		by	à force de coups (*by dint of strikes*)
		from	arracher à son frère la vie (*to snatch life from his brother*)
		possession	ce n'est pas à moi (*it's not mine*)
de	=	*of*	le mystère de l'Évangile (*the mystery of the Gospel*), le Prince de la vie (*the Prince of life*), une multitude de péchés (*a multitude of sins*)
		from	Jésus se lève de table (*Jesus rises from the table*), délivrer ses fidèles des mains de leurs ennemis (*to deliver his faithful from the hands of their enemies*), ôte tes souliers de tes pieds (*remove your shoes from your feet*)
		about	ils parlent toujours d'eux-mêmes (*they always speak about themselves*)
		[*some*]	avec de l'eau et du sang (*with water and blood*)
		with	il en est ainsi de tout homme qui est né de l'Esprit (*it is thus with any man who is born of the Spirit*), tu nous couvres de honte (*you cover us with shame*)
		on	vivez de venin (*live on venom*)
		by	cet homme et cette femme seront punis de mort (*this man and this woman will be punished by death*)
		for	raison de l'espoir qui est en vous (*reason for the hope that is in you*)
		any	ne mets pas de bois sur le feu (*don't put any wood on the fire*)
		possession	le tombeau de Jésus (*Jesus' tomb*)

Chapter 16

Plaindre and Similar Verbs
The Imperfect
Verbs + Infinitive
The Pluperfect

Reading

Albert Camus (1913–1960) was a French Algerian philosopher and author. In his most celebrated work, *L'Étranger* (1943), often classified as an existential novel, he elaborates his theory of the absurd. The main protagonist is a French citizen domiciled in Algiers named Meursault, who seemingly irrationally guns down an Arab man following an altercation on the beach. In prison, while awaiting the execution of his death sentence by the guillotine, Meursault comes to reflect on his mortality and to take responsibility for his own life. In the passage below, a chaplain visits him in his cell and appeals to him to turn to God.

16.1

...je comprenais[1] très bien que les gens m'oublient après ma mort. Ils n'avaient plus rien à faire[2] avec moi. Je ne pouvais même pas[3] dire que cela était[4] dur à penser.

C'est à ce moment précis que l'aumônier est entré. Quand je l'ai vu, j'ai eu un petit tremblement. Il s'en est aperçu[5] et m'a dit de ne pas avoir peur. Je lui ai dit qu'il venait[6] d'habitude à un autre moment. Il m'a répondu que c'était une visite tout amicale qui n'avait rien à voir[7] avec mon pourvoi dont[8] il ne savait rien.[9] Il s'est assis sur ma couchette et m'a invité à me mettre près de lui. J'ai refusé. Je lui trouvais[10] tout de même un air très doux.

1 **comprenais** *impf., 1st s.* understood
2 **n'avaient** (*impf., 3rd pl.*) **plus rien à faire** no longer had anything to do
3 **ne pouvais** (*impf., 1st s.*) **même pas** couldn't even
4 **était** *impf., 3rd s.* was
5 **s'en est aperçu** *pc., 3rd s.* perceived it
6 **venait** *impf., 3rd s.* came
7 **n'avait** (*impf., 3rd s.*) **rien à voir** had nothing to do
8 **dont** of which
9 **ne savait** (*impf., 3rd s.*) **rien** knew nothing
10 **trouvait** *impf., 3rd s.* found

Il est resté un moment assis, les avant-bras sur les genoux, la tête baissée, à regarder ses mains. Elles étaient[11] fines et musclées, elles me faisaient[12] penser à deux bêtes agiles. Il les a frottées lentement l'une contre l'autre. Puis il est resté ainsi, la tête toujours baissée, pendant si longtemps que j'ai eu l'impression, un instant, que je l'avais oublié.[13]

Mais il a relevé brusquement la tête et m'a regardé en face: «Pourquoi, m'a-t-il dit, refusez-vous mes visites?» J'ai répondu que je ne croyais pas[14] en Dieu. Il a voulu savoir si j'en étais[15] bien sûr et j'ai dit que je n'avais pas à me le demander:[16] cela me paraissait[17] une question sans importance. Il s'est alors renversé en arrière et s'est adossé au mur, les mains à plat sur les cuisses. Presque sans avoir l'air de me parler, il a observé qu'on se croyait[18] sûr, quelquefois, et, en réalité, on ne l'était pas. Je ne disais rien.[19] Il m'a regardé et m'a interrogé: «Qu'en pensez-vous?» J'ai répondu que c'était possible. En tout cas, je n'étais peut-être pas sûr de ce qui m'intéressait[20] réellement, mais j'étais tout à fait sûr de ce qui ne m'intéressait pas. Et justement, ce dont[21] il me parlait[22] ne m'intéressait pas.

Il a détourné les yeux et, toujours sans changer de position, m'a demandé si je ne parlais pas[23] ainsi par excès de désespoir. Je lui ai expliqué que je n'étais pas désespéré. J'avais seulement peur, c'était bien naturel. «Dieu vous aiderait[24] alors, a-t-il remarqué. Tous ceux que j'ai connus dans votre cas se retournaient[25] vers lui.» J'ai reconnu que c'était leur droit. Cela prouvait[26] aussi qu'ils en avaient le temps. Quant à moi, je ne voulais pas[27] qu'on m'aidât[28] et justement le temps me manquait[29] pour m'intéresser à ce qui ne m'intéressait pas.

A ce moment, ses mains ont eu un geste d'agacement, mais il s'est redressé et a arrangé les plis de sa robe. Quand il a eu fini, il s'est adressé à moi en m'appelant «mon ami»: s'il me parlait ainsi ce n'était pas parce que j'étais condamné à mort;

11 **étaient** *impf.*, *3rd pl.* were
12 **faisaient** *impf.*, *3rd pl.* made
13 **avais oublié** *plup.*, *1st s.* had forgotten
14 **ne croyais** (*impf.*, *1st s.*) **pas** didn't believe
15 **étais** *impf.*, *1st s.* was
16 **n'avais** (*impf.*, *1st s.*) **pas à me le demander** didn't have to ask it of myself
17 **paraissait** *impf.*, *3rd s.* appeared
18 **se croyait** *impf.*, *3rd s.* believed oneself
19 **ne disais** (*impf.*, *1st s.*) **rien** didn't say anything
20 **intéressait** *impf.*, *3rd s.* interested
21 **ce dont** that of which
22 **parlait** *impf.*, *3rd s.* was speaking
23 **ne parlais** (*impf.*, *1st s.*) **pas** wasn't speaking
24 **aiderait** *cond.*, *3rd s.* would help
25 **se retournaient** *impf.*, *3rd pl.* turned
26 **prouvait** *impf.*, *3rd s.* proved
27 **ne voulait** (*impf.*, *3rd s.*) **pas** didn't want.
28 **aidât** *impf. subj.*, *3rd s.* help.
29 **manquait** *impf.*, *3rd s.* lacked.

à son avis, nous étions[30] tous condamnés à mort. Mais je l'ai interrompu en lui disant que ce n'était pas la même chose et que, d'ailleurs, ce ne pouvait[31] être, en aucun cas, une consolation. «Certes, a-t-il approuvé. Mais vous mourrez[32] plus tard si vous ne mourez[33] pas aujourd'hui. La même question se posera[34] alors. Comment aborderez[35]-vous cette terrible épreuve?» J'ai répondu que je l'aborderais[36] exactement comme je l'abordais[37] en ce moment.

Il s'est levé à ce mot et m'a regardé droit dans les yeux. C'est un jeu que je connaissais[38] bien. Je m'en amusais[39] souvent avec Emmanuel ou Céleste[40] et, en général, ils détournaient[41] leurs yeux. L'aumônier aussi connaissait[42] bien ce jeu, je l'ai tout de suite compris: son regard ne tremblait pas.[43] Et sa voix non plus n'a pas tremblé quand il m'a dit: «N'avez-vous donc aucun espoir et vivez[44]-vous avec la pensée que vous allez mourir tout entier? — Oui», ai-je répondu.

Alors, il a baissé la tête et s'est rassis. Il m'a dit qu'il me plaignait.[45] Il jugeait[46] cela impossible à supporter pour un homme. Moi, j'ai seulement senti qu'il commençait[47] à m'ennuyer.

ACTIVE VOCABULARY

16.2

aborder to approach
adosser (s') to lean back
agacement *m.* annoyance

geste *m.* gesture
intéresser[48] to interest
interroger to question

30 **étions** *impf.*, *1ˢᵗ pl.* were.

31 **ne pouvait** *impf.*, *3ʳᵈ s.* couldn't.

32 **mourrez** *fut.*, *2ⁿᵈ pl.* will die.

33 This is the second person plural form of the verb **mourir** ("to die"), whose past participle you know and which you have only seen in the compound past. The present indicative is unique and has two stems: **meurs, meurs, meurt, mourons, mourez, meurent**.

34 **se posera** *fut.*, *3ʳᵈ s.* will pose itself.

35 **abordera** *fut.*, *3ʳᵈ s.* will approach.

36 **aborderais** *cond.*, *1ˢᵗ s.* would approach.

37 **abordais** *impf.*, *1ˢᵗ s.* approached/was approaching.

38 **connaissais** *impf.*, *1ˢᵗ s.* knew.

39 **m'en amusais** *impf.*, *1ˢᵗ s.* used to/would amuse myself by it.

40 Céleste is the owner of the restaurant that Meursault frequents and Emmanuel is a friend from work.

41 **détournaient** *impf.*, *3ʳᵈ pl.* turned away.

42 **connaissait** *impf.*, *3ʳᵈ s.* knew.

43 **ne tremblait** (*impf.*, *3ʳᵈ s.*) **pas** didn't tremble/wasn't trembling.

44 **vivez** *pres.*, *2ⁿᵈ pl.* live.

45 **plaignait** *impf.*, *3ʳᵈ s.* pitied.

46 **jugeait** *impf.*, *3ʳᵈ s.* judged.

47 **commençait** *impf.*, *3ʳᵈ s.* began/was beginning.

48 When used reflexively (**s'intéresser à**), as Meursault does once in the passage, this verb means "to be interested in."

aider to help
amical, -e amicable
à plat flat
approuver to approve
aumônier *m.* chaplain
avant-bras *m.* forearm
baissé, -e lowered
brusquement abruptly
cuisse *f.* thigh
désespéré, -e desperate
d'habitude usually
dur, -e hard, difficult
en arrière behind
fin, -e fine
frotter to rub

interrompre[49] to interrupt
justement exactly
mur *m.* wall
musclé, -e muscular
pli *m.* fold (garment, paper, etc.)
pourvoi *m.* appeal, petition
redresser (se) to sit up
relever to raise, lift up again
renverser (se) to fall over
retourner (se) to turn (round)
robe *f.* cassock
tout à fait quite, altogether
tout de même all the same
tout de suite immediately
tremblement *m.* trembling

EXERCISES

A. Match the expressions in the left-hand column with the related notion in the right:

1. **geste**
2. **agacement**
3. **interroger**
4. **brusquement**
5. **mur**
6. **amical**
7. **musclé**
8. **fin**
9. **interrompre**
10. **désespéré**
11. **d'habitude**
12. **intéresser**

a. discontinuer
b. usuellement
c. robuste
d. irritation
e. questionner
f. mouvement
g. cloison
h. passionner
i. bienveillant
j. délicat
k. soudainement
l. affligé

B. Match the expressions in the left-hand column with their relative opposite in the right:

1. **approuver**
2. **en arrière**
3. **justement**
4. **amical**
5. **tremblement**
6. **brusquement**

a. malveillant
b. équilibre
c. désapprouver
d. inexactement
e. en avant
f. tendrement

---

49 **Interrompre** is conjugated like a regular -**re** verb, except in the third person singular, where a **t** is added to the stem: **interrompt**. Similar verbs are **rompre** ("to break") and **corrompre** ("to corrupt"). The past participle follows that of regular -**re** verbs: **interrompu**, **rompu**, **corrompu**.

C. From the words in bold in the left-hand column, deduce the sense of those to the right:

1. **tremblement**   trembler *inf.*   tremblant *adj.*   secte des trembleurs *n.*
2. **interroger**   interrogatoire *n.*   s'interroger *inf.*   interrogateur *n.*
3. **geste**   gesticuler *inf.*   gesticulation *n.*   beau geste *n.*
4. **à plat**   platement *adv.*   plateau *n.*   platitude *n.*
5. **dur**   durcir *inf.*   durement *adv.*   dureté (*n.*) de cœur
6. **mur**   murer *inf.*   mural *adj.*   mur (*n.*) de séparation
7. **s'adosser**   dorsal *adj.*   endosser *inf.*   dos (*n.*) à dos *n.*

D. Translate the following phrases into English:

1. Nous tournons le dos à la vérité. (Bossuet, *Sur le respect dû à la vérité*)

2. Le véritable zèle de la charité ne désespère jamais. (Massillon, *Le zèle des ministres contre le vice*)

3. Car il est notre paix, lui qui des deux n'en a fait qu'un, et qui a renversé le mur de séparation. (Ep 2:14, Sg)

4. [Dieu] Juge tous les mortels avec d'égales lois, / Et du haut de son trône interroge les rois. (Racine, *Esther*)

5. Frères, je ne pense pas l'avoir saisi;[50] mais je fais une chose: oubliant ce qui est en arrière et me portant vers ce qui est en avant. (Ph 3:13, Sg)

6. La pensée est d'essence si rare que partout où l'on en découvre une manifestation, l'on est tenté, non seulement de la goûter, mais de l'approuver. (Henri de Lubac, *Paradoxes*)

7. Leurs opinions mêlées[51] au calvinisme ont fait naître les indépendants, qui n'ont point eu de bornes,[52] parmi lesquels on voit les trembleurs, gens fanatiques qui croient que toutes leurs rêveries[53] leur sont inspirées. (Bossuet, *Oraisons funèbres*)

---

50 **l'avoir saisi** to have seized it
51 **mêler** to mix, mingle
52 **borne** *f.* boundary-mark, limit
53 **rêverie** *f.* dreaming, musing

8. L'inclination rend le vice aimable,[54] l'habitude le rend nécessaire . . . L'inclination nous enchaîne,[55] et nous jette[56] dans une prison; l'habitude nous y enferme, et mure la porte sur nous pour ne nous laisser plus aucune sortie. (Bossuet, *Sur la pénitence*)

PLAINDRE AND SIMILAR VERBS

When Meursault, at the end of the reading, relates that the priest pitied him, the verb **plaindre** in the imperfect tense is employed ("il me plaignait"). The present is conjugated in the following way. Note as well the distinct past participle:

16.3

je plains	**nous plaignons**
tu plains	**vous plaignez**
il (elle, on) plaint	**ils (elles) plaignent**

past participle: **plaint**

A number of other verbs in -**indre** follow the same pattern, some of which you have already seen in various contexts:

16.4

astreindre to compel, oblige	**étreindre** to embrace, clasp
atteindre to attain, reach	**feindre** to feign, simulate
ceindre to gird, encircle	**joindre** to join, bring together
conjoindre to join in marriage	**peindre** to paint, portray
contraindre to constrain, compel	**se plaindre** to complain
craindre to fear	**rejoindre** to rejoin, reunite
enfreindre to infringe, transgress (law)	**restreindre** to restrict, curtail
éteindre to extinguish, turn off	**teindre** to tint, dye

EXERCISES

A. Fill in the blanks with the correct present tense form of the verb in parentheses:

16.5

au sein de in the bosom of	**insouciant, -e** careless, unconcerned
effroi *m.* fright, dread	**lecteur** *m.* reader
embrasser to embrace	**reins** *m. pl.* loins
indolent, -e apathetic, slothful	

---

54 **aimable** agreeable, pleasant
55 **enchaîner** to chain (up)
56 The verb **jeter** ("to cast, throw") is conjugated like rejeter: the **t** is doubled in all but the first and second person plural: **jette, jettes, jette, jetons, jetez, jettent**.

1. Le malheur (*atteindre*) _____ souvent le juste, mais l'Éternel l'en délivre toujours. (Ps 34:20, Sg)
2. Je suis Hébreu, et je (*craindre*) _____ l'Éternel, le Dieu des cieux, qui a fait la mer et la terre. (Jon 1:9, Sg)
3. Soyez dans l'effroi, insouciantes! Tremblez, indolentes! Déshabillez-vous, mettez-vous à nu et (*ceindre*) _____ vos reins! (Es 32:11, Sg)
4. Nous embrassons tout, mais nous n' (*étreindre*) _____ que du vent. (Montaigne, *Essais*)
5. La conjonction[57] par laquelle il nous (*conjoindre*) _____ à soi en nous recevant[58] au sein de l'Église, est comme un mariage spirituel. (Calvin, *Institution chrétienne*)
6. Si quelque transgresseur (*enfreindre*) _____ cette promesse, / Qu'il éprouve, grand Dieu, ta fureur vengeresse. (Racine, *Athalie*)
7. Car c'est moi que je (*peindre*) _____ . . . Ainsi, lecteur, je suis moi-même la matière de mon livre. (Montaigne, *Essais*)
8. Comme ceux qui courent[59] le même péril (*se plaindre*[60]) _____ les uns les autres par une expérience sensible de leurs communes disgrâces. (Bossuet, *Sermons*)
9. Au lieu de recevoir[61] les idées de ces choses pures, nous les (*teindre*) _____ de nos qualités. (Pascal, *Pensées*)
10. Quand le prêtre (*joindre*) _____ les mains, le ciel s'agenouille. (Julien Green, *Le Revenant*)

B. Translate the following sentences and master the new vocabulary.

16.6

acte *m.* act
avancer to advance, put forward
dépourvu, -e de bereft, devoid of
fasciner to fascinate
mystique mystical

1. On ne peut contraindre celui qui sait mourir. (d'Aubigné, *Confessions du sieur de Sancy*)

2. L'on craint la vieillesse, que l'on n'est pas sûr de pouvoir atteindre. (La Bruyère, *Les caractères*)

---

57 **conjonction** *f.* union
58 **en nous recevant** by receiving us
59 **courent** run
60 **se plaindre** The verb is used here in a reciprocal sense, not reflexive. The root meaning if therefore "to pity" and not "to complain."
61 **recevoir** to receive

3. Ainsi ils ne sont plus deux, mais ils sont une seule chair. Que[62] l'homme donc ne sépare pas ce que Dieu a joint. (Mt 19:6, Sg)

4. O soupirs, ô respect! oh! Qu[63]'il est doux de plaindre / Le sort d'un ennemi quand il n'est plus à craindre! (Corneille, *La Mort de Pompée*)

5. L'ange dit:[64] N'avance pas ta main sur l'enfant, et ne lui fais rien; car je sais maintenant que tu crains Dieu, et que tu ne m'as pas refusé ton fils, ton unique. (Gn 22:12, Sg)

6. Feindre d'ignorer ce qu'on sait, de savoir tout ce que l'on ignore . . . voilà toute la politique. (Beaumarchais, *Le Mariage de Figaro*)

7. Dieu ne communique jamais la sagesse mystique sans y joindre l'amour par lequel elle se répand. (Saint Jean de la Croix, *La Nuit obscure de l'âme*)

8. O Galates, dépourvus de sens! qui vous a fascinés, vous, aux yeux de qui Jésus Christ a été peint comme crucifié? (Ga 3:1, Sg)

9. Ainsi donc, comme par une seule offense la condamnation a atteint tous les hommes, de même par un seul acte de justice la justification qui donne la vie s'étend à tous les hommes. (Rm 5:18, Sg)

THE IMPERFECT

While the **passé composé** is used for relating events that both began and ended in the past, the imperfect tense is used for indefinite periods of time—hence the name "imperfect," meaning "unfinished." It serves to describe continuous, repeated, or habitual past actions or situations. More generally, it is also the tense of description and characterization. The imperfect has several English equivalents. For instance, depending on context, **je plaignais** might mean, "I pitied," "I was pitying," "I used to pity," or "I would pity." The formation of the imperfect is identical for all verbs, save one. To find the regular imperfect stem, the **-ons** ending is dropped from the present-tense **nous** form

62 The conjunction **que** here functions as an imperative. It is the English equivalent of "let . . ."

63 Here **que** functions as an intensifier, as in the English expression "How . . .!" or "so" + an adjective.

64 **dit** *ps.*, 3rd *s.* said

and the imperfect endings **-ais**, **-ais**, **-ait**, **-ions**, **-iez**, and **-aient** are added. Thus, for **plaindre**, whose stem is **plaign-** (from **nous plaignons**):

16.7

    je plaignais   **nous plaignions**
    tu plaignais   **vous plaigniez**
    il (elle, on) plaignait   **ils (elles) plaignaient**

The stem, derived from the first-person plural, is constant across all the verb categories you have learned, whether regular or irregular: **parler ° parlons ° parl-**, **obéir ° obéissons ° obéiss-**, **avoir ° avons ° av-**, **faire ° faisons ° fais-**, **savoir ° savons ° sav-**, **vouloir ° voulons ° voul-**, **croire ° croyons ° croy-**, **boire ° buvons ° buv-**, **prendre ° prenons ° pren-**, **dormir ° dormons ° dorm-**, etc.

The glaring exception to this rule is the verb **être**, whose stem is **ét-**:

16.8

    j'étais   **nous étions**
    tu étais   **vous étiez**
    il (elle, on) était   **ils (elles) étaient**

At the end of the reading, you will note the special form of the verb **juger** in the imperfect: "Il jugeait cela impossible . . ." This is because the present-tense **nous** form is "jugeons." Like all -**er** verbs ending in -**ger**, the **g** in the first person plural is followed by an **e** in order to keep the **g** soft. However, when followed by an **i**, the **g** is always soft [ʒ], so there is no need to add the **e** in the first and second person plural. Thus, the full conjugation is: **jugeais, jugeais, jugeait, jugions, jugiez, jugeaient**.

In a similar fashion, you will observe the special form of the verb **commencer** in the imperfect used by Meursault: "il commençait à m'ennuyer." In this case, it is because the present-tense **nous** form is "commençons." Like all -**er** verbs ending in -**cer**, the **c** in the first person plural carries a cedilla (**ç**) in order to conserve the soft **c** sound. And yet, when followed by an **i**, the **c** is always soft [s], so there is no need for the cedilla in the first and second person plural. Thus, the full conjugation is: **commençais, commençais, commençait, commencions, commenciez, commençaient**.

In the lesson's reading passage above, the prime uses of the imperfect tense can be found:

1. To frame the scene; to describe environment, background, and physical or moral characteristics:
    *Il m'a répondu que c'**était** une visite tout amicale qui n'**avait** rien à voir avec mon pourvoi . . .*
    *Je lui **trouvais** tout de même un air très doux.*
    *Elles [ses mains] **étaient** fines et musclées, elles me **faisaient** penser à deux bêtes agiles.*

2. For habitual or repeated actions in the past (what one used to do or would do):
    *Je lui ai dit qu'il **venait** d'habitude à un autre moment.*
    *Je m'en **amusais** souvent avec Emmanuel ou Céleste et, en général, ils **détournaient***

leurs yeux.
*Tous ceux que j'ai connus dans votre cas **se retournaient** vers lui.*

3. To describe feelings and mental or emotional states:
   *J'ai répondu que je ne **croyais** pas en Dieu.*
   *Je lui ai expliqué que je n'**étais** pas désespéré. J'**avais** seulement peur . . .*

4. To denote an action, a situation, or a state in progress when another event (usually in the **passé composé**) interrupted it. For instance, just prior to the passage quoted above, Meursault was engaged in a reverie, musing about how he would be forgotten after his death, when the chaplain surprised him:
   *. . .je **comprenais** très bien que les gens m'oublient après ma mort. Ils n'**avaient** plus rien à faire avec moi. Je ne **pouvais** même pas dire que cela **était** dur à penser. C'est à ce moment précis que l'aumônier **est entré**.*

In a word, it has been said that the difference between the **passé composé** and the imperfect is that the former tense answers the question, "What happened?," while the latter answers the question, "How were things?" This is because the former makes the story line advance in any narration, whereas the latter is descriptive, providing a framework or ambiance surrounding the main actions or events. Moreover, there are certain adverbial expressions which serve to indicate one and the other tense, such as those for accompanying narration (**d'abord, puis, ensuite, après, enfin,** etc.), versus those implying habitual action (**d'habitude, souvent, toujours, fréquemment, en général, tous les jours, toutes les semaines,** etc.).

EXERCISES

A. Fill in the blanks with the correct imperfect tense form of the verb in parentheses:

16.9

baume *m.* balm
bourse *f.* purse
confus, -e confused; abashed
garder to keep
gérer to manage
s'opposer à to be opposed to
se parer to deck onself out
scruter to scrutinize
souveraineté *f.* sovereignty
supplice *m.* torture

1. L'homme et sa femme (*être*) _____ tous deux nus, et ils n'en (*avoir*) _____ point honte. (Gn 2:25, Sg)
2. Or, puisque Dieu leur a accordé le même don qu'à nous qui avons cru au Seigneur Jésus Christ, (*pouvoir*) _____ -je, moi, m'opposer à Dieu? (Ac 11:17, Sg)
3. Et voici, il y (*avoir*) _____ à Jérusalem un homme appelé Siméon. Cet homme (*être*) _____ juste et pieux, il (*attendre*) _____ la consolation d'Israël, et l'Esprit Saint (*être*) _____ sur lui. (Lc 2:25, Sg)
4. Autrefois vous (*avoir*) _____ la domination / Sur tout ce qui a vie dans le

monde: / Comment l'as-tu sitôt perdue? (*Le Jeu d'Adam*)

5. –Que (*faire*) _____ Dieu avant d'avoir créé[65] le ciel et la terre? . . . –Il (*préparer*) _____ des supplices pour ceux qui veulent scruter ce qui est trop au-dessus de leur intelligence. (Saint Augustin, *Confessions*)

6. Ainsi (*se parer*) _____ autrefois les saintes femmes qui (*espérer*) _____ en Dieu, soumises à leurs maris, comme Sara, qui (*obéir*) _____ à Abraham et l' (*appeler*) _____ son seigneur. (1 P 3:5–6, Sg)

7. Il (*dire*) _____ cela pour l'éprouver, car il (*savoir*) _____ ce qu'il (*aller*) _____ faire. (Jn 6:6, Sg)

8. Le pauvre n' (*avoir*) _____ rien du tout qu'une petite brebis . . . il la (*nourrir*) _____, et elle (*grandir*) _____ chez lui avec ses enfants; elle (*manger*) _____ de son pain, (*boire*) _____ dans sa coupe, (*dormir*) _____ sur son sein, et il la (*regarder*) _____ comme sa fille. (2 S 12:3, Sg)

9. S'il [Judas] (*parler*) _____ ainsi, ce n' (*être*) _____ pas parce qu'il (*se soucier*) _____ des pauvres; mais il (*être*) _____ voleur et, comme c' (*être*) _____ lui qui (*gérer*) _____ la bourse commune, il (*garder*) _____ pour lui ce qu'on y (*mettre*) _____. (Jn 12:16, BSm)

10. En vérité, en vérité, je te le dis, quand tu (*être*) _____ plus jeune, tu (*se ceindre*) _____ toi-même, et tu (*aller*) _____ où tu (*vouloir*) _____, mais quand . . . (Jn 21:18, Sg)

11. Le baptême de Jean, (*venir*) _____-il du ciel, ou des hommes? Répondez-moi. (Mc 11:30, Sg)

12. Nous (*être*) _____ confus, quand nous (*entendre*) _____ l'insulte; la honte (*couvrir*) _____ nos visages, quand des étrangers sont venus dans le sanctuaire de la maison de l'Éternel. (Jr 51:51, Sg)

13. Car ils ne (*comprendre*) _____ pas encore que, selon l'Écriture, Jésus (*devoir*) _____ ressusciter des morts. (Jn 20:9 Sg)

14. Vous ne connaissez ni moi, ni mon Père. Si vous me (*connaître*) _____, vous connaîtriez[66] aussi mon Père. (Jn 8:19, Sg)

15. L'assurance de l'absolue souveraineté de Dieu (*contribuer*) _____ à la «crainte de l'Éternel», elle qui manque tant aux hommes, aux chrétiens, de notre temps. Elle (*nourrir*) _____ l'humble confiance, elle (*verser*) _____ le baume de la consolation. (Henri Blocher, *Le Mal et la croix*)

B. Translate the following sentences containing imperfect verbs into English:

16.10

affreux, -euse frightful, horrible
auteur *m.* author
cimetière *m.* cemetery

ménager to manage
nuisible harmful, detrimental
oisiveté *f.* idleness

---

[65] **avant d'avoir créé** before having created
[66] **connaîtriez** *cond.* would know

d'autant plus … que all the more … as
exaucer to answer prayer, fulfill wish
forger to give form, shape to
insuffisant, -e insufficient
paresse *f.* laziness
réprouvé, -e reprobate
vœu *m.* vow, wish

1. Il faut toujours prier comme si l'action était inutile et agir comme si la prière était insuffisante. (Sainte Thérèse de Lisieux)

2. La philosophie antique nous apprenait à accepter notre mort. La philosophie moderne, la mort des autres. (Michel Foucault)

3. Nous craignons toutes choses comme mortels, et nous désirons toutes choses comme si nous étions immortels. (La Rochefoucauld, *Maximes*)

4. Elle [une jeune veuve] pensait que l'occasion faisait le péché, et ne savait pas que le péché forge l'occasion. (Marguerite de Navarre, *Heptaméron*)

5. Les cimetières sont remplis de gens qui se croyaient indispensables. (Proverbe arabe)

6. Combien de crimes commis simplement parce que leur auteur ne pouvait supporter d'être en faute! (Camus, *La Chute*)

7. S'il [Jésus-Christ] nous ouvre aujourd'hui le sein de l'enfer, c'est pour nous y montrer un réprouvé que nous n'y attendions point. (Massillon, *Le Mauvais riche*)

8. Si les dieux voulaient exaucer les vœux des mortels, il y a longtemps que[67] la terre serait[68] déserte, car les hommes demandent beaucoup de choses nuisibles au genre humain. (Épicure, *Doctrines et maximes*)

9. Je trouvais d'autant plus affreux de mourir que je ne voyais pas de raison de vivre. (Simone de Beauvoir, *Mémoires d'une jeune fille rangée*)

---

67 **il y a longtemps que** a long time ago
68 **serait** *cond., 3rd s.* would be

10. Par le travail on charmait l'ennui, on ménageait le temps, on guérissait la langueur de la paresse, et les pernicieuses rêveries de l'oisiveté. (Bossuet, *Oraisons funèbres*)

11. Lorsque les Blancs sont venus en Afrique, nous avions les terres et ils avaient la Bible. Ils nous ont appris à prier les yeux fermés : lorsque nous les avons ouverts, les Blancs avaient les terres et nous la Bible. (Jomo Kenyatta, first president of Kenya)

VERBS + INFINITIVE

As stated at the close of the last chapter, one of the most challenging aspects in learning a foreign language is mastering the use of prepositions. This includes verbs that may take a preposition when followed by an infinitive. To be sure, some verbs are directly followed by an infinitive, without an intervening preposition. You saw several such examples in the Camus passage above:

Je ne **pouvais** même pas **dire**...

Il **a voulu savoir** si j'en étais bien sûr...

... la pensée que vous **allez mourir** tout entier?

In addition to **aller**, **pouvoir**, and **vouloir**, amongst the most common verbs belonging to this category, all of which you have been exposed to before, are:

adorer	**faire**[69]
aimer	**falloir**
avoir beau	**laisser**
croire	**oser**
désirer	**paraître**
détester	**préférer**
devoir	**savoir**
entendre	**venir**
espérer	**voir**

In the passage from *L'Étranger*, the narrator also employs verbs taking **à** followed by an infinitive:

Il m'a répondu que c'était une visite tout amicale qui n'**avait** rien **à voir**[70] avec mon pourvoi...

Il s'est assis sur ma couchette et m'**a invité à** me **mettre** près de lui.

---

[69] See Chapter 6: when directly followed by the infinitve, this construction is known as the **faire causatif**.

[70] The expressions **avoir à voir** or **avoir à faire** both mean "to have to do [with sth]."

Moi, j'ai seulement senti qu'il **commençait à** m'ennuyer.

In addition to **avoir à**, **commencer à**, and **inviter à**, with respect to the verbs you already know, the following are amongst the more familiar that take the preposition:

aider à	contribuer à
s'amuser à	encourager à
apprendre à	enseigner à
s'appliquer à	exhorter à
arriver à	se mettre à
aspirer à	s'offrir à
s'attacher à	parvenir à
s'attendre à	penser à
chercher à	persister à
commencer à	renoncer à
consentir à	réussir à
consister à	songer à
continuer à[71]	tenir à[72]

Lastly, in the reading passage, the narrator employs one verb that takes **de** followed by an infinitive:

Il ... m'**a dit de** ne pas **avoir** peur ...

The verbs with **de** followed by an infinitive are by far the most numerous. In addition to **dire de**, only the most frequent amongst those you already know will be signaled here:

accepter de	finir de
accuser de	jurer de
(s') arrêter de	méditer de
blâmer de	mériter de
cesser de	oublier de
choisir de	permettre de
conseiller de	se plaindre de
craindre de	prier de
demander de	promettre de
s'efforcer de	proposer de
empêcher de	se réjouir de
entreprendre de	se repentir de
éviter de	refuser de
excuser de	se souvenir de
feindre de	venir de[73]

71 In point of fact, **continuer** can also be followed by **de** with infinitive, without any change in meaning.

72 When taking the preposition **à**, the verb **tenir** has a more specialized meaning: "to be bent on [doing sth.]."

73 When directly followed by an infinitive, **venir** means "come [to do sth.]," such as in the refrain from *Il est né le divin enfant*: "Venez adorer cet enfant!" However, **venir de** + infinitive

Chapter 16

In spite of the difficulty in remembering which verbs take a preposition or not when followed by an infinitive, the good news for Anglophones is that the preposition is almost never translated into English. Take for example the opening sentence from Henri Blocher:

> La curiosité du commencement continue **d'**habiter les hommes.[74]

Which his English translator renders thus:

> Curiosity about our origins continues to haunt the human race.[75]

Exercises

A. Fill in the blanks with the appropriate preposition—or leave blank if no preposition is required. Remember that **que** contracts with **à** and that **de** is contracted with a following vowel:

16.11

à son insu without one's knowledge
faculté *f.* faculty, ability
miroir *m.* mirror
rivage *m.* shore

1. Priez pour nous; car nous croyons ____ avoir une bonne conscience. (He 13:18, Sg)
2. Tu as un démon. Qui est-ce qui cherche ____ te faire ____ mourir? (Jn 7:20, Sg)
3. Laisse les morts ____ ensevelir leurs morts; et toi, va ____ annoncer le royaume de Dieu. (Lc 9:60, Sg)
4. C'est pour s'entendre ____ dire qu'on est parfait et se voir ____ adorer qu'on veut ____ être aimé. (Alfred de Vigny, *Cinq-Mars*)
5. L'art de gouverner consiste ____ ne pas laisser ____ vieillir les hommes dans leur poste. (Napoléon Bonaparte)
6. Je ne sais point ____ apprendre ____ vivre, à qui ne songe qu'____ s'empêcher ____ mourir. (Jean-Jacques Rousseau, *Émile*)
7. Dieu qui voit nos larmes à notre insu . . . a mis lui-même en nous cette faculté de souffrir pour nous enseigner ____ ne pas vouloir ____ faire ____ souffrir les autres. (George Sand, *Histoire de ma vie*)
8. On ne peut ____ découvrir de nouvelles terres sans consentir ____ perdre de vue le rivage pendant une longue période. (André Gide)
9. Entreprendre ____ consoler quelqu'un qui veut ____ être inconsolable, c'est lui disputer la seule consolation qui lui reste. (Madame du Deffand)
10. La seule règle qui soit[76] originale aujourd'hui: apprendre ____ vivre et ____ mourir, et pour être homme, refuser ____ être Dieu. (Camus, *L'homme révolté*)

---

is known as the Recent Past, denoting the sense of "just [having done sth.]."

74 *Révélation des origines*, Lausanne, Presses bibliques universitaires, 1979, p. 9.

75 *In the Beginning*, trans. David G. Preston, Downers Grove, Illinois, InterVarsity Press, 1984, p. 15.

76 **soit** *subj.*, 3rd *s.* is

11. Le dandy doit ____ aspirer ____ être sublime sans interruption. Il doit ____ vivre et ____ dormir devant un miroir. (Charles Baudelaire, *Mon cœur mis à nu*)

12. L'amour, aussi bien que le feu, ne peut ____ subsister sans un mouvement continuel, et il cesse ____ vivre dès qu[77]'il cesse ____ espérer ou ____ craindre. (La Rochefoucauld, *Maximes*)

B. Translate the following sentences that contain verbs + infinitive into English:

16.12

déshonneur *m.* dishonor
esclavage *m.* slavery
jadis[78] formerly, of old
personnage *m.* character (stage, novel)

1. Seigneur, que je ne cherche pas tant à être consolé qu[79]'à consoler, à être compris qu'à comprendre, à être aimé qu'à aimer. (Prière de Saint François d'Assise)

2. Quiconque craint de se repentir ne tire aucun fruit de ses erreurs. (Chateaubriand, *Mélanges politiques*)

3. Savoir qu'on n'a plus rien à espérer n'empêche pas de continuer à attendre. (Marcel Proust, *A la recherche du temps perdu*)

4. Dans les faits[80] l'idée de Dieu aide à tenir le peuple en esclavage. (Lénine)

5. Tout le monde veut enseigner à bien faire, et personne ne veut l'apprendre. (Jean-Jacques Rousseau, *Réponse au Roi de Pologne*)

6. Jadis il fallait craindre de mourir dans le déshonneur, ou dans le péché. Aujourd'hui, il faut craindre de mourir idiot. (Jean Baudrillard, *Cool Memories 1980–1985*)

7. J'entre dans la vie avec la loi d'en sortir; je viens faire mon personnage, je viens me montrer comme les autres; après il faudra[81] disparaître. (Bossuet, *Sur la brièveté de la vie*)

---

77 **dès qu'** as soon as
78 Pronounced [ʒadis].
79 **tant ... que** so much ... as
80 **dans les faits** in actual fact, in practice
81 **faudra** *fut., 3rd s.* will be necessary

Chapter 16

The Pluperfect

When the narrator in the Camus text states about the chaplain, ". . .j'ai eu l'impression, un instant, que je l'avais oublié," ["For an instant, it seemed to me that I had forgotten him"], the second verb he employs is in the pluperfect. The pluperfect is the past of the past. It expresses an event or state that took place prior to another past event or state:

> Jésus, qui savait que le Père **avait remis** toutes choses entre ses mains, qu'il **était venu** de Dieu, et qu'il s'en allait à Dieu. (Jn 13:3, Sg) *Jesus knew that the Father had put all things under his power, and that he had come from God and was returning to God.* (NIV)

In addition to specific previous events, the pluperfect may also denote habitual action in the past:

> Car David **avait fait** ce qui est droit aux yeux de l'Éternel, et il **ne s'était détourné** d'aucun de ses commandements pendant toute sa vie, excepté dans l'affaire d'Urie, le Héthien. (1 R 15:5, Sg) *For David had done what was right in the eyes of the* LORD *and had not failed to keep any of the* LORD's *commands all the days of his life—except in the case of Uriah the Hittite.* (NIV)

The pluperfect is forged by compounding the imperfect tense of the auxiliary **avoir** or **être** with the past participle of the verb in question:

16.13 ◀

Obéir	Aller	Se Repentir
j'avais obéi	j'étais allé(e)	je m'étais repenti(e)
tu avais obéi	tu étais allé(e)	tu t'étais repenti(e)
il (elle, on) avait obéi	il (elle, on) était allé(e)	il (elle, on) s'était repenti(e)
nous avions obéi	nous étions allé(e)s	nous nous étions repenti(e)s
vous aviez obéi	vous étiez allé(e)(s)	vous vous étiez repenti(e)(s)
ils (elles) avaient obéi	ils (elles) étaient allé(e)s	ils (elles) s'étaient repenti(e)s

Note, however, that with the expression **venir de** + infinitive ("Recent Past"), in the past tense the verb is in the imperfect, although the English translates with the pluperfect:

> Le premier jour de la semaine, elles se rendirent au sépulcre, de grand matin, comme le soleil **venait de se lever.** (Mc 16:2, Sg) *Very early on the first day of the week, they came to the tomb when the sun had risen.* (NASB)

Exercises

A. Fill in the blanks with the appropriate pluperfect form of the verb in parentheses:

16.14 ◀

barque *m.* boat
démolir to demolish
démoniaque demoniac
dépenser to spend (money)
déraciner to uproot

détruire to destroy
empirer to worsen, aggravate
pourceau *m.* swine
soulagement *m.* relief
Très Haut *m.* Most High

1. Car, pendant le combat, ils (*crier*) _____ à Dieu, qui les exauça,[82] parce qu'ils (*se confier*) _____ en lui. (1 Ch 5:20, Sg)
2. Ceux qui (*voir*) _____ ce qui (*se passer*) _____ leur racontèrent[83] ce qui (*arriver*) _____ au démoniaque et aux pourceaux. (Mc 5:16, Sg)
3. Tous les Israélites critiquèrent[84] Moïse et Aaron, et toute la communauté leur dit:[85] Si seulement nous (*mourir*) _____ en Égypte—ou du moins dans ce désert! (No 14:2, BSm)
4. J'ai ouvert à mon bien-aimé; Mais mon bien-aimé (*s'en aller*) _____, il (*disparaître*) _____. (Ct 5:6, Sg)
5. Elle (*beaucoup souffrir*)[86] _____ entre les mains de plusieurs médecins, elle (*dépenser*) _____ tout ce qu'elle possédait, et elle n' (*éprouver*) _____ aucun soulagement, mais (*aller*) _____ plutôt en empirant. (Mc 5:26, Sg)
6. Jusqu'à présent je (*se tourner*) _____ contre eux et je (*s'appliquer*) _____ à déraciner et à renverser, à démolir, à détruire et à faire du mal. (Jr 31:28, BFC)
7. La foule qui (*rester*) _____ de l'autre côté de la mer (*remarquer*) _____ qu'il ne se trouvait là qu'une seule barque, et que Jésus (*ne pas monter*) _____ dans cette barque avec ses disciples, mais qu'ils (*partir*) _____ seuls. (Jn 6:22, Sg)
8. Parce qu'ils (*se révolter*) _____ contre les paroles de Dieu, parce qu'ils (*mépriser*) _____ le conseil du Très Haut . . . (Ps 107:11, Sg)

B. Translate the following verses that contain pluperfect verbs into English:

16.15

à haute voix aloud	**incrédulité** *f.* unbelief
dénouer to untie, unknot	**méditer**[87] to have in mind, think of doing
désordre *m.* disorder	**nœud** *m.* knot
dû, -e due	**nouer** to tie, knot

1. Car il [Pilate] savait que c'était par envie qu'ils avaient livré Jésus. (Mt 27:18, Sg)

2. Plusieurs de ceux qui avaient cru venaient confesser et déclarer ce qu'ils avaient fait. (Ac 19:18, Sg)

---

82 **exauça** *ps., 3rd s.* answered
83 **racontèrent** *ps., 3rd pl.* told
84 **critiquèrent** *ps., 3rd pl.* criticized
85 **dit** *ps., 3rd s.* said
86 With common adverbs such as "beaucoup," syntactic placement in compound tenses is between the helping verb and the past participles.
87 In other contexts, of course, this verb has the primodial meaning of "to meditate."

3. Mais Jésus dit:[88] Quelqu'un m'a touché, car j'ai senti qu'une force était sortie de moi. (Lc 8:46, BFC)

4. Le roi s'était couvert le visage, et il criait à haute voix: Mon fils Absalom! Absalom, mon fils, mon fils! (2 S 19:4, Sg)

5. Les uns criaient d'une manière, les autres d'une autre, car le désordre régnait dans l'assemblée, et la plupart ne savaient pas pourquoi ils s'étaient réunis. (Ac 19:32, Sg)

6. Saül craignait la présence de David, parce que l'Éternel était avec David et s'était retiré de lui. (1 S 18:12, Sg)

7. Vous aviez médité de me faire du mal : Dieu l'a changé en bien, pour accomplir ce qui arrive aujourd'hui, pour sauver la vie à un peuple nombreux. (Gn 50:20, Sg)

8. Le nœud dû à la désobéissance d'Ève s'est dénoué par l'obéissance de Marie ; ce qu'Ève la vierge avait noué par son incrédulité, la Vierge Marie l'a dénoué par sa foi. (Vatican II)

REVIEW AND EXPANSION EXERCISES

A. Fill in the blanks with the appropriate vocabulary word, making all necessary agreements according to context:

baume	effroi	pourceau
cimetière	esclavage	réprouvé
cuisse	paresse	soulagement
désespéré	personnage	tremblement

1. Ne donnez pas les choses saintes aux chiens, et ne jetez pas vos perles devant les _____. (Mt 7:6, Sg)
2. Si donc il y a quelque consolation en Christ, s'il y a quelque _____ dans la charité, s'il y a quelque union d'esprit, s'il y a quelque compassion et quelque miséricorde,... (Ph 2:1, Sg)
3. Le serviteur mit[89] sa main sous la _____ d'Abraham, son seigneur, et lui

---

[88] **dit** *ps.*, 3rd *s.* said
[89] **mit** *ps.*, 3rd *s.* put

Introduction to Theological French

jura[90] d'observer ces choses. (Gn 24:9, Sg)

4. Ainsi, mes bien-aimés, comme vous avez toujours obéi, travaillez à votre salut avec crainte et _____. (Ph 2:12, Sg)

5. Mais gouverner les peuples contre leur volonté, c'est se rendre très misérable pour avoir le faux honneur de les tenir dans l'_____. (Fénelon, *Aventures de Télémaque*)

6. L'orgueil ou la _____, qui sont les deux sources de tous les vices. (Pascal, *Pensées*)

7. Le peuple demanda[91] un roi, et Dieu lui donna[92] Saul, bientôt _____ pour ses péchés. (Bossuet, *Histoire universelle*)

8. Ah! quelle nécropole que le cœur humain! Pourquoi aller aux _____? Ouvrons nos souvenirs, que de tombeaux! (Gustave Flaubert, *Correspondance*)

9. Celui qui feint d'envisager la mort sans _____ ment. Tout homme craint de mourir, c'est la grande loi des êtres sensibles. (Jean-Jacques Rousseau, *La Nouvelle Héloïse*)

10. J'ai trouvé dans les paroles d'un prêtre . . . un secours[93] inespéré,[94] un apaisement, un calme, un _____ religieux qui me fait sentir la foi dans ce qu'elle a de plus doux et de plus fort, la puissance de consolation. (Eugénie de Guérin, *Journal*)

11. Le peuple souvent a le plaisir de la tragédie: il voit périr sur le théâtre du monde les _____ les plus odieux.[95] (La Bruyère, *Les Caractères*)

12. Le roi, la reine, Monsieur, toute la cour,[96] tout le peuple, tout est abattu,[97] tout est _____. (Bossuet, *Oraisons funèbres*)

B. The passage below is taken from the French translation of the Twelve-Step program of Alcoholics Anonymous. It was chosen because it makes use of all three past tenses: compound past, imperfect, and pluperfect. Some new vocabulary is presented and new verbs glossed. While you may be familiar with the list in English, and while there are many cognates, try to translate back into colloquial English, remaining as faithful as possible to the French text:

16.16

améliorer to better
avouer to confess
décider to decide
déficience *f.* deficiency
dès que as soon as
dresser to draw up

léser to wrong
maîtrise *f.* mastery, self-control
minutieux, -euse minute, careful
nuire à to be hurtful, do harm to
résultat *m.* result
réveil *m.* awakening

90 **jura** *ps., 3rd s.* swore
91 **demanda** *ps., 3rd s.* asked for
92 **donna** *ps., 3rd s.* gave
93 **secours** *m.* help
94 **inespéré** unhoped-for
95 **les plus odieux** the most odious
96 **cour** *f.* court
97 **abattu, -e** dejected, downcast

essayer[98] (**de**) to try (to do sth.)   **sauf** except
étape *f.* stage, step

LES DOUZE ÉTAPES

I. Nous avons admis que nous étions impuissants devant l'alcool et que nous avions perdu la maîtrise de notre vie.

II. Nous en sommes venus à croire qu'une puissance supérieure à nous-mêmes pouvait nous rendre la raison.

III. Nous avons décidé de confier notre volonté et notre vie aux soins de Dieu tel que[99] nous Le concevions.[100]

IV. Nous avons courageusement procédé à un inventaire moral minutieux de nous-mêmes.

V. Nous avons avoué à Dieu, à nous-mêmes et à un autre être humain la nature exacte de nos torts.

VI. Nous étions totalement prêts à ce que Dieu élimine[101] nos défauts de caractère.

VII. Nous Lui avons humblement demandé de faire disparaître nos déficiences.

VIII. Nous avons dressé une liste de toutes les personnes que nous avions lésées et nous avons consenti à réparer nos torts envers chacune d'elles.

IX. Nous avons réparé nos torts directement envers ces personnes dans la mesure du possible, sauf lorsqu'en ce[102] faisant, nous risquions de leur nuire ou de nuire à d'autres.

X. Nous avons poursuivi[103] notre inventaire personnel et promptement admis

---

98 Remember that verbs ending in -**yer** change from **y** to **i** in the stem of all present tense indicative forms except "nous" and "vous": **essaie, essaies, essaie, essayons, essayez, essaient**.

99 **tel que** *conj.* such as

100 **concevions** *impf., 1ˢᵗ pl.* conceived, understood

101 **à ce que Dieu élimine** for God to eliminate

102 **ce** this

103 **avons poursuivi** *pc., 1ˢᵗ pl.* pursued

Introduction to Theological French

nos torts dès que nous nous en sommes aperçus.[104]

XI. Nous avons cherché par la prière et la méditation à améliorer notre contact conscient avec Dieu, tel que nous Le concevions, Lui demandant seulement de connaître Sa volonté à notre égard et de nous donner la force de l'exécuter.

XII. Ayant connu un réveil spirituel comme résultat de ces étapes, nous avons alors essayé de transmettre ce message à d'autres alcooliques et de mettre en pratique ces principes dans tous les domaines de notre vie.

C. The pithy octosyllabic poem below by Alfred de Musset (1810–1857) is one of the most famous in all French literature. It is simple and you should be able to readily understand its contents with but a few aids. Answer the multiple choice questions following the text.

16.17

dégoûté, -e disgusted
fierté *f.* pride, self-respect
génie *m.* genius

pourtant however
se passer de to do without

TRISTESSE

J'ai perdu ma force et ma vie,
Et mes amis et ma gaîté;
J'ai perdu jusqu'à la fierté
Qui faisait croire à mon génie.[105]

Quand j'ai connu la Vérité,
J'ai cru que c'était une amie;
Quand je l'ai comprise et sentie,
J'en étais déjà dégoûté.

Et pourtant elle est éternelle,
Et ceux qui se sont passés d'elle
Ici-bas ont tout ignoré.

Dieu parle, il faut qu'on lui réponde.[106]
Le seul bien qui me reste au monde
Est d'avoir quelquefois pleuré.

---

104 **nous nous en sommes aperçus** *pc., 1st pl.* we have perceived them
105 **Qui faisait croire à mon génie** That made my genius believable.
106 **réponde** *subj., 3rd s.* answer

I. Circle the most appropriate response:
   1. In his sorrow, which loss does the poet lament?
      a. His strength and his life force.
      b. His friends and his cheerfulness.
      c. His pride.
      d. All of the above.
   2. Which statement is NOT true with respect to the poet's experience of Truth?
      a. He considered Truth his constant friend.
      b. When he approached closer to Truth, he experienced disgust.
      c. Truth has enduring qualities.
      d. Those earthlings who bypass Truth are thereby impoverished.
   3. What does the poet resolve to do in the concluding stanza?
      a. To respond to God's call.
      b. To continue his lament, for sorrow has redeeming qualities.
      c. Both *a* and *b*.
      d. It is not clear what he has personally resolved.

D. The passage is taken from André Gide's novelette, *La Symphonie pastorale* (1918). Gide had been raised in a strict Calvinistic household, and, in his works as well as in his private life, he can be said to have pursued self-exploration along with its attendant emancipation in the face of strait-laced moralism and social constraints. In *La Symphonie pastorale*, a pastor of a Swiss mountain village adopts a neglected blind girl named Gertude. With shades of the Pygmalion myth, the pastor molds and forms his ward from the primitive and untamed creature she first appears into an accomplished and fetching young woman. Eventually, Gertude begins to dominate his consciousness, as may be seen in the passage below. Some new vocabulary is provided and grammatical items glossed. Read for content and answer the questions in English following the text:

16.18

s'acquitter de to fulfill, carry out
à la fois at one and the same time
aveu *m.* confession
avoir lieu to take place
à vrai dire to tell the truth
avril April
bloqué, -e blocked
cahier *m.* notebook
courber to bend, bow
défendu, -e forbidden
entraînement *m.* allurement

franchise *f.* frankness
forcer to force, compel
hier yesterday
inavoué, -e unavowed
infirme disabled, frail
loisir *m.* leisure
pencher to incline
praticable passable
propos *m.* word
rougeur *f.* blush
sitôt que as soon as

25 avril

J'ai dû laisser quelque temps ce cahier.

La neige avait enfin fondu, et sitôt que les routes furent redevenues[107] praticables, il m'a fallu m'acquitter d'un grand nombre d'obligations que j'avais été forcé de remettre pendant le long temps que notre village était resté bloqué. Hier seulement, j'ai pu retrouver quelques instants de loisir.

La nuit dernière j'ai relu tout ce que j'avais écrit ici...

Aujourd'hui que j'ose appeler par son nom le sentiment si longtemps inavoué de mon cœur, je m'explique à peine comment j'ai pu jusqu'à présent m'y méprendre; comment certaines paroles d'Amélie[108] que j'ai rapportées, ont pu me paraître mystérieuses; comment, après les naïves déclarations de Gertrude, j'ai pu douter encore si je l'aimais. C'est que, tout à la fois, je ne consentais point alors à reconnaître d'amour permis en dehors du mariage, et que, dans le sentiment qui me penchait si passionnément vers Gertrude, je ne consentais pas à reconnaître quoi que ce soit[109] de défendu.

La naïveté de ses aveux, leur franchise même me rassurait. Je me disais: c'est une enfant. Un véritable amour n'irait pas[110] sans confusion ni rougeurs. Et de mon côté je me persuadais que je l'aimais comme on aime un enfant infirme. Je la soignais comme on soigne un malade, – et d'un entraînement j'avais fait une obligation morale, un devoir. Oui, vraiment, ce soir même où elle me parlait comme j'ai rapporté, je me sentais l'âme si légère et si joyeuse que je me méprenais encore, et encore en transcrivant ces propos. Et parce que j'eusse cru[111] répréhensible l'amour, et que j'estimais[112] que tout ce qui est répréhensible courbe l'âme, ne me sentant point l'âme chargée je ne croyais pas à l'amour.

J'ai rapporté ces conversations non seulement telles qu'elles ont eu lieu, mais encore les ai-je transcrites dans une disposition d'esprit toute pareille; à vrai dire ce n'est qu'en les relisant cette nuit-ci que j'ai compris...

I. Answer the following questions:

1. Why was the pastor forced, for a time, to suspend his journal?

2. To what sentiment does the pastor finally seem willing to acknowledge?

3. Why was he not able to acknowledge this sentiment before now?

4. How is it that the pastor came to deceive himself?

---

107 **furent redevenues** *pa., 3rd pl.* had become again
108 Amélie is the wife of the pastor.
109 **quoi que ce soit** *subj., 3rd s* anything whatsoever
110 **n'irait** (*cond., 3rd s.*) **pas** would not go
111 **eusse cru** *plup. subj, 3rd s.* would have believed
112 **estimais** *impf., 1st s.* considered, deemed

5. In your opinion, what is the attitude of the pastor towards his newfound self-understanding at the end of the passage? Guilt? Acceptance? Self-justification?

The Art of Reading French

Among the verbs followed by **à** or **de** with an infinitive, **être** proves a special case, since it can be followed by either preposition —or by none at all—given the context:

When used in a definitional, explanatory or delimiting sense, **être** is directly followed by the infinitive:
Voir, c'est croire.

Prier, c'est aller à Jésus... Adorer Dieu, c'est reconnaître sa grandeur souveraine; c'est s'humilier, s'anéantir devant sa sainteté très-parfaite. (*Aux enfants: Conseils pratiques sur la prière*, Louis-Gaston de Ségur)

In certain constructions where the infinitive serves as the subject, and the attribute is found at the beginning of the sentence, **de** directly follows the verb **être**:
Le seul bien qui me reste au monde / Est d'avoir quelquefois pleuré. (Musset, *Tristesse*)

La nature du monde est de glisser, de passer vite, d'aller en fumée, en néant. (Bossuet, *Méditations sur l'Évangile*)

The infinitive, directly preceded by the verb **être**, is connected by the preposition **à** when used in passive sense ("to be fear," "to be pitied," etc.):
Ce qui est à craindre pour lui [M. le duc d'York], c'est la religion différente de l'anglicane. (Mme de Sévigné, *Lettre 16 mars 1689*)

Sa Majesté est à plaindre de ne pouvoir se servir, par les voies ordinaires de la Justice, contre des hommes dignes du dernier supplice, du glaive[113] que le ciel lui a mis en main, pour exterminer les méchants. (Jacque-Auguste de Thou, *Histoire universelle*)

---

113 **glaive** *m.* two-edged sword

Introduction to Theological French

Self-Test H

The answers to the exercises below are given in footnote. If you not achieve 90% mastery here, you should go back and review the material before going on to the next chapter.

A. Match the French word on the left with its English meaning on the right:[114]

1. **avoir beau** _____
2. **glisser** _____
3. **partout** _____
4. **amour-propre** _____
5. **chute** _____
6. **larme** _____
7. **se détendre** _____
8. **travail** _____
9. **hiver** _____
10. **cuisse** _____
11. **tout de suite** _____
12. **lecteur** _____
13. **bourse** _____
14. **paresse** _____
15. **esclavage** _____

a. *immediately*
b. *tear*
c. *reader*
d. *to do in vain*
e. *work*
f. *to slip, slide*
g. *purse*
h. *thigh*
i. *self-esteem, pride*
j. *winter*
k. *fall*
l. *slavery*
m. *to relax*
n. *everywhere*
o. *laziness*

B. Provide the correct present tense conjugation for the following verbs:[115]

1. (**ouvrir**) tu _____
2. (**souffrir**) il _____
3. (**se marier**) nous _____
4. (**se sentir**) je _____
5. (**se souvenir**) elles _____
6. (**se méprendre**) ils _____
7. (**s'appeler**) je _____
8. (**se servir**) on _____
9. (**craindre**) vous _____
10. (**se plaindre**) tu _____

C. Fill in the blanks with either the pronoun **y** or the pronoun **en** according to context:[116]

1. Ils avaient creusé une fosse devant moi: Ils _____ sont tombés. (Ps 57:7, Sg)
2. . . .le Prince de la vie, que Dieu a ressuscité des morts; nous _____ sommes tous témoins. (Ac 3:15, Sg)
3. Le Dieu qui a fait le monde et tout ce qui s'_____ trouve . . . (Ac 17:24, Sg)
4. Car toutes ces choses . . . Votre Père sait que vous _____ avez besoin. (Lc 12:30, Sg)
5. J'ai prié tes disciples de le chasser, mais ils n'_____ ont pas réussi. (Lc 9:40, BSm)
6. Si je monte aux cieux, tu _____ es . . . (Ps 139:8, Sg)
7. La femme que tu as mise auprès de moi m'a donné de l'arbre, et j'_____ ai mangé. (Gn 3:12, Sg)

---

[114] Exercise A: 1. d; 2. f; 3. n; 4. i; 5. k; 6. b; 7. m; 8. e; 9. j; 10. h; 11. a; 12. c; 13. g; 14. o; 15 l.

[115] Exercise B: 1. ouvres; 2. souffre; 3. nous marions; 4. me sens; 5. se souviennent; 6. se méprennent; 7. m'appelle; 8. se sert; 9. craignez; 10. te plains.

[116] Exercise C: 1. y; 2. en; 3. y; 4. en; 5. y; 6. y; 7. en.

D. Provide the correct imperfect tense conjugation for the following verbs:[117]
1. (**parler**) tu _____
2. (**obéir**) il _____
3. (**faire**) nous _____
4. (**manger**) je _____
5. (**boire**) elles _____
6. (**prendre**) ils _____
7. (**être**) je _____
8. (**croire**) on _____
9. (**dormir**) vous _____
10. (**se plaindre**) tu _____

E. Put the following verbs into the pluperfect:[118]
1. (**je chante**) _____
2. (**elle sort**) _____
3. (**il descend**) _____
4. (**tu ne vois pas**) _____
5. (**on prend**) _____
6. (**nous obéissons**) _____
7. (**vous savez**) _____
8. (**ils tombent**) _____
9. (**elles boivent**) _____
10. (**il ne va pas**) _____

---

[117] Exercise B: 1. parlais; 2. obéissait; 3. faisions; 4. mangeais; 5. buvaient; 6. prenaient; 7. étais; 8. croyait; 9. dormiez; 10. te plaignais.

[118] Exercise D: 1. j'avais chanté; 2. elle était sortie; 3. il était descendu; 4. tu n'avais pas vu; 5. on avait pris; 6. nous avions obéi; 7. vous aviez su; 8. ils étaient tombés; 9. elles avaient bu; 10. il n'était pas allé.

Chapter 17

***Vivre* and *Suivre*
Relative Pronouns
Introduire and Similar Verbs
Relative Pronouns with Antecedent *Ce***

Reading

La Confession de la Rochelle, also known as La Confession gallicane, remains to this day normative for the Reformed Church of France. At the Seventh National Synod, held at La Rochelle in 1571, it was confirmed by representatives of the French Church, the Genevan Church, and the Church of Navarre. The Confession of Faith began as a composite work, undoubtedly the joint effort of Calvin and Bèze, later expanded and refined by others, but altogether forged in the cauldron of sixteenth-century unrest. The first section below is taken from Calvin's 1559 preface. The following year, the Confession was presented to François II, with a new preface, also in Calvin's hand, that became a passionate plea for justice from a persecuted Church. An excerpt of this document has been included in one of paragraphs below as well. In both cases, the original French text has not been altered. Only the orthography has been updated.[1]

17.1

> Nous voulons bien aussi protester que notre intention et désir est que notre cause soit[2] entendue de tout le monde. Car comme nous cheminons en droiture et intégrité de conscience devant Dieu et devant ses anges, aussi n'avons-nous point honte que toutes créatures connaissent quels nous sommes. Par quoi nous prions ceux auxquels nous sommes étranges,[3] de ne point dédaigner lire notre présente excuse. Car combien que[4] nous soyons[5] éloignés de longue distance de pays, le nom de Chrétienté, quand il n'est point prétendu à fausses enseignes,[6] doit bien être un lien suffisant pour conjoindre ceux qui semblent être fort séparés ...

---

1 Both sections are taken from the Jean Calvin, *Opera quae supersunt omnia*, edited by Baum, Cunitz, and Reuss (Brunswick: Schwetschke, 1870) vol. 9, 734, 738–39.

2 **soit** *subj., 3rd s.* be

3 **étrange** *arch.* = étranger

4 **combien que** *arch.* although

5 **soyons** *subj., 1st pl.* may be

6 **à fausses enseignes** under false colors

Les crimes dont[7] on nous accuse sont compris en somme en deux articles. Le premier est que nous tenons fausse doctrine et contraire à la Foi Catholique, que tous vrais Chrétiens doivent suivre. Sur cela[8] nous sommes appelés hérétiques à pleine bouche. Si ainsi est ou non, nous en laisserons[9] à juger par la confession qui sera[10] ici ajoutée. Vrai est que nous n'adhérons pas à beaucoup d'erreurs, qui ont la vogue quasi partout, et par ainsi nous n'avons pas le monde universel de notre côté... Or nous n'avons entrepris sinon de proposer simplement quelle est notre foi, selon laquelle nous adorons et invoquons le Dieu vivant, au nom de son Fils unique, notre Sauveur et Rédempteur. Par quoi ce nous sera assez d'avoir à présent testifié[11] qu'on nous fait grand tort en nous grevant[12] de cette calomnie, que nous ayons[13] forgé quelque nouvelle secte : vu que[14] nous nous accordons avec l'Église ancienne, laquelle s'est tenue à la Loi et à l'Évangile : comme c'est de cette seule source que nous devons puiser tout ce qui appartient à notre salut. De quoi chacun pourra[15] juger par notre confession, en laquelle il n'y a rien de fardé et où nous n'avons usé de nul artifice, mais avons déclaré de bouche devant les hommes ce que nous croyons de cœur devant Dieu, pour y vivre constamment et y mourir par sa grâce.

On nous reproche en second lieu que nous sommes schismatiques parce que nous ne fréquentons pas les synagogues papales, mais plutôt les fuyons[16] et nous en tenons séparés, et cependant nous nous assemblons par petites compagnies pour invoquer le nom de Dieu, nous édifier en sa crainte et en la foi de l'Évangile de notre Seigneur Jésus-Christ, et nous confirmer en tout bien par saintes exhortations, ajoutant aussi l'usage de la sainte Cène, tel qu'il a été institué par le Fils de Dieu, qui en est le seul auteur...

Car les articles de notre Foi, qui sont décrits assez au long en notre Confession, reviennent tous à ce point, que puisque Dieu nous a suffisamment déclaré sa volonté par ses prophètes et apôtres, et même par la bouche de son Fils notre Seigneur Jésus-Christ, nous devons cet honneur et révérence à la Parole de Dieu, de n'y rien ajouter du nôtre, mais de nous conformer entièrement à la règle qui nous y est prescrite. Et parce que l'Église romaine, laissant l'usage et coutume de la primitive Église, a introduit[17] nouveaux commandements et nouvelle forme du service de Dieu, nous estimons être très raisonnable de préférer les commandements de Dieu, qui est la vérité même, aux commandements des hommes, qui, de leur nature, sont enclins à

---

7 **dont** of which
8 **Sur cela** Therewith
9 **laisserons** *fut., 1st pl.* shall leave
10 **sera** *fut., 3rd s.* will be
11 **testifier** *arch.* = affirmer
12 **grever** *arch.* = charger, léser
13 **ayons** *subj., 1st pl.* have
14 **vu que** *seeing that*
15 **pourra** *fut., 3rd s.* will be able
16 **fuyons** *pres., 1st pl.* flee
17 **introduit** *pp.* introduced

mensonge et vanité. Et quoi que[18] nos adversaires prétendent à l'encontre de nous, si[19] pouvons-nous dire devant Dieu et les hommes que nous ne souffrons pour autre raison que pour maintenir notre Seigneur Jésus-Christ être notre seul Sauveur et Rédempteur, et sa doctrine seule doctrine de vie et de salut. Et cette est la seule cause, Sire, pour laquelle les bourreaux ont eu tant de fois les mains souillées du sang de vos pauvres sujets, lesquels n'épargnant point leurs vies pour maintenir cette même Confession de foi, ont bien pu faire entendre à tous qu'ils étaient poussés d'autre esprit que de celui des hommes, qui naturellement ont plus de souci de leur repos et commodités que de l'honneur et gloire de Dieu.

ACTIVE VOCABULARY

17.2

accorder (s') to agree
adhérer to adhere, hold (opinion)
artifice *m.* artificial means, contrivance
au long in great detail, at full length
calomnie *f.* calumny
Cène *f.* Communion (Protestant Church)
cheminer to walk, trudge
Chrétienté *f.* Christendom
commodité *f.* convenience, comfort
constamment steadfastly
dédaigner to disdain
enclin, -e inclined, prone
encontre (à l') de against, counter to
enseigne *f.* sign, mark, colors (military)
épargner to save, spare
estimer to consider, deem

fardé, -e disguised
instituer to institute, establish
lien *m.* tie, bond
papal, -e papal
pousser to prompt, push, urge
primitif, -ive primitive, original
rédempteur *m.* redeemer
romain, -e Roman
schismatique schismatic
sembler to seem
souci *m.* worry, care
suffisamment sufficiently
suffisant, -e sufficient
suivre to follow
tenir (se) à to hold on to, abide by
vogue *f.* fashion, vogue

EXERCISES

A. Match the expressions in the left-hand column with the related notion in the right:
1. **dédaigner**   a. mode
2. **souci**   b. mépriser
3. **vogue**   c. invective
4. **pousser**   d. stimuler
5. **calomnie**   e. préoccupation
6. **lien**   f. déguisé
7. **sembler**   g. déambuler
8. **fardé**   h. attache
9. **artifice**   i. apostat

18 **quoi que** whatever
19 **si** *arch.* still, nevertheless

10. **commodité** j. aise
11. **schismatique** k. paraître
12. **cheminer** l. mirage

B. Match the expressions in the left-hand column with their relative opposite in the right:

1. **instituer** a. être
2. **constamment** b. devancer
3. **sembler** c. se disputer
4. **suffisant** d. inacceptable
5. **s'accorder** e. abolir
6. **suivre** f. irrégulièrement

C. From the words in bold in the left-hand column, deduce the sense of those to the right:

1.	**commodité**	commode *adj.*	incommode *adj.*	incommoder *inf.*
2.	**dédaigner**	dédain *n.*	dédaigneux *adj.*	dédaigneusement *adv.*
3.	**instituer**	institut *n.*	institution *n.*	instituteur (*n.*) d'un ordre religieux
4.	**calomnie**	calomnier *inf.*	calomniateur *n.*	accusation calomnieuse *adj.*
5.	**lien**	lier *inf.*	délier *inf.*	liens (*n.*) du sang
6.	**suffisant**	suffire *inf.*	suffisance *n.*	Grâce suffisante *adj.*
7.	**souci**	soucieux *adj.*	soucieusement *adv.*	libre de soucis *n.*

D. Translate the following phrases into English:

1. Qui prend mari prend souci. (Proverbe québécois)

2. Servet[20] nous calomnie que nous faisons deux Fils de Dieu ... (Calvin, *Institution chrétienne*)

3. Es-tu lié à une femme, ne cherche pas à rompre[21] ce lien; n'es-tu pas lié à une femme, ne cherche pas une femme. (1 Co 7:27, Sg)

4. Les hommes toujours hardis[22] à juger les autres, sans épargner les souverains, car on n'épargne que soi-même dans les jugements. (Bossuet, *Oraisons funèbres*)

5. La Chrétienté a aboli le christianisme sans trop le savoir. (Kierkegaard, *L'Apprentissage du christianisme*)

20 Michael Servetus (1511–1553), Spanish theologian and adversary of Calvin.
21 **rompre** to break
22 **hardi, -e** bold

6. Ou méprises-tu les richesses de sa bonté, de sa patience et de sa longanimité,[23] ne reconnaissant pas que la bonté de Dieu te pousse à la repentance? (Rm 2:4, Sg)

7. Il faut distinguer trois choses: le nécessaire, le commode, le superflu: le nécessaire que la raison demande; le commode que la sensualité recherche; le superflu dont[24] l'orgueil se pare et qui entretient le faste.[25] (Bourdaloue, *Pensées diverses sur l'état religieux*)

8. Par conséquent, chrétiens, quiconque aime l'Église doit aimer l'unité; et quiconque aime l'unité doit avoir une adhérence immuable[26] à tout l'ordre épiscopal . . . pour détruire le mystère d'iniquité[27] qui est l'œuvre de rébellion et de schisme. (Bossuet, *Oraisons funèbres*)

Vivre and *Suivre*

Both infinitives **vivre** and **suivre** occur in this lesson's reading, although the former you have seen many times before. They are conjugated in the present tense in the following manner:

17.3

je vis	**je suis**
tu vis	**tu suis**
il (elle, on) vit	**il (elle, on) suit**
nous vivons	**nous suivons**
vous vivez	**vous suivez**
ils (elles) vivent	**ils (elles) suivent**
past participle: **vécu**	past participle: **suivi**

Note that the past participle of **vivre** is highly irregular. Another particularity worth mentioning here is that the English expression "to live by" is rendered in French with the preposition **de**:

L'homme ne **vit** pas **de** pain seulement, mais que l'homme **vit de** tout ce qui sort de la bouche de l'Éternel. (Dt 8:3, Sg) *Man does not live by bread alone, but man lives by every word that comes from the mouth of the* Lord. (ESV)

23 **longanimité** *f.* forbearance, long-suffering
24 **dont** with which
25 **faste** *m.* ostentation, display
26 **immuable** fixed, unchanging
27 **mystère d'iniquité** *cf.* 2 Th 2:7

Other verbs following the same pattern as vivre are **revivre** ("to live again," "revive") and **survivre** ("to survive"). The latter verb takes the preposition **à** with an object:

> Ceux qui **ont survécu à** la captivité et qui vivent dans la province de Juda se trouvent dans une grande misère et dans une situation très humiliante. (Ne 1:3, BSm) *Those who survived the exile and are back in the province are in great trouble and disgrace.* (NIV)

Although the first person singular of **suivre** is identifcal to that of **être**, context will generally clarify which verb is intended. Similar verbs include **s'ensuivre** ("to come after") and **poursuivre** ("to pursue").

Exercises

A. Fill in the blanks with the correct present tense form of the verb in parentheses:

17.4

argent *m.* money	**penchant** *m.* inclination, bent
cauchemar *m.* nightmare	**puce** *f.* flea
marche *f.* march	**redoubler** to redouble, increase

1. J'ai été crucifié avec Christ; et si je (*vivre*) _____, ce n'est plus moi qui (*vivre*) _____, c'est Christ qui (*vivre*) _____ en moi. (Ga 2:20, Sg)
2. Mes brebis entendent ma voix; je les connais, et elles me (*suivre*) _____. (Jn 10:27, Sg)
3. Si nous (*vivre*) _____ par l'Esprit, marchons aussi selon l'Esprit. (Ga 5:27, Sg)
4. Ainsi l'anxiété (*survivre*) _____ au cauchemar, présence invisible, inexplicable (Georges Bernanos, *Sous le soleil de Satan*).
5. Alors son ardeur redouble, il [peuple chaldéen] (*poursuivre*) _____ sa marche, et il se rend coupable. Sa force à lui, voilà son dieu! (Ha 1:11, Sg)
6. Et vous, vous avez fait le mal plus encore que vos pères; et voici, vous (*suivre*) _____ chacun les penchants de votre mauvais cœur, pour ne point m'écouter. (Jr 16:12, Sg)
7. Israël dit[28] à Joseph: Que je meure maintenant,[29] puisque j'ai vu ton visage et que tu (*vivre*) _____ encore! (Gn 46:30, Sg)
8. Contre qui le roi d'Israël s'est-il mis en marche? Qui (*poursuivre*) _____-tu? Un chien mort, une puce! (1 s 24:14, Sg)
9. Celui qui ne prend pas sa croix, et ne me (*suivre*) _____ pas, n'est pas digne de moi. (Mt 10:38, Sg)
10. Pour tous ceux qui (*vivre*) _____ il y a de l'espérance; et même un chien vivant vaut mieux qu'un lion mort. (Qo 9:4, Sg)
11. Pour vous, vous ne (*vivre*) _____ pas selon la chair, mais selon l'esprit, si

---

28 **dit** *ps., 3rd s.* said
29 **Que je meure** (*subj., 3rd s.*) **maintenant** Now let me die

du moins l'Esprit de Dieu habite en vous. (Rm 8:9, Sg)

12. Ainsi parle le Seigneur, l'Éternel: Esprit, viens des quatre vents, souffle sur ces morts, et qu'ils (*revivre*) _____! (Ez 37:9, Sg)

B. Translate the following sentences and master the new vocabulary.

17.5

animer to animate, incite, stir up
assassinat *m.* murder, assassination
avenir *m.* future
barbare barbarous
coller to cling, stick, adhere
cours *m.* course, flow
de même que just like
dent *f.* tooth
os[30] *m.* bone
poignard *m.* dagger
vertueux, -euse virtuous

1. Nous n'avons pas assez de force pour suivre toute notre raison. (La Rochefoucauld, *Maximes*)

2. Combien avons-nous vu d'hommes vertueux survivre à leur propre réputation? (Montaigne, *Essais*)

3. Pierre, prenant alors la parole, lui dit:[31] Voici, nous avons tout quitté,[32] et nous t'avons suivi. (Mt 19:27, Sg)

4. J'ai vécu; j'ai passé ce désert de la vie. (Lamartine, *Méditations poétiques*)

5. Ma peau colle à mes os de même que ma chair et je n'ai survécu qu'avec la peau des dents. (Jb 19:20, BSm)

6. Un poignard à la main, l'implacable Athalie / Au carnage animait ses barbares soldats, / Et poursuivait le cours de ses assassinats. (Racine, *Athalie*)

7. Le présent n'est jamais notre fin; le passé et le présent sont nos moyens; le seul avenir est notre fin. Ainsi nous ne vivons jamais, mais nous espérons de vivre. (Pascal, *Pensées*)

---

30 In the singular pronounced [ɔs], in the plural [o].
31 **dit** *ps., 3ʳᵈ s.* said
32 Although often synonymous with **partir**, in the compound past, **quitter** is conjugated with **avoir** because it takes an object; one leaves a place or thing.

8. Les systèmes philosophiques suivent leur temps bien plus qu'ils ne le dirigent. (Victor Cousin, *Du Vrai, du Beau et du Bien*)

9. Vivre ce n'est pas respirer, c'est agir; c'est faire usage de nos organes, de nos sens, de nos facultés, de toutes les parties de nous-mêmes qui nous donnent le sentiment de notre existence. L'homme qui a le plus[33] vécu n'est pas celui qui a compté le plus d'années, mais celui qui a le plus senti la vie. (Jean-Jacques Rousseau, *Émile*)

Relative Pronouns

A relative pronoun links a subordinate clause—which by nature cannot stand alone—to a main clause. Like all pronouns, a relative pronoun replaces a noun and is used to avoid repetition in spoken or written discourse. The previous noun in the main clause, to which it refers, is known as the <u>antecedent</u>. Throughout this manual, you have been exposed to all the relative pronouns, whose English translation you have learned as a vocabulary item, or whose meaning has been glossed. It is now the moment for a more thorough presentation.

Qui:

The relative pronoun **qui** can mean "who," "that" or "which," depending on whether it refers to a person or thing. It is the <u>subject</u> of the subordinate clause and thus will always be followed by a conjugated verb. Here are a few examples from the reading:

*Si ainsi est ou non, nous en laisserons à juger par la confession **qui** sera ici ajoutée.*
*Vrai est que nous n'adhérons pas à beaucoup d'erreurs, **qui** ont la vogue quasi partout . . .*
*. . . nous estimons être très raisonnable de préférer les commandements de Dieu, **qui** est la vérité même, aux commandements des hommes, **qui**, de leur nature, sont enclins à mensonge et vanité.*

In the first citation, **qui** is used to refer back to "confession" and "erreurs," antecedents which are both things, one singular, the other plural. In the second, **qui** is used to refer back to "Dieu" and "hommes," antecedents which are both persons, again one singular, the other plural.

However, **qui** can also be the <u>object</u> of a preposition, in which case it translates as "to whom," "for whom," "by whom," "of whom," etc. Here are some examples from texts you have seen previously in this manual:

*Qu'appelle-t-on parfait? un être **à qui** rien ne manque. Qu'appelle-t-on imparfait? un être **à qui** quelque chose manque. Pourquoi l'être **à qui** rien ne manque ne*

---

33 **le plus** the most

> *serait-il pas, plutôt que l'être **à qui** quelque chose manque?* (Bossuet)
> *Néanmoins pour nous il n'y a qu'un seul Dieu, le Père, **de qui** viennent toutes choses et **pour qui** nous sommes, et un seul Seigneur, Jésus Christ, **par qui** sont toutes choses et **par qui** nous sommes.* (1 Co 8:6, Sg)

Lequel:

In Chapter 8, you have already studied **lequel** ("who," "whom," "which [one]") as both an interrogative and relative pronoun that agrees in gender and number with the nouns it replaces. Now, for further clarification, it is necessary to know that in relative clauses, when the verb takes a preposition and when the antecedent is a thing, a form of **lequel** is used preceded by the preposition (or contracted with it). Some examples occur in this lesson's reading:

> *Or nous n'avons entrepris sinon de proposer simplement quelle est notre foi, **selon laquelle** nous adorons et invoquons le Dieu vivant . . .*
> *Et cette est la seule cause, Sire, **pour laquelle** les bourreaux ont eu tant de fois les mains souillées . . .*

In old French, you should be aware that **lequel** is sometimes used as a relative subject pronoun instead of **qui**. This is true even today in highly stylized or literary texts. A few examples can be found in the passage above:

> *. . . nous nous accordons avec l'Église ancienne, **laquelle** s'est tenue à la Loi et à l'Évangile . . .*
> *. . . vos pauvres sujets, **lesquels** n'épargnant point leurs vies pour maintenir cette même Confession de foi . . .*

Que:

The relative pronoun employed as the <u>direct object</u> of a subordinate clause is **que** ("whom," "that," "which"), whose antecedent can be either a person or a thing. Here are but two examples, taken from among the many which you have seen in previous manual exercises:

> *Le cœur a ses raisons **que** la raison ne connaît point.* (Pascal, *Pensées*)
> *La femme **que** tu m'as donnée, / A la première commis cette désobéissance.* (*Le Jeu d'Adam*)

In the first citation, **que** is placed after the antecedent "raisons," and replaces the direct object in the theoretical sentence: "La raison ne connaît point <u>ces raisons</u>." In the second, **que** is placed after the antecedent "femme," and replaces the direct object in the theoretical sentence: "Tu m'as donné <u>cette femme</u>."

Dont:

The relative pronoun **dont** ("of whom," "of which," "from which") is used to replace the preposition **de** + an object. In modern French, it has eclipsed the use of "de qui" and "duquel" as relative pronouns, although these forms are still current in certain contexts (the latter, notably, with compound prepositions ending in **de**). Among the multiple occurrences of **dont** you have previously seen in this manual include an example in the reading above:

> *Les crimes **dont** on nous accuse sont compris en somme en deux articles.*
> *Il m'a répondu que c'était une visite tout amicale qui n'avait rien à voir avec mon pourvoi **dont** il ne savait rien.* (Camus, *L'Étranger*)

The pronoun **dont** is also used to express possession, in which case it translates in English as "whose":

> *Il loge chez un ouvrier sur cuir nommé Simon, **dont** la maison est au bord de la mer.* (Ac 10:6, BFC)
> *Car c'est une prophétie **dont** le temps est déjà fixé, elle marche vers son terme.* (Ha 2:3, Sg)

Lastly, when translating phrases containing **dont**, it should be remembered that the English counterpart of verbs and expression taking **de** + an object might warrant a direct object instead. This would be true of expressions such as **avoir besoin de** ("to need"), **se servir de** ("to use"), **se souvenir de** ("to remember"), etc.

> *Ne craignez pas le roi de Babylone, **dont** vous avez peur.* (Jr 42:11, Sg) Do not be afraid of the king of Babylon, **whom** you now fear. (NIV)

Où:

The relative pronoun **où** ("where," "when") is used in reference to nouns of place and of time. When it signifies "where," it is also the equivalent of **à** or **dans** + **lequel**, expressing location ("in which") or destination ("to which").

> LOCATION: *L'homme est une prison **où** l'âme reste libre.* (Hugo, *Les Contemplations*)
> DESTINATION: *Recherchez la prospérité de la ville **où** je vous ai déportés et priez l'Éternel en sa faveur, car de sa prospérité dépend la vôtre.* (Jr 29:7, BSm)

After expressions of time (such as days, dates, years), **où** is used to signify "when." Note that **quand** is not used in French as a relative pronoun:

> *L'Éternel dit à Moïse: Voici, le moment approche **où** tu vas mourir.* (Dt 31:14, Sg)
> *Oui, vraiment, ce soir même **où** elle me parlait comme j'ai rapporté, je me sentais l'âme si légère et si joyeuse . . .* (Gide, *La Symphonie pastorale*)

The relative **où** may also be preceded by a preposition, the most common of which is **de**. The expression **d'où** ("whence," "from which") thus indicates source or origin:

> *Le vent souffle **où** il veut; tu entends le bruit qu'il fait, mais tu ne sais pas **d'où** il vient ni **où** il va.* (Jn 3:8, BFC)

Exercises

A. Fill in the blanks with the correct relative pronoun: **qui**, **lequel**, **que**, **dont** or **où**. All of the biblical verses have been taken from previous material in this manual, so no new vocabulary is given. In completing the exercise, remember that **qui** serves as a subject or is the object of a preposition; **que** serves as a direct object and precedes a subject and conjugated verb; **dont** is the object of the preposition **de** or indicates possession; and **où** is used for place or time.

1. Je ne fais pas le bien _____ je veux, et je fais le mal _____ je ne veux pas. (Rm 7:19, Sg)
2. Ils ont enlevé du sépulcre le Seigneur, et nous ne savons _____ ils l'ont mis. (Jn 20:2, Sg)
3. Heureux l'homme _____ supporte patiemment la tentation; car, après avoir été éprouvé, il recevra[34] la couronne de vie, _____ le Seigneur a promis à ceux _____ l'aiment. (Jc 1:12, BSm)
4. Pays d'une obscurité profonde, _____ règnent l'ombre de la mort et la confusion. (Jb 10:22, Sg)
5. C'est la grâce _____ le Seigneur m'a faite, quand il a jeté les yeux sur moi pour ôter mon opprobre parmi les hommes. (Lc 1:25, Sg)
6. Mais la nourriture solide est pour les hommes faits, pour ceux _____ le jugement est exercé par l'usage à discerner ce qui est bien et ce qui est mal. (He 5:14, Sg)
7. Prie ton Père _____ demeure dans le secret; et ton Père _____ voit dans le secret, te récompensera.[35] (Mt 6:6, Da)
8. Celui _____ demeure en moi et en _____ je demeure porte beaucoup de fruit, car sans moi vous ne pouvez rien faire. (Jn 15:15, Sg)
9. Je fais grâce à _____ je fais grâce, et miséricorde à _____ je fais miséricorde. (Ex 33:19, Sg)
10. Celui _____ marche dans les ténèbres ne sait pas _____ il va. (Jn 12.35, NSg)
11. Car les armes avec _____ nous combattons[36] ne sont pas charnelles; mais elles sont puissantes, par la vertu de Dieu, pour renverser des forteresses. (2 Co 10:4, Sg)
12. Car là _____ deux ou trois sont assemblés en mon nom, je suis au milieu d'eux. (Mt 18:20, Sg)
13. Vous avez fait mourir le Prince de la vie, _____ Dieu a ressuscité des morts; nous en sommes tous témoins. (Ac 3:15, Sg)
14. Car c'est le moment _____ le jugement va commencer par la maison de Dieu. (1 P 4:17, Sg)
15. Pouvons-nous savoir . . . en quoi consiste ce nouvel enseignement _____ tu parles? (Ac 17:19, BSm)
16. Cependant, c'est une sagesse _____ nous prêchons parmi les parfaits, sagesse

[34] **recevra** *fut., 3rd s.* will receive
[35] **te récompensera** *fut., 3rd s.* will reward you
[36] **combattons** *ind., 1st pl.* fight

_____ n'est pas de ce siècle, ni des chefs de ce siècle, _____ vont être anéantis. (1 Co 2:6, Sg)

17. Saisis la vie éternelle, à _____ tu as été appelé, et pour _____ tu as fait une belle confession en présence d'un grand nombre de témoins. (1 Tm 6:12, Sg)
18. Malheur au monde à cause des scandales! . . . malheur à l'homme par _____ le scandale arrive! (Mt 18:7, Sg)

B. Translate the following sentences containing relative pronouns into English:

17.6

au moyen de by means of
se faire jour to penetrate
immuable immutable, unchanging

introduire to introduce
se mettre en peine to take trouble, pains

1. C'est Dieu qui nous fait vivre, c'est Dieu qu'il faut aimer. (Malherbe, *Paraphrase du Psaume CXLV*)

2. Nous vivons sous un Prince ennemi de la fraude, / Un Prince dont les yeux se font jour dans les cœurs. (Molière, *Tartuffe*)

3. L'âme humaine est comme un gouffre qui attire Dieu, et Dieu s'y jette. (Julien Green, *Journal*)

4. Jésus-Christ est un Dieu dont on s'approche sans orgueil et sous lequel on s'abaisse sans désespoir. (Pascal, *Pensées*)

5. De cette corruption et de cette condamnation générales où tous les hommes sont plongés, nous croyons que Dieu retire ceux que, dans sa volonté éternelle et immuable, il a élus par sa seule bonté et miséricorde. (*Confession de la Rochelle*)

6. Nous rejetons toutes les inventions humaines et toutes les lois qu'on voudrait[37] introduire sous prétexte de servir Dieu et par lesquelles on voudrait lier les consciences. (*Confession de la Rochelle*)

7. Nous croyons que les Sacrements sont des signes extérieurs au moyen desquels Dieu agit par la puissance de son Esprit. (*Confession de la Rochelle*)

---

37 **voudrait** *cond.*, 3rd *s.* would like

8. Selon la Parole de Dieu, nous disons donc que l'Église véritable est la communauté des fidèles qui, d'un commun accord, veulent suivre cette Parole et la pure religion qui en dépend; qui en font leur profit tout au long[38] de leur vie. (*Confession de la Rochelle*)

9. Fondés sur cette définition de l'Église véritable, nous affirmons que là où la Parole de Dieu n'est pas reçue[39] et où l'on ne se met nullement en peine de s'y soumettre, et là où il n'est fait[40] aucun usage authentique des Sacrements, on ne peut estimer qu'il y ait[41] quelque Église. (*Confession de la Rochelle*)

Introduire and Similar Verbs

In the previous exercise, you were given the verb **introduire** ("to introduce," "lead in," "bring in")[42] in the vocabulary section. This lesson's reading passage also included an occurrence of this verb in the *passé composé* ("Et parce que l'Église romaine . . . a introduit nouveaux commandements et nouvelle forme du service de Dieu . . ."). The full present tense is conjugated as follows:

17.7

j'introduis	nous introduisons
tu introduis	vous introduisez
il (elle, on) introduit	ils (elles) introduisent

past participle: **introduit**

Among the verbs of the same pattern as **introduire** are the following, some of which you already know:

17.8

conduire to conduct, lead	**luire**[43] to shine
construire to construct	**nuire**[44] **à** to be hurtful, do harm to
cuire to cook, bake	**produire** to produce
déconstruire to deconstruct	**réduire** to reduce
déduire to deduce, infer; to deduct	**reluire**[45] to shine (by reflected light)
détruire to destroy	**reproduire** to reproduce

38 **tout au long de** throughout
39 **reçue** *adj.* received
40 **il n'est fait** there is not made
41 **il y ait** *subj., 3rd s.* there may be
42 When referring to persons, the verb **présenter** would be employed instead.
43 The past participle is **lui**.
44 The past participle is **nui**.
45 The past participle is **relui**.

induire to lead, induce
instruire to instruct
séduire to seduce
traduire to translate

Of special note, the verb **conduire**, when used reflexively, as it often is in biblical and didactic literature, signifies "to conduct oneself" or "behave."

EXERCISES

A. Fill in the blanks with the correct present tense form of the verb in parentheses:

17.9

chaudière *f.* boiler
cognée *f.* axe
dérober to steal
se dessécher to dry up
flatteur, -euse flattering

palais *m.* palate
percer to pierce
rouille *f.* rust
teigne *f.* moth

1. Laissez-les: ce sont des aveugles qui (*conduire*) _____ des aveugles; si un aveugle (*conduire*) _____ un aveugle, ils tomberont[46] tous deux dans une fosse. (Mt 15:14, Sg)
2. Ils dévorent la chair de mon peuple, lui arrachent la peau, et lui brisent les os; ils le mettent en pièces comme ce qu'on (*cuire*) _____ dans un pot, comme de la viande dans une chaudière. (Mi 3:3, Sg)
3. Toi qui (*détruire*) _____ le temple, et qui le rebâtis en trois jours, sauve-toi toi-même! Si tu es le Fils de Dieu, descends de la croix! (Mt 27:40, Sg)
4. Mais celui qui pèche contre moi (*nuire*) _____ à son âme; tous ceux qui me haïssent[47] aiment la mort. (Pr 8:36, Sg)
5. Enfin, frères, vous avez appris de nous comment vous devez vous conduire pour plaire à Dieu, et vous (*se conduire*) _____ déjà ainsi. (1 Th 4:1, BSm)
6. Ne vous amassez pas des trésors sur la terre, où la teigne et la rouille (*détruire*) _____, et où les voleurs percent et dérobent. (Mt 6:19, Sg)
7. Le jour en (*instruire*) _____ un autre jour, la nuit en donne connaissance à une autre nuit. (Ps 19:3, Sg)
8. Déjà la cognée est mise à la racine des arbres: tout arbre donc qui ne (*produire*) _____ pas de bons fruits sera[48] coupé et jeté au feu. (Mt 3:10, Sg)
9. Ma force se dessèche comme l'argile, et ma langue s'attache à mon palais; tu me (*réduire*) _____ à la poussière de la mort. (Ps 22:15, Sg)

---

46 **tomberont** *fut.*, 3rd *pl.* will fall

47 The verb **haïr** ("to hate") is unique and rather irregular: **hais, hais, hait, haïssons, haïssez, haïssent**. Unlike most French words beginning with an **h**, **haïr** does not elide the vowels or make a liaison with the consonant if they precede this verb. Also, the singular is pronounced [ɛ], as opposed to the plural, which follows the infinitive [a ir].

48 **sera** *fut.*, 3rd *s.* will be

10. Car les gens de cette sorte ne servent pas le Christ, notre Seigneur, mais leur ventre. Avec leurs belles paroles et leurs discours flatteurs, ils (*séduire*) _____ ceux qui ne discernent pas le mal. (Rm 16:18, BSm)

B. Translate the following sentences into English:

17.10

asservir to enslave
au secours! help!
éclat *m.* glitter, luster
épier to spy

mépris *m.* contempt, scorn
pauvreté *f.* poverty
régler to regulate, order
seau *m.* bucket

1. Pardonne-nous nos péchés, car nous aussi nous pardonnons à quiconque nous offense; et ne nous induis pas en tentation. (Lc 11:4, Sg)

2. Qui veut détruire les passions, au lieu de les régler, veut faire l'ange. (Voltaire, *Lettres philosophiques*)

3. Enfin, au dieu nouveau qu'elle avait introduit, / Par les mains d'Athalie un temple fut[49] construit. (Racine, *Athalie*)

4. Il n'est pas nécessaire d'entendre[50] une langue pour la traduire, puisque l'on ne traduit que pour des gens qui ne l'entendent point. (Diderot, *Bijoux indiscrets*)

5. Nulle adversité ne peut nuire à qui n'est dominé par nulle iniquité. (Bernard de Clairvaux, *Livre de la conversion*)

6. Il n'y a qu'à ouvrir les yeux, et la lumière s'introduit par elle-même. (Bossuet, *Méditations sur l'Évangile*)

7. Hommes Israélites, au secours! Voici l'homme qui prêche partout et à tout le monde contre le peuple, contre la loi et contre ce lieu; il a même introduit des Grecs dans le temple, et a profané ce saint lieu. (Ac 21:28, Sg)

8. Paul, les regards fixés sur le sanhédrin, dit:[51] Hommes frères, c'est en toute bonne

---

49 **fut** *ps.* was
50 Remember that **entendre** can also mean "to understand."
51 **dit** *ps.* said

conscience que je me suis conduit jusqu'à ce jour devant Dieu . . . (Ac 23:1, Sg)

9. Et cela, à cause des faux frères qui s'étaient furtivement introduits et glissés parmi nous, pour épier la liberté que nous avons en Jésus Christ, avec l'intention de nous asservir. (Ga 2:4, Sg)

10. Le scandale n'est pas de dire la vérité, c'est de ne pas la dire tout entière, d'y introduire un mensonge par omission qui la laisse intacte au dehors . . . (Georges Bernanos, *Scandale de la vérité*)

11. Nous vivons au milieu d'une mer de pauvreté. Néanmoins on peut réduire cette mer. Notre travail n'est qu'une goutte dans un seau, mais cette goutte est nécessaire. (Mère Teresa)

12. Presque tous les hommes, frappés par l'attrait d'un faux bien ou d'une vaine gloire, se laissent séduire, volontairement ou par ignorance, à l'éclat trompeur de ceux qui méritent le mépris plutôt que[52] la louange. (Machiavel, *Discours sur Tite-Live*)

Relative Pronouns with antecedent *ce*

The relative pronouns **ce qui**, **ce que**, and **ce dont** may refer to an idea rather than a given noun or pronoun. The demonstrative pronoun **ce** assumes the role of antecedent, which is indeterminate. Each expression may translate as "what," "that which," or "which," depending on context. Each expression may also be preceded by **tout** ("all," "everything"):

CE QUI:

Ce is followed by **qui** when the relative clause requires a <u>subject</u>:
*Ne donnez pas aux chiens **ce qui** est sacré.* (Mt 7:6, NSg)
*Et **tout ce qui** est à moi est à toi, et **ce qui** est à toi est à moi; et je suis glorifié en eux.* (Jn 17:10, Sg)

CE QUE:

Ce is followed by **que**[53] when the relative clause requires a <u>direct object</u>:
Abba, Père, toutes choses te sont possibles, éloigne de moi cette coupe! Toutefois,

---

52 **que** than

53 Note that **ce que**, just like **que**, when followed by a vowel, is contracted with it: **ce qu'il**, **ce qu'elle**, **ce qu'on**, etc.

*non pas **ce que** je veux, mais **ce que** tu veux.* (Mc 14:36, Sg)

*Or, à celui qui peut faire, par la puissance qui agit en nous, infiniment au-delà de **tout ce que** nous demandons ou pensons . . .* (Ep 3:20, Sg)

CE DONT:

Ce is followed by **dont** when the relative clause requires an <u>object of the preposition **de**</u>:

*Car quelques-uns pensaient que, comme Judas avait la bourse, Jésus voulait lui dire: Achète **ce dont** nous avons besoin pour la fête.* (Jn 13:29, Sg)

*Eh bien, si quelqu'un se garde pur de **tout ce dont** j'ai parlé, il sera[54] un vase destiné à un noble usage, purifié, utile à son propriétaire, disponible pour toutes sortes d'œuvres bonnes.* (2 Tm 2:21, BSm)

EXERCISES

A. Fill in the blanks with the appropriate indeterminate relative pronoun (remember that **que** contracts with an ensuing vowel). Since the majority of these sentences are culled from previous exercises in the manual, no new vocabulary is necessary:

1. Enfin, frères, nourrissez vos pensées de tout _____ est vrai, noble, juste, pur, digne d'amour ou d'approbation, de tout _____ mérite respect et louange. (Ph 4:8, BSm)
2. Vous adorez _____ vous ne connaissez pas; nous, nous adorons _____ nous connaissons, car le salut vient des Juifs. (Jn 4:22, Sg)
3. Je vous assure que, même s'il ne se lève pas pour lui donner ces pains par amitié pour lui, il se lèvera[55] pour ne pas manquer à l'honneur, et il lui donnera[56] tout _____ il a besoin. (Lc 11:8, BSm)
4. Je n'ai ni argent, ni or; mais _____ j'ai, je te le donne. (Ac 3:6, Sg)
5. Tout _____ est caché doit être mis en lumière, tout _____ est secret doit paraître au grand jour. (Mc 4:22, BSm)
6. Et ils ne sauraient[57] prouver _____ ils m'accusent maintenant. (Ac 24:13, Sg)
7. Ainsi la foi vient de _____ on entend, et _____ on entend vient de la parole de Christ. (Rm 10:17, Sg)
8. Ce n'est pas _____ entre dans la bouche qui souille l'homme; mais _____ sort de la bouche, c'est _____ souille l'homme. (Mt 15:11, Sg)

B. Translate the following sentences containing indeterminate relative pronouns into English:

17.11

aveuglement *m.* blindness   **doué, -e de** endowed, gifted with

---

54 **sera** *fut.* will be
55 **se lèvera** *fut.* will rise
56 **donnera** *fut.* will give
57 **ne sauraient** *cond.* could not

désunir to disconnect, divide   **durant** during

1. Ce qui est fait contre un enfant est fait contre Dieu. (Hugo, *L'homme qui rit*)

2. Que[58] ma bouche et mon cœur, et tout ce que je suis, / Rendent honneur au Dieu qui m'a donné la vie. (Racine, *Athalie*)

3. On ne doit pas désunir ce que Dieu a uni; on ne doit pas unir ce qu'il a désuni. (Hugo, *Les Travailleurs de la mer*)

4. Si c'est un aveuglement surnaturel de vivre sans chercher ce qu'on est, c'en est un terrible de vivre mal en croyant Dieu. (Pascal, *Pensées*)

5. Vivons-nous, chrétiens, vivons-nous? cet âge que nous comptons[59] et où tout ce que nous comptons n'est plus à nous, est-ce une vie? (Bossuet, *Oraisons funèbres*)

6. Rempli de sagesse, doué d'une beauté parfaite, ne cherchez pas ce qui est au-dessus de vous, et ne scrutez pas des mystères plus forts que vous. (Saint Bernard, *Traité des divers degrés de l'humilité et de l'orgueil*)

7. Durant les temps d'ignorance, c'est-à-dire durant les temps qui ont précédé Jésus-Christ, ce que l'âme connaissait de sa dignité et de son immortalité l'induisait le plus[60] souvent à erreur. (Bossuet, *Histoire universelle*)

REVIEW AND EXPANSION EXERCISES

A. Fill in the blanks with the appropriate vocabulary word, making all necessary agreements according to context:

artifice	flatteur	rédempteur
aveuglement	penchant	romain
cours	poignard	rouille
éclat	pousser	suivre

1. Pour tromper un rival l'_____ est permis; on peut tout employer contre ses

---

58 **Que**... Let...

59 As previously presented, the primary meaning of this verb is "to count," though here it signifies "to value."

60 **le plus** the most.

ennemis. (Cardinal Richelieu, *Maximes et papiers d'état*)

2. La curiosité des enfants est un _____ de la nature qui va comme au-devant de l'instruction; ne manquez pas d'en profiter. (Fénelon, *Traité de l'Éducation des filles*)

3. Les forêts précèdent les peuples, les déserts les _____. (Châteaubriand)

4. Cette doctrine du primat[61] du Pontife _____ et de son infaillible magistère,[62] quant à son institution, à sa perpétuité, à sa force et à sa conception, le saint Concile à nouveau[63] la propose à tous les fidèles comme objet certain de foi. (Vatican II)

5. Les maux et désordres sont attachés au corps universel de la France, ainsi que la _____ est attachée au fer.[64] (François de La Noue, *Discours politiques et militaires*)

6. Le Renard[65] s'en saisit,[66] et dit:[67] "Mon bon Monsieur / Apprenez que tout _____ / Vit aux dépens de[68] celui qui l'écoute: Cette leçon vaut bien un fromage, sans doute." (La Fontaine, *Le Corbeau et le Renard*)

7. Celui qui présume d'avoir plus d'intelligence est d'autant plus aveugle qu'il ne reconnaît pas son _____. (Calvin, *Institutions*)

8. Si la mort physique est le prix à payer pour libérer mes frères blancs d'une mort spirituelle irrévocable, rien ne peut être alors plus _____. (Martin Luther King, *Why we can't wait*)

9. Le Verbe[69] qu'il [Dieu] engendre[70] éternellement en se contemplant lui-même, qui est l'expression parfaite de la vérité, son image, son fils unique, l'_____ de sa clarté et l'empreinte[71] de sa substance. (Bossuet, *Discours sur l'Histoire universelle*)

10. Quand ce grand Dieu a choisi quelqu'un pour être l'instrument de ses desseins, rien n'en arrête le _____. (Bossuet, *Oraisons funèbres*)

11. Ah! prends pitié d'une peine si rude; / Ne tourne point le _____ dans mon cœur. (Voltaire, *La Prude*)

12. Vous croyez apparemment que les fautes ne sont plus fautes, pourvu qu[72]'on les _____ à bout avec une pleine autorité. (Fénelon, *Lettre à Bossuet*)

B. The five octosyllabic stanzas below are taken from Victor Hugo's collection *Les*

---

61 **primat** *m. ecc.* primate.
62 **magistère** *m. ecc.* magisterium.
63 **à nouveau** (all over) again.
64 **fer** *m.* iron.
65 **renard** *m.* fox.
66 **s'en saisit** *ps., 3rd s.* took hold of him.
67 **dit** *ps., 3rd s.* said.
68 **aux dépens de** at the expense of.
69 **Verbe** *m.* Logos.
70 **engendrer** to beget.
71 **empreinte** *f.* imprint.
72 **pourvu que** provided that.

Voix intérieures. It was chosen because it contains several relative pronouns. Some new vocabulary is presented and verb forms glossed. For each successive quatrain, indicate in your own words the general image of God which Hugo would like to portray:

17.12

anneau *m.* ring, link
à travers through
colombe *f.* dove
enfin! *int.* at last!

été *m.* summer
peser to weigh
solennel, -le[73] solemn
sourire *m.* smile

Oh! que l'été brille ou s'éteigne,[74]
Pauvres, ne désespérez pas!
Le Dieu qui souffrit[75] et qui règne
A mis ses pieds où sont vos pas!

Quand sur nous une chaîne tombe,
Il la brise anneau par anneau.
Pour l'esprit il se fait colombe,
Pour le cœur il se fait agneau!

Vous pour qui la vie est mauvaise,
Espérez! il veille sur vous!
Il sait bien ce que cela pèse,
Lui qui tomba[76] sur ses genoux!

Il est le Dieu de l'Évangile;
Il tient votre cœur dans sa main,
Et c'est une chose fragile
Qu'il ne veut pas briser, enfin!

Lorsqu'il est temps que l'été meure[77]
Sous l'hiver sombre et solennel,
Même à travers le ciel qui pleure
On voit son sourire éternel!

C. The dialogue below is taken from Act IV, Scene V of Molière's *Le Tartuffe ou l'imposteur* (1664). In this comedy of morals, a "faux dévot" named Tartuffe uses his wiles to dupe his host Orgon out of his fortune and to seduce his wife Elmire. Adding to the ludic quality of the scene, Elmire contrives to have her incredulous

---

73 Pronounced [solanɛl].
74 **s'éteigne** *subj.*, 3rd *s.* goes out, fades.
75 **souffrit** *ps.*, 3rd *s.* suffered.
76 **tomba** *ps.*, 3rd *s.* fell.
77 **meure** *subj.*, 3rd *s.* dies.

husband hide under a table so that she can expose Tartuffe's hypocrisy. Some new vocabulary is provided and tenses glossed. Answer the multiple choice questions following the text.

17.13

accommodement *m.* compromise
arrêt *m.* judgment, decree
contenter to satisfy, gratify
scélérat *m.* scoundrel
scrupule *m.* scruple, doubt

ELMIRE
Mais comment consentir à ce que vous voulez,
Sans offenser le Ciel, dont toujours vous parlez?

TARTUFFE
Si ce n'est que le Ciel qu'à mes vœux on oppose,
Lever[78] un tel obstacle, est à moi peu de chose,
Et cela ne doit pas retenir votre cœur.

ELMIRE
Mais des arrêts du Ciel on nous fait tant de peur.

TARTUFFE
Je puis vous dissiper ces craintes ridicules,
Madame, et je sais l'art de lever les scrupules.
Le Ciel défend, de vrai, certains contentements;
    (*C'est un scélérat qui parle.*)
Mais on trouve avec lui des accommodements.
Selon divers besoins, il est une science,
D'étendre les liens de notre conscience,
Et de rectifier le mal de l'action
Avec la pureté de notre intention.
De ces secrets, Madame, on saura[79] vous instruire;
Vous n'avez seulement qu'à vous laisser conduire.
Contentez mon désir, et n'ayez point d'effroi,
Je vous réponds de[80] tout, et prends le mal sur moi. [. . .]
Enfin votre scrupule est facile à détruire,
Vous êtes assurée ici d'un plein secret,
Et le mal n'est jamais que dans l'éclat qu'on fait.
Le scandale du monde, est ce qui fait l'offense;
Et ce n'est pas pécher, que pécher en silence.

I. Circle the most appropriate response:

78 Here **lever** means "to remove."
79 **saura** *fut.*, *3rd s.* will be able
80 **répondre de** to be accountable for

1. What is the purpose of Elmire's initial questioning?
    a. To goad Tartuffe into revealing what he really thinks of Orgon.
    b. To make Tartuffe explain how he reconciles his advances with religion.
    c. To render Orgon jealous by playing along with Tartuffe's propositions.
2. How does Tartuffe answer Elmire's objections?
    a. He states that Heaven doesn't really exist and that there is no such thing as sin.
    b. He intimates that she is prudish and that she should let him be her guide in matters of the heart.
    c. He claims to be able to reconcile his conduct with Heaven's decrees and to know how to ease her conscience with respect to religious principles.
3. Tartuffe reassures Elmire, telling her not to fear to return his advances because:
    a. If anything goes wrong, he will take full responsibility.
    b. Sin only matters if it becomes public and, in any event, no one will ever discover what transpires between them.
    c. Both *a* and *b*.

D. The discourse below is known as *Les Deux infinis*. It is taken from the draft of Pascal's *Apologie de la religion chrétienne*, never completed, but whose detached notes were gathered and published in book form in 1670 under the title *Pensées de M. Pascal sur la religion*. Some new vocabulary is provided and grammatical items glossed. Read for content and answer the questions in English following the text:

17.14

astre *m.* star
au prix de in comparison with
cachot *m.* dungeon
canton *m.* district
ciron *m.* mite
colosse *m.* colossus
concevoir to conceive, imagine
détourné, -e secluded
éclatant, -e dazzling, brilliant
enceinte *f.* enclosure, circumference
englouti, -e engulfed, swallowed up
épuiser to exhaust
étonnant, -e astonishing, surprising

fournir to furnish
humeurs *f.pl.* body fluids
s'étonner to be astonished
jambe *f.* leg
jointure *f.* joint
merveille *f.* wonder, marvel
présomption *f.* presumption
prodige *m.* prodigy, wonder
raccourci *m.* abridgement
rouler to roll, turn
tantôt just now, a little while ago
tour *m.* circuit, cycle
trait *m.* flash (light)

Que[81] l'homme contemple donc la nature entière dans sa haute et pleine majesté, qu'il éloigne sa vue des objets bas qui l'environnent. Qu'il regarde cette éclatante lumière, mise comme une lampe éternelle pour éclairer l'univers, que la terre lui

---

81 **Que...** Let... This stylistic device is liberally used throughout the entire passage. It is also discussed in the "Art of Reading French" section below.

paraisse⁸² comme un point au prix du vaste tour que cet astre décrit et qu'il s'étonne de ce que ce vaste tour lui-même n'est qu'une pointe très délicate à l'égard de celui que les astres qui roulent dans le firmament embrassent. Mais si notre vue s'arrête là, que l'imagination passe outre;⁸³ elle se lassera⁸⁴ plutôt de concevoir, que⁸⁵ la nature de fournir. Tout ce monde visible n'est qu'un trait imperceptible dans l'ample sein de la nature. Nulle idée n'en approche. Nous avons beau enfler nos conceptions au-delà des espaces imaginables, nous n'enfantons que des atomes, au prix de la réalité des choses. C'est une sphère dont le centre est partout, la circonférence nulle part. Enfin, c'est le plus grand caractère sensible de la toute puissance de Dieu, que notre imagination se perde⁸⁶ dans cette pensée.

Que l'homme, étant revenu à soi,⁸⁷ considère ce qu'il est au prix de ce qui est; qu'il se regarde comme égaré dans ce canton détourné de la nature; et que de ce petit cachot où il se trouve logé, j'entends l'univers, il apprenne⁸⁸ à estimer la terre, les royaumes, les villes et soi-même son juste prix. Qu'est-ce qu'un homme dans l'infini?

Mais pour lui présenter un autre prodige aussi étonnant, qu'il recherche dans ce qu'il connaît les choses les plus délicates. Qu'un ciron lui offre dans la petitesse de son corps des parties incomparablement plus petites, des jambes avec des jointures, des veines dans ces jambes, du sang dans ces veines, des humeurs dans ce sang, des gouttes dans ces humeurs, des vapeurs dans ces gouttes; que, divisant encore ces dernières choses, il épuise ses forces en ces conceptions, et que le dernier objet où il peut arriver soit⁸⁹ maintenant celui de notre discours; il pensera⁹⁰ peut-être que c'est là l'extrême petitesse de la nature. Je veux lui faire voir là dedans un abîme nouveau. Je lui veux peindre⁹¹ non seulement l'univers visible, mais l'immensité qu'on peut concevoir de la nature, dans l'enceinte de ce raccourci d'atome. Qu'il y voie⁹² une infinité d'univers, dont chacun a son firmament, ses planètes, sa terre, en la même proportion que⁹³ le monde visible; dans cette terre, des animaux, et enfin des cirons, dans lesquels il retrouvera⁹⁴ ce que les premiers ont donné; et trouvant encore dans les autres la même chose sans fin et sans repos, qu'il se perde dans ses merveilles, aussi étonnantes dans leur petitesse que les autres par leur

82 **paraisse** *subj.*, *3ʳᵈ s.* appear
83 **passe outre** proceed further
84 **se lassera** *fut.*, *3ʳᵈ s.* will grow tired
85 **plutôt ... que** sooner ... than
86 **se perde** *subj.*, *3ʳᵈ s.* become lost
87 **étant revenu à soi** having come round
88 **apprenne** *subj.*, *3ʳᵈ s.* learn
89 **soit** *subj.*, *3ʳᵈ s.* be
90 **pensera** *fut.*, *3ʳᵈ s.* will think
91 **Je lui veux peindre** *arch.* = Je veux lui peindre
92 **voie** *subj.*, *3ʳᵈ s.* see
93 **en la même proportion que** in the same proportion as
94 **retrouvera** *fut.*, *3ʳᵈ s.* will find again, rediscover

étendue; car qui n'admirera⁹⁵ que notre corps, qui tantôt n'était pas perceptible dans l'univers, imperceptible lui-même dans le sein du tout, soit⁹⁶ à présent un colosse, un monde, ou plutôt un tout, à l'égard du néant où l'on ne peut arriver?

Qui se considérera⁹⁷ de la sorte s'effrayera⁹⁸ de soi-même, et, se considérant soutenu dans la masse que la nature lui a donnée, entre ces deux abîmes de l'infini et du néant, il tremblera⁹⁹ dans la vue de ces merveilles; et je crois que sa curiosité, se changeant en admiration, il sera¹⁰⁰ plus disposé à les contempler en silence qu'à les rechercher avec présomption. Car enfin qu'est-ce que l'homme dans la nature? Un néant à l'égard de l'infini, un tout à l'égard du néant, un milieu entre rien et tout. Infiniment éloigné de comprendre les extrêmes, la fin des choses et leur principe¹⁰¹ sont pour lui invinciblement¹⁰² cachés dans un secret impénétrable, également incapable de voir le néant d'où il est tiré, et l'infini où il est englouti.

I. Answer the following questions:
1. Why does Pascal want man to contemplate Nature in all her vastness?

2. What other astonishing "universes" does Pascal want man to consider?

3. Why does Pascal wish for man to lose himself in these two wonders?

4. If curiosity leads to awe and admiration, what ultimate disposition does Pascal seek to cultivate in man?

5. In your opinion, what is Pascal's overarching purpose in this passage?

The Art of Reading French

The monosyllabic word **que** can be problematic, for it is used in a wide variety of contexts:

95 **admirera** *fut.*, *3ʳᵈ s.* will admire, be awestruck
96 **soit** *subj.*, *3ʳᵈ s.* be it
97 **se considérera** *fut.*, *3ʳᵈ s.* will consider himself
98 **s'effrayera** *fut.*, *3ʳᵈ s.* will be frightened
99 **tremblera** *fut.*, *3ʳᵈ s.* will tremble
100 **sera** *fut.*, *3ʳᵈ s.* will be
101 **principe** *m.* mainspring, beginning
102 Here **invinciblement** means "insurmountably."

As you saw from the opening chapters of this manual, **que** is most often employed as a conjunction and simply signifies "that":
Car je sais **que** celui que tu bénis est béni, et **que** celui que tu maudis est maudit. (No 22:6, Sg)

As you saw in this very chapter, **que** can be used as a direct object pronoun, in which case it means "whom," "that," or "which":
Car je sais que celui **que** tu bénis est béni, et que celui **que** tu maudis est maudit. (No 22:6, Sg)

In Chapter 7, you learned the expression **ne ... que** ("only"), establishing a restriction, and which is synonymous with "seulement":
Nous avons beau enfler nos conceptions au-delà des espaces imaginables, nous **n'enfantons que** des atomes, au prix de la réalité des choses. (Pascal)

Chapter 9 showed you that **que** commonly serves in interrogative expressions, functioning either as a subject or direct object:
Voici de l'eau, **qu'est-ce qui** m'empêche d'être baptisé? (Ac 8:36, Db)
Car enfin **qu'est-ce que** l'homme dans la nature? (Pascal)

As early as Chapter 5, you may have noted that **que** can introduce an exclamatory phrase:
Ah! **qu**'il est beau, **qu**'il est charmant! / **Que** ses grâces sont parfaites! (*Il est né le divin enfant*)

As you have witnessed several times in this manual, **que** can be employed in comparative expressions such as **plus que** ("more than"), **moins que** ("less than") **de même que** ("just as"), etc.:
... une infinité d'univers, dont chacun a son firmament, ses planètes, sa terre, **en la même proportion que** le monde visible. (Pascal)

In addition, you should now be aware of the fact that **que** appears in a host of conjunctions. Among those appearing in this lesson alone are: **ainsi que**, **combien que** (*arch.*), **parce que, quoi que, plutôt que, pourvu que, tel que**, and **vu que**.

Lastly, as you will study formally in a later chapter, but as you may have already intimated from innumberable examples in this manual, **que** can either introduce alone, at the beginning of an utterance, a dependent clause in the subjunctive mood or it can follow expressions of will, emotion or doubt to indicate a clause in the subjunctive mood as well. When it stands alone, it has the sense of "Let ...!" or "May ...!" in English, such as in the opening to Pascal's discourse:
Que l'homme contemple donc la nature entière ... **qu**'il éloigne sa vue ... **Qu**'il regarde cette éclatante lumière ... **que** la terre lui paraisse comme un point ... **qu**'il s'étonne ... (Pascal)

Chapter 18

Courir and Similar Verbs
Past Infinitive and Past Form of the Present Participle
Taire and Fuir
The Passé Simple

Reading

Throughout this manual, you have been witness to untold examples of the *passé simple*, or definite past. The *passé simple* is the rough equivalent of the *passé composé*. In general, the latter pertains to informal oral and written communication, while the former is decidedly elevated in style and is used in sustained narration, such as in literary or historical texts. The passage below is taken from Mark 4:35—5:20. Be attentive to the verbs in the *passé simple*, which, when glossed, will not be translated this time, but will be paired with their equivalent in the *passé composé*.

18.1

Ce même jour, sur le soir, Jésus leur dit:[1] Passons à l'autre bord. Après avoir renvoyé la foule, ils l'emmenèrent[2] dans la barque où il se trouvait; il y avait aussi d'autres barques avec lui. Il s'éleva[3] un grand tourbillon, et les flots se jetaient dans la barque, au point qu'elle se remplissait déjà. Et lui, il dormait à la poupe sur le coussin. Ils le réveillèrent,[4] et lui dirent:[5] Maître, ne t'inquiètes-tu pas de ce que nous périssons? S'étant réveillé, il menaça[6] le vent, et dit à la mer: Silence! tais-toi![7] Et le vent cessa,[8] et il y eut[9] un grand calme. Puis il leur dit: Pourquoi avez-vous ainsi peur? Comment n'avez-vous point de foi? Ils furent[10] saisis d'une grande frayeur, et ils se dirent[11] les

1 **dit** *ps.* = a dit.
2 **emmenèrent** *ps.* = ont emmené.
3 **s'éleva** *ps.* = s'est élevé.
4 **réveillèrent** *ps.* = ont réveillé.
5 **dirent** *ps.* = ont dit.
6 **menaça** *ps.* = a menacé.
7 **tais-toi!** *imp.* shut up!
8 **cessa** *ps.* = a cessé.
9 **il y eut** *ps.* = il y a eu.
10 **furent** *ps.* = ont été.
11 **se dirent** *ps.* = se sont dit.

uns aux autres: Quel est donc celui-ci, à qui obéissent même le vent et la mer?

Ils arrivèrent[12] à l'autre bord de la mer, dans le pays des Gadaréniens. Aussitôt que Jésus fut[13] hors de la barque, il vint[14] au-devant de lui un homme, sortant des sépulcres, et possédé d'un esprit impur. Cet homme avait sa demeure dans les sépulcres, et personne ne pouvait plus le lier, même avec une chaîne. Car souvent il avait eu les fers aux pieds et avait été lié de chaînes, mais il avait rompu les chaînes et brisé les fers, et personne n'avait la force de le dompter. Il était sans cesse, nuit et jour, dans les sépulcres et sur les montagnes, criant, et se meurtrissant avec des pierres. Ayant vu Jésus de loin, il accourut,[15] se prosterna[16] devant lui, et s'écria[17] d'une voix forte: Qu'y a-t-il entre moi et toi, Jésus, Fils du Dieu Très Haut? Je t'en conjure au nom de Dieu, ne me tourmente pas. Car Jésus lui disait: Sors de cet homme, esprit impur! Et, il lui demanda:[18] Quel est ton nom? Légion est mon nom, lui répondit[19]-il, car nous sommes plusieurs. Et il le priait instamment de ne pas les envoyer hors du pays. Il y avait là, vers la montagne, un grand troupeau de pourceaux qui paissaient. Et les démons le prièrent,[20] disant: Envoie-nous dans ces pourceaux, afin que nous entrions[21] en eux. Il le leur permit.[22] Et les esprits impurs sortirent,[23] entrèrent[24] dans les pourceaux, et le troupeau se précipita[25] des pentes escarpées dans la mer: il y en avait environ deux mille, et ils se noyèrent[26] dans la mer. Ceux qui les faisaient paître s'enfuirent,[27] et répandirent[28] la nouvelle dans la ville et dans les campagnes. Les gens allèrent[29] voir ce qui était arrivé. Ils vinrent[30] auprès de Jésus, et ils virent[31] le démoniaque, celui qui avait eu la légion, assis, vêtu, et dans son bon sens; et ils furent saisis de frayeur. Ceux qui avaient vu ce qui s'était passé leur racontèrent[32] ce qui était arrivé au démoniaque et aux pourceaux. Alors

12 **arrivèrent** *ps.* = sont arrivés.
13 **fut** *ps.* = a été.
14 **vint** *ps.*, 3rd *s.* = est venu.
15 **accourut** *ps.*, 3rd *s.* = a accouru.
16 **se prosterna** *ps.*, 3rd *s.* = s'est prosterné.
17 **s'écria** *ps.*, 3rd *s.* = s'est écrié.
18 **demanda** *ps.*, 3rd *s.* = a demandé.
19 **répondit** *ps.*, 3rd *s.* = a répondu.
20 **prièrent** *ps.*, 3rd *pl.* = ont prié.
21 **entrions** *subj.*, 1st *pl.* may enter.
22 **permit** *ps.*, 3rd *s.* = a permis.
23 **sortirent** *ps.*, 3rd *pl.* = sont sortis.
24 **entrèrent** *ps.*, 3rd *pl.* = sont entrés.
25 **se précipita** *ps.*, 3rd *s.* = s'est précipité.
26 **se noyèrent** *ps.*, 3rd *pl.* = se sont noyés.
27 **s'enfuirent** *ps.*, 3rd *pl.* = se sont enfuis.
28 **répandirent** *ps.*, 3rd *pl.* = ont répandu.
29 **allèrent** *ps.*, 3rd *pl.* = sont allés
30 **vinrent** *ps.*, 3rd *pl.* = sont venus
31 **virent** *ps.*, 3rd *pl.* = ont vu
32 **racontèrent** *ps.*, 3rd *pl.* = ont raconté

ils se mirent[33] à supplier Jésus de quitter leur territoire.

Comme il montait dans la barque, celui qui avait été démoniaque lui demanda la permission de rester avec lui. Jésus ne le lui permit pas, mais il lui dit: Va dans ta maison, vers les tiens, et raconte-leur tout ce que le Seigneur t'a fait, et comment il a eu pitié de toi. Il s'en alla,[34] et se mit[35] à publier dans la Décapole tout ce que Jésus avait fait pour lui. Et tous furent dans l'étonnement.

ACTIVE VOCABULARY

18.2

accourir to rush up, come running
au point que so much so that
aussitôt que as soon as
campagne *f.* countryside
conjurer entreat, beseech
coussin *m.* cushion
emmener to lead away, take out
enfuir (s') to fly, flee, run away
escarpé, -e steep, abrupt
étonnement *m.* astonishment
fer *m.* iron
flot *m.* wave

frayeur *f.* fright, dread
inquiéter (s') to worry, be anxious
instamment earnestly, insistently
meurtrir to bruise
noyer (se) to drown
pente *f.* slope, incline
pierre *f.* stone
poupe *f.* stern
renvoyer to send back, turn away
taire (se) to be silent
tourbillon *m.* whirlwind
tourmenter to torture, torment

EXERCISES

A. Match the expressions in the left-hand column with the related notion in the right:

1. **flot**   a. blesser
2. **meurtrir**   b. se préoccuper
3. **étonnement**   c. arrière
4. **tourbillon**   d. angoisse
5. **renvoyer**   e. martyriser
6. **tourmenter**   f. paysage
7. **campagne**   g. tohu-bohu
8. **frayeur**   h. repousser
9. **s'inquiéter**   i. émerveillement
10. **poupe**   j. prier
11. **conjurer**   k. roche
12. **pierre**   l. onde

B. Match the expressions in the left-hand column with their relative opposite in the right:

---

33 **se mirent** *ps., 3ʳᵈ pl.* = se sont mis
34 **s'en alla** *ps., 3ʳᵈ s.* = s'en est allé
35 **se mit** *ps., 3ʳᵈ s.* = s'est mis

1. **se taire**   a. calme
2. **emmener**   b. proue
3. **renvoyer**   c. demeurer
4. **s'enfuir**   d. amener
5. **poupe**   e. accueillir
6. **tourbillon**   f. s'exprimer

C. From the words in bold in the left-hand column, deduce the sense of those to the right:

1. **tourbillon**   tourbillonner *inf.*   tourbillonnant *adj.*   tourbillon (*n.*) du péché
2. **pierre**   pierreux *adj.*   pierreries *n.*   pierre (*n.*) angulaire
3. **s'enfuir**   fuite *n.*   fuyard *n.*   fuite (*n.*) dans le désert
4. **tourmenter**   tourment *n.*   tourmenteur *n.*   tourments (*n.*) de la jalousie
5. **s'inquiéter**   inquiétude *n.*   quiétude *n.*   quiétisme *n.*
6. **frayeur**   s'effrayer *inf.*   effrayant *adj.*   respect mêlé de frayeur *n.*

D. Translate the following phrases into English:

1. Allons briser ces dieux de pierre et de métal. (Corneille, *Polyeucte*)

2. L'amour est un dieu que la terre adore; il fait nos tourments; il sait les guérir. (Voltaire, *Dictionnaire philosophique*)

3. Il y en a beaucoup qui sortent de ce monde sans savoir ce qu'ils y sont venus faire, et sans s'inquiéter davantage. (Curé d'Ars, *Catéchismes*)

4. C'est une grande misère que de n'avoir pas assez d'esprit[36] pour bien parler, ni assez de jugement pour se taire. (La Bruyère, *Caractères*)

5. Les places éminentes[37] sont comme les rochers escarpés, où les aigles[38] et les reptiles seuls peuvent parvenir. (Madame Necker, *Mélanges*)

---

36   Remember that "esprit" can have two meanings. Which is it here?
37   The reference here is to high ranking positions at court or in government.
38   **aigle** *m.* eagle

6. Vous êtes imprudents de renvoyer l'affaire de votre salut à un temps que Dieu ne vous a point promis. (Massillon, *Sur l'impénitence finale*)

7. Il y a des terres sèches[39] et pierreuses où la parole tombe inutilement; mais il y a des champs fertiles où elle fructifie[40] au centuple. (Bossuet, *Sermons*)

8. Angoisse métaphysique: ou[41] l'apaiser avec un Dieu, ou la noyer dans le plaisir, ou la guérir par des pilules.[42] (Edmond Rostand, *Carnets*)

Courir and Similar Verbs

The verb **accourir** ("to rush up, come running"), found in the reading, is actually a derivative of **courir** ("to run"). The latter is conjugated in the present tense in the following manner:

18.3

je cours	**nous courons**
tu cours	**vous courez**
il (elle, on) court	**ils (elles) courent**

past participle: **couru**

Among the verbs patterned on the same model are the following:

18.4

concourir to converge, coincide	**parcourir** to go over, traverse
discourir to discourse, speechify	**recourir** to resort to
encourir to incur, bring upon oneself	**secourir** to help

Of particular note, **accourir** may be conjugated with either **avoir** or **être** in compound tenses.

Exercises

A. Fill in the blanks with the correct present tense form of the verb in parentheses:

18.5

assassiner to assassinate, murder	**se glorifier** to boast
du reste moreover	**indigne** unworthy

39 **sec, sèche** dry
40 **fructifier** to fructify, bear fruit
41 **ou...ou...ou...** either...or...or...
42 **pilule** *f.* pill

écraser to crush
falsifier to falsify
procédé *m.* proceeding, method
retentissement *m.* resounding sound

1. Nous savons, du reste, que toutes choses (*concourir*) _____ au bien de ceux qui aiment Dieu, de ceux qui sont appelés selon son dessein. (Rm 8:28, Sg)
2. Tandis que je les aime, ils sont mes adversaires; mais moi je (*recourir*) _____ à la prière. (Ps 109:4, Sg)
3. Jusqu'à quand, ô Éternel? . . . J'ai crié, et tu n'écoutes pas! J'ai crié vers toi à la violence, et tu ne (*secourir*) _____ pas! (Ha 1:2, Sg)
4. Vous (*courir*) _____ à toutes jambes pour faire le mal, vous vous précipitez pour assassiner l'innocent. (Es 59:7, BFC)
5. Que l'Éternel extermine toutes les lèvres flatteuses, la langue qui (*discourir*) _____ avec arrogance. (Ps 12:4, Sg)
6. Nous rejetons les intrigues et les procédés indignes. Nous ne (*recourir*) _____ pas à la ruse et nous ne falsifions pas la Parole de Dieu. (2 Co 4:2, BSm)
7. Tes fils (*accourir*) _____; ceux qui t'avaient détruite et ravagée[43] sortiront[44] du milieu de toi. (Es 49:17, Sg)
8. Leur retentissement (*parcourir*) _____ toute la terre, leurs accents vont aux extrémités du monde. (Ps 19:5, Sg)
9. Les Israélites dirent[45] à Moïse: Ne vois-tu pas que nous allons mourir, que nous (*courir*) _____ tous à notre perte? (Nu 17:27, BFC)
10. Tu (*parcourir*) _____ la terre dans ta fureur, tu écrases les nations dans ta colère. (Ha 3:12, Sg)
11. Des grands viennent de l'Égypte; l'Éthiopie (*accourir*) _____, les mains tendues vers Dieu. (Ps 68:32, Sg)
12. Ils (*discourir*) _____, ils parlent avec arrogance; tous ceux qui font le mal se glorifient. (Ps 94:4, Sg)

B. Translate the following sentences and master the new vocabulary:

18.6

s'attarder to linger, stay late
boisson *f.* drink
caillou *m.* pebble, boulder
enivrant, -e intoxicating
explorer to explore
séjourner to stay, sojourn

1. Mieux vaut agir que discourir. (Proverbe français)

2. Puisque vous refusez la justice à mes larmes, Sire, permettez-moi de recourir aux armes. (Corneille, *Le Cid*)

---

43 **ravagé, -e** laid waste
44 **sortiront** *fut., 3rd pl.* will go out
45 **dirent** *ps., 3rd pl.* = ont dit

3. La conduite de Dieu est admirable pour faire concourir toutes choses à la gloire de sa vérité. (Pascal, *Les Provinciales*)

4. Malheur à vous qui courez de bonne heure après les boissons enivrantes et qui vous attardez, le soir, excités par le vin! (Es 5:11, BSm)

5. L'Éternel les secourt et les délivre; il les délivre des méchants et les sauve, parce qu'ils cherchent en lui leur refuge. (Ps 37:40, Sg)

6. Paul discourait dans la synagogue chaque sabbat, et il persuadait des Juifs et des Grecs. (Ac 18:4, Sg)

7. Mais le Seigneur, l'Éternel, m'a secouru; c'est pourquoi je n'ai point été déshonoré, c'est pourquoi j'ai rendu mon visage semblable à un caillou. (Es 50:7, Sg)

8. Après cela, Jésus parcourait la Galilée, car il ne voulait pas séjourner en Judée, parce que les Juifs cherchaient à le faire mourir. (Jn 7:1, Sg)

9. Le pays que nous avons parcouru, pour l'explorer, est un pays qui dévore ses habitants; tous ceux que nous y avons vus sont des hommes d'une haute taille. (No 13:32, Sg)

Past Infinitive and Past Form of the Present Participle

The past infinitive is formed by compounding the infinitives **avoir** or **être** with the past participle of the verb in question. The action of the past infinitive takes place prior to that of the main verb. Accordingly, the past infinitive often follows the preposition **après**. For instance, in this lesson's reading, the disciples took Jesus with them in the boat after having first dismissed the crowd:

> Après **avoir renvoyé** la foule, ils l'emmenèrent dans la barque où il se trouvait. (Mc 4:36, Sg) *And when they had sent away the multitude, they took him even as he was in the ship.* (KJV)

Curiously, among translations, while the KJV distinguishes this past perfect sense in English, many of the others use a present participle: *Leaving the crowd behind* ... (NIV), *Leaving the crowd* ... (NASB), *And leaving the crowd* ... (ESV).

Remember that with verbs conjugated with être, the past participle will agree in gender and number with the subject or with a preceding direct object (in the case of reflexive verbs):

> Nous avons jugé à propos, après **nous être réunis** tous ensemble, de choisir des délégués et de vous les envoyer avec nos bien-aimés Barnabas et Paul. (Ac 15:25, Sg) *It seemed good to us, being assembled with one accord, to send chosen men to you with our beloved Barnabas and Paul.* (KJV)

In similar fashion, the past form of the present participle is formed by compounding the present participle of **avoir** or **être** with the past participle of the verb in question. The action of the past form of the present participle takes place prior to that of the main verb. An example occurs in this lesson's reading:

> **Ayant vu** Jésus de loin, il accourut, se prosterna devant lui. (Mc 5:6, Sg) *Seeing Jesus from a distance, he ran up and bowed down before Him.* (NASB)

As for all compound tenses, the past participle agrees in gender and number with the subject or with a preceding direct object (in the case of reflexive verbs). Another example occurs in this lesson's reading:

> **S'étant réveillé**, il menaça le vent, et dit à la mer: Silence! tais-toi! (Mc 4:39, Sg) *And having waked up, he rebuked the wind, and said to the sea, Peace, be stilled.* (YLT)

EXERCISES

A. Fill in the blanks with the appropriate form of the past infinitive:

18.7

garde *m.* guard
incrédule unbeliever, infidel
s'engager to undertake, bind oneself
origine *f.* origin
recherche *f.* research

sceller to seal
souillure *f.* spot, stain
suivi, -e connected, uninterrupted
vaincu, -e vanquished, overcome

1. Je veux vous rappeler, à vous qui savez fort bien toutes ces choses, que le Seigneur, après (*sauver*) _____ le peuple et l' (*tirer*) _____ du pays d'Égypte, fit[46] ensuite périr les incrédules. (Jud 1:5, Sg)
2. Après (*sortir*) _____, il alla,[47] selon sa coutume, à la montagne des Oliviers. Ses disciples le suivirent.[48] (Lc 22:39, Sg)
3. Hérode, avec ses gardes, le traita[49] avec mépris; et, après (*se moquer*) _____ de lui et l' (*revêtir*) _____ d'un habit éclatant, il le renvoya[50] à Pilate. (Lc 23:11, Sg)
4. En lui vous aussi, après (*entendre*) _____ la parole de la vérité, l'Évangile de votre salut, en lui vous avez cru et vous avez été scellés du Saint Esprit qui avait été promis. (Ep 6:13, Sg)

---

46 **fit** *ps., 3rd s.* = a fait
47 **alla** *ps., 3rd s.* = est allé
48 **suivirent** *ps., 3rd pl.* = ont suivi
49 **traita** *ps., 3rd s.* = a traité
50 **renvoya** *ps., 3rd s.* = a renvoyé

5. En effet, si, après (*se retirer*) _____ des souillures du monde, par la connaissance du Seigneur et Sauveur Jésus Christ, ils s'y engagent de nouveau[51] et sont vaincus, leur dernière condition est pire que la première. (2 P 2:20, Sg)

6. Et personne, après (*boire*) _____ du vin vieux, ne veut du nouveau, car il dit: Le vieux est bon. (Lc 5:39, Sg)

7. Lui, après (*offrir*) _____ un seul sacrifice pour les péchés, s'est assis pour toujours à la droite de Dieu. (He 10:12, Sg)

8. Êtes-vous tellement dépourvus de sens? Après (*commencer*) _____ par l'Esprit, voulez-vous maintenant finir par la chair? (Ga 3:3, Sg)

9. Quand il [filet] est rempli, les pêcheurs le tirent; et, après (*s'asseoir*) _____ sur le rivage, ils mettent dans des vases ce qui est bon, et ils jettent ce qui est mauvais. (Mt 13:48, Sg)

10. Il m'a aussi semblé bon, après (*faire*) _____ des recherches exactes sur toutes ces choses depuis leur origine, de te les exposer par écrit[52] d'une manière suivie, excellent Théophile. (Lc 1:3, Sg)

B. Fill in the blanks with the appropriate past form of the present participle:

18.8

s'armer to arm oneself **se rassembler** to come together
mage *m.* magus **tentateur** *m.* tempter

1. C'est lui qui, dans les jours de sa chair, (*présenter*) _____ avec de grands cris et avec larmes des prières et des supplications à celui qui pouvait le sauver de la mort, et (*être*) _____ exaucé à cause de sa piété . . . (He 5:7, Sg)

2. Ainsi donc, Christ (*souffrir*) _____ dans la chair, vous aussi armez-vous de la même pensée. (1 P 4:1, Sg)

3. Le tentateur, (*s'approcher*) _____, lui dit:[53] Si tu es Fils de Dieu, ordonne que ces pierres deviennent des pains. (Mt 4:3, Sg)

4. Et ce jugement c'est que, la lumière (*venir*) _____ dans le monde, les hommes ont préféré les ténèbres à la lumière, parce que leurs œuvres étaient mauvaises. (Jn 3:19, Sg)

5. Ces gens, (*voir*) _____ le miracle que Jésus avait fait, disaient: Celui-ci est vraiment le prophète qui doit venir dans le monde. (Jn 6:14, Sg)

6. (*perdre*) _____ tout sentiment, ils se sont livrés à la dissolution, pour commettre toute espèce d'impureté jointe à la cupidité. (Ep 4:19, Sg)

7. Elle avait une sœur, nommée Marie, qui, (*s'asseoir*) _____ aux pieds du Seigneur, écoutait sa parole. (Lc 10:39, Sg)

8. Jésus (*naître*) _____ à Bethléhem en Judée, au temps du roi Hérode, voici des mages d'Orient arrivèrent[54] à Jérusalem. (Mt 2:1, Sg)

9. Les pharisiens, (*apprendre*) _____ qu'il avait réduit au silence les

---

51 **de nouveau** again
52 **par écrit** in writing
53 **dit** *ps.* = a dit
54 **arrivèrent** *ps.*, *3rd pl.* = sont arrivés

sadducéens, se rassemblèrent.[55] (Mt 22:34, Sg)

10. Quelques-uns, (*se détourner*) _____ de ces choses, se sont égarés dans de vains discours. (1 Tm 1:6, Sg)

C. Translate the following sentences containing past infinitives and past forms of the present participle into English:

18.9

accablant, -e overwhelming
âpre rough, harsh
s'aviser de to take it into one's head
géhenne *f.* gehenna
imprudemment imprudently

jeter to cast, throw
magnificence *f.* splendor
Pâque *f.* Passover
peinture *f.* painting

1. Craignez celui qui, après avoir tué, a le pouvoir de jeter dans la géhenne; oui, je vous le dis, c'est lui que vous devez craindre. (Lc 12:5, Sg)

2. Alors s'étant relevé, et ne voyant plus que la femme, Jésus lui dit:[56] Femme, où sont ceux qui t'accusaient? Personne ne t'a-t-il condamnée? (Jn 8:10, Sg)

3. Avant la fête de Pâque, Jésus, sachant que son heure était venue de passer de ce monde au Père, et ayant aimé les siens qui étaient dans le monde, mit[57] le comble à son amour pour eux. (Jn 13:1, Sg)

4. Loin de se repentir d'avoir pris les armes, la Réforme ne se repent que de s'être repentie de les avoir prises. (Bossuet, *Cinquième avertissement aux Protestants*)

5. Nous ne trouvons, hélas, après nous y être engagés imprudemment, qu'un chemin âpre et difficile. (Massillon, *Paraphrase morale du Psaume XXXI*)

6. Cependant ils [incrédules] courent sans souci dans le précipice, après avoir mis quelque chose devant leurs yeux pour s'empêcher de le voir. (Pascal, *Pensées*)

---

55 **se rassemblèrent** *ps., 3rd pl.* = se sont rassemblés
56 **dit** *ps., 3rd s.* = a dit
57 **mit** *ps., 3rd s.* = a mis

Chapter 18

7. Les hommes n'ayant pu guérir la mort, la misère, l'ignorance, se sont avisés, pour se rendre heureux, de ne point y penser. (Pascal, *Pensées*)

8. L'éloquence est une peinture de la pensée; ainsi ceux qui, après avoir peint, ajoutent encore, font un tableau, au lieu d'un portrait. (Pascal, *Pensées*)

9. Les surprises du pécheur mourant sont donc alors accablantes . . . Séparation de la magnificence qui l'environne, de l'orgueil de ses édifices, où il croyait s'être bâti un asile contre la mort . . . (Massillon, *La Mort du pécheur*)

10. Parce que les principes de la théologie sont au-dessus de la nature et de la raison, et que l'esprit[58] de l'homme étant trop faible pour y arriver par ses propres efforts, il ne peut parvenir à ces hautes intelligences, s'il n'y est porté par une force toute-puissante et surnaturelle. (Pascal, *Pensées*)

Taire and Fuir

The verb **taire** means "to hush up, hide" and the verb **fuir** "to flee." In this lesson's reading passage, you saw the first verb in its more common reflexive form (**se taire**: "to be silent"). The only derivative of the second verb is also found in the reading (**s'enfuir**: "to fly, flee, run away"). The full present tense of these verbs is conjugated as follows:

18.10

je tais	**je fuis**
tu tais	**tu fuis**
il (elle, on) tait	**il (elle, on) fuit**
nous taisons	**nous fuyons**
vous taisez	**vous fuyez**
ils (elles) taisent	**ils (elles) fuient**
past participle: **tu**	past participle: **fui**

A verb almost identical to **taire** is **plaire** ("to please"), except it has a circumflex accent in the third person singular, which is precisely the form of the verb mostly known, through the phrases **s'il vous plaît** and **s'il te plaît**, which mean "please" (literally, "if it pleases you"). Among the derivatives of **plaire** are **complaire** ("to seek to please"), **se complaire** ("to take pleasure [in]"), **déplaire** ("to displease"), and **se plaire** ("to be pleased").

Of special note, in theological discourse, the verb **plaire** is often used to express conformity with the divine will, what is pleasing or is not pleasing to God. In the

---

58 Remember, once again, that "esprit" can have two meanings. Which is it here?

subjunctive form, you might often encounter the phrase, as you already have in Chapter 15, **À Dieu ne plaise!** ("God forbid!").

EXERCISES

A. Fill in the blanks with the correct present tense form of the verb in parentheses:

18.11

brûler to burn **lointain, -e** distant, far-off
glaive *m.* two-edged sword **roseau** *m.* reed
holocauste *m.* burnt offering

1. Je vous le dis, s'ils [enfants] (*se taire*) _____, les pierres crieront[59]! (Lc 19:40, Sg)
2. L'homme né de la femme! Sa vie est courte, sans cesse agitée. Il naît, il est coupé comme une fleur; il (*fuir*) _____ et disparaît comme une ombre. (Jb 14:1–2, Sg)
3. Qu'ai-je besoin de l'encens qui vient de Séba, du roseau aromatique d'un pays lointain? Vos holocaustes ne me (*plaire*) _____ point, et vos sacrifices ne me sont point agréables. (Jr 6:20, Sg)
4. C'est pourquoi je (*se plaire*) _____ dans les faiblesses, dans les outrages, dans les calamités, dans les persécutions, dans les détresses, pour Christ; car, quand je suis faible, c'est alors que je suis fort. (2 Co 12:10, Sg)
5. Celui qui fréquente les sages devient sage, mais celui qui (*se plaire*) _____ avec les insensés s'en trouve mal. (Pr 13:20, Sg)
6. Si tu as fait un vœu à Dieu, accomplis-le sans tarder, car les insensés (*déplaire*) _____ à Dieu. Ce que tu as promis, tiens-le. (Qo 5:3, BSm)
7. Je vous destine au glaive . . . car j'ai appelé, et vous n'avez point répondu, j'ai parlé, et vous n'avez point écouté; mais vous avez fait ce qui est mal à mes yeux, et vous avez choisi ce qui me (*déplaire*) _____. (Es 65:12, Sg)
8. Celui qui brûle de l'encens est comme celui qui adorerait[60] des idoles; tous ceux-là (*se complaire*) _____ dans leurs voies, et leur âme trouve du plaisir dans leurs abominations. (Es 66:3, Sg)
9. Car si je suis descendu du ciel, ce n'est pas pour faire ce qui me (*plaire*) _____, mais pour accomplir la volonté de celui qui m'a envoyé. (Jn 6:38, BSm)
10. Agar, servante de Saraï, d'où viens-tu, et où vas-tu? Elle répondit:[61] Je (*fuir*) _____ loin de Saraï, ma maîtresse. (Gn 16:8, Sg)

B. Translate the following sentences into English:

18.12

bataille *f.* battle **entourer** to surround

---

[59] **crieront** *fut., 3ʳᵈ pl.* will cry out
[60] **adorerait** *cond., 3ʳᵈ s.* would worship
[61] **répondit** *ps., 3ʳᵈ s.* = a répondu

Chapter 18

échapper (à) to escape **maladroit, -e** awkward, tactless
entêtement *m.* stubbornness **précipitamment** headlong

1. Sortez de Babylone, fuyez du milieu des Chaldéens! (Es 48:20, Sg)

2. Pour fuir un défaut, les maladroits tombent dans le défaut contraire. (Horace, *Livre I*)

3. La sagesse humaine apprend beaucoup, si elle apprend à se taire. Aimons donc à[62] demeurer dans le silence. (Bossuet, *Élévations sur les mystères*)

4. Quiconque court après la grandeur voit la grandeur le fuir; quiconque fuit la grandeur, voit la grandeur courir après lui. (Le Talmud)

5. Car pour plaire à Dieu . . . il faut nous déplaire à nous-mêmes, et pour nous déplaire à nous-mêmes, il faut nous voir. (Bourdaloue, *Sur le jugement dernier*)

6. Mais au lit de la mort, mais dans ce dernier moment où le monde s'enfuit et l'éternité approche, vos yeux s'ouvriront;[63] la scène changera[64] . . . (Massillon, *La Mort du pécheur*)

7. Saül marchait d'un côté de la montagne, et David avec ses gens de l'autre côté de la montagne. David fuyait précipitamment pour échapper à Saül. Mais déjà Saül et ses gens entouraient David et les siens pour s'emparer d'eux. (1 S 23:26, Sg)

8. Le peuple s'est enfui du champ de bataille, et un grand nombre d'hommes sont tombés et ont péri; Saül même et Jonathan, son fils, sont morts. (2 S 1:4, Sg)

9. Je les ai abandonnés à leur fol[65] entêtement, ils n'ont fait que suivre ce qui leur plaisait. (Ps 81:13, BSm)

---

62 "Aimer," as you learned in Chapter 16, is usually directly followed by the infinitive. In literary use, it is followed by "à" and means "to take pleasure in."
63 **s'ouvriront** *fut.*, *3rd pl.* will open
64 **changera** *fut.*, *3rd s.* will change
65 Before a vowel **fou** becomes **fol** and is pronounced like the feminine **folle** [fɔl].

10. Car puisque le monde, avec sa sagesse, n'a point connu Dieu dans la sagesse de Dieu, il a plu à Dieu de sauver les croyants par la folie de la prédication. (1 Co 1:21, Sg)

11. Mais, voyant venir à son baptême beaucoup de pharisiens et de sadducéens, il leur dit:[66] Races[67] de vipères, qui vous a appris à fuir la colère à venir? (Mt 3:7, Sg)

12. David allait et réussissait partout où l'envoyait Saül . . . et il plaisait à tout le peuple, même aux serviteurs de Saül. (1 S 18:5, Sg)

THE *PASSÉ SIMPLE*

The *passé simple* is thus called because it is a simple, as opposed to compound, tense. It is constituted by appending to the past stem of the verb in question an ending which indicates person and number:

-ER VERBS	-IR/-RE VERBS	-OIR VERBS
-ai	-is	-us
-as	-is	-us
-a	-it	-ut
-âmes	-îmes	-ûmes
-âtes	-îtes	-ûtes
-èrent	-irent	-urent

Although **courir** and its derivatives and **mourir** end in -**ir**, they are conjugated like -**oir** verbs: **j'accourus, tu discourus, il mourut**, etc. Conversely, although **asseoir** and its derivatives end in -**oir**, they are conjugated like -**ir**/-**re** verbs: **je m'assis, tu rassis, il se rassit**, etc.

Many other common verbs (and their compounds) may be conjugated with either -**ir**/-**re** or -**oir** endings, although they also have an irregular stem:

-IR/-RE ENDINGS   -OIR ENDINGS

conduire	**conduis-**	avoir	**e-**
dire	**d-**	boire	**b-**
faire	**f-**	connaître	**conn-**
écrire	**écriv-**	croire	**cr-**
mettre	**m-**	devoir	**d-**
naître	**nacqu-**	être	**f-**

66 **dit** *ps.*, 3rd *s.* = a dit
67 **race** *f.* species

plaindre	**plaign-**	lire	**l-**
prendre	**pr-**	plaire	**pl-**
voir	**v-**	pouvoir	**p-**
		savoir	**s-**
		vivre	**véc-**

The verb **venir** and its compounds present a special case, having a slightly modified -ir/-re ending: -ins, -ins, -int, -înmes, -întes, -inrent.

The *passé simple* of the helping verb (**avoir** or **être**) plus the past participle of the main verb form a compound known as the *passé antérieur*. This tense, like the pluperfect, indicates a prior action in the past, however it is sparingly used, except after such conjunctions as **lorsque, quand, aussitôt que**, and **dès que**:

> **Aussitôt qu'il eut étendu** sa main, les hommes en embuscade sortirent précipitamment du lieu où ils étaient; ils pénétrèrent dans la ville, la prirent, et se hâtèrent d'y mettre le feu. (Jos 8:19, Sg) *And the men in the ambush rose quickly out of their place, and as soon as he had stretched out his hand, they ran and entered the city and captured it. And they hurried to set the city on fire.* (ESV)

EXERCISES

A. Match the *passé simple* verbs in the left-hand column with their rough equivalents in the *passé composé* on the right:

1. **je fus**   a. ils ont pris
2. **nous finîmes**   b. vous avez pu
3. **ils se réveillèrent** c. nous avons su
4. **elle alla**   d. elle a fait
5. **vous pûtes**   e. tu as eu
6. **ils prirent**   f. j'ai été
7. **je mis**   g. vous êtes descendu(e)(s)
8. **tu connus**   h. j'ai mis
9. **nous sûmes**   i. elle est allée
10. **tu eus**   j. nous avons fini
11. **vous descendîtes**   k. tu as connu
12. **elle fit**   l. ils se sont réveillés

B. All of the biblical verses below are taken from previous exercises in the manual in which the *passé simple* was glossed. Convert the verbs into the *passé composé* using the space provided:

18.13

cheval *m.* horse   **lance** *f.* spear, lance

1. Il leur *montra* (_____) ses mains et ses pieds. (Lc 24:40, Sg)
2. Sa sueur *devint* (_____) comme des gouttes de sang. (Lc 22:44, BSm)
3. Satan *entra* (_____) dans Judas. Jésus lui *dit* (_____): Ce que tu fais,

fais-le promptement. (Jn 13:27, Sg).

4. Le serviteur *mit* (_____) sa main sous la cuisse d'Abraham, son seigneur, et lui *jura* (_____) d'observer ces choses. (Gn 24:9, Sg).

5. Philippe *courut* (_____), et *entendit* (_____) l'Éthiopien lire dans le prophète Ésaïe. Alors il lui *demanda* (_____): Comprends-tu ce que tu lis? (Ac 8:30, BSm)

6. Simon Pierre *remonta* (_____) dans le bateau et *tira* (_____) le filet à terre. (Jn 21:11, BSm)

7. Jésus *s'approcha* (_____), *prit* (_____) le pain et le leur *distribua* (_____), puis il *fit* (_____) de même pour le poisson. (Jn 21:13, BSm)

8. Alors il [Pilate] le leur *livra* (_____) pour être crucifié. Ils *prirent* (_____) donc Jésus... (Jn 19:16, Sg)

9. Mais un des soldats lui *perça* (_____) le côté avec une lance, et aussitôt il *sortit* (_____) du sang et de l'eau. (Jn 19:34, Sg)

10. Puis je *vis* (_____) le ciel ouvert, et voici, *parut* (_____) un cheval blanc. (Ap 19:11, Sg)

C. Translate the following verses containing the *passé simple* into English. All of the citations are taken from John's first person narration in the Book of Revelation:

18.14

immolé, -e sacrificed
poser to settle, rest
ravi, -e enraptured

sceau *m.* seal
sceller to seal
vieillard *m.* old man, elder

1. Je fus ravi en esprit au jour du Seigneur, et j'entendis derrière moi une voix forte, comme le son d'une trompette. (Ap 1:10, Sg)

2. Je me retournai pour connaître quelle était la voix qui me parlait. Et, après m'être retourné, je vis sept chandeliers d'or. (Ap 1:12, Sg)

3. Quand je le vis, je tombai à ses pieds comme mort. Il posa sur moi sa main droite en disant: Ne crains point! (Ap 1:17, Sg)

4. Puis je vis dans la main droite de celui qui était assis sur le trône un livre écrit en dedans et en dehors, scellé de sept sceaux. (Ap 5:1, Sg)

5. Et je pleurai beaucoup de ce que personne ne fut trouvé digne d'ouvrir le livre ni de le regarder. (Ap 5:4, Sg)

6. Et je vis, au milieu du trône et des quatre êtres vivants et au milieu des vieillards, un agneau qui était là comme immolé. (Ap 5:6, Sg)

7. Il vint, et il prit le livre de la main droite de celui qui était assis sur le trône. (Ap 5:7, Sg)

8. Quand il eut pris le livre, les quatre êtres vivants et les vingt-quatre vieillards se prosternèrent devant l'agneau, tenant chacun une harpe et des coupes d'or remplies de parfums, qui sont les prières des saints. (Ap 5:8, Sg)

Review and Expansion Exercises

A. Fill in the blanks with the appropriate vocabulary word, making all necessary agreements according to context:

assassiner	entêtement	mage
campagne	flot	roseau
emmener	géhenne	sceau
enivrant	glaive	vaincu

1. La joie des sens, plus douce et plus _____ que le vin. (Bossuet, *Histoire universelle*)
2. Les peuples _____ peuvent conserver quelque liberté, lorsque, par la force de leur situation, ils sont en état de faire des traités[68] après leur défaite.[69] (Montesquieu, *L'Esprit des lois*)
3. C'est ce qu'ont fait Jésus-Christ et les apôtres; ils ont levé le _____, ils ont rompu le voile et découvert l'esprit [des prophéties]. (Pascal, *Pensées*)
4. Mais il [Jésus-Christ] triomphe encore du péché: il _____ captif ce premier auteur de la captivité de tous les hommes. (Massillon, *Le Jour de Pâques*)
5. D'un importun[70] voisin on jure la ruine./ On attaque, on renverse, on pille,[71] on _____. (L. Racine, *La Religion*)
6. Outre que[72] l'_____ est partout vicieux,[73] il ne laisse jamais le cœur dans une disposition paisible, parce qu'il est toujours impatient et violent. (Bourdaloue, *Mortification des passions*)
7. C'est proprement la vallée près de Jérusalem où les Juifs brûlaient leurs enfants en l'honneur des idoles et, figurativement, c'est l'enfer: La _____.
8. Comme ils s'en allaient, Jésus se mit à dire à la foule, au sujet de Jean: Qu'êtes-vous

68 **traité** *m.* treaty
69 **défaite** *f.* defeat
70 **importun, -e** importune
71 **piller** to pillage
72 **Outre que** Not to mention the fact that
73 **vicieux, -euse** vicious, depraved

allés voir au désert? un _____ agité par le vent? (Mt 11:7, Sg)

9. Après cela, il apparut, sous une autre forme, à deux d'entre eux qui étaient en chemin pour aller à la _____. (Mc 16:12, Sg)

10. Le _____, c'est la parole qui sépare l'âme d'avec elle-même, pour l'attacher uniquement à son Dieu. (Bossuet, *Oraisons funèbres*)

11. L'astre qu'à ton berceau le _____ vit éclore,[74] / L'étoile qui guida les bergers de l'aurore / Vers le Dieu couronné d'indigence et d'affront. (Lamartine, *Harmonies*)

12. Ma barque est tout à l'heure aux bornes de la vie; / Le ciel devient plus sombre et le _____ plus dormant. (Sainte-Beuve, *Consolations*)

B. The stanzas below are taken from Jean Racine's poem *Sur les vaines occupations des gens du siècle*. Racine (1639–1699) is universally regarded as the foremost tragedian of the seventeenth-century French stage with works such as *Andromaque* (1667) and *Phèdre* (1677). In his latter years, he returned to the Jansenist fold in which he had been raised and composed two biblical dramas, *Esther* (1689) and *Athalie* (1691). The text in question was chosen for the verbs in the *passé simple* in stanzas II and III. Some new vocabulary is presented and verb forms glossed. Paraphrase into English prose: For each successive stanza, indicate in your own words the central theme:

18.15

s'abreuver to quench one's thirst
appui *m.* support
bourbeux, -euse muddy, miry
citerne *f.* cistern
daigner to deign, condescend
dépouiller to cast off, lay aside
flèche *f.* arrow
éclore to open, be born
s'effacer wear away, fade
joug *m.* yoke
se rabaisser to lower, humble oneself
vaisseau *m.* vessel
Verbe *m.* Logos
vif, vive living

Quel charme vainqueur du monde
Vers Dieu m'élève aujourd'hui?
Malheureux l'homme, qui fonde
Sur les hommes son appui.
Leur gloire fuit, et s'efface
En moins de temps que la trace
Du vaisseau qui fend les mers,
Ou de la flèche rapide,
Qui loin de l'œil qui la guide
Cherche l'oiseau dans les airs . . .

O Sagesse, ta parole
Fit éclore l'Univers,
Posa sur un double Pôle

---

74 **éclore** to open

La Terre au milieu des Mers.
Tu dis. Et les Cieux parurent,
Et tous les Astres coururent
Dans leur ordre se placer.
Avant les Siècles tu règnes.
Et qui suis-je que tu daignes
Jusqu'à moi te rabaisser?

Le Verbe, image du Père,
Laissa son trône éternel.
Et d'une mortelle Mère
Voulut naître homme, et mortel.
Comme l'orgueil fut le crime
Dont il naissait la Victime,
Il dépouilla sa splendeur,
Et vint pauvre et misérable,
Apprendre à l'homme coupable
Sa véritable grandeur.

L'âme heureusement captive
Sous ton joug trouve la paix,
Et s'abreuve d'une eau vive
Qui ne s'épuise jamais.
Chacun peut boire en cette onde.
Elle invite tout le monde.
Mais nous courons follement,
Chercher des sources bourbeuses,
Ou des citernes trompeuses
D'où l'eau luit à tout moment.

C. The following passage is taken from the opening of Joinville's famous biography, *Histoire de Saint Louis*.[75] Louis IX (1214–1270) is France's only canonized king. His devotion and benevolence towards the destitute were much celebrated in the Middle Ages. He participated in two crusades, the Seventh in 1248 and the Eighth in 1270. His rule in France is considered something of a golden age, in that the kingdom reached its zenith on every front—politically, culturally, and economically. Louis came to epitomize the ideal of the Christian prince in European culture. He died in Tunis during his second trek to the Holy Land. As is common in historical style, many of the past tense verbs are in the *passé simple*. Answer the multiple choice questions following the text. Some new vocabulary is provided and tenses glossed:

18.16

aîné, -e elder, eldest **maint, -e** many

---

[75] The text appears here in modernized form: Jean de Joinville, *Histoire de Saint Louis*, edited by Natalis de Wailly (Paris: Hachette, 1865) 7–8.

bonnement simply, plainly	**mets** *m.* dish (of food)
ci-après hereafter, further on	**modéré, -e** moderate, temperate
conter to tell, relate	**ouïr** *arch.* to hear
cuisinier *m.* cook	**outre-mer** overseas, abroad
Écossais, -e Scotsman, -woman	**pèlerinage** *m.* pilgrimage
Écosse *f.* Scotland	**prouesse** *f.* prowess, valour
enseignement *m.* teaching	**Sarrasin, -e** Saracen

Au nom de Dieu le tout-puissant, je, Jean, sire de Joinville, sénéchal[76] de Champagne, fais écrire la vie de notre saint Louis, ce que je vis et ouïs par l'espace de six ans que je fus en sa compagnie au pèlerinage d'outre-mer, et depuis que nous revînmes. Et avant que je vous conte ses grands faits et ses prouesses, je vous conterai[77] ce que je vis et ouïs de ses saintes paroles et de ses bons enseignements, afin qu'on les trouve l'un après l'autre pour édifier ceux qui les entendront.[78]

Ce saint homme aima Dieu de tout son cœur et en imita les œuvres; et il y parut en ce que, de même que Dieu mourut pour l'amour qu'il avait de son peuple, lui aussi mit son corps en aventure plusieurs fois pour l'amour qu'il avait de son peuple . . . L'amour qu'il avait de son peuple parut à ce qu'il dit à son fils aîné dans une très grande maladie qu'il eut à Fontainebleau:[79] «Beau fils, dit-il, je te prie que tu te fasses[80] aimer du peuple de ton royaume; car vraiment j'aimerais[81] mieux qu'un Écossais vînt[82] d'Écosse et gouvernât[83] le peuple bien et loyalement, que si tu gouvernais mal au vu de tous.[84]» Le saint homme aima tant la vérité que même avec les Sarrasins il ne voulut pas mentir sur ce qu'il leur avait promis, ainsi que vous l'entendrez[85] ci-après.

De la bouche il fut si sobre que jamais de ma vie je ne l'ouïs parler d'aucuns[86] mets, comme maints riches hommes le font; mais il mangeait bonnement ce que ses cuisiniers servaient devant lui. Il fut modéré dans ses paroles; car jamais de ma vie je ne l'ouïs médire de personne, ni jamais ne l'ouïs nommer le diable,[87] lequel nom est bien répandu par le royaume, ce qui, je crois, ne plaît pas à Dieu.

---

76 In France in the Middle Ages, the Seneschal was a royal officer in charge of justice and in control of the administration.

77 **conterai** *fut.,* 1st *s.* will tell

78 **entendront** *fut.,* 3rd *pl.* will hear

79 The Palace de Fontainebleau was the residence of French monarchs from Louis VII through Napoleon III.

80 **fasses** *subj.,* 2nd *s.* make

81 **aimerais** *cond.,* 1st *s.* would like

82 **vînt** *impf. subj.,* 3rd *s.* came

83 **gouvernât** *impf. subj.,* 3rd *s.* governed

84 **au vu de tous** openly, publicly

85 **entendrez** *fut.,* 2nd *pl.* will hear

86 **d'aucuns** some

87 The word "diable" appears often in French curses and interjections.

CHAPTER 18

I. Circle the most appropriate response:
1. What is the likely intention of Joinville's narrative?
   a. To give an account of Saint Louis' heroic exploits.
   b. To edify his readers in relating Saint Louis' pious deeds and teachings.
   c. Both *a* and *b*.
2. What evidence does Joinville give of Saint Louis' piety?
   a. He risked his life on several occasions for his people.
   b. He dared not lie even to a Saracen.
   c. Both *a* and *b*.
3. What evidence does Joinville give of Saint Louis' sobriety?
   a. He ate whatever was placed before him.
   b. He held his tongue and refrained from slander.
   c. Both *a* and *b*.

D. The passage below is taken from Jean de Léry's narration of the Siege of Sancerre (1572–1573). Calvin's ideas were popular in the nearby city of Bourges, in which he had studied law (1529–1531), and Reformed doctrine had spread throughout the region. The hilltop stronghold of Sancerre became—along with Nîmes, Montauban, and La Rochelle—one of the principal cities of the Protestant Reformation in France. After the infamous Saint Bartholomew's Day Massacre on August 24, 1572, many Huguenots fled to the fortified city. During a subsequent siege by Catholic forces, Sancerre suffered devasting famine and the population was reduced to surviving on vermin, leather, and ground slate. Moreover, as reports the minister Jean de Léry, a veteran of an earlier voyage to Brazil in search of religious toleration, there was even an incidence of cannibalism. Read his narration below for content and answer the questions in English following the text. A number of new vocabulary words are provided and some items glossed:

18.17

s'acheminer to wend one's way
appareillé, -e fitted, dressed
assiégé, -e besieged
avérer to establish, prove
bailler *arch.* to give
bouillir[88] to boil
cervelle *f.* brain
curé, -e picked, cleaned out
découper to cut up, carve
décousu, -e unsewn
doigt *m.* finger
dommage *m.* pity, shame
écuelle *f.* bowl

gratter to stratch, scrape
juillet July
manier to handle
muraille *f.* high defensive wall
nier to deny
ordure *f.* filth, rubbish
outre besides, moreover
piteux, -euse piteous, woeful
pourrir to rot, go bad
puanteur *f.* stench
remontrer to point out (fault)
retour *m.* return
son *m.* bran

88 The present indicative of **bouillir** is quite irregular and has two stems: **bous, bous, bout, bouillons, bouillez, bouillent**.

empoisonner to poison	**tergiverser** to equivocate
enclos *m.* enclosure	**têt** *m.* skull
enflure *f.* swelling	**tripes** *f. pl.* intestines, guts
enterrer to bury, inter (corpse)	**verge** *f.* rod
éperdu, -e bewildered	**vigneron** *m.* vine-grower
fiente *f.* dung	**vinaigre** *m.* vinegar
foie *m.* liver	**vivres** *m. pl.* supplies
fressure *f.* entrails	**voire** in truth, indeed
fumier *m.* dunghill	**vouloir** *m.* will

Il semble qu'on ne pourrait[89] rien ajouter pour décrire l'état misérable d'une pauvre ville assiégée, voire si bien environnée, tranchée[90] et circuite[91] de toutes parts, qu'il était bien malaisé et presque impossible d'en sortir, ni d'y entrer, et moins y apporter ou amener vivres. Mais hélas! ce que dit le prophète Jérémie au livre de ses *Lamentations* des habitants de Jérusalem, lesquels ayant accoutumé de manger les viandes délicates, périrent par les rues, et se paissaient[92] de la fiente des hommes et des bêtes, durant le siège, n'a-t-il pas été vu et pratiqué dans Sancerre? Car je puis affirmer que les fientes et excréments humains y ont été amassés et recueillis pour manger. Et y en a-t-on vu qui ayant rempli leurs écuelles de fiente de cheval, la mangeaient de si grande avidité, qu'ils disaient la trouver aussi bonne qu'ils eussent fait[93] du pain de son: et au reste amassaient toutes sortes d'ordures et vilenies par les rues, grattant sur les fumiers, y cherchant les vieux os, vieilles cornes, et autres choses, impossibles à croire à ceux qui ne l'ont vu: car seulement la puanteur de ces choses était assez pour empoisonner ceux qui les maniaient, et par plus forte raison ceux qui les mangeaient. Mais, ô Dieu éternel! Voici encore le comble de toute misère et du jugement de Dieu. Comme il proteste en sa Loi qu'il réduira[94] ceux qui n'obéiront à ses commandements en tel état, que durant le siège il fera[95] que les mères mangeront leurs enfants, les enfermés dans Sancerre (combien qu[96]'ils fussent assaillis[97] non à cause de leurs péchés, ains[98] pour sa querelle, et pour le témoignage de sa parole) n'ayant pas bien fait leur profit de la connaissance qu'il leur avait baillée, ni assez profité sous ses autres verges, et châtiments, et quoi que c'en soit[99] par le bon vouloir de Dieu, ont vu commettre ce crime

---

89 **pourrait** *cond., 3rd s.* would be able
90 **tranchée** dug in
91 **circuite** compassed
92 **se paître** *arch.* = se nourrir
93 **eussent fait** *plup. subj., 3rd pl.* would have made
94 **réduira** *fut., 3rd s.* will reduce
95 **fera** *fut., 3rd s.* will make
96 **combien que** *arch.* although
97 **fussent assaillis** *plup. subj., 3rd pl.* had been assaulted
98 **ains** *arch.* but, or rather
99 **soit** *subj., 3rd s.* be

prodigieux, barbare et inhumain, perpétré dans l'enclos de leurs murailles. Car le vingt-unième de juillet il fut découvert et avéré qu'un vigneron nommé Simon Potard, Eugène sa femme, et une vieille femme qui se tenait avec eux, nommée Philippes de la Feuille, autrement l'Emerie, avaient mangé la tête, la cervelle, le foie et la fressure d'une leur fille[100] âgée d'environ trois ans, morte toutefois de faim et en langueur.

Ce qui ne fut pas sans grand étonnement et frayeur de tous ceux qui l'entendirent. Et certes m'étant acheminé près le lieu de leur demeurance,[101] et ayant vu l'os et le têt de la tête de cette pauvre fille, curé et rongé, et les oreilles mangées, ayant vu aussi la langue cuite, épaisse d'un doigt, qu'ils étaient prêts à manger, quand ils furent surpris: les deux cuisses, jambes et pieds dans une chaudière avec vinaigre, épices et sel, prêts à cuire et mettre sur le feu: les deux épaules, bras et mains tenant ensemble, avec la poitrine fendue et ouverte, appareillés aussi pour manger, je fus si effrayé et éperdu, que toutes mes entrailles en furent émues. Car combien que j'aie demeuré[102] dix mois entre les sauvages américains en la terre du Brésil, leur ayant vu souvent manger de la chair humaine (d'autant qu[103]'ils mangent les prisonniers qu'ils prennent en guerre), si[104] n'en ai-je jamais eu telle terreur que j'eus frayeur de voir ce piteux spectacle, lequel n'avait encore (comme je crois) jamais été vu en ville assiégée en notre France.

Le père, la mère et la vieille furent pris prisonniers, lesquels sans tergiverser confessèrent le fait: bien nièrent-ils d'avoir tué et avancé la mort à leur enfant, comme on les accusait: et outre dit la mère qu'à son grand regret on l'avait ainsi découpé, car l'ayant fait ensevelir et laissé sur un coffre, et s'en étant allée à la ville à quelque affaire, elle espérait de le faire enterrer à son retour, mais étant revenue elle trouva le corps de son dit enfant décousu du linge où elle l'avait enveloppé, lequel était ouvert et fendu, la fressure et les tripes ôtées hors du ventre, la tête et la langue dans un pot près le feu, qui bouillait. Ce que remontrant à son mari, il lui dit qu'il avait été incité à ce faire par la dite Philippes, laquelle lui avait dit que ce serait[105] dommage de mettre pourrir cette chair en terre: et outre ce, que le foie était fort bon pour guérir son enflure. Et lors[106] la vieille et lui en mangèrent les premiers, et lui en ayant baillé, elle en mangea aussi.

A. Answer the following questions:
  1. How does Léry compare the siege of Sancerre to that described in Jeremiah's Lamentations? In what ways are they similar?

100 **d'une leur fille** of one of their daughters
101 **demeurance** *arch.* = demeure
102 **aie demeuré** *p. subj., 3rd s.* have lived
103 **d'autant que** more especially as
104 **si** *arch.* still, nevertheless
105 **serait** *cond., 3rd s.* would be
106 **lors** *arch.* = alors

2. If both sieges are presented as divine judgements, in what way are they also dissimilar according to Léry? What is the exact nature of his coreligionists' sin?

3. Léry alludes to having witnessed cannibalism in the New World. How is the crime perpetrated by the couple and old woman even worse in his eyes?

4. In your opinion, why does Léry describe the gruesome scene in such detail?

THE ART OF READING FRENCH

In any narration, whether an historic account or a fairy tale, temporal expressions are key:
To begin a story, you may encounter expressions such as these:

un jour (matin, soir)	*one day (morning, evening)*
ce jour (matin, soir)-là	*that day (morning, evening)*
il était une fois	*once upon a time*
à cette époque-là	*at that time*

To indicate anteriority, you may encounter expressions such as the following:

la veille, le jour précédent	*the day before*
l'avant-veille, deux jours avant	*two days before*
ces derniers temps	*in recent times*
au premier abord, à première vue	*at first glance*
après que	*after*
sur le point de (+ infinitive)	*on the point of*

To indicate simultaneity, you may encounter these expressions:

en même temps, à la fois	*at the same time*
quand, lorsque	*when*
au moment où, à l'instant où	*at the moment when*
au moment de (+ infinitive)	*just as*
tandis que, pendant que, comme	*while*
durant, pendant	*during*
à mesure que	*(in proportion) as*
chaque fois que	*each time that*
maintenant, en ce moment	*now*

To indicate posteriority, you may encounter the following expressions:

avant que	*before*
le lendemain, le jour suivant	*the next day*

Chapter 18

le surlendemain, deux jours après — *two days later*
puis, ensuite — *then, next*
enfin, finalement — *finally*

Self-Test I

The answers to the exercises below are given in footnote. If you not achieve 90% mastery here, you should go back and review the material before going on to the next chapter.

A. Match the French word on the left with its English meaning on the right:[107]

1. **épargner** _____
2. **souci** _____
3. **cauchemar** _____
4. **avenir** _____
5. **poignard** _____
6. **dérober** _____
7. **mépris** _____
8. **aveuglement** _____
9. **sourire** _____
10. **meurtrir** _____
11. **écraser** _____
12. **boisson** _____
13. **souillure** _____
14. **âpre** _____
15. **vieillard** _____

a. *future*
b. *to bruise*
c. *to steal*
d. *worry, care*
e. *smile*
f. *blindness*
g. *drink*
h. *to crush*
i. *to save, spare*
j. *old man, elder*
k. *dagger*
l. *rough, harsh*
m. *nightmare*
n. *spot, stain*
o. *contempt, scorn*

B. Provide the correct present tense conjugation for the following verbs:[108]

1. (**vivre**) tu _____
2. (**suivre**) il _____
3. (**survivre**) nous _____
4. (**poursuivre**) je _____
5. (**construire**) elles _____
6. (**séduire**) ils _____
7. (**traduire**) je _____
8. (**courir**) on _____
9. (**se taire**) vous _____
10. (**fuir**) tu _____

C. Fill in the blanks with the correct relative pronoun: **qui, lequel, que, dont** or **où**:[109]

1. Dieu dit à Moïse: je suis celui _____ suis. (Ex 3:14, Sg)
2. Car ce sont des charbons ardents _____ tu amasses sur sa tête. (Pr 25:22, Sg)
3. Pouvons-nous savoir, lui diront-ils alors, en quoi consiste ce nouvel enseignement _____ tu parles? (Ac 17:19, BSm)
4. Dieu dit: N'approche pas d'ici, ôte tes souliers de tes pieds, car le lieu sur _____ tu te tiens est une terre sainte. (Ex 3:5, Sg)
5. L'Éternel dit à Moïse: Voici, le moment approche _____ tu vas mourir. (Dt 31:14, Sg)
6. Ce n'est pas une grande armée _____ sauve le roi. (Ps 33:16, Sg)

---

107 Exercise A: 1. i; 2. d; 3. m; 4. a; 5. k; 6. c; 7. o; 8. f; 9. e; 10. b; 11. h; 12. g; 13. n; 14. l; 15 j.
108 Exercise B: 1. vis; 2. suit; 3. survivons; 4. poursuis; 5. construisent; 6. séduisent; 7. traduis; 8. court; 9. vous taisez; 10. fuis.
109 Exercise C: 1. qui; 2. que; 3. dont; 4. lequel; 5. où; 6. qui; 7. que.

Chapter 18

7. Ce sont là les adorateurs _____ le Père demande. (Lc 3.4, Sg)

D. Fill in the blanks with the appropriate form of the past infinitive:[110]
   1. Car, si nous péchons volontairement après (*recevoir*) _____ la connaissance, de la vérité . . . (He 10:26, Sg)
   2. Heureux l'homme qui supporte patiemment la tentation; car, après (*être*) _____ éprouvé, il recevra la couronne de vie . . . (Jc 1:12, Sg)
   3. Loin de se repentir d'avoir pris les armes, la Réforme ne se repent que de (*se repentir*) _____ de les avoir prises. (Bossuet, *Cinquième avertissement aux Protestants*)
   4. Frères, je ne pense pas l' (*saisir*) _____; mais je fais une chose: oubliant ce qui est en arrière et me portant vers ce qui est en avant. (Ph 3:13, Sg)
   5. Ne pense pas (*faire*) _____ le moindre progrès, si tu ne te sens pas inférieur à tous. (Pierre Corneille, *Imitation de Jésus-Christ*)

E. Fill in the blanks with the appropriate past form of the present participle:[111]
   1. Mais toi, quand tu pries, entre dans ta chambre, et (*fermer*) _____ ta porte, prie ton Père qui demeure dans le secret. (Mt 6:6, Darby)
   2. [Dieu] n'a fait aucune différence entre nous et eux, (*purifier*) _____ leurs cœurs par la foi. (Ac 15:9, Sg)
   3. (*se réveiller*) _____, il menaça le vent, et dit à la mer: Silence! tais-toi! (Mc 4:39, Sg)
   4. Car nous sommes son ouvrage, (*être*) _____ créés en Jésus Christ pour de bonnes œuvres, que Dieu a préparées d'avance . . . (Ep 2:10, Sg)

F. Match the *passé simple* verbs in the left-hand column with their rough equivalents in the *passé composé* on the right:[112]

   1. **je dis**   a. ils ont lu
   2. **nous eûmes**   b. vous êtes venu(e)(s)
   3. **ils lurent**   c. nous avons eu
   4. **elle mourut**   d. elle est morte
   5. **vous vîntes**   e. tu as fait
   6. **tu fis**   f. j'ai dit

---

[110] Exercise D: 1. avoir reçu; 2. avoir été; 3. s'être repentie; 4. avoir saisi; 5. avoir fait.
[111] Exercise E: 1. ayant fermé; 2. ayant purifié; 3. s'étant réveillé; 4. ayant été.
[112] Exercise F: 1. f; 2. c; 3. a; 4. d; 5. b; 6. e.

Chapter 19

Recevoir and *Vaincre*
The Future
Comparative and Superlative
The *Futur antérieur*

Reading

The following texts are taken from the French translation of Saint Benedict's Rule. You will notice numerous occurrences of the future tense, which are here glossed, as they have been throughout this manual until now. The future tense in French, in addition to its standard use in indicating an event subsequent to the moment of utterance (see, for example, those future verbs in the first section below [II: 6, 7, 9, 10]), may also serve as an imperative, which is essentially the case of all the other future verbs of the other sections.

19.1

II. Les qualités que l'abbé doit avoir

1 L'abbé, celui qui est digne d'être à la tête du monastère, doit toujours se rappeler le nom qu'on lui donne. Il doit prouver par ses actes son nom de «supérieur».
2 En effet, au regard de la foi, il tient dans le monastère la place du Christ, puisqu'on l'appelle du même nom que le Christ.
4 C'est pourquoi l'abbé ne doit rien enseigner, rien établir, rien ordonner en dehors des commandements du Seigneur.
5 Mais ses ordres et ses enseignements agiront[1] comme un ferment pour répandre la justice de Dieu dans le cœur de ses disciples.
6 L'abbé doit toujours se rappeler ceci: le jour terrible où Dieu jugera[2] les hommes, il examinera[3] ces deux choses: son enseignement et l'obéissance de ses disciples.
7 L'abbé doit le savoir: si, parmi ses brebis, le père de famille en trouve une en mauvais état, c'est le berger qui en portera[4] la responsabilité.
8 Au contraire, si le berger se fatigue beaucoup pour des brebis qui ne restent pas

---

1 **agiront** *fut.*, 3rd *pl.* will act.
2 **jugera** *fut.*, 3rd *s.* will judge.
3 **examinera** *fut.*, 3rd *s.* will examine.
4 **portera** *fut.*, 3rd *s.* will bear.

tranquilles et qui n'obéissent pas, s'il fait tout ce qu'il peut pour les guérir de leurs actions mauvaises,

9 au jour du jugement, le Seigneur le déclarera[5] innocent . . .

10 Alors, à la fin, ces brebis qui ont résisté aux soins de l'abbé seront[6] punies par la mort qui les vaincra.[7]

16 Dans le monastère, l'abbé ne fera pas[8] de différence entre les moines.

17 Il n'aimera pas[9] un frère plus qu'un autre, sauf s'il en trouve un qui agit mieux ou qui obéit mieux que les autres.

18 Il ne fera pas passer l'homme libre avant[10] celui qui était esclave, sauf pour une bonne raison.

19 Mais si, pour une raison juste, l'abbé pense qu'il faut agir ainsi, il le fera[11] sans tenir compte du rang des frères dans la communauté. En dehors de ce cas, chacun gardera[12] son rang d'entrée au monastère.

21 La seule chose qui compte à ses yeux, c'est d'être meilleurs que les autres par nos actions bonnes, et d'être humbles.

22 C'est pourquoi l'abbé aimera[13] tous les frères d'un amour égal. Il appliquera[14] les mêmes règles à tous, mais selon les mérites de chacun.

III. La Réunion des frères en conseil[15]

1 Chaque fois qu'il y a des choses importantes à discuter dans le monastère, l'abbé réunit toute la communauté. Il présente lui-même l'affaire.

2 Il écoute les avis des frères. Ensuite il réfléchit seul. Puis il fait ce qu'il juge le plus utile.

3 Tous les frères sont appelés au conseil, comme nous l'avons dit. En effet, souvent le Seigneur découvre à un frère plus jeune ce qui est le mieux.

4 Les frères donneront[16] leur avis avec respect et humilité. Ils ne se permettront pas[17] de défendre leurs idées à tout prix.

5 Oui, c'est l'abbé qui décide. Il juge ce qui vaut mieux et tous lui obéiront.[18]

6 Les disciples obéissent au maître, voilà ce qui convient. Mais le maître, lui, doit tout organiser avec prévoyance et justice.

---

5 **déclarera** *fut.*, *3rd s.* will declare.

6 **seront** *fut.*, *3rd pl.* will be.

7 **vaincra** *fut.*, *3rd s.* will vanquish.

8 **ne fera pas** *fut.*, *3rd s.* shall not make.

9 **n'aimera pas** *fut.* shall not love.

10 **faire passer avant** to put before.

11 **fera** *fut.*, *3rd s.* shall do.

12 **gardera** *fut.*, *3rd s.* shall keep.

13 **aimera** *fut.*, *3rd s.* shall love.

14 **appliquera** *fut.*, *3rd s.* shall apply.

15 Here and in its use just below, "conseil" signify "council," rather than "counsel."

16 **donneront** *fut.*, *3rd pl.* shall give.

17 **ne se permettront pas** *fut.*, *3rd pl.* shall not permit themselves.

18 **obéiront** *fut.*, *3rd pl.* shall obey.

7 En toutes choses donc, tous suivront[19] la Règle. C'est elle qui commande, et personne n'aura[20] l'audace de s'en éloigner.

12 Quand il s'agit de[21] choses moins importantes pour les besoins du monastère, l'abbé demandera[22] l'avis des anciens seulement.

VI. Garder le silence

1 Faisons ce que dit le Prophète: «J'ai mis un frein à ma bouche. J'ai gardé le silence. Je me suis fait petit et je n'ai même pas parlé de choses bonnes» (Ps 38, 2–3).

2 Voici ce que le Prophète veut montrer. Quelquefois nous devons éviter de parler, même pour dire des choses bonnes. Et cela, par amour du silence. Alors, nous devons encore plus éviter les paroles mauvaises, à cause de la punition que le péché entraîne.

3 Savoir garder le silence est très important. C'est pourquoi, même pour dire des paroles qui sont bonnes, des paroles saintes qui aident les autres, les disciples parfaits recevront[23] rarement la permission de parler.

XXV. Les Fautes graves

1 Le frère qui est coupable d'une faute grave sera[24] privé à la fois du réfectoire et de l'oratoire.

2 Aucun frère n'ira[25] le trouver pour lui tenir compagnie ou lui parler.

3 Il sera seul pour faire le travail qu'on lui a commandé et il restera[26] dans la tristesse que lui cause son repentir.

5 Ce frère mangera[27] seul. Pour la quantité de nourriture et l'heure du repas, c'est l'abbé qui jugera ce qui est bon pour lui.

6 En passant près de lui, personne ne le bénira,[28] ni lui, ni la nourriture qu'on lui donne.

XXVIII. Ceux qui ne veulent pas changer malgré de nombreux reproches

1 Un frère reçoit souvent des reproches pour une faute. Il a même été mis à l'écart de la communauté. S'il ne change pas, on le punira[29] plus durement, c'est-à-dire on le frappera.[30]

19 **suivront** *fut.*, *3rd pl.* shall follow.
20 **personne n'aura** *fut.*, *3rd s.* none one shall have.
21 **il s'agit de** it concerns.
22 **demandera** *fut.*, *3rd s.* shall ask.
23 **recevront** *fut.*, *3rd pl.* shall receive.
24 **sera** *fut.*, *3rd s.* shall be.
25 **Aucun frère n'ira** *fut.*, *3rd s.* No brother shall go.
26 **restera** *fut.*, *3rd s.* shall stay.
27 **mangera** *fut.*, *3rd s.* shall eat.
28 **personne ne le bénira** *fut.*, *3rd s.* no one shall bless him.
29 **punira** *fut.*, *3rd s.* shall punish
30 **frappera** *fut.*, *3rd s.* shall strike

2 Malgré cela, il ne se corrige pas. De plus, emporté par l'orgueil—espérons que non!, il veut prouver que sa conduite est juste. Dans ce cas, l'abbé agira[31] comme un sage médecin.

3 Il applique d'abord un médicament doux, c'est-à-dire des conseils qui calment la douleur et qui encouragent. Puis il présente au frère la Parole de Dieu pour le guérir. Enfin, il brûle sa plaie en le mettant à l'écart et il lui donne des coups de bâton.

XXXIII. Les Moines peuvent-ils avoir quelque chose à eux?

1 Posséder égoïstement est un penchant mauvais. Avant tout, il faut l'arracher du monastère avec ses racines!

2 Personne ne se permettra[32] de donner ou de recevoir quelque chose sans ordre de l'abbé.

3 Et personne n'aura quelque chose à soi, rien, absolument rien: ni livre, ni cahier, ni crayon, rien du tout.

4 En effet, les moines n'ont pas même le droit d'être propriétaires de leur corps et de leur volonté!

6 Personne ne dira:[33] «Cet objet est à moi», et on n'osera pas[34] le prendre pour soi.

7 Si l'on s'aperçoit qu'un frère cultive avec plaisir ce penchant vraiment mauvais, on l'avertira[35] une fois, deux fois.

8 S'il ne se corrige pas, on le punira.

Active Vocabulary

19.2

abbé *m.* abbot	**fatiguer (se)** to tire
agir (s') de[36] to concern, to be in question	**ferment** *m.* leaven
à l'écart aside, apart	**frein** *m.* bit, bridle
apercevoir (s') to perceive, notice	**médicament** *m.* medicine
à tout prix at all costs	**monastère** *m.* monastery
audace *f.* audacity, boldness	**oratoire** *m.* chapel
au regard de in comparison with	**prévoyance** *f.* foresight, precaution
avis *m.* opinion	**propriétaire** *m.* owner
corriger[37] to correct, chastise	**réfectoire** *m.* refectory, dining-hall
crayon *m.* pencil	**repentir** *m.* repentance
cultiver to cultivate	**tenir compagnie** to keep company

---

31 **agira** *fut.*, 3rd *s.* shall act

32 **Personne ne se permettra** *fut.*, 3rd *s.* No one shall permit himself

33 **Personne ne dira** *fut.*, 3rd *s.* No one shall say

34 **n'osera pas** *fut.*, 3rd *s.* shall not dare

35 **avertira** *fut.*, 3rd *s.* shall warn

36 An impersonal expression which only occurs in the third person singular.

37 When used reflexively, as it is in the reading, the meaning is "to amend oneself" or "to break oneself of a habit or vice."

égoïstement selfishly
éloigner (s') to retire, deviate (from duty)
entraîner to draw, carry away
tenir compte de to take into account
vaincre to vanquish, conquer

EXERCISES

A. Match the expressions in the left-hand column with the related notion in the right:
1. **ferment**   a. témérité
2. **médicament**   b. prélat
3. **abbé**   c. châtier
4. **cultiver**   d. labourer
5. **oratoire**   e. levain
6. **corriger**   f. ingratement
7. **égoïstement**   g. chapelle
8. **frein**   h. remède
9. **prévoyance**   i. ermitage
10. **audace**   j. surmonter
11. **vaincre**   k. prudence
12. **monastère**   l. obstacle

B. Match the expressions in the left-hand column with their relative opposite in the right:
1. **prévoyance**   a. couardise
2. **se fatiguer**   b. imprudence
3. **repentir**   c. impénitence
4. **frein**   d. s'approcher
5. **audace**   e. se reposer
6. **s'éloigner**   f. impulsion

C. From the words in bold in the left-hand column, deduce the sense of those to the right:
1. **cultiver**   cultivateur *n.*   culture *n.*   esprit cultivé *adj.*
2. **corriger**   correction *n.*   incorrigible *adj.* maison de correction *n.*
3. **égoïstement** égoïste *adj.*   égoïsme *n.*   égocentrique *adj.*
4. **abbé**   abbesse *n.*   abbaye *n.*   église abbatiale *adj.*
5. **monastère**   monastique *adj.* monachisme *n.*   ascèse monastique *adj.*
6. **ferment**   fermenter *inf.*   fermentation *n.*   fermentation (*n.*) populaire

D. Translate the following phrases into English:
1. Le moine répond comme l'abbé chante. (Proverbe français)

2. Mets rarement le pied dans la maison de ton prochain. (Pr 25:17, Sg)

Chapter 19

3. Celui qui ménage sa verge hait son fils, mais celui qui l'aime cherche à le corriger. (Pr 13:24, Sg)

4. L'Éternel Dieu prit l'homme, et le plaça dans le jardin d'Éden pour le cultiver et pour le garder. (Gn 2:15, Sg)

5. Notre repentir n'est pas tant un regret du mal que nous avons fait, qu[38]'une crainte de celui qui nous en peut arriver.[39] (La Rochefoucauld, *Maximes*)

6. L'expérience nous apprend que la confession est un frein pour arrêter notre cœur et réprimer[40] ses désirs criminels. (Bourdaloue, *Sur la confession*)

7. Ainsi commencèrent à germer[41] avec mes malheurs les vertus dont la semence était au fond de mon âme, que l'étude avait cultivées, et qui n'attendaient pour éclore que le ferment de l'adversité. (Rousseau, *Les Confessions*)

8. Il y a des gens … qui se privent eux-mêmes de la société des hommes, et passent leurs jours dans la solitude, qui souffrent du présent, du passé, de l'avenir, dont la vie est comme une pénitence continuelle … ce sont les avares.[42] (La Bruyère, *Les Caractères*)

Recevoir and Vaincre

The verb **recevoir** ("to receive"), which you have seen before, occurs in the present indicative ("Un frère reçoit…") and future tense ("C'est pourquoi… les disciples parfaits recevront…") in the reading above. The verb **vaincre** ("to vanquish, conquer"), which is given as a new vocabulary item, also occurs in the future ("…par la mort qui les vaincra"). The full present tense conjugations of these verbs is as follows:

19.3

je reçois	**je vaincs**
tu reçois	**tu vaincs**
il (elle, on) reçoit	**il (elle, on) vainc**
nous recevons	**nous vainquons**
vous recevez	**vous vainquez**

38 **tant … que** so much … as
39 In contemporary French, the syntax would be "qui peut nous en arriver."
40 **réprimer** to repress, curb
41 **germer** to germinate
42 **avare** *m.* miser

ils (elles) reçoivent	ils (elles) vainquent
past participle: **reçu**	past participle: **vaincu**

The verb **s'apercevoir** ("to perceive, notice"), which occurs in the reading and has been given you in the new vocabulary, is also conjugated like **recevoir**. Among the other verbs in this class are **apercevoir** ("to glimpse"), **concevoir** ("to conceive"), **décevoir** ("to deceive, disappoint"), and **percevoir** ("to gather, collect"). Only **convaincre** ("to convince") is conjugated in the same manner as **vaincre**.

In the *passé simple*, the stem for **recevoir** is **reç-**, and the endings are those of traditional **-oir** verbs. For **vaincre**, the stem is **vainqu-**, and the endings are those of other **-ir/-re** verbs.

EXERCISES

A. Fill in the blanks with the correct present tense form of the verb in parentheses:

19.4

bref *adv.* briefly, in short
but *m.* goal, objective
déception *f.* disappointment, deception
dîme *f.* tithe
examen *m.* exam, examination
masque *m.* mask
plaisant, -e pleasing
pour ainsi dire so to speak
réprimander to reprimand, reprove

1. Je suis méprisé même par des enfants; si je me lève, je (*recevoir*) _____ leurs insultes. (Jb 19:18, Sg)
2. Mais Jésus, se retournant et regardant ses disciples, réprimanda Pierre, et dit: Arrière de moi, Satan! car tu ne (*concevoir*) _____ pas les choses de Dieu, tu n'as que des pensées humaines. (Mc 8:33, Sg)
3. Plusieurs de sorte (*se décevoir*) _____ / En l'examen de ce qu'ils sont, / Qu'ils se cherchent en ce qu'ils font, / Sans même qu'ils (*s'en apercevoir*) _____. (Corneille, *Imitation de Jésus-Christ*)
4. Et ici, ceux qui (*percevoir*) _____ la dîme sont des hommes mortels; mais là, c'est celui dont il est attesté qu'il est vivant. De plus, Lévi, qui (*percevoir*) _____ la dîme, l'a payée, pour ainsi dire, par Abraham. (He 7:8–9, Sg)
5. Car il [l'amour-propre] (*concevoir*) _____ une haine mortelle contre cette vérité qui le reprend[43] et qui le (*convaincre*) _____ de ses défauts. (Pascal, *Pensées*)
6. Bref, ce monde est une déception, / Qui nous (*décevoir*) _____ sous un très plaisant masque. (Marot, *Le riche en pauvreté*)
7. Vous demandez, et vous ne (*recevoir*) _____ pas, parce que vous demandez mal, dans le but de satisfaire vos passions. (Ja 4:3, Sg)
8. Éloigne-toi de l'insensé; ce n'est pas sur ses lèvres que tu (*apercevoir*) _____ la science. (Pr 14:7, Sg)

43 Here **reprendre** means "to reprove."

9. Le philosophe ne fait que convaincre, l'orateur, outre qu[44]'il (*convaincre*) _____, persuade. (Fénelon, *Dialogues sur l'éloquence*)

10. On ne souffre qu'une fois: on (*vaincre*) _____ pour l'éternité. (Kierkegaard, *Journal*)

11. Pour nous, c'est justice, car nous (*recevoir*) _____ ce qu'ont mérité nos crimes; mais celui-ci n'a rien fait de mal. (Lc 23:41, Sg)

12. Combats[45] donc fortement contre l'inquiétude / Où te jette du monde et l'amour et le bruit: / L'habitude (*se vaincre*) _____ par une autre habitude. (Corneille, *Imitation de Jésus-Christ*)

B. Translate the following sentences and master the new vocabulary:

19.5

inlassable untiring, unflagging **se sentir de** to be affected by
pas *m.* step

1. Je suis venu, j'ai vu, j'ai vaincu. (Jules César)

2. Celui qui vous reçoit me reçoit, et celui qui me reçoit, reçoit celui qui m'a envoyé. (Mt 10:40, Sg)

3. Rien n'est stupide comme vaincre; la vraie gloire est convaincre. (Hugo, *Les Misérables*)

4. Il [Polyeucte] n'a point déçu / Le généreux[46] espoir que j'en[47] avais conçu. (Corneille, *Polyeucte*)

5. Notre raison est toujours déçue par l'inconstance des apparences. (Pascal, *Pensées*)

6. Proclame la Parole, insiste, que l'occasion soit[48] favorable ou non, convaincs, réprimande, encourage par ton enseignement, avec une patience inlassable. (2 Tm 4:2, BSm)

7. Quand pour la première fois, dans un vivant, l'instinct s'est aperçu au miroir de

---

44 **outre que** not to mention the fact that

45 **Combats** *imp.*, 2nd *s.* fight

46 Here **généreux**, as is common in seventeenth-century classic literature, has the sense of "noble."

47 The pronoun **en** here refers back to Polyeucte.

48 **que l'occasion soit** *subj.* whether the occasion be

lui-même, c'est le Monde tout entier qui a fait un pas. (Teilhard de Chardin, *Le Phénomène humain*)

8. Qui peut ... n'être pas convaincu de son inutilité, quand il considère qu'il laisse en mourant un monde qui ne se sent pas de sa perte, et où tant de gens se trouvent pour le remplacer? (La Bruyère, *Les Caractères*)

9. Car, si quelqu'un vient vous prêcher un autre Jésus que celui que nous avons prêché, ou si vous recevez un autre Esprit que celui que vous avez reçu, ou un autre Évangile que celui que vous avez embrassé, vous le supportez fort bien. (2 Co 11:4, Sg)

THE FUTURE

The future is a simple tense formed by adding the endings -**ai**, -**as**, -**a**, -**ons**, -**ez**, and -**ont** to the infinitive of the verb in question. When the infinitive ends in an -**re**, the final **e** is dropped.

19.6

ADORER	SORTIR	SE PLAINDRE
j'adorerai	je sortirai	je me plaindrai
tu adoreras	tu sortiras	tu te plaindras
il (elle, on) adorera	il (elle, on) sortira	il (elle, on) se plaindra
nous adorerons	nous sortirons	nous nous plaindrons
vous adorerez	vous sortirez	vous vous plaindrez
ils (elles) adoreront	ils (elles) sortiront	ils (elles) se plaindront

Some -**er** verbs which have orthographic irregularities in the present indicative also have those same characteristics in the future. For instance, verbs which end in -**ler** will double the consonant **l** in the stem: **appeler** ° **appeller**-; verbs which end in -**ter** will double the consonant **t** in the stem: **jeter** ° **jetter**-; verbs which end in -**yer** will change to **i** in the stem: **essayer** ° **essaier**-; and verbs which take a grave accent (in all but the first and second person plural) will do likewise in the stem: **se lever** ° **se lèver**-

There are also a number of irregular stems:

aller	ir-	être	ser-	savoir	saur-
asseoir	assiér-	faire	fer-	valoir	vaudr-
avoir	aur-	falloir	faudr-	venir	viendr-
courir	courr-	mourir	mourr-	voir[49]	verr-

[49] **Revoir** follows the same pattern as **voir** (**reverr**-), but the stem of **prévoir** is **prévoir**-.

Chapter 19

devoir	devr-	**pleuvoir**[50]	pleuvr-	**vouloir**	voudr-
envoyer	enverr-	**pouvoir**	pourr-		

The future tense is employed in much the same way as it is in English, in its predictive sense. In French, the future is also used for commands, such as in the Rule of Saint Benedict, as you saw above.

After an if-clause in the present tense, the verb in the main clause is often in the future—which also parallels English usage:

> L'abbé doit le savoir: **si**, parmi ses brebis, le père de famille en **trouve** une en mauvais état, c'est le berger qui en **portera** la responsabilité.
>
> Au contraire, **si** le berger **se fatigue** beaucoup pour des brebis . . . s'il **fait** tout ce qu'il peut . . .
>
> au jour du jugement, le Seigneur le **déclarera** innocent . . . (II.7–10)

> **Si** l'on **s'aperçoit** qu'un frère cultive avec plaisir ce penchant vraiment mauvais, on l'**avertira** une fois, deux fois.
>
> **S'il** ne **se corrige** pas, on le **punira**. (XXXIII.7–8)

However, unlike English, with expressions of time such as **lorsque, quand, aussitôt que, dès que**, and **tant que** ("as long as"), the future tense in used in both clauses, dependent and independent:

> Et **lorsque** le souverain pasteur **paraîtra**, vous **obtiendrez** la couronne incorruptible de la gloire. (1 P 5:4, Sg) *And when the Chief Shepherd appears, you will receive the crown of glory that will never fade away.* (NIV)
>
> Vous me **regarderez** et vous **ferez** comme moi. **Dès que** j'**aborderai** le camp, vous **ferez** ce que je **ferai**. (Jug 7:17, Sg) *Look at me, and do likewise. When I come to the outskirts of the camp, do as I do.* (ESV)

Exercises

A. The following passage contains the Decalogue as found in the *Bible de Jérusalem* (Ex 20:1–17). Fill in the blanks with the appropriate form of the future tense:

19.7 ◀

à faux *adv.* wrongly	**mensonger, -ère** lying, untrue
âne *m.* ass, donkey	**millier** *m.* (about a) thousand
arrière- great-	**petit-enfant** *m.* grandchild
consacrer to consecrate	**ressembler à** to resemble
convoiter to covet	**sculpter** to sculpture, carve
là-haut *adv.* up there	**voler** to steal

Dieu prononça toutes ces paroles, et dit: Je suis Yahvé, ton Dieu, qui t'ai fait

---

50 The verb **pleuvoir** means "to rain." It is used only in the third person singular. Thus, for the tenses to which you have been exposed, the forms are as follows: **il pleut** (*pres.*), **il a plu** (*pc.*), **il pleuvait** (*impf.*), **il avait plu** (*plup.*), and **il plut** (*ps.*).

sortir du pays d'Égypte, de la maison de servitude.

Tu n' (*avoir*) _____ pas d'autres dieux devant moi.

Tu ne (*se faire*) _____ aucune image sculptée, rien qui ressemble à ce qui est dans les cieux, là-haut, ou sur la terre, ou dans les eaux, au-dessous de la terre.

Tu ne (*se prosterner*) _____ pas devant ces dieux et tu ne les (*servir*) _____ pas; car moi Yahvé, ton Dieu, je suis un Dieu jaloux, qui punis la faute des pères sur les enfants, sur les petits-enfants et les arrière-petits-enfants pour ceux qui me haïssent, et qui fais grâce à des milliers pour ceux qui m'aiment et qui gardent mes commandements.

Tu ne (*prononcer*) _____ pas le nom de Yahvé ton Dieu à faux, car Yahvé ne laisse pas impuni celui qui prononce son nom à faux.

Tu (*se souvenir*) _____ du jour du sabbat pour le sanctifier. Pendant six jours tu (*travailler*) _____ et tu (*faire*) _____ tout ton ouvrage. Mais le septième jour est un sabbat pour Yahvé ton Dieu. Tu ne (*faire*) _____ aucun ouvrage, toi, ni ton fils, ni ta fille, ni ton serviteur, ni ta servante, ni tes bêtes, ni l'étranger qui est dans tes portes. Car en six jours Yahvé a fait le ciel, la terre, la mer, et tout ce qu'ils contiennent, mais il s'est reposé le septième jour, c'est pourquoi Yahvé a béni le jour du sabbat et l'a consacré.

Honore ton père et ta mère, afin que se prolongent tes jours sur la terre que te donne Yahvé ton Dieu.

Tu ne (*tuer*) _____ pas.

Tu ne (*commettre*) _____ pas d'adultère.

Tu ne (*voler*) _____ pas.

Tu ne (*porter*) _____ pas de témoignage mensonger contre ton prochain.

Tu ne (*convoiter*) _____ pas la maison de ton prochain; tu ne (*convoiter*) _____ pas la femme de ton prochain, ni son serviteur, ni sa servante, ni son bœuf, ni son âne, rien de ce qui est à ton prochain.

B. Fill in the blanks with the appropriate form of the future tense in the following time clauses:

19.8

clochette *f.* small bell
enceinte *adj. f.* pregnant
errant, -e wandering
grincement *m.* grinding, grating
infâme unspeakable, vile
rencontre *f.* meeting
sol *m.* ground, soil
sûreté *f.* security

1. Car, lorsque ses enfants (*voir*) _____ au milieu d'eux l'œuvre de mes mains, ils (*sanctifier*) _____ mon nom … et ils (*craindre*) _____ le Dieu d'Israël. (Es 29:23, Sg)
2. Quand tu (*cultiver*) _____ le sol, il ne te (*donner*) _____ plus sa richesse. Tu (*être*) _____ errant et vagabond sur la terre. (Gn 4:12, Sg)
3. C'est là qu'il y (*avoir*) _____ des pleurs et des grincements de dents, quand vous (*voir*) _____ Abraham, Isaac et Jacob, et tous les prophètes, dans le royaume de Dieu, et que vous (*être*) _____ jetés dehors. (Lc 13:28, Sg)

4. Quand les hommes (*dire*) _____: Paix et sûreté! alors une ruine soudaine les (*surprendre*) _____, comme les douleurs de l'enfantement surprennent la femme enceinte, et ils n' (*échapper*) _____ point. (1 Th 5:3, Sg)

5. Quand je (*être*) _____ couché avec mes pères, tu me (*transporter*) _____ hors de l'Égypte, et tu m' (*enterrer*) _____ dans leur sépulcre. Joseph répondit: Je (*faire*) _____ selon ta parole. (Gn 47:30, Sg)

6. Quant à toi, va, rentre chez toi. Dès que tu (*mettre*) _____ le pied dans la ville, ton enfant (*mourir*) _____. (1 R 14:12, BSm)

7. Dès qu'il (*se rendre*) _____ compte de son péché, il (*aller*) _____ apporter comme sacrifice un bouc mâle sans défaut. (Lv 4:23, BSm)

8. Heureux (*être*) _____ -vous, lorsque les hommes vous (*haïr*) _____, lorsqu'on vous (*chasser*) _____, vous (*outrager*) _____, et qu'on (*rejeter*) _____ votre nom comme infâme, à cause du Fils de l'homme! (Lc 6:22, Sg)

9. Aaron (*s'en revêtir*) _____ pour faire le service; quand il (*entrer*) _____ dans le sanctuaire devant l'Éternel, et quand il en (*sortir*) _____, on (*entendre*) _____ le son des clochettes, et il ne (*mourir*) _____ point. (Ex 28:35, Sg)

10. Cependant celui-ci, nous savons d'où il est; mais le Christ, quand il (*venir*) _____, personne ne (*savoir*) _____ d'où il est. (Jn 7:27, Sg)

11. Dès que ces deux trompettes (*sonner*) _____ ensemble, toute la communauté (*se rassembler*) _____ auprès de toi à l'entrée de la tente de la Rencontre. (No 3:10, BSm)

12. Je (*chanter*) _____ l'Éternel tant que je (*vivre*) _____, je (*célébrer*) _____ mon Dieu tant que j' (*exister*) _____. (Ps 104:33, Sg)

Comparative and Superlative

Comparison of adjectives, adverbs, and nouns:

When the Rule of Saint Benedict states concerning the abbot, "Il n'aimera pas un frère plus qu'un autre, sauf s'il en trouve un qui agit **mieux** ou qui obéit **mieux** que les autres" and "La seule chose qui compte à ses yeux, c'est d'être **meilleurs** que les autres par nos actions bonnes, et d'être humbles," two different comparatives are used. The first (**mieux**: "better") is the comparative of **bien** ("well"), and the second (**meilleur**: "better") is the comparative of **bon** ("good"). Since adjectives agree in gender and number, the comparative of **bon** can have four forms: **meilleur, meilleure, meilleurs,** and **meilleures**.

Meilleur is actually an irregular form, as are **pire**[51] ("worse"), which is the comparative of **mauvais**, and **moindre**[52] ("less"), which is the comparative of **petit**. But the constructions normally used in French to express comparison are **plus...que** ("more...than"), **moins...que** ("less...than"), and **aussi...que** ("as...as"):

---

51 In modern French, **plus mauvais** is also used.

52 And yet, **moindre** is used when referring to significance. When referring to size, **plus petit** is employed.

Car la folie de Dieu est **plus** sage **que** les hommes, et la faiblesse de Dieu est **plus** forte **que** les hommes. (1 Co 1:25, Sg) *For the foolishness of God is wiser than men, and the weakness of God is stronger than men.* (ESV)

Juda les reconnut, et dit: Elle est **moins** coupable **que** moi, puisque je ne l'ai pas donnée à Schéla, mon fils. (Gn 38:26, Sg) *Then Judah identified them and said, She is more righteous than I, since I did not give her to my son Shelah.* (ESV)

Car l'insoumission est **aussi** coupable **que** le péché de divination et la désobéissance **aussi** grave **que** le péché d'idolâtrie. (1 S 15:23, BSm) *For rebellion is like the sin of divination, and arrogance like the evil of idolatry.* (NIV)

As for adverbs, in addition to the irregular form **mieux**, the comparative of **mal** is **pis**.[53] Otherwise, the constructions used to express the comparison are also **plus . . . que**, **moins . . . que**, and **aussi . . . que**:

Ils couraient tous deux ensemble. Mais l'autre disciple courut **plus** vite **que** Pierre, et arriva le premier au sépulcre. (Jn 20:4, Sg) *The two were running together; and the other disciple ran ahead faster than Peter and came to the tomb first.* (NASB)

En quoi avez-vous été traités **moins** favorablement **que** les autres Églises, sinon en ce que je ne vous ai point été à charge? (2 Co 12:13, Sg) *For in what were you less favored than the rest of the churches, except that I myself did not burden you?* (ESV)

Et je regarde comme un devoir, **aussi** longtemps **que** je suis dans cette tente, de vous tenir en éveil par des avertissements. (2 P 1:13, Sg) *I think it is right to refresh your memory as long as I live in the tent of this body.* (NIV)

When expressing quantitative comparisons with nouns, the following constructions are used: **plus de . . . que**, **moins de . . . que**, and **autant de . . . que** ("as much . . . as"):

Une réprimande fait **plus d'**impression sur l'homme intelligent **que** cent coups sur l'insensé. (Pr 17:10, Sg) *Rebuke cometh down on the intelligent More than a hundred stripes on a fool.* (KJV)

C'est pourquoi, au jour du jugement, ces villes seront traitées avec **moins de** rigueur **que** vous. (Lc 10:14, BSm) *On the day of judgment the people of Tyre and Sidon will get off easier than you will.* (CEV)

Réjouis-nous **autant de** jours **que** tu nous as humiliés, **autant d'**années **que** nous avons vu le malheur. (Ps 90:15, Sg) *Make us glad for as many days as you have afflicted us, for as many years as we have seen trouble.* (NIV)

SUPERLATIVE OF ADJECTIVES, ADVERBS, AND NOUNS:

When the Rule of Saint Benedict states concerning the abbot, "Puis il fait ce qu'il juge **le plus utile**," and of a minor brother, "En effet, souvent le Seigneur découvre à un frère plus jeune ce qui est **le mieux**," two different superlatives are used. The first (**le plus utile**:

---

53 In modern French, **plus mal** may also be employed.

"the most useful") is the superlative of the adjective **utile**, while **le mieux** ("the best") is the superlative of the adverb **bien**.

Since adjectives agree in gender and number, the definite article which precedes the superlative expressions **plus** and **moins** will also agree. The preposition **de** also expresses "in" or "of" in a superlative construction:

> Et toi, Bethléem, au pays de Juda, tu n'es certainement pas **la moins importante** des localités **de** Juda. (Mt 2:6, BFC) *But you, Bethlehem, in the land of Judah, are by no means least among the rulers of Judah.* (NIV)
>
> L'Éternel m'a créée [la Sagesse] la première de ses œuvres, avant ses oeuvres **les plus anciennes**. (Pr 8:22, Sg) *The Lord brought me forth as the first of his works, before his deeds of old.* (NIV)

Superlative adjectives normally follow the nouns they modify and the definite article is repeated. However, with adjectives that precede the noun, the superlative construction does so as well and the article is not repeated:

> Maître, quel est **le plus grand** commandement **de** la loi? (Mt 22:36, Sg) *Teacher, which is the great commandment in the Law?* (ESV)
>
> Mais le père dit à ses serviteurs: Apportez vite **la plus belle** robe, et l'en revêtez; mettez-lui un anneau au doigt, et des souliers aux pieds. (Lc 15:22, Sg) *But the father said to his servants, bring forth the best robe, and put it on him; and put a ring on his hand, and shoes on his feet.* (KJV)

The superlatives of **bon**, **mauvais**, and **petit** are irregular and each have four forms: **le meilleur, la meilleure, les meilleurs, les meilleures**; **le pire, la pire, les pires** (*m.pl.*) **les pires** (*f.pl.*);[54] **le moindre, la moindre, les moindres** (*m.pl.*), **les moindres** (*f.pl.*).

Besides the irregulars **le mieux** and **le pis** ("the worst"), the superlative forms used with adverbs are **le plus** and **le moins**:

> Voyez lequel des fils de votre maître est le meilleur et convient **le mieux**, mettez-le sur le trône de son père. (2 R 10:3, Sg) *Choose the best and most worthy of your master's sons and set him on his father's throne.* (NIV)
>
> Ceux qui conduisaient Paul le menèrent jusqu'à Athènes. Puis ils retournèrent à Bérée avec les instructions de Paul pour Silas et Timothée; il leur demandait de le rejoindre **le plus tôt** possible. (Ac 17:15, BFC) *Those who escorted Paul brought him to Athens and then left with instructions for Silas and Timothy to join him as soon as possible.* (NIV)

Before nouns, the superlative forms **le plus de** and **le moins de** are used:

> Ainsi nos membres les moins honnêtes reçoivent **le plus d'honneur**. (1 Co 12:23, Sg) *The private parts of our body that aren't presentable are the ones that are given the most dignity.* (CEB)

---

54 In the latter case, **le plus mauvais** and its variants are also used.

Exercises

A. Translate the following verses containing the comparative into English:

19.9

crème *f.* cream
épée *f.* sword
fonte *f.* casting, founding
fronde *f.* sling
onctueux, -euse unctuous
terrasser to throw, lay low

1. Ainsi, avec une fronde et une pierre, David fut plus fort que le Philistin; il le terrassa et lui ôta la vie, sans avoir d'épée à la main (1 S 17:50, Sg)

2. Tu as agi plus mal que tous ceux qui ont été avant toi, tu es allé te faire d'autres dieux, et des images de fonte pour m'irriter, et tu m'as rejeté derrière ton dos! (1 R 14:9, Sg)

3. Sa bouche est plus douce que la crème, mais la guerre est dans son cœur; ses paroles sont plus onctueuses que l'huile, mais ce sont des épées nues. (Ps 55:21, Sg)

4. J'ai plus d'intelligence que les vieillards, car j'observe tes ordonnances. (Ps 119:100, Sg)

5. Il fit ce que l'Éternel considère comme mal, moins cependant que ses prédécesseurs. (2 R 17:2, BSm)

6. Un autre royaume, moins puissant que le tien, s'élèvera après toi. (Dn 2:39, BFC)

7. Quand le Seigneur vit que Léa était moins aimée que Rachel, il la rendit féconde, alors que Rachel restait stérile. (Gn 29:31, BFC)

8. Et Pharaon dit à Joseph: Puisque Dieu t'a fait connaître toutes ces choses, il n'y a personne qui soit[55] aussi intelligent et aussi sage que toi. (Gn 41:39, Sg)

9. L'Éternel, votre Dieu, vous a multipliés, et vous êtes aujourd'hui aussi nombreux que les étoiles du ciel. (Dt 1:10, Sg)

55 **soit** *subj.* is

10. Où donc sont tes dieux que tu t'es faits? Qu'ils[56] se lèvent, s'ils peuvent te sauver au temps du malheur! Car tu as autant de dieux que de villes, ô Juda! (Jr 2:28, Sg)

B. Translate the following verses containing the superlative into English:

19.10

au sortir de on coming out of
se diriger to be headed
invité, -e guest
rusé, -e clever, sly
tôt soon, early

1. Car je suis le moindre des apôtres, je ne suis pas digne d'être appelé apôtre, parce que j'ai persécuté l'Église de Dieu. (1 Co 15:9, Sg)

2. Racontez à mon père toute ma gloire en Égypte, et tout ce que vous avez vu; et vous ferez descendre ici mon père au plus tôt. (Gn 45:13, Sg)

3. Insensés, aveugles! Qu'est-ce qui a le plus d'importance: l'or, ou le temple qui rend cet or sacré? (Mt 23:17, BFC)

4. Et l'Éternel lui dit: Deux nations sont dans ton ventre, et deux peuples se sépareront au sortir de tes entrailles; un de ces peuples sera plus fort que l'autre, et le plus grand sera assujetti au plus petit. (Gn 25:23, Sg)

5. Le serpent était le plus rusé de tous les animaux des champs, que l'Éternel Dieu avait faits. (Gn 3:1, Sg)

6. Où est allé ton bien-aimé, O la plus belle des femmes? De quel côté ton bien-aimé s'est-il dirigé? (Ct 6:1, Sg)

7. Car, lequel est le plus aisé, de dire: Tes péchés sont pardonnés, ou de dire: Lève-toi, et marche? (Mt 9:5, Sg)

8. Si c'est dans cette vie seulement que nous espérons en Christ, nous sommes les plus malheureux de tous les hommes. (1 Co 15:19, Sg)

---

[56] **Qu'ils**... Let them...

9. Ils savent depuis longtemps, s'ils veulent le déclarer, que j'ai vécu pharisien, selon la secte la plus rigide de notre religion. (Ac 26:5, Sg)

10. Tout le monde commence par offrir le meilleur vin, puis, quand les invités ont beaucoup bu, on sert le moins bon. Mais toi, tu as gardé le meilleur vin jusqu'à maintenant! (Jn 2:10, BFC)

THE *FUTUR ANTÉRIEUR*

The *futur antérieur*, or future perfect, is formed by combining the future of the helping verbs **avoir** or **être** and the past participle of the verb in question. As with all compound tenses, agreement of the past participle is made when necessary:

19.11

ADORER	SORTIR	SE PLAINDRE
j'aurai adoré	je serai sorti(e)	je me serai plaint(e)
tu auras adoré	tu seras sorti(e)	tu te seras plaint(e)
il (elle, on) aura adoré	il (elle, on) sera sorti(e)	il (elle, on) se sera plaint(e)
nous aurons adoré	nous serons sorti(e)s	nous nous serons plaint(e)s
vous aurez adoré	vous serez sorti(e)(s)	vous vous serez plaint(e)(s)
ils (elles) auront adoré	ils (elles) seront sorti(e)s	ils (elles) se seront plaint(e)s

The *futur antérieur* is employed in reference to an event that will have already transpired before another event in the future:

> Vous **observerez** la fête des pains sans levain, car c'est en ce jour même que **j'aurai fait** sortir vos armées du pays d'Égypte. (Ex 12:17, Sg) *So you shall observe the Feast of Unleavened Bread, for on this same day I will have brought your armies out of the land of Egypt.* (KJV)

If the context is the future, the *futur antérieur* is always used following the conjunction **après que**, whereas the verb in the main clause is generally in the simple future:

> Mais, **après que** je **serai ressuscité**, je vous **précèderai** en Galilée. (Mt 26:32, Sg) *But after I have been raised, I will go ahead of you to Galilee.* (NASB)

The *futur antérieur* may also be used after **lorsque, quand, aussitôt que, dès que** and **tant que**, if the verb indicates an action completed before another action in the main clause can take place. (When actions are considered simultaneous, the simple future is employed in both clauses.)

> Et lorsque toutes choses lui **auront été** soumises, alors le Fils lui-même **sera** soumis à celui qui lui a soumis toutes choses. (1 Co 15:28, Sg) *And when all things shall be subdued unto him, then shall the Son also himself be subject unto him that put all things under him.* (KJV)

Chapter 19

EXERCISES

A. Put the verbs in parentheses into the *futur antérieur*:

19.12

achever to conclude, complete
ânon *m.* donkey foal
avoir le dessus to have the upper hand
détacher to detach
inébranlable unshakeable
perfectionner to perfect

1. Et, lorsque je (*s'en aller*) _____, et que je vous (*préparer*) _____ une place, je reviendrai, et je vous prendrai avec moi, afin que là où je suis vous y soyez[57] aussi. (Jn 14:13, Sg)

2. Le Dieu de toute grâce, qui vous a appelés en Jésus Christ à sa gloire éternelle, après que vous (*souffrir*) _____ un peu de temps, vous perfectionnera lui-même, vous affermira,[58] vous fortifiera, vous rendra inébranlables. (1 P 5:10, Sg)

3. Allez dans le village qui est devant vous. Dès que vous y (*entrer*) _____, vous trouverez un ânon attaché que personne n'a encore monté. Détachez-le et amenez-le ici. (Mc 11:2, BSm)

4. Si quelqu'un a faim, qu'il[59] mange chez lui, afin que vous ne vous réunissiez pas[60] pour attirer un jugement sur vous. Je réglerai les autres choses quand je (*arriver*) _____. (1 Co 11:34, Sg)

5. Jésus donc leur dit: Quand vous (*élever*) _____ le Fils de l'homme, alors vous connaîtrez ce que je suis, et que je ne fais rien de moi-même, mais que je parle selon ce que le Père m'a enseigné. (Jn 8:28, Sg)

6. Quand le consolateur (*venir*) _____, l'Esprit de vérité, il vous conduira dans toute la vérité; car il ne parlera pas de lui-même, mais il dira tout ce qu'il (*entendre*) _____, et il vous annoncera les choses à venir. (Jn 16:13, Sg)

7. Quand ils (*achever*) _____ leur témoignage, la bête qui monte de l'abîme leur fera la guerre, les vaincra, et les tuera. (Ap 11:7, Sg)

8. Tant que nous (*ne pas arriver*) _____ là-bas, nous ne saurons pas nous-mêmes ce que nous offrirons pour le culte de l'Éternel. (Jos 7:13, BSm)

9. Dieu dit: Je serai avec toi; et ceci sera pour toi le signe que c'est moi qui t'envoie: quand tu (*faire*) _____ sortir d'Égypte le peuple, vous servirez Dieu sur cette montagne. (Ex 3:12, Sg)

10. Après qu'on (*se joindre*) _____ à lui, il usera de tromperie; il se mettra en marche, et il aura le dessus avec peu de monde. (Dn 11:23, Sg)

11. Vous ne pourrez pas résister à vos ennemis tant que vous (*ne point ôter*) _____ cela du milieu de vous. (Jos 7:13, BSm)

12. Car il enseignait ses disciples, et il leur dit: Le Fils de l'homme sera livré entre

---

57 **afin que ... vous y soyez** *subj.* in order that ... you be there
58 **affermir** to strengthen, make firm
59 **qu'il ...** let him ...
60 **afin que vous ne vous réunissiez** (*subj.*) **pas** in order that you might not gather together

les mains des hommes; ils le feront mourir, et, trois jours après qu'il (être) _____ mis à mort, il ressuscitera. (Mc 9:31, Sg)

B. Translate the following sentences containing the *futur antérieur* into English:

19.13

ainsi soit-il so be it, amen
étudier to study
rêve *m.* dream
sommeil *m.* sleep

1. Au dernier jour, on ne vous demandera pas ce que vous aurez su, mais ce que vous aurez fait. (Thomas à Kempis, *L'Imitation de Jésus-Christ*)

2. Nous aurons le destin que nous aurons mérité. (Albert Einstein, *Comment je vois le monde*)

3. Le bon Dieu aura plus tôt pardonné à un pécheur repentant, qu'une mère n'[61]aura retiré son enfant du feu. (Le Curé d'Ars, *Catéchismes*)

4. La vie est un sommeil, l'amour en est le rêve, / Et vous aurez vécu, si vous avez aimé. (Musset, *À quoi rêvent les jeunes filles*)

5. Laissez-leur prendre un pied chez vous, / Ils en auront bientôt pris quatre. (La Fontaine, *La lice et sa compagne*)

6. Celui qui se sera étudié lui-même sera bien avancé dans la connaissance des autres. (Diderot, *Essai sur les règnes de Claude et de Néron*)

7. Dès que l'on aura bien conçu que *tous* doivent être appelés à s'occuper du bonheur de *tous*, le plus difficile sera fait. (Joseph Bonaparte, *Correspondance*)

8. Il y aura deux sortes de gens à la fin: ceux qui diront à Dieu «Ainsi soit-il» et ceux à qui Dieu dira, à la fin: «Ainsi soit-il». Tous ceux qui seront en enfer, l'auront choisi. (C.S. Lewis, *The Great Divorce*)

---

61 The **ne** here is said to be "pleonastic." It is not a negation, but is meant rather to draw attention to what precedes. It is used in formal discourse, and only after certain verbs and expressions of fear, warning, denial or doubt.

CHAPTER 19

REVIEW AND EXPANSION EXERCISES

A. Fill in the blanks with the appropriate vocabulary word, making all necessary agreements according to context:

s'apercevoir	frein	monastère
consacrer	grincement	prévoyance
cultiver	incorrigible	repentir
entraîner	masque	sureté

1. Egoïsme: se plaindre de celui des autres, et ne pas _____ du sien. (Gustave Flaubert, *Dictionnaire des idées reçues*)
2. Il avait accoutumé de dire qu'un novice, entrant dans le _____, devait laisser son corps à la porte. (Boussuet, *Panégyrique de Saint Bernard*)
3. La vieillesse passe pour _____, et moi, messieurs,[62] je crois qu'on doit penser à se corriger à cent ans. (Voltaire, *Irène*)
4. Venez, de l'huile sainte il faut vous _____, / Paraissez, Josabet; vous pouvez vous montrer. (Racine, *Athalie*)
5. C'est une _____ très nécessaire de sentir qu'on ne peut tout prévoir. (Rousseau, *Le Contrat social*)
6. [Il] n'est crime envers moi qu'un _____ n'efface. (Corneille, *Cinna, ou La Clémence d'Auguste*)
7. ... cette femme qui prenait le temps de demander son _____, lorsqu'elle l'avait sur son visage. (La Bruyère, *Les Caractères*)
8. On peut tuer les médisants en _____ de conscience... Tous nos Casuistes s'y accordent. (Pascal, *Les Provinciales*)
9. Dans le vaste champ de l'intrigue, il faut savoir tout _____, jusqu'à la vanité d'un sot. (Beaumarchais, *Le Mariage de Figaro*)
10. Non, Sire, les princes, dès qu'ils se livrent au vice, ne connaissent plus d'autre _____ que leur volonté, et leurs passions ne trouvent pas plus de résistance que leurs ordres. (Massillon, *Tentation des grands*)
11. L'âme est donc toute esclave; une loi souveraine / Vers le bien ou le mal incessamment l' _____. (Corneille, *Œdipe*)
12. Tout ce que les damnés souffriront n'est qu'une demi-vengeance pour lui; ces _____ de dents, ces gémissements et ces pleurs, ces feux qui ne doivent jamais s'éteindre, tout cela n'est rien ou presque rien en comparaison du sacrifice de Jésus-Christ mourant. (Bourdaloue, *Sur la passion*)

B. The passage below constitutes the final section in the Rule of Saint Benedict. Many of the verbs are in the future. A few expressions are glossed, though you should readily understand the rest of the vocabulary. Translate into English:

LXXII. LE BON FEU QUE DOIT BRÛLER LE CŒUR DES MOINES

---

62 **messieurs** *m.* sirs, gentlemen.

1 Dans le cœur, il peut y avoir un feu mauvais et amer qui sépare de Dieu et conduit loin de lui pour toujours.

2 Il peut y avoir aussi un bon feu qui sépare du mal et conduit à Dieu et à la vie avec lui pour toujours.

3 Ce feu-là,[63] les moines le feront donc passer dans leurs actes avec un très grand amour.

4 Voici comment: chacun voudra être le premier pour montrer du respect à son frère.

5 Ils supporteront avec une très grande patience les faiblesses des autres, celles du corps et celles du caractère.

6 Ils s'obéiront mutuellement de tout leur cœur.

7 Personne ne cherchera son intérêt à lui, mais plutôt celui des autres.

8 Ils auront entre eux un amour sans égoïsme, comme les frères d'une même famille.

9 Ils respecteront Dieu avec amour.

10 Ils auront pour leur abbé un amour humble et sincère.

11 Ils ne préféreront absolument rien au Christ.

12 Qu'il nous conduise[64] tous ensemble à la vie avec lui pour toujours!

C. The following passage is taken from literary critic Jean-François de La Harpe's *Éloge de Fénelon*,[65] in which he extols the virtues of the Bishop of Cambrai. In the late seventeenth century, an epic clash occurred between Fénelon and rival bishop Bossuet over Mme Guyon's religious practices, deemed quietistic, but which Fénelon supported. Bossuet served on an ecclesiastical commission charged with studying the matter and came to condemn Mme Guyon's opinions. Fénelon then spent several years dueling in pamphlets and letters with Bossuet until the Inquisition finally stepped in, in Bossuet's favor, and Fénelon was forced to submit to Rome. The text was chosen for its use of comparatives and superlatives. Some new vocabulary is provided and verbs glossed. Answer the true-false questions following the text.

19.14

athéisme *m.* atheism
célèbre famous
controverse *f.* controversy
cour *f.* court
défaite *f.* defeat
destructif, -ve destructive
écrit *m.* writing
embellir to embellish, beautify
foudroyer to strike down, crush, blast
funeste deadly, fatal
glacer to freeze

hardi, -e bold
inspirer to inspire
lutte *f.* struggle
onction *f.* unction, anointing
pressant, -e pressing, urgent
rapprocher to bring near, compare
rassembler to collect, gather together
tarir to dry up
terrasser (*fig.*) to overwhelm, dismay
tournure *f.* turn (phrase)
triomphe *m.* triumph

63 **Ce feu-là** That fire.
64 **Qu'il nous conduise** (*subj.*, 3rd *s.*) May he lead us.
65 *Éloge de François de Salignac de La Motte-Fenelon, archevêque-duc de Cambray . . .* (Paris: Regnard, 1771).

Bossuet, après sa victoire, passa pour le plus savant et le plus orthodoxe des évêques; Fénelon, après sa défaite, pour le plus modeste et le plus aimable des hommes. Bossuet continua de se faire admirer à la cour; Fénelon se fit adorer à Cambrai, et dans l'Europe. Peut-être serait[66]-ce ici le lieu de comparer les talents et la réputation de ces deux hommes également célèbres, également immortels. On pourrait[67] dire que tous deux eurent un génie supérieur; mais que l'un avait plus de cette grandeur qui nous élève, de cette force qui nous terrasse; l'autre plus de cette douceur qui nous pénètre, et de ce charme qui nous attache. L'un fut l'oracle du dogme, l'autre celui de la morale: mais il paraît que Bossuet, en faisant des conquêtes pour la foi, en foudroyant l'hérésie, n'était pas moins occupé de ses propres triomphes, que de ceux du Christianisme: il semble au contraire que Fénelon parlait de la vertu comme on parle de ce qu'on aime, en l'embellissant sans le vouloir, et s'oubliant toujours, sans croire même faire un sacrifice. Leurs travaux furent aussi différents que leurs caractères. Bossuet, né pour les luttes de l'esprit et les victoires du raisonnement, garda même dans les écrits étrangers à ce genre cette tournure mâle[68] et nerveuse, cette vigueur de raison, cette rapidité d'idées, ces figures hardies et pressantes, qui sont les armes de la parole. Fénelon, fait pour aimer la paix et pour l'inspirer, conserva sa douceur, même dans la dispute, mit de l'onction jusques dans la controverse, et parut avoir rassemblé dans son style tous les secrets de la persuasion. Les titres de Bossuet dans la postérité sont, surtout ses *Oraisons funèbres*, et son *Discours sur l'Histoire*.[69] Mais Bossuet, historien et orateur, peut rencontrer des rivaux; le *Télémaque*[70] est un ouvrage unique, dont nous ne pouvons rien rapprocher. Au livres des *Variations*,[71] aux combats contre les hérétiques, on peut opposer le livre sur l'*Existence de Dieu*,[72] et les combats contre l'athéisme: doctrine funeste et destructive, qui dessèche l'âme et l'endurcit, qui tarit une des sources de la sensibilité, et brise le plus grand appui de la morale, arrache au malheur sa consolation, à la vertu de son immortalité, glace le cœur du juste en lui ôtant un témoin et un ami, et ne rend justice qu'au méchant qu'elle anéantit.

I. Indicate whether true or false:
  1. According to La Harpe, even though Bossuet may have triumphed at court, Fénelon remained a more beloved figure throughout Europe.
  2. Bossuet championed ethics while Fénelon championed dogma.

66 **serait** *cond., 3rd s.* would be.

67 **pourrait** *cond., 3rd s.* would be able.

68 Here "mâle" means "manly."

69 Bossuet's *Oraisons funèbres* were published individually at different periods, while his *Discours sur l'Histoire* was printed in 1682.

70 For the education of the Duke de Bourgogne, grandson and heir to Louis XIV, Fénelon composed his best-known work, *Les Aventures de Télémaque* (1699), in which Telemachus travels in search of his father, Ulysses.

71 Bossuet's *Histoire des variations des Églises protestantes* was published in 1688.

72 A treatise by Fénelon first published in 1712.

3. La Harpe attributes to Bossuet a certain self-consciousness, while to Fénelon a certain self-abnegation.
4. In spite of their character differences, the writings of Bossuet and Fénelon were really quite similar in style.
5. Even when engaged in polemics, Fénelon remained temperate and mild-mannered.
6. As an historian and orator, Bossuet was absolutely without rival.
7. Fénelon excelled in his writings against atheism, a "doctrine" which La Harpe finds especially pernicious.

D. Anne du Bourg (1521–1559) was a Calvinist magistrate and parliamentarian. Following his public critique of the royal policy of repression against "those called heretics," he was arrested and condemned to death. The paragraphs below are taken from his *Oraison au Sénat de Paris*, a harangue addressed to his judges at the time of his sentence. Read for content and answer the questions in English following the text. A number of new vocabulary is provided and some items glossed:

19.15

boucher to stop, plug up
boucherie *f.* slaughter
chanceler to stagger, totter
constituer to institute, set up
contrevenir to contravene, infringe
déposer to lay down
destitué, -e deprived, lacking
ébranler to shake
s'émerveiller to marvel
empêché, -e puzzled, at a loss
fâcherie *f.* quarrel, tiff
faillir[73] to fail
fléau *m.* scourge
franchement freely
gent *f.* people, race, group

gibet *m.* gallows
happer to snatch
hautesse *f.* haughtiness
inique iniquitous
lèse-majesté *f.* high treason
mouiller to wet
moyennant by the intermediary of
occis, -e *arch.* slain
occision *f. arch.* slaughter
presse *f.* crowd, throng
sacrilège sacrilegious
sourciller to wince
taxer to accuse
traitement *m.* treatment
traître *m.* traitor

 . . . si vous ne dédaignez point d'apprendre quelque chose d'un homme qui est déplaisant à vos yeux, et qui parlera devant Dieu et vous moyennant sa grâce, le défendant comme il m'en donnera la force, devant lequel et en son nom je réclame votre audience, ce que vous ne me devez refuser, non pas à un infidèle. Et combien que[74] je sache[75] bien que vous trouverez étrange qu'un homme déjà condamné prononce en votre présence ce que le monde rejette bien loin, toutefois disant la vérité je ne pense faillir. Et si vous déposez cette

---

73 The present indicative of **faillir** is irregular, having two stems: **faux, faux, faut, faillons, faillez, faillent**. It is, however, rarely employed, except in the infinitive or past tense.

74 **combien que** *arch.* although

75 **sache** *subj., 3rd s.* know

hautesse qui vous fait sourciller les yeux, vous cesserez de vous émerveiller, si c'est votre plaisir de m'écouter en patience...[76]

Et nous, pauvres... laisserons-nous fouler aux pieds notre rédemption, le sang de celui qui l'a si franchement répandu pour nous? N'obéirons-nous point à notre Roi qui veut que nous le défendions, qui nous cherche, qui nous soutient, qui est le premier en la presse? Quoi donc, la peur nous peut-elle faire chanceler? Nous doit-elle ébranler? Ne serons-nous pas plutôt hardis, mais invincibles, connaissant une si petite résistance contre nous, étant assurés qu'ils sont hommes, hélas, vermine misérable et indignes d'être nommés devant Dieu. Cette gent veut que nous permettions[77] qu'on blasphème notre Dieu; elle veut que nous lui soyons[78] traîtres, et pour cela on nous déteste; nous sommes taxés de sédition, nous sommes (se disent-ils) désobéissants aux princes, d'autant que nous n'offrons rien à Baal. Et vous accordez avec eux, ô messieurs,[79] c'est pourquoi nous ne voulons point vous obéir, et si[80] par ce moyen nous vous obéissons. Or que pour cela vous nous condamniez[81] d'être rebelles à notre prince, aucunement vous ne pouvez ni ne devez ainsi inférer. Car qui a fait roi notre prince, et qui lui a baillé autorité sur tant de peuple? N'a-ce pas été le grand Seigneur de tous les rois? L'aurait-il placé en un tel lieu pour lui contrevenir, l'exemptant de garder ce qu'il a commandé à toutes les nations, au ciel et à la terre? Par cela je conclus[82] que le roi notre prince est sujet, et tous les siens, aux commandements du souverain Roi, et commet lui-même crime de lèse-majesté, s'il détermine quelque chose contre la volonté de son Roi et le nôtre et par ainsi coupable de mort s'il persiste en une erreur qu'il devrait condamner.[83]

Vous, rois de maintenant, pensez-vous échapper à la fureur de Dieu, ne portant non plus de révérence à sa parole? Ne pensez-vous point que la superbité,[84] l'outrecuidance[85] et l'ingratitude des rois de Babylone, d'Assyrie et d'Israël aient été[86] regardées du Seigneur?[87]... Que si vous vivez, vous vivez pour un temps, ô rois. Nabuchodonosor a vécu: ses magnificences étaient bien pour opposer aux vôtres. Et combien que par une guerre sacrilège il ait été[88] un

---

76 *Oraison au Sénat de Paris pour la cause des chrestiens, à la consolation d'iceux, d'Anne du Bourg prisonnier pour la parole*, s.l., 1560, p. 5.

77 **permettions** *subj., 1ˢᵗ pl.* permit

78 **soyons** *subj., 1ˢᵗ pl.* be

79 **messieurs** *m.* sirs, gentlemen

80 **si** *arch.* still, nevertheless

81 **condamniez** *subj., 2ⁿᵈ pl.* condemn

82 **conclus** *ind., 1ˢᵗ s.* conclude

83 *Op. cit.*, 17–18.

84 **superbité** *f. arch.* pride, haughtiness

85 **outrecuidance** *f. arch.* presumptuousness

86 **aient été** *subj., 3ʳᵈ pl.* were

87 *Op. cit.*, 9–11.

88 **ait été** *subj., 3ʳᵈ s.* was

fléau à Jérusalem, toutefois ses délices lui tourneront en contumélie,[89] vu que le roi mauvais est en malédiction au Seigneur. Car il est dit malédiction sur ceux qui constituent ordonnances iniques. Las,[90] comment serez-vous exempts de cette sentence, quand au lieu de l'équité que vous nous devez, vous nous foulez d'autant que nous portons de tout notre cœur une vraie révérence à l'honneur de Dieu. Et vous, messieurs, que ne pensez-vous aux punitions que l'Éternel vous met devant vos yeux? Jusqu'à quand boucherez-vous vos oreilles et fermerez-vous les yeux à l'expérience que vous avez vue? Jusqu'à quand remettrez-vous les châtiments de Dieu à la Fortune[91] . . . et ferez-vous les empêchés à autres choses, laissant la parole de Dieu en arrière?[92]

Non, non, messieurs, nul ne pourra nous faire séparer de Christ quelques lacs que l'on nous tende,[93] soit fâcherie d'esprit, soit que nos corps endurent. Non, non, vous savez bien il y a longtemps que nous habitants en la terre, nous sommes destinés à la boucherie comme brebis d'occision. Donc, qu'on nous tue, qu'on nous brise pour cela, les morts du Seigneur vivront, et nous ressusciterons ensemble. La terre donc révèlera son sang et ne couvrira plus ses occis. Toutefois, vous ne faites rien que l'on n'ait fait[94] du temps des apôtres: ils ont été tourmentés, ils ont été tranchés,[95] destitués, oppressés, tentés, mis à mort, et nous mourrons à leur exemple. Et nous vivrons après, nous nous éjouirons[96] pour jamais à la bonté du Seigneur, et pour jamais sa Justice sera connue en la face des méchants. La larme, ô messieurs, vous mouillera les yeux pour le traitement que vous nous aurez fait.[97]

Par ainsi, qui est de Dieu, il nous écoute; qui n'est point de Dieu, il ne nous écoute point, voulant chercher autre chose que celle que l'Écriture nous enseigne: et en lui est connu l'esprit d'erreur. Je suis donc chrétien, je le suis. Je crierai encore plus haut, je suis chrétien. Puisqu'ainsi est, happe-moi bourreau, mène-moi au gibet.[98]

A. Answer the following questions:

1. What motivates Anne du Bourg to speak before his unsympathic judges?

2. What is du Bourg's opinion of the adversaries of the Protestant cause?

---

89 **contumélie** *f. arch.* outrage, affront
90 **las** *arch.* = hélas
91 Here "Fortune" refers to chance.
92 *Op. cit.*, 20–21.
93 **quelques lacs** (*arch.*) **que l'on nous tende** (*subj., 3rd s.*) whatever traps one may lay for us
94 **n'ait fait** *p. subj., 3rd s.* hasn't done
95 **tranché** *arch.* = retranché
96 **s'éjouir** *arch.* = se réjouir
97 *Op. cit.*, p. 25.
98 *Ibid.*, p. 27.

CHAPTER 19

3. In these passages, how does du Bourg oppose earthly and heavenly kingship?

4. To what extent does du Bourg see himself in the long cortege of Christian martyrs?

THE ART OF READING FRENCH

As you have worked your way through this manual, you have undoubtedly drawn on your ability to infer meaning, namely to make deductions and to guess at clues from context. Although this process may have been unconscious, there are some key modalities related to inference with which you should be aware. All of these examples, some of which overlap, can be found in the passages from Anne du Bourg's harangue above:

1. Words elucidated through <u>description</u> or <u>definition</u> elsewhere in the sentence:
Par cela je conclus que le roi notre prince est sujet, et tous les siens, aux commandements du souverain Roi, et commet lui-même crime de **lèse-majesté**, *s'il détermine quelque chose contre la volonté de son Roi et le nôtre et par ainsi coupable de mort s'il persiste en une erreur qu'il dervait condamner.*

> You learn that **lèse-majesté** is a crime, although you may not readily understand its nature. However, du Bourg goes on to explain that it involves obdurate behavior against one's king and that it is an offense punishable by death.

Et combien que par *une guerre sacrilège* il ait été *un fléau* à Jérusalem, toutefois ses délices lui tourneront en **contumélie**, *vu que le roi mauvais est en malédiction au Seigneur.*

> **Contumélie** is an archaic word not readily understandable.[99] One clue is that it is a state opposite that of **délices**, which the king once enjoyed. More to the point, you learn elsewhere in the sentence that the king took part in an unjust war and that he served indeed as a scourge for Jerusalem. Furthermore, as an evil king, he was cursed before God.

2. Words elucidated through <u>synonyms</u> elsewhere in the sentence:
... étant assurés qu'ils sont hommes, hélas, *vermine misérable* et **indignes** d'être nommés devant Dieu.

> Du Bourg intends to show that the opposition to the Protestant clause comes from mere men. The words **vermine misérable** are English cognates and should help you gauge the sense of **indignes**, with respect to their standing before God.

Puisqu'ainsi est, **happe**-moi bourreau, **mène**-moi au gibet

---

99 Unless, of course, one happens to remember Hamlet's soliloquy: "Th' oppressor's wrong, the proud man's contumely."

Happer is not an everyday word. However, it is used in parallel with **mener**, which you already know, and must have a related meaning.

3. Words elucidated through <u>antonyms</u> elsewhere in the sentence:

   Quoi donc, la peur nous peut-elle faire **chanceler**? Nous doit-elle **ébranler**? Ne serons-nous pas plutôt *hardis*, mais *invincibles* . . .

   Chanceler and **ébranler** are synonyms, both motivated by fear. Their rough meanings may be guessed by the words **hardis** and **invincibles**, to which they are opposed.

   Las, comment serez-vous exempts de cette sentence, quand au lieu de l'*équité* que vous nous devez, **vous nous foulez** d'autant que nous portons de tout notre cœur une vraie révérence à l'honneur de Dieu.

   From the context, du Bourg's persecuters merit a certain sentence. This is because, instead of meeting out justice (**équité**), they participate in some sort of oppression—hence the general meaning of **vous nous foulez**.

4. Words elucidated through an <u>association</u> elsewhere in the sentence:

   Ne pensez-vous point que la **superbité**, l'outrecuidance et l'ingratitude des *rois de Babylone, d'Assyrie* et *d'Israël* aient été regardées du Seigneur?

   The word **superbité** appears in an enumeration of synonyms, which provides one clue as to its meaning. Moreover, you know from Scripture that the Babylonian and Assyrian kings were often associated with overweening pride.

5. Words elucidated through <u>purpose</u>, <u>result</u> or a <u>cause/effect relationship</u> elsewhere in the sentence:

   Nous sommes destinés à la **boucherie** comme *brebis d'occision*.

   By deduction you know that sacrificial lambs (**brebis d'occision**) are necessarily led to the slaughter (**boucherie**).

   La *larme*, ô messieurs, vous **mouillera** les yeux pour le traitement que vous nous aurez fait.â

   A cause/effect relationship is expressed here. A tear (**larme**) naturally leads to wetting (**mouiller**) around the eyes.

Chapter 20

BATTRE AND CONCLURE
THE CONDITIONAL
THE PASSIVE VOICE
THE PAST CONDITIONAL

READING

François-Marie Arouet, better known by his pen name Voltaire, was one of the foremost philosophers of the French Enlightenment. He was the author of novellas such as *Candide* and *Zadig*, some sixty tragedies, and an historical work *Le Siècle de Louis XIV*. The following text is taken from his *Lettres anglaises*, a series of essays based on his experiences while in exile in England between 1726 and 1728.[1] In the twenty-fifth and final letter, Voltaire unexpectedly revisits Blaise Pascal's *Pensées* and advances his own opinion on certain topics. The most important divergence between the two philosophers concerns their conception of man. Pascal insists on the doctrine of original sin as alone capable of explaining man's duality, while Voltaire takes a more optimistic stance and downplays man's purported misery.

20.1

Voici des remarques critiques que j'ai faites depuis longtemps sur les pensées de M. Pascal. Ne me comparez point ici, je vous prie, à Ézéchias, qui voulut faire brûler tous les livres de Salomon. Je respecte le génie et l'éloquence de M. Pascal; mais plus je les respecte, plus je suis persuadé qu'il aurait lui-même corrigé[2] beaucoup de ces *Pensées*, qu'il avait jetées au hasard sur le papier pour les examiner ensuite: et c'est en admirant son génie que je combats quelques-unes de ses idées.

Il me paraît qu'en général l'esprit dans lequel M. Pascal écrivit ces *Pensées* était de montrer l'homme dans un jour odieux; il s'acharne à nous peindre tous méchants et malheureux; il écrit contre la nature humaine à peu près comme il écrivait contre les jésuites.[3] Il impute à l'essence de notre nature ce qui n'appartient qu'à certains hommes: il dit éloquemment des injures au genre humain.

1   *Œuvres complètes de Voltaire, Mélanges*, vol. 17 (Paris, Hachette, 1860) 19–20, 22–23.

2   **aurait ... corrigé** *past cond.*, 3rd *s.* would have corrected

3   In his *Lettres provinciales* (1656–1657), Pascal had satirized the moral laxity of the Jesuits, who were then the enemies of the Jansenist party in France and confessors of the royal family, and in particular had ridiculed their casuistry, a rhetorical method often used in their theology. In 1660, Louis XIV ordered the book banned and burned.

J'ose prendre le parti de l'humanité contre ce misanthrope sublime; j'ose assurer que nous ne sommes ni si méchants ni si malheureux qu'il le dit. Je suis de plus très persuadé que s'il avait suivi, dans le livre qu'il méditait, le dessein qui paraît dans ses *Pensées*, il aurait fait[4] un livre plein de paralogismes éloquents, et de faussetés admirablement déduites. On dit même que tous ces livres qu'on a faits depuis peu pour prouver la religion chrétienne sont plus capables de scandaliser que d'édifier. Ces auteurs prétendent-ils en savoir plus que Jésus-Christ et ses apôtres? C'est vouloir soutenir un chêne en l'entourant de roseaux; on peut écarter ces roseaux inutiles sans craindre de faire tort à l'arbre.[5]

J'ai choisi avec discrétion quelques *Pensées* de Pascal: j'ai mis les réponses au bas.[6] Au reste, on ne peut trop répéter ici combien il serait[7] absurde et cruel de faire une affaire de parti de cet examen des *Pensées de Pascal*: je n'ai de parti que la vérité: je pense qu'il est très vrai que ce n'est pas à la métaphysique de prouver la religion chrétienne, et que la raison est autant au-dessous de la foi que le fini est au-dessous de l'infini.[8] Il ne s'agit ici que de raison, et c'est si peu de chose chez les hommes que cela ne vaut pas la peine de se fâcher.

III. Et cependant sans ce mystère,[9] le plus incompréhensible de tous, nous sommes incompréhensibles à nous-mêmes. Le nœud de notre condition prend ses retours[10] et ses plis dans cet abîme, de sorte que l'homme est plus inconcevable sans ce mystère que ce mystère n'est inconcevable à l'homme.

Quelle étrange explication *L'homme est inconcevable, sans un mystère inconcevable*. C'est bien assez de ne rien entendre à notre origine, sans l'expliquer par une chose qu'on n'entend pas. Nous ignorons comment l'homme naît, comment il croît, comment il digère, comment il pense, comment ses membres obéissent à sa volonté: serai-je bien reçu à expliquer ces obscurités par un système inintelligible? Ne vaut-il pas mieux dire: *Je ne sais rien*? Un mystère ne fut jamais une explication; c'est une chose divine et inexplicable.

Qu'aurait répondu[11] M. Pascal à un homme qui lui aurait dit:[12] «Je sais que le mystère du péché originel est l'objet de ma foi et non de ma raison; je connais fort bien sans mystère ce que c'est que l'homme; je vois qu'il vient au monde comme les autres animaux; que l'accouchement des mères est plus douloureux à mesure qu'elles sont plus délicates; que quelquefois des femmes et des animaux femelles meurent dans l'enfantement; qu'il y a quelquefois des enfants mal organisés, qui vivent privés

---

4 **aurait fait** *past cond., 3rd s.* would have made

5 Voltaire alludes here to Pascal's famous statement in the *Pensées* concerning man's dignity, which lies in his cognitive abilities, in spite of his other weaknessess: "L'homme n'est qu'un roseau, le plus faible de la nature, mais c'est un roseau pensant."

6 **au bas** below

7 **serait** *cond., 3rd s.* would be

8 A reference to Pascal's musings on "Les Deux infinis."

9 The transmission of original sin.

10 Here "retour" means "turn" or "twist."

11 **aurait répondu** *past cond., 3rd s.* would have answered

12 **aurait dit** *past cond., 3rd s.* would have said

d'un ou de deux sens, et de la faculté du raisonnement; que ceux qui sont le mieux organisés sont ceux qui ont les passions les plus vives; que l'amour de soi-même est égal chez tous les hommes, et qu'il leur est aussi nécessaire que les cinq sens; que cet amour-propre nous est donné de Dieu pour la conservation de notre être, et qu'il nous a donné la religion pour régler cet amour-propre; que nos idées sont justes ou inconséquentes, obscures ou lumineuses, selon que nos organes sont plus ou moins solides, plus ou moins déliés, et selon que nous sommes plus ou moins passionnés; que nous dépendons en tout de l'air qui nous environne, des aliments que nous prenons, et que dans tout cela il n'y a rien de contradictoire?»

L'homme à cet égard[13] n'est point une énigme, comme vous vous le figurez pour avoir le plaisir de la deviner; l'homme paraît être à sa place dans la nature. Supérieur aux animaux, auxquels il est semblable par les organes; inférieur à d'autres êtres, auxquels il ressemble probablement par la pensée, il est, comme tout ce que nous voyons, mêlé de mal et de bien, de plaisir et de peine; il est pourvu de passions pour agir, et de raison pour gouverner ses actions. Si l'homme était parfait, il serait Dieu; et ces prétendues contrariétés que vous appelez *contradictions* sont les ingrédients nécessaires qui entrent dans le composé de l'homme, qui est, comme le reste de la nature, ce qu'il doit être.

Voilà ce que la raison peut dire. Ce n'est donc point la raison qui apprend aux hommes la chute de la nature humaine; c'est la foi seule, à laquelle il faut avoir recours.

VI. En voyant l'aveuglement et la misère de l'homme, et ces contrariétés étonnantes qui se découvrent dans sa nature, et regardant tout l'univers muet, et l'homme sans lumière, abandonné à lui-même, et comme égaré dans ce recoin de l'univers, sans savoir qui l'y a mis, ce qu'il est venu y faire, ce qu'il deviendra en mourant, j'entre en effroi, comme un homme qu'on aurait emporté endormi dans une île déserte et effroyable, et qui s'éveillerait sans connaître où il est, et sans avoir aucun moyen d'en sortir; et sur cela j'admire comment on n'entre pas en désespoir d'un si misérable état.

En lisant cette réflexion je reçois une lettre d'un de mes amis, qui demeure dans un pays fort éloigné.

Voici ses paroles: «Je suis ici comme vous m'y avez laissé; ni plus gai, ni plus triste, ni plus riche, ni plus pauvre; jouissant d'une santé parfaite, ayant tout ce qui rend la vie agréable; sans amour, sans avarice, sans ambition, et sans envie; et tant que tout cela durera, je m'appellerai hardiment un homme très heureux.»

Il y a beaucoup d'hommes aussi heureux que lui. Il en est des hommes comme des animaux: tel chien couche et mange avec sa maîtresse; tel autre tourne la broche, et est tout aussi content; tel autre devient enragé, et on le tue.

Pour moi, quand je regarde Paris ou Londres, je ne vois aucune raison pour entrer dans ce désespoir dont parle M. Pascal; je vois une ville qui ne ressemble en rien à une île déserte, mais peuplée, opulente, policée, et où les hommes sont heureux autant que la nature humaine le comporte. Quel est l'homme sage qui sera plein de désespoir parce qu'il ne sait pas la nature de sa pensée, parce qu'il ne connaît que quelques attributs de la matière, parce que Dieu ne lui a pas révélé ses secrets?

---

13 **à cet égard** on that score

Introduction to Theological French

Il faudrait[14] autant se désespérer de n'avoir pas quatre pieds et deux ailes. Pourquoi nous faire horreur de notre être? Notre existence n'est point si malheureuse qu'on veut nous le faire accroire. Regarder l'univers comme un cachot, et tous les hommes comme des criminels qu'on va exécuter, est l'idée d'un fanatique. Croire que le monde est un lieu de délices où l'on ne doit avoir que du plaisir, c'est la rêverie d'un sybarite. Penser que la terre, les hommes et les animaux, sont ce qu'ils doivent être dans l'ordre de la Providence, est, je crois, d'un homme sage.

Active Vocabulary

20.2

accouchement *m.* bringing forth (child)
acharner (s') à to persist in, be bent on
aliment *m.* food
à peu près nearly, approximately
attribut *m.* attribute
au hasard at random
avarice *m.* greed
avoir recours à to have recourse to
broche *f.* roasting spit
chêne *m.* oak
combattre to fight
comporter to allow, admit (of)
composé *m.* compound
digérer to digest
douloureux, -euse painful, sorrowful
écarter to separate, thrust aside
effroyable frightful, dreadful
énigme *f.* enigma
enragé, -e rabid
éveiller (s') to awaken
explication *f.* explanation
faire accroire to cause to believe

figurer (s') to imagine
gai, -e cheerful, happy
imputer to ascribe, attribute
inconséquent, -e inconsistent
inexplicable unexplainable
lumineux, -euse luminous
mêler to mix, mingle
métaphysique *f.* metaphysics
misanthrope *m.* misanthropist
odieux, -euse odious
papier *m.* paper
paralogisme *m.* fallacy
peuplé, -e populated
pli *m.* fold
plus... plus... the more... the more...
policé, -e civilized
pourvu, -e de equipped with
recoin *m.* nook, recess
remarque *f.* remark
scandaliser to scandalize, cause offense
sybarite voluptuary

Exercises

A. Match the expressions in the left-hand column with the related notion in the right:

1. **explication**   a. libertin
2. **scandaliser**   b. choquer
3. **sybarite**   c. énigmatique
4. **avarice**   d. exégèse
5. **combattre**   e. sophisme
6. **écarter**   f. répugnant
7. **mêler**   g. poli

14 **faudrait** *cond., 3rd s.* would be necessary

8. **policé** h. inhospitalier
9. **misanthrope** i. usure
10. **odieux** j. incorporer
11. **paralogisme** k. exclure
12. **inexplicable** l. guerroyer

B. Match the expressions in the left-hand column with their relative opposite in the right:

1. **lumineux** a. ascète
2. **digérer** b. lugubre
3. **imputer** c. abandonné
4. **gai** d. ténébreux
5. **sybarite** e. disculper
6. **peuplé** f. ingérer

C. From the words in bold in the left-hand column, deduce the sense of those to the right:

1. **scandaliser** scandaleux *adj.* scandalisateur *n.* scandale (*n.*) de la croix
2. **lumineux** luminaire *n.* luminosité *n.* lumignon *n.*
3. **avarice** avare *n.* avaricieux *adj.* avaricieusement *adv.*
4. **peuplé** peupler *inf.* peuplement *n.* dépeupler *inf.*
5. **combattre** combattant *n.* combattivité *n.* combat (*n.*) de la foi
6. **aliment** alimenter *inf.* alimentation *n.* aliment (*n.*) spirituel
7. **digérer** digestible *adj.* digestion *n.* indigestion *n.*

D. Translate the following phrases into English:

1. Le scandale est souvent pire que le péché. (Marguerite de Navarre, *Heptaméron*)

2. Abram eut confiance en l'Éternel, qui le lui imputa à justice. (Gn 15:6, Sg)

3. Il ne brisera point le roseau cassé,[15] et il n'éteindra point le lumignon qui fume. (Mt 12:20, Sg)

4. Gardez-vous avec soin de toute avarice; car la vie d'un homme ne dépend pas de ses biens. (Lc 12:15, Sg)

5. Il n'est pas prudent d'écarter de ses calculs un dragon vivant, quand on est près de lui. (J. R. R. Tolkien, *Le Hobbit*)

---

15 **cassé, -e** broken, snapped.

6. Qu'est-ce que l'impossible? C'est le fœtus du possible. La nature fait la gestation, les génies font l'accouchement. (Hugo, *Proses philosophiques*)

7. Mais il ne faut jamais penser au bonheur; cela attire le diable, car c'est lui qui a inventé cette idée-là pour faire enrager le genre humain. (Flaubert, *Correspondance*)

8. Parce qu'un homme a tort de ne pas croire en Dieu, avons-nous raison de l'injurier? On n'a recours aux invectives que quand on manque de preuves. (Diderot, *Pensées philosophiques*)

Battre and *Conclure*

You have oft encountered the verb **combattre** ("to fight") in this manual and have been expected to gauge its meaning because it is a cognate. It is also found in the reading. The full present tense conjugation is given below. You saw for the first time the verb **conclure** ("to conclude") at the end of the last chapter, in Anne du Bourg's speech, where it was glossed: "Par cela je conclus que le roi notre prince est sujet . . ." The full present tense conjugation is also given here below:

20.3

je combats	**je conclus**
tu combats	**tu conclus**
il (elle, on) combat	**il (elle, on) conclut**
nous combattons	**nous concluons**
vous combattez	**vous concluez**
ils (elles) combattent	**ils (elles) concluent**
past participle: **combattu**	past participle: **conclu**

In the *passé simple*, the stem for **combattre** is **combatt-**, and the endings are those of other **-ir**/**-re** verbs. For **conclure**, the stem is **concl-**, and the endings are those of other **-oir** verbs.

Similar to **conclure** are the verbs **exclure** ("to exclude") and **inclure**[16] ("to include"). Among the verbs similar to **combattre** are the following:

20.4

abattre to knock down; slaughter	**se débattre** to struggle
s'abattre to crash down; pounce	**s'ébattre** to gambol, frolic, play
battre to strike, beat, defeat	**rabattre** to fold back; reduce
se battre to fight	**se rabattre** to fall back upon

16 However, the past participle is **inclus**.

débattre to debate, discuss   **rebattre** to beat, hammer again

Exercises

A. Fill in the blanks with the correct present tense form of the verb in parentheses:

20.5

bondir to leap, spring up   **passible** liable
gras, -se fat   **prospérer** to prosper
imprécation *f.* imprecation, curse **redoutable** formidable

1. Ils sont bien gros et gras, ils (*battre*) _____ le record du mal, ils ne respectent pas le droit, le droit de l'orphelin, et ils prospèrent: oui, ils ne rendent pas justice aux pauvres. (Jr 5:28, BSm)
2. Tu deviens cruel contre moi, tu me (*combattre*) _____ avec la force de ta main. (Jb 30:21, Sg)
3. En effet, il est écrit: «Dieu lui a tout mis sous les pieds.» Mais il est clair que, dans cette phrase, le mot «tout» n' (*inclure*) _____ pas Dieu, qui soumet toutes choses au Christ. (1 Co 15:27, BFC)
4. Il n'y a pas de crainte dans l'amour; l'amour parfait (*exclure*) _____ la crainte. (1 Jn 4:18, BFC)
5. J'offre mon dos à ceux qui me (*battre*) _____, je tends les joues à ceux qui m'arrachent la barbe. (Es 50:6, BFC)
6. Vous avez entendu le blasphème! Qu'en (*conclure*) _____ -vous? Tous, alors, le condamnèrent en le déclarant passible de mort. (Mc 14:64, BSm)
7. Si nous marchons dans la chair, nous ne (*combattre*) _____ pas selon la chair. (2 Co 10:3, Sg)
8. Il [l'Éternel] (*abattre*) _____ l'orgueil des princes, il est redoutable aux rois de la terre. (Ps 76:13, Sg)
9. Ce n'est pas avec vous seuls que je (*conclure*) _____ cette alliance avec imprécations. (Dt 29:13, BSm)
10. Devant un tel spectacle, j'ai le cœur qui (*battre*) _____, prêt à bondir hors de sa place. (Jb 37:1, BFC)
11. Écoutez ce que dit le Seigneur, vous qui recevez sa parole avec crainte et tremblement. Vous avez des compatriotes qui vous détestent et vous (*exclure*) _____ parce que vous lui êtes fidèles. (Es 66:5, BFC)
12. Josué leur dit: Ne craignez point et ne vous effrayez point, fortifiez-vous et ayez du courage, car c'est ainsi que l'Éternel traitera tous vos ennemis contre lesquels vous (*combattre*) _____. (Jos 10:25, Sg)

B. Translate the following sentences and master the new vocabulary:

20.6

cracher to spit   **fouet** *m.* whip
dépasser to go beyond, exceed   **motif** *m.* motive, incentive
empêchement *m.* obstacle, hindrance **vocation** *f.* calling (divine)

1. Deux excès: exclure la raison, n'admettre que la raison. (Pascal, *Pensées*)

2. Il faut travailler en ce monde, il faut combattre. On aura bien le temps de se reposer toute l'éternité. (Le curé d'Ars, *Catéchismes*)

3. La conscience, mon cher, est un de ces bâtons que chacun prend pour battre son voisin. (Balzac, *Les Illusions perdues*)

4. Les rois qui ne songent qu'à se faire craindre, et qu'à abattre leurs sujets pour les rendre plus soumis, sont des fléaux du genre humain; ils sont craints comme ils le veulent être; mais ils sont haïs, détestés. (Fénelon, *Aventures de Télémaque*)

5. La faveur des princes n'exclut pas le mérite, et ne le suppose pas aussi. (La Bruyère, *Les Caractères*)

6. La crainte n'a pas Dieu pour son objet immédiat: son motif essentiel, qui est la peine éternelle, ne fait qu'ôter les empêchements, et rabattre la concupiscence par une terreur salutaire. (Bossuet, *Sur les maximes des Saints*)

7. Battre les records, c'est l'idée fixe d'un véritable «sportif», et il y a là comme une usurpation par le corps de cette vocation spirituelle du chrétien: se dépasser soi-même. (François Mauriac, *Mauriac avant Mauriac*)

8. J'ai combattu le bon combat, j'ai achevé la course, j'ai gardé la foi. (2 Tm 4:7, Sg)

9. Ils se moqueront de lui, lui cracheront au visage, le battront à coups de fouet et le mettront à mort. Puis, au bout de trois jours, il ressuscitera. (Mc 10:34, BSm)

The Conditional

The present conditional is a simple tense formed by adding the imperfect endings **-ais**, **-ais**, **-ait**, **-ions**, **-iez**, and **-aient** to the future stem (whether regular or irregular) of the verb in question:

MÊLER	PARTIR	SE BATTRE
je mêlerais	je partirais	je me battrais
tu mêlerais	tu partirais	tu te battrais
il (elle, on) mêlerait	il (elle, on) partirait	il (elle, on) se battrait
nous mêlerions	nous partirions	nous nous battrions
vous mêleriez	vous partiriez	vous vous battriez
ils (elles) mêleraient	ils (elles) partiraient	ils (elles) se battraient

The conditional is often used to express wish or request, while lending a tone of deference or politeness that renders the utterance less abrupt. This is especially true of the verbs **avoir**, **pouvoir**, and **vouloir**. When used with the verb **devoir**, it corresponds to the English "should" or "ought":

> Je **voudrais** être maintenant auprès de vous, et changer de langage, car je suis dans l'inquiétude à votre sujet. (Ga 4:20, Sg) *How I wish I could be with you now and change my tone, because I am perplexed about you!* (NIV)

> Alors ils le prirent, et le menèrent à l'Aréopage, en disant: **Pourrions**-nous savoir quelle est cette nouvelle doctrine que tu enseignes? (Ac 17:19, Sg) *And they took him and brought him to the Areopagus, saying, May we know what this new teaching is that you are presenting?* (ESV)

> Vous **devriez** dire, au contraire: Si Dieu le veut, nous vivrons, et nous ferons ceci ou cela. (Ja 4:15, Sg) *Instead, you ought to say, If it is the Lord's will, we will live and do this or that.* (NIV)

When the main clause is in the past tense, the conditional in the subordinate serves to indicate futurity:

> Il avait été divinement averti par le Saint Esprit qu'il ne **mourrait** point avant d'avoir vu le Christ du Seigneur. (Lc 2:26, Sg) *It had been revealed to him by the Holy Spirit that he would not die before he had seen the Lord's Messiah.* (NIV)

The conditional also appears in hypothetical sentences. When an if-clause is in the imperfect tense, the verb in the main clause is often in the conditional, expressing what would transpire if the other condition prevailed. A classic example occurs in Voltaire's text:

> Si l'homme était parfait, il serait Dieu.

EXERCISES

A. Fill in the blanks with the appropriate form of the present conditional:

à la légère rashly, unthinkingly **idolâtre** idolatrous
applaudi, -e applauded **impudique** unchaste, lewd

cupide covetous   **ravisseur** *m.* plunderer, abductor

1. Où (*aller*) _____ -je loin de ton esprit, et où (*fuir*) _____ -je loin de ta face? (Ps 139:7, Sg)

2. Et quand même[17] je (*se glorifier*) _____ un peu trop de l'autorité que le Seigneur nous a donnée pour votre édification et non pour votre destruction, je ne (*savoir*) _____ en avoir honte. (2 Co 10:8, Sg)

3. J'ai dit en mon cœur, au sujet des fils de l'homme, que Dieu les (*éprouver*) _____, et qu'eux-mêmes (*voir*) _____ qu'ils ne sont que des bêtes. (Qo 3:18, Sg)

4. Pressé par la soif, il invoqua l'Éternel, et dit: C'est toi qui a permis par la main de ton serviteur cette grande délivrance; et maintenant (*mourir*) _____ -je de soif, et (*tomber*) _____ -je entre les mains des incirconcis? (Jg 15:18, Sg)

5. Naomi, dit: Retournez, mes filles! Pourquoi (*venir*) _____ -vous avec moi? Ai-je encore dans mon sein des fils qui puissent[18] devenir vos maris? (Rt 1:11, Sg)

6. Le Fils de l'homme s'en va selon ce qui est écrit de lui. Mais malheur à l'homme par qui le Fils de l'homme est livré! Mieux (*valoir*) _____ pour cet homme qu'il ne fût pas né.[19] (Mc 14:21, Sg)

7. . . .non pas d'une manière absolue avec les impudiques de ce monde, ou avec les cupides et les ravisseurs, ou avec les idolâtres; autrement, il vous (*falloir*) _____ sortir du monde. (1 Co 5:10, Sg)

8. Et pourquoi ne (*faire*) _____ -nous pas le mal afin qu'il en arrive du bien, comme quelques-uns, qui nous calomnient, prétendent que nous le disons? (Rm 3:8, Sg)

9. Ne témoigne pas à la légère contre ton prochain; (*vouloir*) _____ -tu tromper par tes lèvres? (Pr 24:28, Sg)

10. D'ailleurs, comment (*pouvoir*) _____ -vous parvenir à la foi alors que vous voulez être applaudis les uns par les autres et que vous ne recherchez pas la gloire qui vient de Dieu seul? (Jn 5:44, BSm)

B. Translate the following hypothetical sentences into English:

20.9 ◀

idéaliser to idealize   **par jour** per day
inventer to invent, create   **volontiers** gladly

1. Si Dieu n'existait pas, il faudrait l'inventer. (Voltaire, *Lettre à Frédéric-Guillaume*)

---

17 **quand même** even if.
18 **puissent** *subj.*, *3rd pl.* may be able.
19 **ne fût pas né** *impf. subj.*, *3rd s.* had not been born.

2. Et que servirait-il à un homme de gagner tout le monde,[20] s'il se détruisait ou se perdait lui-même? (Lc 9:25, Sg)

3. Il y aurait beaucoup moins de scandales si les gens arrêtaient d'idéaliser le péché et de se présenter comme des pécheurs. (G.K. Chesterton, *The Father Brown Omnibus*)

4. Sans doute serais-je chrétien, si les chrétiens l'[21]étaient vingt-quatre heures par jour. (Gandhi)

5. Si je plaisais encore aux hommes, je ne serais pas serviteur de Christ. (Ga 1:10, Sg)

6. Si tous les hommes savaient ce qu'ils disent les uns des autres, il n'y aurait pas quatre amis dans le monde. (Pascal, *Pensées*)

7. Si vous étiez enfants d'Abraham, vous feriez les œuvres d'Abraham. (Jn 8:39, Sg)

8. La vertu n'irait pas si loin, si la vanité ne lui tenait compagnie. (La Rochefoucauld, *Maximes*)

9. Je me donnerais volontiers au diable, si je ne l'étais moi-même. (Méphistophélès, *Faust*)

10. Car si l'héritage venait de la loi, il ne viendrait plus de la promesse; or, c'est par la promesse que Dieu a fait à Abraham ce don de sa grâce. (Ga 3:18, Sg)

The Passive Voice

The passive forms of a verb are comprised of the helping verb **être** plus the past participle of the verb in question. The past participle agrees in gender and number with the subject. An example of the passive voice occurs in this lesson's reading:

*Cet amour-propre nous **est donné** de Dieu pour la conservation de notre être.*

The verb être could be in any tense or mood, thus one could imagine similar

---

20 Here **tout le monde** means "the whole world."
21 The direct object pronoun here refers to the entire previous clause.

sentences such as: *Cet amour-propre nous **a été donné**...*, *Cet amour-propre nous **fut donné**...*, *Cet amour-propre nous **avait été** donné...*, *Cet amour-propre nous **serait donné**...*, etc.

Compared to English, the passive voice is relatively rare and is used mainly for emphasis or stylistic effect. In fact, the tendency in French is to avoid the passive voice in favor of the active voice. For instance, one could well imagine Voltaire's sentence written in this manner:

*Dieu nous **a donné** cet amour-propre pour la conservation de notre être.*

In French, only transitive verbs (verbs which take an object) may be used in a passive construction, because the direct object in the active voice becomes the subject in the passive voice, as one may note above in the examples with the word "amour-propre."

When an agent is expressed, it is preceded by **de** or **par**. The former is used when denoting a state or repeated action, or when the verb is used figuratively; the latter is used when denoting a real action.

> Je **suis oublié des** cœurs comme un mort, je suis comme un vase brisé. (Ps 31:12, Sg) *I have been forgotten as dead out of mind, I have been as a perishing vessel.* (YLT)
>
> C'est pour cette espérance, ô roi, que je **suis accusé par** des Juifs! (Ac 26:7, Sg) *And for this hope I am accused by Jews, O king!* (ESV)

EXERCISES

A. Fill in the blanks with the correct form of the passive voice of the verb in parentheses. Remember to make the past participle agree in gender and number with the subject:

20.10

compenser to compensate   **inonder** to flood

1. Nous savons, frères bien-aimés de Dieu, que vous (*élire*: **passé composé**) _____. (1 Th 1:4, Sg)
2. Car nous (*vendre*: **present**) _____, moi et mon peuple, pour être détruits, égorgés, anéantis. Encore si nous (*vendre*: **imperfect**) _____ pour devenir esclaves et servantes, je me tairais, mais l'ennemi ne saurait compenser le dommage fait au roi. (Est 7:4, Sg)
3. Car j'ai reçu du Seigneur ce que je vous ai enseigné; c'est que le Seigneur Jésus, dans la nuit où il (*livrer*: **passé simple**) _____, prit du pain... (1 Co 11:23, Sg)
4. Car elle disait en elle-même: Si je puis seulement toucher son vêtement, **je** (*guérir*: **simple future**) _____. (Mt 9:21, Sg)
5. Ceux qui (*disperser*: **pluperfect**) _____ allaient de lieu en lieu, annonçant la bonne nouvelle de la parole. (Ac 8:4, Sg)
6. Le sacrificateur examinera la plaie, après qu'elle (*laver*: **futur antérieur**) _____. (Lv 13:55, Sg)
7. Les eaux ont inondé ma tête; je disais: Je (*perdre*: **present**) _____! (La 3:54, Sg)

8. L'Éternel lui dit: Si quelqu'un tuait Caïn, Caïn (*venger*: **present conditional**) _____ sept fois. (Gn 4:15, Sg)

9. Vous (*édifier*: **passé composé**) _____ sur le fondement des apôtres et des prophètes, Jésus Christ lui-même étant la pierre angulaire. (Ep 2:20, Sg)

10. Et l'homme dit: Voici cette fois celle qui est os de mes os et chair de ma chair! on l'appellera femme, parce qu'elle (*prendre*: **passé composé**) _____ de l'homme. (Gn 2:23, Sg)

B. Translate the following biblical verses containing the passive voice into English:

balance *f.* scale **neuf, -ve** *adj.* new
de nouveau again

1. Tu es bénie entre les femmes, et le fruit de ton sein est béni. (Lc 1:42, Sg)

2. Tu as été pesé dans la balance, et tu as été trouvé léger. (Dn 5:27, Sg)

3. Ignorez-vous que nous tous qui avons été baptisés en Jésus Christ, c'est en sa mort que nous avons été baptisés? (Rm 6:3, Sg)

4. Mais à présent que vous avez connu Dieu, ou plutôt que vous avez été connus de Dieu, comment retournez-vous à ces faibles et pauvres rudiments, auxquels de nouveau vous voulez vous asservir encore? (Ga 4:9, Sg)

5. Or, il y avait un jardin dans le lieu où Jésus avait été crucifié, et dans le jardin un sépulcre neuf, où personne encore n'avait été mis. (Jn 19:41, Sg)

6. Si nous nous jugions nous-mêmes, nous ne serions pas jugés. (1 Co 11:31)

7. Voici, je vous dis un mystère: nous ne mourrons pas tous, mais tous nous serons changés. (1 Co 15:51, Sg)

8. Et toi, Capernaüm, seras-tu élevée jusqu'au ciel? Non. Tu seras abaissée jusqu'au séjour des morts; car, si les miracles qui ont été faits au milieu de toi avaient été faits dans Sodome, elle subsisterait encore aujourd'hui. (Mt 11:23, Sg)

THE PAST CONDITIONAL

The past conditional is formed by combining the present conditional of the auxiliary **avoir** or **être** with the past participle of the main verb. As with all compound tenses, agreement of the past participle is made as necessary:

20.12

MÊLER	PARTIR	SE BATTRE
j'aurais mêlé	je serais parti(e)	je me serais battu(e)
tu aurais mêlé	tu serais parti(e)	tu te serais battu(e)
il (elle, on) aurait mêlé	il (elle, on) serait parti(e)	il (elle, on) se serait battu(e)
nous aurions mêlé	nous serions parti(e)s	nous nous serions battu(e)s
vous auriez mêlé	vous seriez parti(e)(s)	vous vous seriez battu(e)(s)
ils (elles) auraient mêlé	ils (elles) seraient parti(e)(s)	ils (elles) se seraient battu(e)s

The past conditional is mainly employed just like its English counterpart: to express an action that would have occurred (under different circumstances):

> On **aurait pu** vendre ce parfum très cher, et en donner le prix aux pauvres. (Mt 26:9, Sg) *This perfume could have been sold at a high price and the money given to the poor.* (NIV)

When an if-clause is in the pluperfect tense, the verb in the main clause is often in the past conditional. A prime example also occurs in Voltaire's commentary:

> Je suis de plus très persuadé que s'il **avait suivi**, dans le livre qu'il méditait, le dessein qui paraît dans ses Pensées, il **aurait fait** un livre plein de paralogismes éloquents, et de faussetés admirablement déduites.

EXERCISES

A. Fill in the blanks with the appropriate form of the past conditional:

20.13

balayer to sweep
cendre *f.* ash
déranger to disturb, trouble
massacrer to massacre, slaughter
se produire to come forward
queue *f.* tail
tiers *m.* third (part)
valoir la peine to be worth the trouble

1. Si mon royaume était de ce monde, mes serviteurs (*combattre*) _____ pour moi. (Jn 18:36, Sg)
2. Nous n'avons point cherché la gloire qui vient des hommes, ni de vous ni des autres; nous (*pouvoir*) _____ nous produire avec autorité comme apôtres de Christ. (1 Th 2:6, Sg)

3. Et, comme Ésaïe l'avait dit auparavant: Si le Seigneur des armées ne nous eût laissé[22] une postérité, nous (*devenir*) _____ comme Sodome, nous (*être*) _____ semblables à Gomorrhe. (Rm 9:29, Sg).

4. Avec sa queue, il balaya le tiers des étoiles du ciel et les jeta sur la terre. Il se plaça devant la femme qui allait accoucher, afin de dévorer son enfant dès qu'il (*naître*) _____. (Ap 12:4, BFC)

5. Nous (*vouloir*) _____, dans notre vive affection pour vous, non seulement vous donner l'Évangile de Dieu, mais encore nos propres vies, tant vous nous étiez devenus chers. (1 Th 2:8, Sg)

6. Ah, si je pouvais être au désert dans un refuge pour voyageurs! J' (*laisser*) _____ mon peuple et (*partir*) _____ loin de lui. (Jr 9:1, BFC)

7. Malheur à toi, Chorazin! malheur à toi, Bethsaïda! car, si les miracles qui ont été faits au milieu de vous avaient été faits dans Tyr et dans Sidon, il y a longtemps qu'elles (*se repentir*) _____, en prenant le sac et la cendre. (Mt 11:21, Sg).

8. En effet, mon peuple et moi nous avons été vendus pour être détruits, tués et massacrés. Si nous avions été vendus seulement pour être réduits en esclavage, je [Esther] (*se taire*) _____, car cela (*ne pas valoir*) _____ la peine de te déranger. (Est 7:4, BFC)

B. Translate the following hypothetical sentences containing the past conditional into English:

20.14

avoir lieu de to have reason to   **démarche** *f.* step, approach

1. Seigneur, si tu avais été ici, mon frère ne serait pas mort. (Jn 11:21, BSm)

2. Si Dieu n'avait fait la femme, / Il n'aurait pas fait la fleur. (Hugo, *Les Contemplations*)

3. Si tu connaissais le don de Dieu et qui est celui qui te dit: Donne-moi à boire! tu lui aurais toi-même demandé à boire, et il t'aurait donné de l'eau vive. (Jn 4:10, Sg)

4. Il y a des gens qui n'auraient jamais été amoureux, s'ils n'avaient jamais entendu parler de l'amour. (La Rochefoucauld, *Maximes*)

5. J'aurais bientôt quitté les plaisirs, disent-ils, si j'avais la foi. Et moi je vous dis: vous auriez bientôt la foi, si vous aviez quitté les plaisirs. (Pascal, *Pensées*)

---

22 **ne nous eût laissé** *impf. subj.* had not left us

6. Si j'avais été guéri de cette passion, je n'aurais pas fait cent démarches dont je n'ai que trop lieu maintenant de me repentir; je ne me serais jamais engagé en telles ou telles habitudes: je ne serais jamais allé jusqu'à ces excès; ma raison s'y serait opposé. (Bourdaloue, *Sur la trahison de Judas*)

Review and Expansion Exercises

A. Fill in the blanks with the appropriate vocabulary word, making all necessary agreements according to context:

au hasard	fouet	mêler
cendre	idolâtre	policé
cracher	inexplicable	queue
démarche	massacrer	redoutable

1. Que vous ne devez plus vous occuper de votre salut, et le laisser _____ sans vous en mettre en peine? Mais c'est le parti du désespoir et de l'impiété. (Massillon, *Délai de la conversion*)
2. Commençons par convenir d'abord que c'est la foi, et non pas la raison qui fait les chrétiens, et que la première _____ qu'on exige d'un disciple de Jésus-Christ est de captiver son esprit et de croire ce qu'il ne peut comprendre. (Massillon, *Le Jeudi après les cendres*)
3. J'aurais vu _____ et mon père et mon frère, / Du haut de son palais précipiter ma mère, / Et dans un même jour égorger à la fois / (Quel spectacle d'horreur!) quatre-vingts fils de rois. (Racine, *Athalie*)
4. Il faut juger des femmes depuis la chaussure[23] jusqu'à la coiffure exclusivement, à peu près comme on mesure[24] le poisson entre _____ et tête. (La Bruyère, *Les Caractères*)
5. [Polyeucte] Et ce n'est pas un Dieu comme vos dieux frivoles, / Insensibles[25] et sourds,[26] impuissants, mutilés, / De bois, de marbre, ou d'or . . . [Pauline] Adorez-le dans l'âme, et n'en témoignez rien./ [Polyeute] Que je sois[27] tout ensemble _____ et chrétien! (Corneille, *Polyeucte*)
6. Vous représenterai-je l'archarnement des bourreaux, . . . les _____ grossis de nœuds et tout hérissés[28] de pointes, dont leurs bras sont armés? (Bourdaloue, *Sur la flagellation de Jésus-Christ*)
7. Le cruel Dieu des Juifs l'emporte aussi sur toi. / Je te plains de tomber dans ses

23 **chaussure** *f.* shoe
24 **mesurer** to measure
25 **insensible** unfeeling
26 **sourd, -e** deaf
27 **Que je sois** *subj.* That I might be
28 **hérissé, -e** covered (with spikes)

mains _____. (Racine, *Athalie*)

8. Figurativement, _____ contre le ciel se dit d'un homme qui blasphème la Providence.
9. _____ humains! s'écria-t-il, comment pouvez-vous réunir tant de bassesse et de grandeur, tant de vertus et de crimes? (Voltaire, *Vision de Babouc*)
10. Rien ne démontre mieux la distance immense qui se trouve entre l'homme sauvage et l'homme _____ que les conquêtes de celui-ci sur les animaux. (Buffon, *Histoire naturelle*)
11. Nous respectons les _____ de nos ancêtres parce qu'une voix nous dit que tout n'est pas éteint en eux. (Chateaubriand, *Le Génie du christianisme*)
12. Croyez-moi, chère Esther, ce sceptre, cet empire, / Et ces profonds respects que la terreur inspire, / À leur pompeux éclat _____ peu de douceur, / Et fatiguent souvent leur triste possesseur. (Racine, *Esther*)

B. The verses below are taken from *La Complainte du Chactas* by Adrien Rouquette (1813–1887).[29] The author, born in Louisiana, but of French extraction, was a noted writer who published in both French and English. He was ordained a Catholic priest in 1844 and served for fourteen years at the Saint Louis Cathedral in New Orleans, where he gained a reputation as a master preacher. However, in 1859, he abruptly cut off all ties with society and embarked on a twenty-nine year ministry as a missionary to the Choctaw Indians. Some new vocabulary is presented and notes provided. Paraphrase into English prose:

20.15

élan *m.* spring, bound
s'envoler to take flight
foyer *m.* hearth
hospitalier, -ière hospitable

missionnaire *m.* missionary
plaintif, -ve plaintive, doleful
séminaire *m.* seminary

Si j'avais les grandes ailes
De la blanche *watounla*[30]
Aux six tribus fraternelles[31]
Jetant mon plaintif *oula*,[32]
De notre immense royaume,
Oui, m'envolant jusqu'à Rome,
Aux portes du Vatican,
Dans un héroïque élan,
Je crierais: «Chef Robe-Noire,

---

29 The text can be found in the volume, *L'Antoniade, ou la solitude avec Dieu* (Nouvelle Orléans, 1860) 282–83.
30 "Crane" in the Chactas language.
31 The six tribes in question are the Choctaw, Cherokee, Chickasaw, Creek, Seminole, and Shawnee.
32 "Birdsong" in the Chactas language.

Pio Nono,[33] peux-tu croire,
O Père des Indiens,
Comme de tous les chrétiens;
O toi, dont l'amour embrasse
Chaque peuple et chaque race,
    Près du Kansas,
      De l'Arkansas,
        Et du Texas,
Il existe un Territoire,
Assez grand, Chef Robe-Noire...

Envoie, ô Chef Robe-Noire,
A ce vaste Territoire,
À tes enfants oubliés,
D'apostoliques Garniers:[34]
Qu'ils[35] adoptent nos usages,
Et qu'ils parlent nos langages,
Et qu'ils vivent comme nous,
En se faisant tout à tous!»

Si j'avais les grandes ailes
De la blanche *watounla*
Aux six tribus fraternelles
Jetant mon plaintif *oula*,
J'irais, dans les séminaires,
Chercher des Missionnaires,
    Pour le Kansas;
      Pour l'Arkansas,
        Et le Texas!
Oui, j'irais dans les enceintes,
Où brûlent les âmes saintes,
Les jeunes cœurs pleins de feu,
Demander, au nom de Dieu,
Au nom des nôtres,
Quelques apôtres,
    Pour le Kansas,
      Pour l'Arkansas
        Et le Texas!
Et dans mon grand Territoire,
Je verrais la Robe-Noire,

---

33 Pope Pius IX. It was he who had declared that when the Vicar of Christ speaks in his special capacity as God's substitute on earth, he does so infallibly.

34 Charles Garnier, Jesuit missionary martyred among the *Hurons* in 1649.

35 **Qu'ils**... Let them...

Nous apprenant à prier,
Réjouir chaque foyer
Du *wigwam* hospitalier!

C. The following passage is taken from Henri Bergson's essay on laughter.[36] Bergson (1859–1941) was an influential French thinker in the first half of the 20th century. He argued that immediate experience and intuition are more pertinent than rationalism and science for apprehending reality. His writings were placed on the Index by the Vatican, which accused him of pantheism, while free-thinking secularists, who comprised the intellectual class under the French Third Republic, accused him of spiritualism. Some new vocabulary is provided and tenses glossed. Answer the multiple choice questions following the text.

20.16

arrière-pensée *f.* mental reservation
baguette *f.* wand
chapeau *m.* hat
de proche en proche by degrees
d'ordinaire as a rule
ébranlement *m.* shaking
entente *f.* understanding, agreement
épanouissement *m.* opening, unfolding
exiger to require
feutre *m.* felt
franc, -che free; frank, candid
goûter (*fig.*) to appreciate
il suffit[38] it suffices, is enough
imprimer to imprint, impart
insensibilité *f.* indifference

insignifiant, -e insignificant
laid, -e ugly
momentané, -e momentary
moule *m.* mold
railler to jeer at, make fun of
se répercuter to reverberate
rieur, -euse laugher
rire[37] to laugh
rire *m.* laugh
risible laughable, ludicrous
roulement *m.* rolling, rumbling
tonnerre *m.* thunder
tout à coup all of a sudden
uni, -e smooth, level
unisson *m.* unison

Voici le premier point sur lequel j'appellerai l'attention. Il n'y a pas de comique en dehors de ce qui est proprement humain. Un paysage pourra être beau, gracieux, sublime, insignifiant ou laid; il ne sera jamais risible. On rira d'un animal, mais parce qu'on aura surpris chez lui une attitude d'homme ou une expression humaine. On rira d'un chapeau; mais ce qu'on raille alors, ce n'est pas le morceau de feutre ou de paille, c'est la forme que des hommes lui ont donnée, c'est le caprice humain dont on a pris le moule. Je me demande comment un fait aussi important, dans sa simplicité, n'a pas fixé davantage l'attention des philosophes. Plusieurs ont défini l'homme «un animal qui sait rire». Ils auraient

36 "Le Rire," *La Revue de Paris*, Septième année, Tome premier (1900) 514–15.

37 This verb is irregular. The present indicative is conjugated as follows: **ris, ris, rit, rions, riez, rient**. The past participle is **ri** and the stem of the definite past is similar to those of other -**ir**/-**re** verbs. Another important verb conjugated like **rire** is **sourire** ("to smile").

38 This verb occurs primarily in the third person singular. However, the entire present indicative of **suffire** is as follows: **suffis, suffis, suffit, suffisons, suffisez, suffisent**. The past participle is **suffi** and the stem of the definite past is similar to those of other -**ir**/-**re** verbs.

aussi bien pu le définir un animal qui fait rire, car si quelque autre animal y parvient, ou quelque objet inanimé, c'est toujours par une ressemblance avec l'homme, par la marque que l'homme y imprime ou par l'usage que l'homme en fait.

Je voudrais signaler maintenant, comme un symptôme non moins digne de remarque, l'*insensibilité* qui accompagne d'ordinaire le rire. Il semble que le comique ne puisse[39] produire son ébranlement qu'à la condition de tomber sur une surface d'âme bien calme, bien unie. L'indifférence est son milieu naturel. Le rire n'a pas de plus grand ennemi que l'émotion. Je ne veux pas dire que nous ne puissions[40] rire d'une personne qui nous inspire de la pitié, par exemple, ou même de l'affection: seulement alors, pour quelques instants, il faudra oublier cette affection, faire taire cette pitié. Dans une société de pures intelligences on ne pleurerait probablement plus, mais on rirait peut-être encore; tandis que des âmes invariablement sensibles, accordées à l'unisson de la vie, où tout événement se prolongerait en résonance sentimentale, ne connaîtraient ni ne comprendraient le rire. Essayez, un moment, de vous intéresser à tout ce qui se dit et à tout ce qui se fait, agissez, en imagination, avec ceux qui agissent, sentez avec ceux qui sentent, donnez enfin à votre sympathie son plus large épanouissement comme sous un coup de baguette magique vous verrez les objets les plus légers prendre du poids, et une coloration sévère passer sur toutes choses. Détachez-vous maintenant, assistez à la vie en spectateur indifférent: bien des[41] drames tourneront à la comédie. Il suffit que nous bouchions[42] nos oreilles au son de la musique, dans un salon où l'on danse pour que les danseurs nous paraissent aussitôt ridicules. Combien d'actions humaines résisteraient à une épreuve de ce genre? et ne verrions-nous pas beaucoup d'entre elles passer tout à coup du grave au plaisant, si nous les isolions de la musique de sentiment qui les accompagne? Le comique exige donc enfin, pour produire tout son effet, quelque chose comme une anesthésie momentanée du cœur. Il s'adresse à l'intelligence pure.

Seulement, cette intelligence doit toujours rester en contact avec d'autres intelligences. Voilà le troisième fait sur lequel je désirais attirer l'attention. On ne goûterait pas le comique si l'on se sentait isolé. Il semble bien que le rire ait[43] besoin d'un écho. Ecoutez-le bien: ce n'est pas un son articulé, net, terminé; c'est quelque chose qui voudrait se prolonger en se répercutant de proche en proche, quelque chose qui commence par un éclat pour se continuer par des roulements, ainsi que le tonnerre dans la montagne. Et pourtant cette répercussion ne doit pas aller à l'infini. Elle peut cheminer à l'intérieur d'un cercle aussi large qu'on voudra; le cercle n'en reste pas moins fermé. Notre rire est toujours le rire

---

39 **ne puisse** *subj.* can't
40 **ne puissions** *subj.* can't
41 **bien des** a good many
42 **bouchions** *subj.* plug up
43 **ait** *subj.* has

d'un groupe. Il vous est peut-être arrivé, assis en wagon[44] ou à table d'hôte,[45] d'entendre des voyageurs se raconter des histoires qui devaient être comiques pour eux puisqu'ils en riaient de bon cœur. Vous auriez ri comme eux si vous eussiez été[46] de leur société. Mais n'en étant pas, vous n'aviez aucune envie de rire. Un homme, à qui l'on demandait pourquoi il ne pleurait pas à un sermon où tout le monde versait des larmes, répondit: «Je ne suis pas de la paroisse.» Ce que cet homme pensait des larmes serait bien plus vrai du rire. Si franc qu[47]'on le suppose, le rire cache toujours une arrière-pensée d'entente, je dirai presque de complicité, avec d'autres rieurs, réels ou imaginaires.

I. Circle the most appropriate response:
  1. What is Bergson's main point in the first paragraph?
     a. Humans are defined as beings who know how to laugh.
     b. Humans enjoy laughing at animals and inanimate objects.
     c. Humans are defined as beings who can generate laughter.
  2. What is Bergson's main point in the second paragraph?
     a. Laughter requires cerebral detachment.
     b. Laughter requires a dispassionate disposition.
     c. Laughter requires emotional connection.
  3. What is Bergson's main point in the third paragraph?
     a. Laughter is a social phenomenon.
     b. For a good laugh, the more the merrier.
     c. Only crazy people laugh to themselves.

D. The text below is reprised from Pierre Berthoud's *En quête des origines*.[48] Berthoud is the former dean of the Faculté Libre de Théolgie Réformée in Aix-en-Provence. Besides the text's intrinsic value as an example of academic discourse, it contains several verbs in the passive voice or conditional mood, and some in both. You might be pleasantly surprised as well to find that scholarly writing is, in some ways, easier to grasp, due to the high incidence of cognates found among technical terms. Some new vocabulary is provided, but some guild-specific words are purposely left unglossed to encourage inference. Read for content and answer the questions in English following the text:

20.17

accumuler to accumulate
s'achever to draw to a close
à l'heure actuelle at the present time
bouleverser to upset, overturn

évoquer to evoke
fondateur *m.* founder
franchir to cross, get over
humour *m.* humor (comic)

44 **wagon** *m.* train car
45 **table d'hôte** *f.* communal table for guests at hotel or restaurant
46 **eussiez été** *impf. subj.* had been
47 **Si...que** however
48 *En quête des origines, Les premières étapes de l'histoire de la Révélation: Genèse 1 à 11* (Charols, Aix-en-Provence: Excelsis & Kerygma, 2008) 183–85.

boum *m.* bang, boom
découverte *f.* discovery
défi *m.* challenge
dévoiler to unveil
embarrassé, -e embarrassed, perplexed
escalader to scale
esquiver to avoid, dodge
États-Unis *m. pl.* United States
étonnamment astonishingly
hypothèse *f.* hypothesis
il y a (+ time) ago
magistère *m.* magisterium
milliard *m.* billion
par contre on the other hand
rédiger to draft, write
se refuser à to decline to
scientifique *m.* scientist
soulever to raise (question)

La pertinence des astrophysiciens

Les astrophysiciens ont, par contre, été confrontés à la question de l'être sans l'avoir recherché et ont été contraints par leurs découvertes de relever le défi de l'instant zéro de l'univers. R. Jastrow est un bon exemple. Il fut le fondateur et le directeur pendant plusieurs années de l'Institut Goddard (études spatiales) de la NASA. Il a été professeur d'astronomie et de géologie à l'Université de Columbia et professeur des sciences de la terre à l'Université de Dartmouth (États-Unis). En 1978 déjà, il a écrit un livre, *God and the Astronomers*. Agnostique, l'auteur a rédigé cet ouvrage non seulement pour décrire la théorie du *Big Bang* (grand boum) selon laquelle l'univers aurait un commencement se situant il y a 15 à 20 milliards d'années, mais aussi parce que la réaction embarrassée de ses collègues face aux implications créationnelles de cette théorie l'a fasciné. Si nous évoquons cette théorie, ce n'est pas pour en faire l'apologie, ni pour l'avancer comme un argument en faveur de la création, mais parce que, par elle, les scientifiques, qui présumaient plus ou moins implicitement l'éternité de la matière ou de l'énergie, ont été contraints de s'interroger sur l'origine de l'univers et, par conséquent, de l'être. Avancer sur le plan scientifique que l'univers a un commencement, c'est retrouver le Dieu créateur au cœur du débat dont on pensait l'avoir exclu définitivement! Faire référence à cette théorie permet donc essentiellement d'établir un point de contact et une entrée en matière sur cette question fondamentale, sans se faire l'avocat d'une théorie, aussi plausible soit-elle, qui ne demeure qu'une hypothèse, d'ailleurs contestée par plusieurs.

«Les astrophysiciens anglo-saxons appellent "Big Bang" l'instant zéro de notre univers dans l'hypothèse où celui-ci serait un univers en constante expansion.» Les galaxies auraient été rassemblées en un seul point d'une densité infinie, l'atome primitif où «toute la matière et toute l'énergie de l'univers auraient été concentrées». On avance, en faveur de cette théorie, trois arguments: le mouvement des galaxies; la deuxième loi de thermodynamique et le principe d'entropie; la naissance et l'extinction des étoiles entraînant l'utilisation de l'hydrogène, un processus irréversible.

L'existence de l'instant zéro de l'univers pose, nous l'avons dit, la question de savoir ce qui s'est passé avant le Big Bang. Si certains astrophysiciens se refusent à aborder cette question, d'autres en acceptent le défi. Ainsi, par exemple, Trinh

Xuan Thuan dit: «Les découvertes récentes de la cosmologie ont éclairé la plus fondamentale et la plus vieille des questions d'une lumière nouvelle. Et il importe que toute réflexion sérieuse sur l'existence de Dieu en tienne compte.[49] Après tout, les questions que se pose le cosmologiste sont étonnamment proches de celles qui préoccupent le théologien; comment l'univers a-t-il été créé? Y a-t-il un début du temps et de l'espace? L'univers aura-t-il une fin? D'où vient-il et où va-t-il? Le domaine de Dieu est celui du mystérieux, de l'invisible, celui de l'infiniment petit et de l'infiniment grand. Ce domaine n'appartient plus exclusivement au théologien, il est aussi celui des scientifiques; la science est là, qui accumule les découvertes et bouleverse les perspectives. Le théologien n'a plus le droit de rester indifférent.» Nous sommes d'accord avec l'auteur que le théologien n'a pas le droit d'éluder le débat par rapport à la question des origines que soulèvent les astrophysiciens, mais ces derniers n'ont pas le droit non plus, au nom du soi-disant magistère de la science, d'esquiver la question de Dieu et, par conséquent, celle de la non-autonomie de la connassance humaine. Il ne s'agit donc pas tant d'un «face à face de Dieu et de la cosmologie moderne», mais plutôt de constater avec David: «Le ciel proclame la gloire de Dieu, l'étendue céleste raconte l'œuvre de ses mains» (Ps 19.1). C'est d'ailleurs ce que Jastrow fait à sa manière et avec humour lorsqu'il dit: «La quête des origines du cosmologiste, s'achève dans l'instant de la création [...] Il n'est pas nécessaire d'attendre encore une année ou même dix années de recherche, une mesure supplémentaire ou une autre théorie; à l'heure actuelle, il semble bien que la science ne sera jamais capable de dévoiler le mystère de la création. Pour le savant qui a vécu par la foi en la puissance de la raison, l'histoire se termine comme un cauchemar. Il a escaladé les montagnes de l'ignorance; il est sur le point de vaincre le sommet le plus élevé; au moment où il franchit le dernier obstacle il est accueilli par une bande de théologiens qui l'attendent depuis des siècles.»

A. Answer the following questions:

   1. How did R. Jastrow come to write his book, *God and the Astronomers*?

   2. According to Berthoud, what does astrophysics have to do with God? Or, what is the value of the Big Bang theory?

   3. Specifically, what similar questions concern both the cosmologist and the theologian?

   4. In your experience of theological discourse (exegesis, apologetics, homiletics, Church History, etc.), to what particular genre does the above passage belong?

---

49 **tienne compte** *subj.* take into account

Introduction to Theological French

The Art of Reading French

In general, there are two modes of approaching a literary or theological text, which, nevertheless, need not be mutually exclusive: Reading for the gist versus reading for in-depth understanding. While the former can do without the latter, the latter always relies heavily upon the former.

Reading for the gist:

In order to ascertain the gist of a given passage, it is important to determine its central idea. The first step is to consider any titles or subtitles for clues. For instance, with respect to Pierre Berthoud's text above, it might be helpful to know its place within the context of the whole chapter, which he has conveniently put in outline form:

> **Chapitre 7**: *L'origine de l'être*
>   A. *Une question essentielle*
>   B. *Le débat actuel*
>   1. *L'aspect historique*
>   2. *La pertinence des astrophysiciens*

Thus, what we can glean from the outline is that the origins of life are at issue and that, in the current debate on the topic, astrophysicists may have something pertinent to add.

The second step involves locating and paying close attention to topic sentence. Often, in the very first paragraph, a thesis statement will provide the main idea of the entire section. Moreover, each succeeding paragraph will also contain a topic sentence indicating the general idea being developed. For example, in Bergson's treatise on laughter, a topic sentence makes the main point near the beginning of each paragraph. It is curious to note as well that at the close of each paragraph, he restates the topic sentence—delimiting, nuancing or enlarging its scope:

> **Paragraph One**
> **Beginnning.** *Il n'y a pas de comique en dehors de ce qui est proprement humain.*
> **Close.** *Ils* [les philosophes] *auraient aussi bien pu le* [l'homme] *définir un animal qui fait rire, car si quelque autre animal y parvient, ou quelque objet inanimé, c'est toujours par une ressemblance avec l'homme, par la marque que l'homme y imprime ou par l'usage que l'homme en fait.*

> **Paragraph Two**
> **Beginnning.** *Je voudrais signaler maintenant, comme un symptôme non moins digne de remarque, l'insensibilité qui accompagne d'ordinaire le rire.*
> **Close.** *Il* [le comique] *s'adresse à l'intelligence pure.*

PARAGRAPH THREE

> BEGINNNING. *Seulement, cette intelligence doit toujours rester en contact avec d'autres intelligences.*
>
> CLOSE. *Si franc qu'on le suppose, le rire cache toujours une arrière-pensée d'entente, je dirai presque de complicité, avec d'autres rieurs, réels ou imaginaires.*

The third step in the process is to identify key words which form a semantic cluster around the topic at hand. In the Berthoud piece, for instance, related terms such as "atome," "énergie," "matière," "temps," "espace," "étoile," "galaxies," "univers," "cosmologie," and "Big Bang" oriente reading in one direction. At the same time, they are intersected by a nexus of terms such as "commencement," "fin," "création," "mystère," "mystérieux," "invisible," "foi," and "Dieu créateur" which seemingly orient in another.

READING FOR IN-DEPTH UNDERSTANDING:

In order to understand in-depth, it might be necessary to read over a passage a number of times, first for a global comprehension, then to pay attention to specific details. When revisiting the text, rather than relying on inference, it might be necessary as well to use a dictionary to ascertain the precise meaning of words. Detailed analysis likewise includes syntax and grammar. One must recognize the main elements of the sentence: subject, verb tense, direct and indirect objects, modifiers, prepositional phrases, etc. Take, for example, the following relatively complicated sentence found in Berthoud's text:

> *Nous sommes d'accord avec l'auteur que le théologien n'a pas le droit d'éluder le débat par rapport à la question des origines que soulèvent les astrophysiciens, mais ces derniers n'ont pas le droit non plus, au nom du soi-disant magistère de la science, d'esquiver la question de Dieu et, par conséquent, celle de la non-autonomie de la connanssance humaine.*

The sentence contains four subjects: which are they? The sentence also contains six direct objects (including one that functions as a relative pronoun and another that functions as a demonstrative pronoun): which are they?

Introduction to Theological French

Self-Test J

The answers to the exercises below are given in footnote. If you not achieve 90% mastery here, you should go back and review the material before going on to the next chapter.

A. Match the French word on the left with its English meaning on the right:[50]

1. **avis** _____
2. **entraîner** _____
3. **but** _____
4. **voler** _____
5. **enceinte** _____
6. **épée** _____
7. **cendre** _____
8. **tôt** _____
9. **hardi, -e** _____
10. **lutte** _____
11. **écarter** _____
12. **gras, -se** _____
13. **fouet** _____
14. **volontiers** _____
15. **queue** _____

a. *sword*
b. *fat*
c. *opinion*
d. *soon, early*
e. *ash*
f. *to steal*
g. *gladly*
h. *bold*
i. *to draw, carry away*
j. *tail*
k. *struggle*
l. *whip*
m. *pregnant*
n. *to separate, thrust aside*
o. *goal, objective*

B. Provide the correct present tense conjugation for the following verbs:[51]

1. (**abattre**) tu _____
2. (**conclure**) il _____
3. (**battre**) nous _____
4. (**vaincre**) je _____
5. (**exclure**) elles _____
6. (**recevoir**) ils _____
7. (**inclure**) je _____
8. (**convaincre**) on _____
9. (**apercevoir**) vous _____
10. (**se débattre**) tu _____

C. Fill in the blanks with the appropriate form of the *futur* or *futur antérieur*:[52]

1. L'abbé doit le savoir: si, parmi ses brebis, le père de famille en trouve une en mauvais état, c'est le berger qui en (*porter*) _____ la responsabilité. (La règle de Saint Benoît)
2. Et lorsque le souverain pasteur paraîtra, vous (*obtenir*) _____ la couronne incorruptible de la gloire. (1 P 5:4, Sg)
3. Dès que j'aborderai le camp, vous (*faire*) _____ ce que je (*faire*) _____. (Jug 7:17, Sg)
4. Mais, après que je (*ressusciter*) _____, je vous précèderai en Galilée. (Mt 26:32, Sg)

---

[50] Exercise A: 1. c; 2. i; 3. o; 4. f; 5. m; 6. a; 7. e; 8. d; 9. h; 10. k; 11. n; 12. b; 13. l; 14. g; 15 j.

[51] Exercise B: 1. abats; 2. conclut; 3. battons; 4. vaincs; 5. excluent; 6. reçoivent; 7. inclus; 8. convainc; 9. apercevez; 10. te débats.

[52] Exercise C: 1. portera; 2. obtiendrez; 3. ferez, ferai; 4. serai ressuscité; 5. soutiendront, augmenteront, seront.

5. Telle est l'utilité des grâces de l'Église. Si vous êtes pécheurs, elles vous (*soutenir*) _____ dans le cours de votre penitence . . . si vous êtes juste, elles en (*augmenter*) _____ le mérite, si vous êtes faible, elles vous (*être*) _____ le secours de votre faiblesse. (Fénelon, *Instructions pastorales sur le jubilé*)

D. Match the adjective or adverb on the left with its comparative form on the right:[53]

    1. **bien** _____   a. *pire*
    2. **petit** _____   b. *mieux*
    3. **mauvais** _____ c. *pis*
    4. **bon** _____   d. *moindre*
    5. **mal** _____   e. *meilleur*

E. In the following if-clause sentences, fill in the blanks with the appropriate form of the present conditional or past conditional:[54]

1. Si nous rêvions toutes les nuits la même chose, elle nous (*affecter*) _____ peut-être autant que les choses que nous voyons tous les jours. (Pascal, *Les Pensées*)

2. Cher ami, si vous pouviez vous arranger pour faire cette promenade avec moi, cela (*être*) _____ charmant. Je (*verser*) _____ à loisir mon âme tout entière dans la vôtre, et puis je (*mourir*) _____ sans regret. (Jean-Jacques Rousseau, *Correspondance*)

3. Si nous avions été faits autrement, nous (*sentir*) _____ autrement. (Montesquieu, *Essai sur le goût*)

4. Si tu avais pu être sauvé, je (*voir*) _____ là une dernière miséricorde du Seigneur. (Alexandre Dumas, *Le Comte de Monte Cristo*)

F. Fill in the blanks with the correct form of the passive voice of the verb in parentheses:[55]

1. Je (*comprendre*: **simple future**) _____ vers 1880. (Stendhal, *La Chartreuse de Parme*)

2. Leurs honneurs (*perdre*: **present**) _____, mais non pas leur valeur. (Milton, *Le Paradis perdu*)

3. Sénateurs, oui, nous (*tromper*: **passé composé**) _____ . . . (Cicéron, *Douzième philippique*)

4. Si tu (*séduire*: **imparfait**) _____ par le beau, il n'est rien de plus beau que LUI! (Saint Eucher de Lyon, *Du Mépris du monde*)

---

[53] Exercise D: 1. b; 2. d; 3. a; 4. e; 5. c.
[54] Exercise E: 1. affecterait; 2. serait, verserais, mourrais; 3. aurions senti; 4. aurais vu.
[55] Exercise F: 1. serai compris; 2. sont perdus; 3. avons été trompés; 4. étais séduit.

Chapter 21

RÉSOUDRE AND *SOUSTRAIRE*
THE PRESENT SUBJUNCTIVE
USES OF THE SUBJUNCTIVE
THE PAST FORMS OF THE SUBJUNCTIVE

READING

The selection below, concerning a sordid affair set in sixth-century Gaul, is taken from an historical work, *Récits des temps mérovingiens*.[1] Following a perceived withdrawal of courtly patronage, Count Leudaste of Tours and a subdeacon named Rikulf conspired to accuse Bishop Gregory of Tours of circulating rumors respecting the conjugal infidelity of Queen Fredegunda, whose supposed paramour was Bishop Berthramn of Bordeaux. Her husband Hilperik, king of Neustria,[2] was incensed at Bishop Gregory and, along with the equally piqued Bishop Berthramn, brought formal charges against him. However, at trial, held during a synod at the royal estate of Braine, King Hilperik was unable to produce any witnesses. Leucaste, in anticipation, had fled the kingdom, and the council moved to block Rikulf's testimony, noting that in canon law a priest of inferior rank cannot be believed over a bishop. It was determined that the council would be satisfied with the word and oath of the accused. Nevertheless, King Hilperik insisted that Bishop Gregory say mass three times at three different altars, and that at the end of each mass, on the steps of the altar, he swear that he had not bruited the rumors ascribed to him. The passage was chosen for the extensive use of the subjunctive, which is the primary focus of this final chapter.

21.1

Il paraît que le roi, pour donner une marque de pleine et entière confiance aux membres du concile, s'abstint de suivre en personne les épreuves qu'il avait demandées, et qu'il laissa les évêques accompagner seuls l'accusé à l'oratoire du palais de Braine, où les trois messes furent dites et les trois serments prêtés[3] sur trois autels. Aussitôt après, le concile rentra en séance; Hilperik avait déjà repris sa place; le président de l'assemblée

1 Augustin Thierry, *Récits des temps mérovingiens*, vol. 2 (Bruxelles: Riga, 1840) 263–67.
2 A country of considerable extent in what is now northeast France.
3 Normally, "prêter" means "to lend," but coupled with "serment," the expression means "to take an oath."

resta debout et dit avec une gravité majestueuse: «O roi, l'évêque a accompli toutes les choses qui lui avaient été prescrites; son innocence est prouvée; maintenant qu'avons-nous à faire? Il nous reste à te prier de la communion chrétienne, toi et Berthramn, l'accusateur d'un de ses frères.» Frappé de cette sentence inattendue, le roi changea de visage, et, de l'air confus d'un écolier qui rejette sa faute sur des complices, il répondit: «Mais je n'ai raconté autre chose que ce que j'avais entendu dire. –Qui est-ce qui l'a dit le premier?» répliqua le président du concile, d'un ton d'autorité plus absolu. «–C'est de Leudaste que j'ai tout appris,» dit le roi encore ému d'avoir entendu retentir à ses oreilles le terrible mot d'excommunication.

L'ordre fut donné sur-le-champ d'amener Leudaste à la barre de l'assemblée, mais on ne le trouva ni dans le palais ni aux environs; il s'était esquivé[4] prudemment. Les évêques résolurent de procéder contre lui par contumace[5] et de le déclarer excommunié. Quand la délibération fut close, le président du synode se leva, et prononça l'anathème selon les formules consacrées:

«Par le jugement du Père, du Fils et du Saint-Esprit, en vertu de la puissance accordée aux apôtres et aux successeurs des apôtres, de lier et de délier dans le ciel et sur la terre, tous ensemble nous décrétons que Leudaste, semeur de scandale, accusateur de la reine, faux dénonciateur d'un évêque, attendu qu'il s'est soustrait à l'audience pour échapper à son jugement, sera désormais séparé du giron de la sainte mère Église et exclu de toute communion chrétienne, dans la vie présente et dans la vie à venir. Que nul chrétien ne lui dise[6] salut[7] et ne lui donne le baiser. Que nul prêtre ne célèbre pour lui la messe et ne lui administre la sainte communion du corps et du sang de Jésus-Christ. Que personne ne lui fasse compagnie,[8] ne le reçoive[9] dans sa maison, ne traite avec lui d'aucune affaire, ne boive,[10] ne mange, ne converse avec lui, à moins que ce ne soit[11] pour l'engager à se repentir. Qu'il soit maudit de Dieu le père qui a créé l'homme; qu'il soit maudit de Dieu le fils qui a souffert pour l'homme; qu'il soit maudit de l'Esprit saint qui se répand sur nous au baptême; qu'il soit maudit de tous les saints qui depuis le commencement du monde ont trouvé grâce devant Dieu. Qu'il soit maudit partout où il se trouvera, à la maison et aux champs, sur la grande route ou dans le sentier. Qu'il soit maudit vivant et mourant, dans la veille et dans le sommeil, dans le travail et dans le repos. Qu'il soit maudit dans toutes les forces et tous les organes de son corps. Qu'il soit maudit dans toute la charpente de ses membres, et que du sommet de la tête à la plante des pieds il n'y ait pas[12] sur lui la moindre place

---

4 In the previous chapter, you learned that "esquiver" means "to avoid, dodge." When used reflexively, as it is here, it might be translated as "to make oneself scarce."

5 **par contumace** in his absence.

6 **dise** *subj.*, 3rd *s.* say.

7 The primary theological meaning of "salut" is salvation. Here, as it is in common everyday use, it is a greeting.

8 **fasse** (*subj.*, 3rd *s.*) **compagnie** keep company.

9 **reçoive** *subj.*, 3rd *s.* receive.

10 **boive** *subj.*, 3rd *s.* drink.

11 **soit** *subj.*, 3rd *s.* be.

12 **il n'y ait** (*subj.*, 3rd *s.*) **pas** there not be

qui reste saine. Qu'il soit livré aux supplices éternels avec Dathan et Abiron, et avec ceux qui ont dit au seigneur: Retire-toi de nous. Et de même que le feu s'éteint dans l'eau, qu'ainsi sa lumière s'éteigne[13] pour jamais, à moins qu'il ne se repente[14] et qu'il ne vienne[15] donner satisfaction.» À ces derniers mots, tous les membres de l'assemblée, qui avaient écouté jusque-là dans un silence de recueillement, élevèrent ensemble la voix, et crièrent à plusieurs reprises: «*Amen, que cela soit, que cela soit, qu'il soit anathème; amen, amen.*»

Cet arrêt, dont les menaces religieuses étaient vraiment effrayantes et dont les effets civils équivalaient pour le condamné à la mise hors de la loi du royaume, fut notifié par une lettre circulaire à tous ceux des évêques de Neustrie qui n'avaient pas assisté au concile. Ensuite on passa au jugement du sous-diacre Rikulf, convaincu de faux témoignage par la justification de l'évêque de Tours. La loi romaine, qui était celle de tous les ecclésiastiques sans distinction de race, punissait de mort l'imputation calomnieuse d'un crime capital, tel que celui de lèse-majesté; cette loi fut appliquée sans toute sa rigueur et le synode porta contre le clerc Rikulf une sentence qui l'abandonnait au bras séculier. Ce fut le dernier acte de l'assemblée; elle se sépara aussitôt, et chacun des évêques, ayant pris congé du roi, fit ses dispositions pour retourner à son diocese.

ACTIVE VOCABULARY

21.2

accusateur, -trice accuser
administrer to administer
à moins que unless
à plusieurs reprises repeatedly
attendu que *conj.* whereas
baiser *m.* kiss
barre *f.* bar (court of justice)
charpente *f.* frame, build
clerc *m.* cleric
complice abettor, accomplice
contumace *f.* contumacy
décréter to decree
dénonciateur, -trice informer, denouncer
écolier, -ière schoolboy, -girl
en vertu de by virtue of
environs *m. pl.* surroundings
équivaloir[16] to be equivalent
excommunier to excommunicate
formule *f.* formula

giron *m.* lap
inattendu, -e unexpected
majestueux, -euse majestic
messe *f.* mass
mise *f.* setting, putting
prendre congé (*m.*) **de** to take leave of
répliquer to retort, answer back
résoudre to resolve
retentir to echo, reverberate
sain, -e healthy
séance *f.* session, meeting
séculier, -ère secular, laic
semeur, -euse sower, disseminator
sous-diacre *m.* subdeacon
soustraire (**se**) to elude, abscond
successeur *m.* successor
sur-le-champ *adv.* at once
synode *m.* synod

13 **s'éteigne** *subj.*, 3rd *s.* be extinguished
14 **ne se repente** *subj.*, 3rd *s.* repent
15 **ne vienne** *subj.*, 3rd *s.* come
16 Conjugated like **valoir**.

Chapter 21

Exercises

A. Match the expressions in the left-hand column with the related notion in the right:
1. **excommunier**   a. gouverner
2. **séculier**   b. novice
3. **inattendu**   c. anathématiser
4. **administrer**   d. calomniateur
5. **accusateur**   e. démêler
6. **complice**   f. précepte
7. **écolier**   g. temporel
8. **formule**   h. imprévu
9. **sur-le-champ**   i. rite
10. **messe**   j. florissant
11. **résoudre**   k. acolyte
12. **sain**   l. tout de suite

B. Match the expressions in the left-hand column with their relative opposite in the right:
1. **sain**   a. ecclésiastique
2. **majestueux**   b. laïc
3. **accusateur**   c. vulgaire
4. **séculier**   d. coutumier
5. **clerc**   e. pestilentiel
6. **inattendu**   f. défenseur

C. From the words in bold in the left-hand column, deduce the sense of those to the right:
1. **dénonciateur**   dénoncer *inf.*   dénonciation *n.*   dénoncer (*inf.*) des abus
2. **formule**   formuler *inf.*   formulation *n.*   formules (*n.*) sacramentelles
3. **clerc**   clérical *adj.*   anticlérical *adj.*   clerc (*n.*) défroqué
4. **administrer**   administration *n.* administratif *adj.*   administrateur *n.*
5. **résoudre**   résolu *adj.*   résolution *n.*   résolument *adv.*
6. **séculier**   séculariser *inf.*   sécularisation *n.*   autorité séculière *adj.*

D. Translate the following phrases into English:
1. Le Saint-Esprit est le baiser de Dieu. (Saint Bernard, *Sermons*)

2. L'encre d'un écolier est plus sacrée que le sang d'un martyr. (Mahomet)

3. Depuis la plante des pieds jusqu'au sommet de notre tête, il n'est rien de sain en nous. (Saint Bernard, *Sermons*)

4. Il faut tenir à une résolution parce qu'elle est bonne, et non parce qu'on l'a prise. (La Rochefoucauld, *Maximes*)

5. C'est en vain qu'ils [les protestants] ont voulu reprendre l'autorité attachée au nom de l'Église, et obliger les particuliers[17] à se soumettre aux décisions de leurs synodes. (Bossuet, *Instruction pastorale*)

6. Contrairement à ce qu'on croit savoir, nous ne sommes jamais entrés dans une ère[18] séculière. L'idée même du séculier est de part en part[19] religieuse, chrétienne en vérité. (Jacques Derrida, *Le Monde de l'éducation*)

7. Si quelqu'un se révolte contre l'Église et qu'il la scandalise par ses crimes ou par ses erreurs, on croit, en l'excommuniant, le retrancher du corps de l'Église en général. (Bossuet, *Histoire des variations des Églises protestantes*)

8. La masse des catholiques que nous voyons à la messe chaque dimanche[20] ne désire, au fond, savoir de la religion que ce qui peut les confirmer dans la bonne opinion qu'ils ont d'eux-mêmes. (Georges Bernanos, *Le chemin de la Croix-des-âmes*)

Résoudre and *Soustraire*

Both the verb **résoudre** ("to resolve, clear up") and the pronominal form of the verb **soustraire** ("to subtract") occur in this lesson's reading passage. The full present tense conjugations are given below:

21.3

je résous	je soustrais
tu résous	tu soustrais
il (elle, on) résout	il (elle, on) soustrait
nous résolvons	nous soustrayons
vous résolvez	vous soustrayez
ils (elles) résolvent	ils (elles) soustraient
past participle: **résolu**	past participle: **soustrait**

17 **particulier, -ière** private individual
18 **ère** *f.* era
19 **de part en part** through and through
20 **dimanche** *m.* Sunday

In the *passé simple*, the stem for **résoudre** is **résol-**, and the endings are those of other **-ir**/**-re** verbs. In somewhat of an anomaly, there is no *passé simple* tense for **soustraire** or any of its derivatives.

Two similar verbs to **résoudre** are **se résoudre** ("to make up one's mind, bring oneself [to do sth.]"), **absoudre** ("to absolve") and **se dissoudre** ("to dissolve, melt, disintegrate"), however, when in a compound tense, their past participles are **absous** (*m.*)/**absoute** (*f.*) and **dissous** (*m.*)/**dissoute** (*f.*) respectively.

Among the verbs similar to **soustraire** are **attraire** ("to attract"), **distraire** ("to distract, divert"), **se distraire** ("to amuse oneself"), and **extraire** ("to extract").

Exercises

A. Fill in the blanks with the correct present tense form of the verb in parentheses:

21.4

auditeur, -trice hearer, listener
balbutier to stammer, mumble
feuille *f.* leaf
figuier *m.* fig tree
par-dessus over (the top of)
soigneusement carefully

1. Celui qui (*absoudre*) _____ le coupable et celui qui condamne le juste sont tous deux en abomination à l'Éternel. (Pr 17:15, Sg)
2. De peur que tu as de [l]a justice [de Dieu], tu t'enfuis à son mépris: parce que tu connais la gravité de ton crime, tu (*se soustraire*) _____ à son trône. (Jean de Sponde, *Méditations sur les Psaumes*)
3. C'est ce qu'entend saint Paul, en disant que la conscience atteste aussi avec les hommes quand leurs pensées les condamnent ou (*absoudre*) _____ devant Dieu. (Calvin, *Institutions*)
4. J'ai entendu cette nouvelle: j'en suis tout bouleversé. Mes lèvres balbutient et mes os (*se dissoudre*) _____, je reste là, tremblant. (Ha 3:16, BSm)
5. Comme s'ils voulaient transporter leurs auditeurs par-dessus le ciel, ils les (*attraire*) _____ à délices charnelles, et les font retomber aux concupiscences dont ils s'étaient retirés. (Calvin, *Contre les libertins*)
6. On s'y rencontre quelquefois ennemi avec ennemi; alors, mais pour un instant seulement, on (*distraire*) _____ sa haine, mais on ne la quitte[21] pourtant pas. (Montesquieu, *Les Lettres persanes*)
7. Toutes les fois que vous voulez, contre l'obéissance et contre votre attrait intérieur, rentrer dans ces examens tant de fois condamnés par vos directeurs, vous (*se distraire*) _____, vous vous troublez, vous vous desséchez, vous vous éloignez de l'oraison, et par conséquent de Dieu. (Fénelon, *Lettres spirituelles*)
8. Toute l'armée des cieux (*se dissoudre*) _____; les cieux sont roulés comme un livre, et toute leur armée tombe, comme tombe la feuille de la vigne, comme tombe celle du figuier. (Es 34:4, Sg)
9. Les chrétiens n'ont qu'un Dieu, maître absolu de tout, / De qui le seul vouloir fait tout ce qu'il (*résoudre*) _____. (Corneille, *Polyeucte*)

---

21 Here **quitter** means "to leave off" or "to give up."

10. Combien de choses que vous (*soustraire*) _____ soigneusement à l'œil du monde, et ne voudriez à aucun prix voir découvertes! (Bathélemy Bouvier, *La Conscience mène à la foi*)

B. Translate the following sentences and master the new vocabulary:

21.5

embraser to set ablaze **renfermer** to shut up, lock up
fracas *m.* din, (sound of) crash **trépas** *m.* death, decease

1. La joie est en tout; il faut savoir l'extraire. (Confucius)

2. On ne peut absoudre celui qui ne se repent pas. (Dante, *La Divine comédie*)

3. Plus tu me conseilles de vivre, / Plus je me résous de mourir. (Malherbe, *Chansons*)

4. Que chacun donne comme il l'a résolu en son cœur, sans tristesse ni contrainte; car Dieu aime celui qui donne avec joie. (2 Co 9:7, Sg)

5. Vos maladies principales sont l'orgueil, qui vous soustrait à Dieu, et la concupiscence, qui vous attache à la terre. (Pascal, *Pensées*)

6. Ne jugez point, et vous ne serez point jugés; ne condamnez point, et vous ne serez point condamnés; absolvez, et vous serez absous. (Lc 6:37. Sg)

7. Lorsque des hommes, ayant entre eux une querelle, se présenteront en justice pour être jugés, on absoudra l'innocent, et l'on condamnera le coupable. (Dt 25:1, Sg)

8. Et que voyez-vous, grand Dieu, dans les tristes agitations qu'elle [l'âme] laisse paraître, que les derniers efforts d'une âme qui se défend contre le trépas, et d'une machine[22] qui se dissout? (Massillon, *Sur l'impénitence finale*)

9. Le jour du Seigneur viendra comme un voleur; en ce jour, les cieux passeront avec fracas, les éléments embrasés se dissoudront, et la terre avec les œuvres qu'elle renferme sera consumée. (2 P 3:10, Sg)

---

22 The **machine** spoken of here is that of the body.

The Present Subjunctive

The subjunctive mood is much more common in French than in its English counterpart. While the indicative mood (past, present, future) is used to state facts, the subjective is used to express the personal opinions, attitudes or feelings of the speaker. For most verbs, the subjunctive has two stems: for the first, pertaining to the singular and the third-person plural, the **-ent** of the third-person plural is dropped, while the endings **-e**, **-es**, **-e**, and **-ent** are added; for the second, relative to the first- and second-person plural, the **-ons** of the first-person plural is dropped and the endings **-ions** and **-iez** are added. Examples from each principal verb group (-**er**, -**ir**, -**re**) are given below:

21.6

Excommunier	Bénir	Attendre
que j'excomunie	que je bénisse	que j'attende
que tu excomunies	que tu bénisses	que tu attendes
qu'il (elle, on) excomunie	qu'il (elle, on) bénisse	qu'il (elle, on) attende
que nous excomunions	que nous bénissions	que nous attendions
que vous excomuniez	que vous bénissiez	que vous attendiez
qu'ils (elles) excomunient	qu'ils (elles) bénissent	qu'ils (elles) attendent

Many irregular verbs also have irregular stems. You will want to pay special attention to any variances within each verb, most notably in the first- and second-person plural forms. You will recognize as well that there is some overlap with the imperative forms of certain verbs:

21.7

Aller	Avoir	Être
que j'aille	que j'aie	que je sois
que tu ailles	que tu aies	que tu sois
qu'il (elle, on) aille	qu'il (elle, on) ait	qu'il (elle, on) soit
que nous allions	que nous ayons	que nous soyons
que vous alliez	que vous ayez	que vous soyez
qu'ils (elles) aillent	qu'ils (elles) aient	qu'ils (elles) soient

Faire	Pouvoir	Savoir
que je fasse	que je puisse	que je sache
que tu fasses	que tu puisses	que tu saches
qu'il (elle, on) fasse	qu'il (elle, on) puisse	qu'il (elle, on) sache
que nous fassions	que nous puissions	que nous sachions
que vous fassiez	que vous puissiez	que vous sachiez
qu'ils (elles) fassent	qu'ils (elles) puissent	qu'ils (elles) sachent

Valoir	Vouloir
que je vaille	que je veuille
que tu vailles	que tu veuilles
qu'il (elle, on) vaille	qu'il (elle, on) veuille
que nous valions	que nous voulions
que vous valiez	que vous vouliez
qu'ils (elles) vaillent	qu'ils (elles) veuillent

For certain verbs such as **falloir** and **pleuvoir**, used mainly in impersonal expressions, the present subjunctive forms are **qu'il faille** et **qu'il pleuve** respectively.

Exercises

A. Fill in the blanks with the appropriate form of the regular present subjunctive:

21.8

se charger de to understake sth.   **gratuitement** freely

1. Je désire que vous (*parler*) _____ tous en langues, mais encore plus que vous (*prophétiser*) _____. (1 Co 14:5, Sg)
2. Que le Dieu tout puissant te (*bénir*) _____, te (*rendre*) _____ fécond et te multiplie, afin que tu (*devenir*) _____ une multitude de peuples! (Gn 28:3, Sg)
3. Aujourd'hui, tu as fait promettre à l'Éternel qu'il sera ton Dieu, afin que tu (*marcher*) _____ dans ses voies, que tu (*observer*) _____ ses lois, ses commandements et ses ordonnances, et que tu (*obéir*) _____ à sa voix. (Dt 26:17, Sg)
4. Qu'il (*boire*) _____ et (*oublier*) _____ sa pauvreté, et qu'il (*ne plus se souvenir*) _____ de ses peines. (Pr 31:7, Sg)
5. Prenez garde à vous-mêmes, afin que vous (*ne pas perdre*) _____ le fruit de votre travail, mais que vous (*recevoir*) _____ une pleine récompense. (2 Jn 1:8, Sg)
6. Que le Christ, le roi d'Israël, (*descendre*) _____ maintenant de la croix, afin que nous (*voir*) _____ et que nous (*croire*) _____! (Mc 15:32, Sg)
7. Qu'il ne (*sortir*) _____ de votre bouche aucune parole mauvaise, mais, s'il y a lieu, quelque bonne parole, qui (*servir*) _____ à l'édification et (*communiquer*) _____ une grâce à ceux qui l'entendent. (Ep 4:29, Sg)
8. Alors Jésus dit à ses disciples: Si quelqu'un veut venir après moi, qu'il (*renoncer*) _____ à lui-même, qu'il (*se charger*) _____ de sa croix, et qu'il me (*suive*) _____. (Mt 16:24, Sg)
9. Il en sera ainsi, afin que tout Israël (*entendre*) _____ et (*craindre*) _____, et que l'on (*ne plus commettre*) _____ un acte aussi criminel au milieu de toi. (Dt 13:11, Sg)

10. Et l'Esprit et l'épouse disent: Viens. Et que celui qui entend (*dire*) _____: Viens. Et que celui qui a soif (*venir*) _____; que celui qui veut, (*prendre*) _____ de l'eau de la vie, gratuitement. (Ap 22:17, Sg)

B. Fill in the blanks with the appropriate form of the irregular present subjunctive:

21.9

avantageux, -euse advantageous **immoler** to sacrifice
avec insistance earnestly

1. Cependant je vous dis la vérité: il vous est avantageux que je (*s'en aller*) _____, car si je ne m'en vais pas, le consolateur ne viendra pas vers vous; mais, si je m'en vais, je vous l'enverrai. (Jn 17:7, Sg)
2. Dieu, qui est fidèle, ne permettra pas que vous (*être*) _____ tentés au-delà de vos forces; mais avec la tentation il préparera aussi le moyen d'en sortir, afin que vous (*pouvoir*) _____ la supporter. (1 Co 10:13, Sg)
3. Tout ce que vous voulez que les hommes (*faire*) _____ pour vous, faites-le de même pour eux, car c'est la loi et les prophètes. (Mt 7:12, Sg)
4. Elie était un homme tout à fait semblable à nous. Il pria avec insistance pour qu'il (*ne pas pleuvoir*) _____ et, pendant trois ans et demi, il ne tomba pas de pluie sur le sol. (Jc 5:17, BSm)
5. O filles de Jérusalem, oh, je vous en conjure, n'éveillez pas, non, ne réveillez pas l'amour, avant qu'il ne le (*vouloir*) _____. (Ct 8:4, BSm)
6. En lui Dieu nous a élus avant la fondation du monde, pour que nous (*être*) _____ saints et irrépréhensibles devant lui. (Ep 1:4, Sg)
7. Et Moïse dit: Il en sera ainsi, afin que tu (*savoir*) _____ que nul n'est semblable à l'Éternel, notre Dieu. (Ex 8:6, Sg)
8. Accorde-moi un délai de deux mois: j'irai avec mes amies dans les montagnes, pour y pleurer de ce qu'il me (*falloir*) _____ mourir avant d'avoir été mariée. (Jg 11:37, BSm)
9. Tel fait une distinction entre les jours; tel autre les estime tous égaux. Que chacun (*avoir*) _____ en son esprit une pleine conviction. (Rm 14:5, Sg)
10. Le premier jour des pains sans levain, où l'on immolait la Pâque, les disciples de Jésus lui dirent: Où veux-tu que nous (*aller*) _____ te préparer la Pâque? (Mc 14:12, BSm)

Uses of the Subjunctive

The subjunctive mood is used to express subjectivity. It also follows certain impersonal expressions and conjunctions. The usual construction requiring the subjunctive consists of a main clause containing an expression of doubt, uncertainty, possibility, emotion, or will followed by a subordinate clause with a change of subject introduced by **que**. Occasionally, the expression of subjectivity is implied and the subordinate clause stands alone. You have seen many examples of this formulation in the manual, including the reading of this chapter. The English translation is simply "Let . . ." or "May . . .":

Que nul chrétien ne lui **dise** salut et ne lui **donne** le baiser. *Que* nul prêtre ne **célèbre** pour lui la messe et ne lui **administre** la sainte communion du corps et du sang de Jésus-Christ. *Que* personne ne lui **fasse** compagnie, ne le **reçoive** dans sa maison, ne **traite** avec lui d'aucune affaire, ne **boive**, ne **mange**, ne **converse** avec lui, à moins que ce ne **soit** pour l'engager à se repentir. *Qu'il* **soit** maudit de Dieu . . .

At other times, the subjunctive may appear even without **que**:

À Dieu ne **plaise**! *God forbid!*

Ainsi **soit**-il! *So be it!*

Je connais tes œuvres. Je sais que tu n'es ni froid ni bouillant. **Puisses**-tu être froid ou bouillant! (Ap 3:15, Sg) *I know your works: you are neither cold nor hot. Would that you were either cold or hot!* (ESV)

While it is impossible to give a detailed account of the subjunctive, some of the chief categories are summarized below:

DOUBT:

When a verb or impersonal expression contains an element of uncertainty, it will require the subjective in the main clause. This includes obvious verbs such as **douter**, but also the verbs **croire** and **penser** used negatively or interrogatively:

Penses-tu que je ne **puisse** pas invoquer mon Père, qui me donnerait à l'instant plus de douze légions d'anges? (Mt 26:53, Sg) *Do you think I cannot call on my Father, and he will at once put at my disposal more than twelve legions of angels?* (NIV)

EMOTION:

Expressions of emotion are deemed subjective statements and require the subjective after a change of subject. Many of these expressions contain the verb **être** followed by an adjective such as **content, heureux, triste, fâché**, etc.:

Mais le chef de la synagogue **fut fâché** que Jésus **ait fait** cette guérison le jour du sabbat. (Lc 13:14, BSm) *The man in charge of the meeting place was angry because Jesus had healed someone on the Sabbath.* (CEV)

WILL:

Verbs of will indicate desire or preference and thus require the subjective after a change of subject. Among the more common verbs are **vouloir, désirer, préférer, défendre, exiger**, etc.:

Pilate, reprenant la parole, leur dit: Que **voulez-vous** donc que je **fasse** de celui que vous appelez le roi des Juifs? (Mc 15:12, Sg) *And Pilate again said to them, Then what shall I do with the man you call the King of the Jews?* (ESV)

IMPERSONAL EXPRESSIONS:

A great number of impersonal expressions (**il est bon, il est juste, il est possible, il est nécessaire, il est important**, etc.) as well as certain impersonal verbs (**il faut, il vaut mieux, il semble**, etc.) take the subjunctive. On the other hand, impersonal expressions which connote any probability or certainty (**il est certain, il est sûr, il**

est probable, il est vrai, il est clair, il paraît,[23] etc.) take the indicative:
> Seigneurs, que **faut-il** que je **fasse** pour être sauvé? (Ac 16:30, Sg) *Sirs, what must I do to be saved?* (ESV)

CONJUNCTIONS:

A number of conjuctions are followed by the subjunctive, some of which you have seen previously: **afin que, avant que, pour que** ("in order that"), **bien que** ("although"), **quoique** ("although"), **jusqu'à ce que** ("until"), **de peur que** ("for fear that"), **pourvu que** ("provided that"), **en sorte que** ("so that"), **à moins que, sans que** ("without"), etc.:
> Et auquel des anges a-t-il jamais dit: Assieds-toi à ma droite, **jusqu'à ce que** je **fasse** de tes ennemis ton marchepied? (He 1:13, Sg) *To which of the angels did God ever say, Sit at my right hand until I make your enemies a footstool for your feet?* (NIV)

Some of these conjunctions may be followed by what is called a "pleonastic" **ne** before the verb in the main clause. However, it is for the ear only and does not indicate the negative. A few examples occur in this lesson's reading:
> Et de même que le feu s'éteint dans l'eau, qu'ainsi sa lumière s'éteigne pour jamais, **à moins qu**'il **ne se repente** et qu'il **ne vienne** donner satisfaction.

It must be remembered that some other very common conjunctions such as **après que, parce que, pendant que, aussitôt que**, and **dès que** still take the indicative.

INDEFINITE ANTECEDENT:

When a dependent clause refers to a concept in the main clause that is indefinite (an antecedent whose real existence is in doubt), the subordinate verb will be in the subjunctive:
> Ainsi **il n'y a parmi vous pas un seul homme sage** qui **puisse** prononcer entre ses frères. (1 Co 6:5, Sg) *Is it so, that there is not among you one wise man who will be able to decide between his brethren.* (NASB)

IN CONSTRUCTIONS WITH *QUELQUE*:

The expression **quelque** may be used as an adverb and precede an adjective or another adverb. It translates as "however" and indicates degree or intensity in subjunctive clauses:
> **Quelque nombreuses** que **puissent** être dans le monde les diverses langues, il n'en est aucune qui ne soit une langue intelligible. (1 Co 14:10, Sg) *There are, it may be, so many kinds of languages in the world, and none of them is without significance.* (KJV)

Quelque becomes **quel que** when followed by the verb **être** and translates as "whatever":
> **Quel que soit** votre travail, faites-le de tout votre cœur, et cela par égard pour le Seigneur et non par égard pour des hommes. (Col 3:23, BSm) *Whatever you do, do your work heartily, as for the Lord rather than for men.* (NASB)

---

23 The expressions **il semble** and **il paraît** are synonymous. However, the former takes the subjunctive and the latter the indicative.

Exercises

A. Fill in the blanks with the correct form of the present subjunctive or the indicative of the verb in parentheses:

21.10

faucille *f.* sickle **superflu, -e** superfluous, unnecessary
moisson *f.* harvest

1. Mais étends ta main, touche à ses os et à sa chair, et je suis sûr qu'il te (*maudire*) _____ en face. (Jb 2:5, Sg)
2. Je vous ai écrit ces choses, afin que vous (*savoir*) _____ que vous avez la vie éternelle, vous qui croyez au nom du Fils de Dieu. (1 Jn 5:13, Sg)
3. Pierre, prenant la parole, dit à Jésus: Seigneur, il est bon que nous (*être*) _____ ici. (Mt 17:4, Sg)
4. Il est bien vrai que j' (*avoir*) _____ droit de rachat, mais il en existe un autre plus proche que moi. (Rt 3:12, Sg)
5. Le Philistin dit à David: Suis-je un chien, pour que tu (*venir*) _____ à moi avec des bâtons? (1 S 17:43, Sg)
6. L'insensé pense toujours qu'il (*faire*) _____ bien, mais le sage écoute les avis des autres. (Pr 12:15, BSm)
7. Pensez-vous que je (*prendre*) _____ le moindre plaisir à voir mourir le méchant? demande le Seigneur, l'Éternel. (Ez 18:23, BSm)
8. Car, je vous le dis, vous ne me verrez plus désormais, jusqu'à ce que vous (*dire*) _____: Béni soit celui qui vient au nom du Seigneur! (Mt 23:39, Sg)
9. Il est superflu que je vous (*écrire*) _____ touchant l'assistance destinée aux saints. (2 Co 9:1, Sg)
10. Pendant que vous (*avoir*) _____ la lumière, croyez en la lumière, afin que vous (*être*) _____ des enfants de lumière. (Jn 12:36, Sg)
11. Dès que le fruit (*être*) _____ mûr, on y met la faucille, car la moisson est là. (Mc 4:29, Sg)
12. Il faut que je (*faire*) _____, tandis qu'il est jour, les œuvres de celui qui m'a envoyé; la nuit vient, où ne peut travailler. (Jn 9:4, Sg)

B. Translate the following biblical verses containing the subjunctive into English:

21.11

aplanir to level (road) **pratiquer** to practice
légitime legitimate **présider** to preside (over), head
libéralité *f.* generosity **ruiner** to ruin

1. Que celui qui a des oreilles pour entendre entende. (Mt 13:9, Sg)

2. Priez en même temps pour nous, afin que Dieu nous ouvre une porte pour la parole, en sorte que je puisse annoncer le mystère de Christ, pour lequel je suis dans les chaînes. (Col 4:3, Sg)

3. Nous n'ignorons pas que la loi est bonne, pourvu qu'on en fasse un usage légitime. (1 Tm 1:8, Sg)

4. Que celui qui donne le fasse avec libéralité; que celui qui préside le fasse avec zèle; que celui qui pratique la miséricorde le fasse avec joie. (Rm 12:8, Sg)

5. Voilà pourquoi je prendrai soin de vous rappeler ces choses, bien que vous les sachiez et que vous soyez affermis dans la vérité présente. (2 P 1:12, Sg)

6. Veillez donc et priez en tout temps, afin que vous ayez la force d'échapper à toutes ces choses qui arriveront, et de paraître debout devant le Fils de l'homme. (Lc 21:36, Sg)

7. Car tout ce que Dieu a créé est bon, et rien ne doit être rejeté, pourvu qu'on le prenne avec actions de grâces. (1 Tm 4:4, Sg)

8. Que Dieu lui-même, notre Père, et notre Seigneur Jésus, aplanissent notre route pour que nous allions à vous! (1 Th 3:11, Sg)

9. Mais ces choses ont été écrites afin que vous croyiez que Jésus est le Christ, le Fils de Dieu, et qu'en croyant vous ayez la vie en son nom. (Jn 20:31, Sg)

10. Regarde, je t'établis aujourd'hui sur les nations et sur les royaumes, pour que tu arraches et que tu abattes, pour que tu ruines et que tu détruises, pour que tu bâtisses et que tu plantes. (Jr 1:10, Sg)

The Past Forms of the Subjunctive

If you were learning spoken French alone, you might not need to know some of the past forms of the subjunctive. However, since your aim is to read the language—where the past tenses of the subjunctive are common—you will at least need to learn to identify them. This is particularly true of the imperfect and pluperfect subjunctive, which, in highly elevated style, are sometimes employed in the place of both clauses in conditional sentences.

PAST SUBJUNCTIVE:

This compound conjugation is the counterpart to the *passé composé* in the indicative. It is formed by the subjunctive of the auxilary **avoir** or **être**, plus the past particple of the main verb. As with all verbs conjugated with **être**, the past participle agrees in gender and number with the subject:

21.12

FAIRE	ALLER
que j'aie fait	que je sois allé(e)
que tu aies fait	que tu sois allé(e)
qu'il (elle, on) ait fait	qu'il (elle, on) soit allé(e)
que nous ayons fait	que nous soyons allé(e)s
que vous ayez fait	que vous soyez allé(e)(s)
qu'ils (elles) aient fait	qu'ils (elles) soient allé(e)s

IMPERFECT SUBJUNCTIVE:

The conjugations of the imperfect subjunctive mirror those of the *passé simple*, though with different endings. This holds as well for irregular verbs, which keep the same stem as in the *passé simple*:

-ER VERBS	-IR/-RE VERBS	-OIR VERBS
-asse	-isse	-usse
-asses	-isses	-usses
-ât	-ît	-ût
-assions	-issions	-ussions
-assiez	-issiez	-ussiez
-assent	-issent	-ussent

PLUPERFECT SUBJUNCTIVE:

This compound conjugation is formed with the imperfect subjunctive of the auxilary **avoir** or **être**, plus the past particple of the main verb. As with all verbs conjugated with **être**, the past participle agrees in gender and number with the subject:

21.13

FAIRE	ALLER
que j'eusse fait	**que je fusse allé(e)**

que tu eusses fait	que tu fusse allé(e)
qu'il (elle, on) eût fait	qu'il (elle, on) fût allé(e)
que nous eussions fait	que nous fussions allé(e)s
que vous eussiez fait	que vous fussiez allé(e)(s)
qu'ils (elles) eussent fait	qu'ils (elles) fussent allé(e)s

EXERCISES

A. Indicate the form of the verbs below, whether **past subjunctive** (*past.*), **imperfect subjunctive** (*impf.*) or **pluperfect subjunctive** (*plup.*):

1. que je finisse _____ que j'eus fini _____ que j'aie fini _____
2. que tu sois allé _____ que tu allasses _____ que tu fusses allé _____
3. qu'il eût dit _____ qu'il dît _____ qu'il ait dit _____
4. qu'elle se fût tué _____ qu'elle se tût _____ qu'elle se soit tue _____
5. qu'on ait été _____ qu'on eût été _____ qu'on fût _____
6. que nous prissions _____ que nous ayons pris _____ que nous eussions pris _____
7. que vous ayez vécu _____ que vous vécussiez _____ que vous eussiez vécu _____
8. qu'ils voulussent _____ qu'ils aient voulu _____ qu'ils eussent voulu _____
9. qu'elles soient parties _____ qu'elles partissent _____ qu'elles fussent parties _____

B. Translate the following biblical verses containing past forms of the subjunctive into English:

21.14

creux *m.* hollow
en vue de with a view to
recouvrer to recover (health)
perfectionnement *m.* perfecting

1. Pensez-vous que je sois venu apporter la paix sur la terre? Non, vous dis-je, mais la division. (Lc 12:51, Sg)

2. Tout cela nous arrive, sans que nous t'ayons oublié, sans que nous ayons violé ton alliance. (Ps 44:18, Sg)

3. Quand ma gloire passera, je te mettrai dans un creux du rocher, et je te couvrirai de ma main jusqu'à ce que j'aie passé. (Ex 33:22, Sg)

4. Lorsque Marie fut arrivée là où était Jésus, et qu'elle le vit, elle tomba à ses pieds, et lui dit: Seigneur, si tu eusses été ici, mon frère ne serait pas mort. (Jn 11:32, Sg)

5. Les Juifs ne crurent point qu'il eût été aveugle et qu'il eût recouvré la vue jusqu'à ce qu'ils eussent fait venir ses parents. (Jn 9:18, Sg)

6. Pour nous qui avons cru, nous entrons dans le repos, selon qu'il dit: Je jurai dans ma colère: Ils n'entreront pas dans mon repos! Il dit cela, quoique ses œuvres eussent été achevées depuis la création du monde. (He 4:3, Sg)

7. ....pour le perfectionnement des saints en vue de l'œuvre du ministère et de l'édification du corps de Christ, jusqu'à ce que nous soyons tous parvenus à l'unité de la foi et de la connaissance du Fils de Dieu, à l'état d'homme fait, à la mesure de la stature parfaite de Christ. (Ep 4:12–13, Sg)

Review and Expansion Exercises

A. Fill in the blanks with the appropriate vocabulary word, making all necessary agreements according to context:

baiser	feuille	sain
balbutier	figuier	séance
contumace	immoler	semeur
embraser	libéralité	trépas

1. En effet, chargé du bois honteux de sa croix, ce nouvel Isaac monte sur la montagne mystérieuse, où son amour et son obéissance vont l'_____. (Massillon, *Grand-Carême*)
2. [Jésus-Christ] ...comme un holocauste et une véritable victime; que sa naissance, sa vie, sa mort, sa résurrection, son ascension, sa _____ éternelle à la droite de son père, et sa présence dans l'Eucharistie... (Pascal, *Pensées*)
3. Il [Salomon] montre la _____ de notre cœur, en ce que naturellement il le confesse être rebelle contre Dieu et sa Loi. (Calvin, *Institution chrétienne*)
4. Et vous ne craignez pas / Que du fond de l'abîme entrouvert, sous ses pas / Il ne sorte à l'instant des feux qui vous _____. (Racine, *Athalie*)
5. La crainte de mourir et le désir de vivre / Ressaisissent une âme avec tant de pouvoir, / Que qui voit le _____ cesse de le vouloir (Corneille, *Polyeucte*)
6. Admirez les plantes qui naissent de la terre; elles fournissent des aliments aux _____ et des remèdes aux malades. (Fénelon, *De l'existence de Dieu*)
7. Un _____, mes frères, peut-il produire des olives, ou une vigne des figues? De l'eau salée[24] ne peut pas non plus produire de l'eau douce.[25] (Jc 3:12, Sg)
8. Que dirai-je de sa _____? elle [Henriette d'Angleterre] donnait non seulement avec joie, mais avec une hauteur d'âme qui marquait tout ensemble

[24] **eau salée** salt water.
[25] **eau douce** fresh water.

9. Les stoïques, qui n'ont pas voulu qu'une _____ d'arbre se remuât,[26] sans ordre particulier de la Providence, ni que le sage levât le doigt, sans congé de la philosophie... (Balzac, *De la cour*)
10. L'enfant en essayant sa première parole / _____ au berceau son sublime symbole [de Dieu]. (Lamartine, *Méditations poétiques*)
11. ...une marque presque infaillible du peu de sincérité des démarches qu'il vient de faire pour se réconcilier avec Dieu; c'est une preuve presque certaine, qu'il n'a donné à Jésus-Christ le _____ de paix, que pour le trahir.[27] (Massillon, *Sur la rechute*)
12. Celui qui fournit de la semence au _____, et du pain pour sa nourriture, vous fournira et vous multipliera la semence, et il augmentera les fruits de votre justice. (2 Co 9:10, Sg)

B. The passage below is taken from an early nineteenth-century collection of prayers written for children.[28] As a genre, prayers, in particular, tend to have a high incidence of verbs in the subjunctive mood, since they express wish and emotion. The orthography has been slightly modernized. Some new vocabulary items are given. Translate into English.

21.15

bienfaisant, -e beneficent
dispensateur, -trice distributor
froment *m.* wheat
moelle *f.* marrow
soulager to relieve, ease the burden

Prière pour les enfants nés de parents riches

Seigneur, j'adore et je bénis ta bienfaisante Providence, qui m'a fait naître au sein de l'abondance, et m'a entouré d'amis attentifs à me procurer toutes les douceurs de la vie; fais que jamais je n'oublie que Dieu est le dispensateur de tous les dons. Quoique tu me nourrisses «de la moelle du froment,»[29] quoique tu me revêtes de plus riches habits que les autres, que je me ressouvienne sans cesse que je suis de la même chair et du même sang que le plus pauvre enfant qui soit sur la terre, et d'une nature portée au péché comme tous les enfants d'Adam: ne permets donc pas que j'en conçoive des sentiments de fierté ou d'orgueil, que je m'élève au-dessus des autres, ou que je les regarde d'un œil de mépris; mais apprends-moi au contraire à avoir pitié du pauvre, à le soulager suivant mes moyens, avec prudence et discrétion. Donne-moi l'ambition de devenir riche en bonnes œuvres, et de croître en lumières et en toutes vertus, ne regardant les avantages que j'ai déjà sur

---

26 **se remuer** to move, stir.

27 **trahir** to betray.

28 *L'Ami des enfants, ou Recueil de prières pour les enfants et les jeunes gens* (Paris: Risler, 1834) 101–2.

29 The expression is found in some older French translations of the Bible, such as the Martin Bible (1744); see Ps 81:16.

les autres que comme une obligation de plus qui m'est imposée, de les surpasser également, s'il est possible, en sagesse et en piété. Fais qu'au lieu de mettre ma confiance dans des richesses, dont la possession est si incertaine, et qui, «se faisant des ailes, pour ainsi dire, s'envolent loin de nous,»[30] je m'efforce de m'assurer ces trésors célestes qui ne peuvent périr. Pour l'amour de Jésus-Christ notre Seigneur et Sauveur. *Amen.*

C. The verses below by François Villon (c. 1431–after January 1463) are amongst the most famous in all French literature. *La Ballade des pendus* was written while the poet was in prison awaiting execution. The text takes the form of a prayer, not for himself alone, but for his fellow criminals who will hang with him on the gibbet, if not also for wayward humanity in general. Villon's sentence was commuted to ten years' banishment. The orthography has been modernized, where possible, though the grammar has not been changed. You will notice in Middle French that subject pronouns are often dropped and that object pronoun placement can be different. Some new vocabulary is presented and notes provided. Answer the questions following the text:

21.16

becqueter to peck at
caver to hallow, dig out
charrier to cart, transport
clamer to clamor, cry out
confrérie *f.* brotherhood
corbeau *m.* crow
dé à coudre *m.* thimble
foudre *f.* thunderbolt

merci *f.* favor, mercy
pie *f.* magpie
poudre *f.* dust, powder
rassis, -e settled, sedate
se rire de to mock at
seigneurie *f.* sovereignty
sourcil *m.* eyebrow

Frères humains, qui après nous vivez,
N'ayez les cœurs contre nous endurcis,
Car, si pitié de nous pauvres avez,
Dieu en aura plus tôt de vous mercis.
Vous nous voyez ci[31] attachés, cinq, six:
Quant à la chair, que trop avons nourrie,
Elle est piéça[32] dévorée et pourrie,
Et nous, les os, devenons cendre et poudre.
De notre mal personne ne s'en rie;
Mais priez Dieu que tous nous veuille absoudre!

Si frères vous clamons, pas n'en devez
Avoir dédain, quoique fûmes occis
Par justice. Toutefois, vous savez

30 The reference is to Pr 23:5.
31 **ci** *arch.* = ici.
32 **piéça** *arch.* long since.

Que tous hommes n'ont pas bon sens rassis.[33]
Excusez-nous, puisque sommes transis,[34]
Envers le fils de la Vierge Marie,
Que sa grâce ne soit pour nous tarie,
Nous préservant de l'infernale foudre.
Nous sommes morts, âme ne nous harie,[35]
Mais priez Dieu que tous nous veuille absoudre!
La pluie nous a debués[36] et lavés,
Et le soleil desséchés et noircis.
Pies, corbeaux nous ont les yeux cavés,
Et arraché la barbe et les sourcils.
Jamais nul temps nous ne sommes assis
Puis çà, puis là,[37] comme le vent varie,
A son plaisir sans cesser nous charrie,
Plus becquetés d'oiseaux que dés à coudre.
Ne soyez donc de notre confrérie;
Mais priez Dieu que tous nous veuille absoudre!

Prince Jésus, qui sur tous a maistrie,[38]
Garde qu'Enfer n'ait de nous seigneurie:
A lui n'ayons que faire ni que soudre.[39]
Hommes, ici n'a point de moquerie;
Mais priez Dieu que tous nous veuille absoudre!

I. Answer the following questions:
1. How does Villon describe the state of the criminals in the first stanza? What sentiment is he trying to evoke in his audience?

2. In the first part stanza two, on what grounds does Villon now make his appeal to his audience for pity?

3. What new concern does Villon manifest in the second half of the second stanza? In particular, what new dimensions does the reference to the "infernale foudre" introduce?

---

33 **bon sens rassis** sane judgment.
34 **transi, -e** *arch.* deceased.
35 **harier** *arch.* to harass, torment.
36 **debuer** *arch.* to scrub, clean: In fact, the original word here may have been "débouer" ("to remove mud"). See my article, "Sur le vers 21 de la *Ballade des pendus* de Villon," *Romania* 131 (2013) 483–85.
37 **Puis çà, puis là** Now here, now there.
38 **maistrie** *arch.* mastery.
39 **soudre** *arch.* to trade.

4. In what way does stanza three echo stanza one? Try to find the instances of onomatopoeia.

5. In what way does the final quatrain echo the latter half of stanza two? What is Villon's overriding concern?

D. The following passage is taken from Madame Guyon's discourse *Vie d'une âme renouvelée en Dieu et sa conduite*.[40] Jeanne-Marie Bouvier de la Motte-Guyon (1648–1717) was mystic writer, accused of Quietism by the Catholic hierarchy and later imprisoned (1695–1703). Her most well-known disciple was Fénelon, through whom her influence penetrated religious circles powerful at court. Some new vocabulary is provided. Answer the multiple choice questions following the text.

21.17

abandon *m.* renunciation
appuyer to support, prop (up)
cabinet *m.* closet, small room
consistance *f.* consistency
dire *m.* statement, assertion
s'écouler to flow out
enfoncer to sink (into mud, water)
engendrer to beget
fonds *m.* capital, fund
se mêler de to take a hand in (sth.)
plier to bend, yield
suite *f.* continuation, following
superficie *f.* surface
trouble *m.* confusion, disorder

Il faut que je dise que, quoique dans la fin de ma vie et dans les choses extérieures que Dieu m'a fait souffrir, il ne paraisse pas d'amères douleurs, ni des dispositions marquées comme dans le commencement et dans la suite de la vie, ni des dispositions intérieures si marquées d'abandon, de soumission, cela n'empêche pas que les douleurs intérieures n'aient été plus fortes, et les dispositions d'abandon très réelles. Mais c'est que rien n'arrête et ne marque dans mon âme, rien n'y fait d'impression ni d'espèces.

Il me semble que tant que l'âme reste en elle-même par quelque consistance, les choses s'impriment et laissent des traces, comme de douleur et d'impressions d'abandon, d'amour, et de toutes les vertus ou des défauts opposés; mais lorsque l'âme est devenue sans consistance, et qu'elle s'écoule sans cesse dans son Être original, comme une eau pure et fluide, rien ne s'imprime, tout passe et ne laisse aucun vestige. Ces personnes mêmes ne font presque plus de songes: si elles en font, elles les oublient, rien ne reste. C'est la raison pour laquelle on ne peut écrire de [leurs] dispositions.

Cela n'empêche pas qu'il n'y ait [en cette âme] certaines vicissitudes superficielles. Mais ce qu'elles produisent dans le moment est de l'enfoncer dans sa perte. Après cela tout suit, tout s'écoule. D'autres fois, c'est un je ne sais quoi plus amoureux, une tranquillité plus tranquille, car le non-trouble est perpétuel. Mais de tout cela on n'en saurait rien dire.

Lorsque j'ai écrit, il me semblait que cela sortait d'un endroit caché et qu'on

---

40 Jeanne Marie Bouvier de La Mothe Guyon, *Lettres chrétiennes et spirituelles*, vol. 4 (Cologne: Jean de la Pierre, 1718) 487–90.

ouvrait pour me faire voir ce que je n'avais pas aperçu jusqu'alors. Le Maître a tout emporté, le cabinet et ce qui est dedans: de sorte qu'on écrit sans savoir ce qu'on écrit ni pourquoi on l'écrit, si c'est la vérité ou non. Si on demeure ferme dans un sentiment, c'est que Dieu ne donne pas autre chose. Hors de là, on nous fera plier comme on voudra, et pour peu que la raison s'en mêle et qu'on veuille vous persuader par raison, c'est un poids qu'on met dans la balance et qui la fait sortir de l'équilibre où elle était sans savoir si cela est bien ou mal, prête à tout, prête à rien. Si l'on dit qu'on se trompe, on n'a nulle peine à le croire, car on ne trouve en soi ni bien ni mal marqué, si ce n'est en superficie. Si on aide au[41] prochain, on ne sait ni pourquoi ni comment on lui aide, prêt à lui aider toujours, et prêt à ne lui aider plus. Si l'on demande des avis, on dit ce qui vient. Si ce qu'on dit, sans savoir comment, se trouve vrai dans la suite, on n'y prend rien, quoiqu'au premier abord la nature se trouvât comme appuyée de cette vérité. Mais dans l'instant cela est repoussé si loin qu'il n'ose plus paraître. Si ce qu'on dit se trouve contraire, on ne s'y arrête pas davantage, et l'on ne trouve en soi aucune humilité à produire. Cela est, ou n'est pas, également. Il n'y a rien à chercher pour justifier son dire. Ce qui ne vaut rien est certainement de la créature; ce qui est bon est certainement de Dieu. Le prophétique même ne peut pas être une assurance puisque Jésus-Christ répondra à ceux qui lui auront dit «*N'avons-nous pas prophétisé en votre nom?*»: «*Je ne vous connais pas, vous qui êtes des ouvriers d'iniquité.*» Ainsi le principe d'iniquité, qui est le Démon, peut prophétiser sur des conjectures.

Les âmes de foi ne doivent s'arrêter à rien de tout cela. La foi seule doit être leur guide. Celui qui parle ne doit faire aucun fonds sur rien, et celui à qui il est parlé, en doit faire sur la parole présente et non sur l'avenir, parce que le Verbe est toujours engendré sans interruption, sans commencement et sans fin. Tout ce qui est du Verbe, et par le Verbe, est présent; ainsi les personnes en qui il vit et opère ne parlent de l'avenir que comme présent. Mais Dieu, qui rejette tout appui hors sa parole et son Verbe, peut permettre à la créature de dire des choses à venir très douteuses, quoique ce qu'il dit soit infaillible, parce que le sens des choses, la connaissance de tout, est en lui-même.

I. Circle the most appropriate response:
   1. Although Madame Guyon's spiritual sufferings may be greater in her later years, why do they make less of an impression on her now?
      a. Because she has experienced a mystical death
      b. Because her soul flows more in union with God.
      c. Because she has learned to suppress all sense of self.
   2. How does Madame Guyon describe the inspiration for her writing?
      a. A kind of automatic writing where she transcribes what God dictates while in a transe-like state.
      b. A dispassionate experience, shrouded in mystery, but guided by

---

[41] Usually, **aider** takes a direct object. The rare form **aider à** + person means "to lend someone momentary assistance for a specific end."

divine revelation.
c. Both *a* and *b*.
3. According to Madame Guyon, how do the faithful know whether the inspiration they receive is divine or not?
a. The prophetic word is confirmed by its fulfilment.
b. Public opposition confirms inspiration, since a prophet is always without honor in his country.
c. It does not really matter whether they can know one way or the other.

The Practice of Reading French

Now that you have been exposed to the essentials of French grammar and have mastered a significant amount of vocabulary, it is time to put into practice what you have learned. Only a handful of new vocabulary is provided. The text is taken from the first chapter of Calvin's *Brève instruction chrétienne*. It was written in 1536, the year the *Institution* was first published in Latin, as a résumé in French of its contents. It was meant to serve as a catechism, accessible to all, and was the precursor to the 1542 catechism, in question-response form. The text appearing here has been adapted into contemporary French by Pierre Courthial.[42]

21.18

accéder à to have access to
à juste titre rightly, fairly
conforter to reinforce
conjuguer to combine
convenance *f.* conformity, agreement
désinvolture *f.* free and easy manner
dès lors from that time on
dévoyé, -e astray
effacer to erase
empreint, -e imprinted
empressé, -e eager
empressement *m.* eagerness
s'enorgueillir to become proud
en suspens in suspense
entendement *m.* understanding
exercer to exercise
fruste rough, simple-minded

hanter to haunt
implanter to plant, take root
invétéré, -e inveterate
libre arbitre *m.* free will
manquement *m.* failure, shortcoming
meurtre *m.* murder
niveau *m.* level
prise *f.* hold, take, grasp
ramener to bring back
reconnaissance *f.* acknowledgement
redouter to dread
river to rivet
témérairement rashly, recklessly
trébucher to stumble, totter
vicié, -e vitiated
vol *m.* theft
vouer to devote, dedicate

La Connaissance de Dieu et de nous-même

1. *Tous les hommes vivent pour connaître Dieu*
Si l'on ne trouve aucun homme, aussi fruste et aussi inculte qu'il soit, dépourvu d'un minimum de sens religieux, c'est que nous sommes tous créés dans le but

---

42 Jean Calvin, *Instruis-moi dans ta vérité: Brève instruction chrétienne*, in *La Revue réformée* 30 (1957/2).

de connaître la majesté de notre Créateur et, la connaissant, l'estimer par-dessus tout et l'honorer avec crainte, amour et respect.

Laissant là ceux qui ne cherchent qu'à effacer de leur mémoire ce sens de Dieu implanté dans leur cœurs, pensons plutôt, nous qui professons la foi chrétienne, que cette vie éphémère, et qui bientôt finira, doit surtout être considérée comme une méditation sur l'immoralité.

Or on ne peut trouver nulle part sinon en Dieu la vie éternelle. Il faut donc que la principale préoccupation de notre vie soit de chercher Dieu et d'aspirer de tout notre cœur à le trouver, sachant que pour nous le repos ne sera nulle part qu'en lui seul.

2. La différence entre la vraie et la fausse religion

Puisqu'il est manifeste, d'après un large consensus, que les hommes dénués de religion vivent de façon misérable et ne sont, en fait, en rien supérieurs aux brutes, nul ne voudra admettre qu'il se désintéresse entièrement de la piété et de la connaissance de Dieu.

Mais il y a de notables différences dans la manière d'être religieux; car la plupart des hommes n'éprouvent pas vraiment la crainte de Dieu. Et, puisqu'ils sont liés, qu'ils le veuillent ou non, par cette idée qui revient régulièrement les hanter – qu'il existe quelque part une divinité dont la puissance les maintient debout ou les fait trébucher – ils sont frappés par la pensée d'une si grande puissance et, d'une façon ou d'une autre, lui vouent une certaine vénération, de peur de se la rendre hostile par un trop grand mépris. Cependant, vivant dans le désordre et rejetant toute droiture, ils montrent une grande désinvolture en dédaignant le jugement de Dieu.

De plus, parce qu'ils n'estiment pas Dieu selon son infinie majesté, mais selon la vanité et la superficialité de leur esprit, ils se détournent en fait du vrai Dieu. Voilà pourquoi, même lorsqu'ils s'efforcent de servir Dieu avec zèle, cela ne leur sert à rien, puisqu'ils adorent non pas le Dieu éternel, mais, à sa place, les conceptions et spéculations de leurs cœurs.

Or la véritable piété ne se situe pas au niveau de la crainte, qui aimerait tant fuir le jugement de Dieu et le redoute d'autant plus qu'elle ne peut lui échapper; elle consiste plutôt en un zèle réel et sincère qui aime Dieu comme un vrai Père et le révère comme un vrai Seigneur, qui rend hommage à sa justice, et a plus peur de l'offenser que de mourir.

Et tous ceux qui ont ce zèle n'entreprennent pas de forger témérairement tel dieu à leur convenance, mais ils cherchent la connaissance du vrai Dieu auprès de Dieu lui-même, et ne le conçoivent pas différent de ce qu'il leur fait connaître de lui-même.

3. Ce qu'il nous faut connaître de Dieu

Puisque la majesté de Dieu surpasse incontestablement la capacité de l'entendement humain, et même ne peut pas en être comprise, il nous faut adorer sa grandeur plutôt que[43] de chercher à l'analyser, afin que nous ne soyons pas accablés par une telle révélation.

---

43 **que** than

C'est pourquoi nous devons chercher et considérer Dieu dans ses œuvres, que l'Écriture, pour cette raison, appelle démonstration des choses invisibles, car elles nous montrent ce qu'autrement nous ne pourrions pas connaître du Seigneur.

Il ne s'agit pas là de spéculations vaines et illusoires pour tenir nos esprits en suspens, mais d'une chose que nous avons besoin de savoir, riche, substantielle, et qui conforte en nous une vraie et solide piété, c'est-à-dire la foi conjuguée à la crainte.

Nous contemplons dans cet univers l'immortalité de notre Dieu, dont procède la genèse de tout ce qui existe, sa puissance qui a créé un si vaste univers et maintenant le soutient, sa sagesse qui a composé et gouverne une diversité si grande selon un ordre très précis, sa bonté qui a fait que toutes ces choses ont été créées et maintenant subsistent, sa justice qui se manifeste merveilleusement par la protection des bons et la punition des méchants, sa miséricorde qui, pour nous appeler à nous corriger, supporte nos manquements avec une si grande douceur.

Nous devrions, dans la mesure où cela nous est nécessaire, être largement enseignés, par la création, sur la personne de Dieu. Mais notre faiblesse invétérée ne perçoit pas une si grande lumière. Et notre aveuglement n'est pas seul coupable, mais aussi notre perversité: tandis que nous estimons les œuvres de Dieu, il n'y a rien qu'elle ne prenne mal ou ne torde, négligeant totalement la sagesse céleste qui brille pourtant clairement dans la création.

Il faut donc en venir à la Parole de Dieu, où Dieu nous est parfaitement décrit par ses œuvres. Là, celles-ci sont estimées non pas selon la perversité de notre jugement, mais selon la règle de la vérité divine. Nous y apprenons que notre Dieu unique et éternel est la source de toute vie, justice, sagesse, force, bonté et miséricorde; et que de lui, sans aucune exception, provient tout bienfait; et qu'à lui, par conséquent, doit revenir à juste titre toute louange.

Et bien que toutes ces choses apparaissent clairement dans tous les domaines de la création, c'est finalement dans la Parole de Dieu que nous discernons vraiment le but principal vers lequel elles tendent, ce qu'elles valent et en quel sens il nous faut les comprendre. Alors, nous réfléchissons et considérons comment le Seigneur manifeste en nous sa vie, sa sagesse, sa force, et exerce envers nous sa justice, sa miséricorde et sa bonté.

4. Ce qu'il nous faut connaître de l'homme
L'homme a été, à l'origine, formé à l'image et à la ressemblance de Dieu, afin qu'avec la dignité dont Dieu l'avait si noblement vêtu il ait en admiration son Auteur et l'honore par une juste reconnaissance.

Mais l'homme, se confiant en l'excellence si grande de sa (propre) nature, a oublié d'où elle était venue et qui la faisait subsister, et il a cherché à s'élever indépendamment du Seigneur. Il a donc fallu qu'il soit dépouillé de tous les dons de Dieu, dont il s'enorgueillissait follement, afin qu'étant dénué de toute gloire, il connaisse ce Dieu qui l'avait comblé de ses largesses et qu'il a osé mépriser.

C'est pourquoi nous tous qui tirons notre origine de la postérité d'Adam, cette ressemblance à Dieu étant effacée en nous, nous naissons chair de la chair. Car, bien que nous soyons composés d'une âme et d'un corps, nous ne sommes conscients que de la chair, de telle sorte que, quel que soit l'aspect de l'homme que nous considérions, nous ne pouvons rien voir qui ne soit impur, vicié et abominable pour Dieu. Car la sagesse de l'homme, aveuglée et sujette à d'innombrables erreurs, s'oppose toujours à la sagesse de Dieu; la volonté dévoyée, empreinte de passions corrompues, hait par-dessus tout la justice de Dieu; les forces humaines, incapables de toute œuvre bonne, tendent avec archarnement vers le mal.

5. Le libre arbitre

L'Écriture affirme souvent que l'homme est esclave du péché; en d'autres termes, son esprit est tellement étranger à la justice de Dieu que tout ce qu'il conçoit, convoite ou entreprend est méchant, pervers et souillé. Car le cœur, entièrement atteint par le venin du péché, ne peut produire que les fruits du péché.

Cependant, n'imaginons pas que l'homme pèche en étant contraint par une nécessité violente: il pèche avec l'approbation de sa propre volonté, avec empressement, en suivant ses penchants.

Mais parce que, du fait de la corruption de son cœur, il a pris en haine la justice de Dieu et que, d'autre part, il est empressé à commettre toute sorte de mal, on peut dire qu'il n'a pas le libre pouvoir de choisir entre le bien et le mal – il n'a pas de libre arbitre.

6. Le péché et la mort

Le péché, selon l'Écriture, est tout autant cette perversité de la nature humaine qui est la source de tout vice, que les détestables convoitises qui en naissent, et les injustices flagrantes qui résultent de celles-ci: meurtres, vols, adultères et autres crimes semblables.

Nous donc, pécheurs dès le sein maternel, nous naissons tous soumis à la colère et à la vengeance de Dieu.

Puis, à l'âge adulte, nous amassons sur nous, toujours plus gravement, le jugement de Dieu.

Finalement, par toute notre vie, nous descendons toujours plus vers la mort.

Car, s'il ne fait aucun doute que toute iniquité est odieuse à la justice de Dieu, que pouvons-nous attendre de la part de Dieu, nous si misérables, écrasés par un tel poids de péché et souillés par d'innombrables impuretés? Que pouvons-nous attendre, sinon qu'il nous confonde de manière certaine, selon sa juste indignation?

Une telle prise de conscience,[44] bien qu'elle remplisse l'homme de terreur, et l'accable de désespoir, nous est cependant nécessaire afin que, dépouillés de notre propre justice, privés de toute confiance en notre propre force, dépossssédés de toute espérance de vie, nous apprenions par la conscience de notre pauvreté et de notre ignominie, à nous prosterner devant le Seigneur et, par la reconnaissance de notre iniquité, de notre impuissance et de notre perdition, à lui rendre gloire pour sa sainteté, sa force et son salut.

7. Comment nous sommes rendus au salut et à la vie

---

[44] **prise de conscience** awareness, consciousness raising

Grâce à cette connaissance de nous-même qui nous révèle notre néant—si elle a pénétré jusque dans notre cœur—il nous est plus facile d'accéder à la vraie connaissance de Dieu. Et Dieu lui-même nous a déjà, en quelque sorte, ouvert une première porte de son Royaume en détruisant ces deux fléaux: le sentiment de sécurité à l'égard de sa vengeance et une illusoire confiance en nous-mêmes. Dès lors, nous commençons à lever vers le ciel nos yeux jusque-là rivés sur la terre et, au lieu de nous reposer sur nous-mêmes, nous nous mettons à soupirer vers le Seigneur.

Et bien que notre iniquité mérite tout autre chose, ce Père miséricordieux, pour sa part, se révèle alors volontairement à nous selon son indicible bonté, à nous qui sommes ainsi dans la crainte et la détresse. Et, par ces moyens, qu'il sait être utiles à notre faiblesse, il nous ramène de l'erreur au droit chemin, de la mort à la vie, de la ruine au salut, du règne du Diable à son propre règne.

Le Seigneur a donc établi comme première étape, pour tous ceux qu'il destine à hériter de la vie céleste, qu'ils soient douloureusement touchés dans leur conscience, chargés du poids de leurs péchés, et poussés à le craindre. Or, c'est précisément pour nous amener à cette connaissance de nous-mêmes qu'il nous proposé sa Loi.

Answer Key

CHAPTER 3

ACTIVE VOCABULARY
Exercise A: Consult the glossary to verify word meanings.
Exercise B: Translations will vary.

PRESENT TENSE OF **ÊTRE** (*TO BE*) AND SUBJECT PRONOUNS
Exercise A: 1. *je*; 2. *tu*; 3. *il, nous*; 4. *nous, vous, nous, vous, vous*; 5. *elles*.
Exercise B: 1. *es*; 2. *êtes, est*; 3. *sommes*; 4. *sommes*; 5. *sommes, sont*; 6. *suis*; 7. *es, sommes, est*; 8. *est, est, êtes*.

THE DEFINITE ARTICLE, GENDER AND PLURAL OF NOUNS
Exercise A: 1. *la*; 2. *la*; 3. *le*; 4. *le*; 5. *la*; 6. *le*; 7. *la*; 8. *la*; 9. *la*; 10. *la*; 11. *le*; 12. *le*; 13. *le*; 14. *la*; 15. *la*; 16. *le*; 17. *le*; 18. *la*; 19. *la*; 20. *la*; 21. *l'*.
Exercise B: 1. *les anges*; 2. *les scandales*; 3. *les traditions*; 4. *les histoires*; 5. *les lieux*; 6. *les autels*; 7. *les brebis*; 8. *les hôpitaux*; 9. *les églises*; 10. *les fils*; 11. *les tableaux*; 12. *les temps*; 13. *les vœux*; 14. *les voix*; 15. *les dieux*; 16. *les travaux*.

REVIEW EXERCISES
Exercise A: Consult the model text at the beginning of the chapter.
Exercise B: Translations will vary.

CHAPTER 4

ACTIVE VOCABULARY
Exercise A: Consult the glossary to verify word meanings.
Exercise B: Translations will vary.

PRESENT TENSE OF **AVOIR** (*TO HAVE*)
Exercise A: 1. *nous*; 2. *vous*; 3. *tu*; 4. *tu, j'*; 5. *il*.
Exercise B: 1. *ont*; 2. *avons*; 3. *a*; 4. *ai, ai*; 5. *avons*; 6. *avez*; 7. *as*; 8. *a*.

THE INDEFINITE ARTICLE
Exercise A: 1. *une*; 2. *des*; 3. *une, une*; 4. *un*; 5. *un*; 6. *une, des, des, un, des, des*; 7. *un*.
Exercise B: 1. *des, un*; 2. *un*; 3. *une, de*; 4. *une*; 5. *de*; 6. *une*; 7. *des*.

Agreement and Plural of Adjectives

Exercise A: 1. *patiente*; 2. *envieuse*; 3. *édifiante*; 4. *serviable*; 5. *compréhensive*; 6. *égoïste*; 7. *chrétienne*; 8. *fraternelle*.

Exercise B: 1. *justes*; 2. *parfaites*; 3. *purs*; 4. *éternelles*; 5. *précieux*; 6. *véritables*; 7. *équitables*; 8. *saintes*.

Review Exercises

Exercise A: Consult the model text at the beginning of the chapter.
Exercise B: Translations will vary.

CHAPTER 5

Active Vocabulary

Exercise A: Consult the glossary to verify word meanings.
Exercise B: Translations will vary.

Present Tense of -ER Verbs

Exercise A: 1. *tu*; 2. *vous, nous*; 3. *nous*; 4. *vous*; 5. *ils*.

Exercise B: 1. *enfante*; 2. *trompe, trompez*; 3. *demande*; 4. *résonne*; 5. *amasses*; 6. *touchent, marchent*; 7. *parle*; 8. *justifie*; 9. *mangeons*.

The Demonstrative Adjective

Exercise A: 1. *cette*; 2. *cette*; 3. *ces*; 4. *ce*; 5. *cette*; 6. *ce*; 7. *ces*; 8. *cette*; 9. *cette*; 10. *ces*; 11. *cet*; 12. *ce*; 13. *ce*; 14. *cette*; 15. *ces*; 16. *ces*; 17. *ce*; 18. *cette*; 19. *ces*; 20. *cette*; 21. *cet*.

Exercise B: 1. *cette*; 2. *cet*; 3. *ce, cet*; 4. *ce, ces*; 5. *ce*; 6. *cette*; 7. *ce*; 8. *cet, cette*; 9. *cet*; 10. *cette*.

Possessive Adjectives

Exercise A: 1. *mon*; 2. *votre*; 3. *leur*; 4. *son*; 5. *tes*; 6. *nos*; 7. *leur*; 8. *notre*; 9. *ta*; 10. *leurs*.

Exercise B: 1. *ma, mon, ma, ma*; 2. *nos, nos*; 3. *votre, vos*; 4. *leurs, leurs*; 5. *mon, votre*; 6. *ta, tes, tes*; 7. *son, mon, mon*; 8. *son, sa, sa*.

Cardinal Numbers 0–20

Exercise A: Translations will vary.
Exercise B: 1. *deux, trois*; 2. *cinq*; 3. *sept, dix*; 4. *douze*; 5. *quinze*.

Review Exercises

Exercise A: 1. *enfant*; 2. *temps*; 3. *sépulcres*; 4. *quatre*; 5. *mille*; 6. *avènement*; 7. *puissant*; 8. *cœur*; 9. *parfait*.
Exercise B: Consult the model text at the beginning of the chapter.
Exercise C: Translations will vary.

CHAPTER 6

ACTIVE VOCABULARY
Exercise A: 1. *e*; 2. *a*; 3. *h*; 4. *j*; 5. *c*; 6. *d*; 7. *g*; 8. *i*; 9. *b*; 10. *f*.
Exercise B: Consult the glossary to verify word meanings.
Exercise C: Translations will vary.

PRESENT TENSE OF FAIRE
Exercise A: 1. *fait*; 2. *fais, fais*; 3. *faisons*; 4. *faites*; 5. *font*.
Exercise B: Translations will vary.
Exercise C: 1. *font bâptiser*; 2. *fait adorer*; 3. *font résonner*; 4. *fait pécher*; 5. *fait régner*; 6. *fait parler*.

SIMPLE PREPOSITIONS
Exercise A: 1. *sous*; 2. *avec*; 3. *contre*; 4. *parmi, parmi*; 5. *chez*; 6. *entre*; 7. *dans, derrière*; 8. *par*; 9. *sur*; 10. *sans*.
Exercise B: Translations will vary.

DISJUNCTIVE PRONOUNS
Exercise A: 1. *vous-mêmes*; 2. *eux*; 3. *eux*; 4. *soi-même*; 5. *moi, moi*; 6. *nous*; 7. *moi, toi*; 8. *lui*.
Exercise B: Translations will vary.

REVIEW AND EXPANSION EXERCISES
Exercise A: 1. *porte*; 2. *coins*; 3. *voix*; 4. *autrement*; 5. *cieux*; 6. *vertu*; 7. *pain*; 8. *pouvoir*; 9. *monde*.
Exercise B: Consult the model text at the beginning of the chapter.
Exercise C: Translations will vary.
Exercise D: Translations will vary.

CHAPTER 7

ACTIVE VOCABULARY
Exercise A: 1. *f*; 2. *e*; 3. *i*; 4. *c*; 5. *d*; 6. *h*; 7. *a*; 8. *g*; 9. *j*; 10. *b*.
Exercise B: 1. *f*; 2. *d*; 3. *b*; 4. *c*; 5. *e*; 6. *g*; 7. *a*.
Exercise C: Consult the glossary to verify word meanings.
Exercise D: Translations will vary.

PRESENT TENSE OF ALLER (TO GO)
Exercise A: 1. *vais*; 2. *va*; 3. *vais, allons*; 4. *vas*; 5. *va*; 6. *vont*; 7. *allez*.
Exercise B: Translations will vary.

THE DEMONSTRATIVE PRONOUN CELUI
Exercise A: 1. *celui*; 2. *celle*; 3. *celui*; 4. *ceux*; 5. *celui*; 6. *celle*.
Exercise B: Translations will vary.

FORMS AND USES OF *TOUT*
Exercise A: 1. *tout*; 2. *toute*; 3. *toutes*; 4. *tous*; 5. *tous*; 6. *toute*.
Exercise B: Translations will vary.

NEGATIVE EXPRESSIONS
Exercise A: 1. *c*; 2. *e*; 3. *f*; 4. *a*; 5. *b*; 6. *d*.
Exercise B: Translations will vary.

REVIEW AND EXPANSION EXERCISES
Exercise A: 1. *espérance*; 2. *haine*; 3. *oublié*; 4. *chien*; 5. *séjour*; 6. *folie*; 7. *force*; 8. *plein*; 9. *salaire*.
Exercise B: Translations will vary.
Exercise C: Translations will vary.
Exercise D: Translations will vary.

CHAPTER 8

ACTIVE VOCABULARY
Exercise A: 1. *e*; 2. *g*; 3. *j*; 4. *a*; 5. *f*; 6. *b*; 7. *c*; 8. *i*; 9. *d*; 10. *h*.
Exercise B: 1. *e*; 2. *c*; 3. *d*; 4. *b*; 5. *f*; 6. *a*; 7. *g*.
Exercise C: Consult the glossary to verify word meanings.
Exercise D: Translations will vary.

PRESENT TENSE OF -IR VERBS
Exercise A: 1. *a*; 2. *d*; 3. *e*; 4. *g*; 5. *c*; 6. *a*; 7. *f*; 8. *c*.
Exercise B: 1. *agit*; 2. *jouissent*; 3. *gémis*; 4. *réussissent*; 5. *obéissons*; 6. *choisissez*; 7. *endurcit*; 8. *abolit*.
Exercise C: Translations will vary.

QUEL AND *LEQUEL*
Exercise A: 1. *Quelle*; 2. *Quel*; 3. *Quels*; 4. *Quelle*; 5. *Quel*; 6. *Quelle*; 7. *Quelle*; 8. *Quelles*; 9. *Quelle*; 10. *Quel*; 11. *Quelle*; 12. *Quelles*; 13. *Quelle*; 14. *Quelles*.
Exercise B: 1. *lequel*; 2. *lesquelles*; 3. *laquelle*; 4. *laquelle*; 5. *laquelle*; 6. *Laquelle, laquelle*.

COMPOUND PREPOSITIONS
Exercise A: Translations will vary.

ADVERBS
Exercise A: 1. *puissamment*; 2. *pieusement*; 3. *amèrement*; 4. *patiemment*; 5. *ouvertement*; 6. *promptement*; 7. *pleinement*; 8. *éternellement*; 9. *parfaitement*.
Exercise B: Translations will vary.

REVIEW AND EXPANSION EXERCISES
Exercise A: 1. *autorité*; 2. *inutile*; 3. *trône*; 4. *figure*; 5. *intérêt*; 6. *trois*; 7. *amis*; 8. *cas*; 9. *mot*.

Exercise B: Translations will vary.
Exercise C: Translations will vary.

CHAPTER 9

ACTIVE VOCABULARY
Exercise A: 1. *e*; 2. *l*; 3. *b*; 4. *i*; 5. *a*; 6. *g*; 7. *k*; 8. *d*; 9. *j*; 10. *f*; 11. *c*; 12. *h*.
Exercise B: 1. *d*; 2. *b*; 3. *d*; 4. *e*; 5. *e*; 6. *c*; 7. *g*
Exercise C: Consult the glossary to verify word meanings.
Exercise D: Translations will vary.

PRESENT TENSE OF -RE VERBS
Exercise A: 1. *b*; 2. *a*; 3. *e*; 4. *g*; 5. *f*; 6. *g*; 7. *c*.
Exercise B: 1. *perdons*; 2. *tordez*; 3. *attend*; 4. *prétends*; 5. *répondent*; 6. *entend*; 7. *suspend*; 8. *vendez*.
Exercise C: Translations will vary.

INDIRECT OBJECT PRONOUNS
Exercise A: 1. *me*; 2. *leur*; 3. *lui*; 4. *te*; 5. *vous*; 6. *nous*; 7. *leur*; 8. *lui*.
Exercise B: 1. Translations will vary.

INTERROGATIVE ADVERBS
Exercise A: 1. *Pourquoi*; 2. *Combien de*; 3. *Où*; 4. *quand*; 5. *comment*; 6. *Pourquoi, Comment*.
Exercise B: Translations will vary.

INTERROGATIVE PRONOUNS
Exercise A: 1. *Qui*; 2. *que*; 3. *quoi*; 4. *Qui*; 5. *quoi*; 6. *Qu'*, *quoi*; 7. *quoi*.
Exercise B: Translations will vary.

REVIEW AND EXPANSION EXERCISES
Exercise A: 1. *doutes*; 2. *fermeté*; 3. *coupable*; 4. *errer*; 5. *règle*; 6. *quelque chose*; 7. *forme*; 8. *éternité*; 9. *raison*.
Exercise B: Translations will vary.
Exercise C: Translations will vary.

CHAPTER 10

ACTIVE VOCABULARY
Exercise A: 1. *j*; 2. *b*; 3. *a*; 4. *d*; 5. *i*; 6. *h*; 7. *g*; 8. *f*; 9. *c*; 10. *e*.
Exercise B: 1. *c*; 2. *f*; 3. *e*; 4. *b*; 5. *d*; 6. *a*.
Exercise C: Consult the glossary to verify word meanings.
Exercise D: Translations will vary.

Savoir versus Connaître
Exercise A: 1. *clause*; 2. *person, person*; 3. *infinitive*; 4. *person, clause*; 5. *thing, clause*; 6. *person*; 7. *clause*.

Exercise B: Translations will vary.

Exercise C: 1. *paître*; 2. *comparaître*; 3. *naître*; 4. *croître*; 5. *reconnaître*; 6. *disparaître*; 7. *paître*.

Direct Object Pronouns
Exercise A: 1. *me*; 2. *l'*; 3. *vous*; 4. *te*; 5. *nous*; 6. *le*; 7. *m'*; 8. *la*; 9. *t'*; 10. *les*; 11. *l'*; 12. *les*.

Exercise B: Translations will vary.

Double Object Pronouns
Exercise A: 1. *le leur*; 2. *le lui*; 3. *les lui*; 4. *la lui*; 5. *la leur*; 6. *nous les*; 7. *te la*.

Venir and the Recent Past
Exercise A: 1. *vient, vient*; 2. *reviennent*; 3. *appartient*; 4. *devenez*; 5. *tiens*; 6. *retenons*; 7. *obtient, obtiennent*; 8. *soutient, maintient*; 9. *devient*.

Exercise B: Translations will vary.

The Partitive
Exercise A: 1. *de la, de la, du, du*; 2. *du, de l'*; 3. *de*; 4. *de la, de la, des, des, de la, du*; 5. *de la, des*; 6. *de, de*.

Exercise B: Translations will vary.

Review and Expansion Exercises
Exercise A: 1. *agneaux*; 2. *nombre*; 3. *cinquante*; 4. *feu*; 5. *soin*; 6. *bateau*; 7. *filet*; 8. *fois*; 9. *tirer*.

Exercise B: 1. *sais*; 2. *connais, connaissent*; 3. *sait*; 4. *connais, sais*; 5. *connais, sais*; 6. *connaissez*; 7. *savez*.

Exercise C: Answers will vary.

Exercise D: Translations will vary.

CHAPTER 11

Active Vocabulary
Exercise A: 1. *b*; 2. *d*; 3. *a*; 4. *j*; 5. *g*; 6. *h*; 7. *e*; 8. *k*; 9. *c*; 10. *f*; 11. *i*; 12. *l*.

Exercise B: 1. *b*; 2. *a*; 3. *c*; 4. *e*; 5. *d*; 6. *f*.

Exercise C: Consult the glossary to verify word meanings.

Exercise D: Translations will vary.

Pouvoir, Devoir, Vouloir
Exercise A: 1. *devez*; 2. *peux*; 3. *veux*; 4. *devons*; 5. *veux*; 6. *pouvez*; 7. *peut*; 8. *doivent*.

Exercise B: Translations will vary.

ORDINAL NUMBERS
Exercise A: 1. *seconde*; 2. *deuxième*; 3. *seconde*; 4. *deuxième*; 5. *seconde*; 6. *deuxième*.
Exercise B: Translations will vary.

IL FAUT
Exercise A: 1. *me*; 2. *nous*; 3. *lui*; 4. *te*; 5. *leur*; 6. *vous*.
Exercise B: Translations will vary.

THE GERUND
Exercise A: 1. *étant*; 2. *descendant*; 3. *regardant*; 4. *ayant*; 5. *sachant*; 6. *voulant*; 7. *connaissant*; 8. *agissant*.
Exercise B: Translations will vary.

REVIEW AND EXPANSION EXERCISES
Exercise A: 1. *aspire*; 2. *ému*; 3. *plaisir*; 4. *saisons*; 5. *pluie*; 6. *croix*; 7. *amener*; 8. *blanc*; 9. *recueillement*.
Exercise B: Answers will vary.

CHAPTER 12

ACTIVE VOCABULARY
Exercise A: 1. *j*; 2. *d*; 3. *k*; 4. *b*; 5. *h*; 6. *i*; 7. *g*; 8. *e*; 9. *f*; 10. *l*; 11. *c*; 12. *a*.
Exercise B: 1. *e*; 2. *f*; 3. *c*; 4. *b*; 5. *a*; 6. *d*.
Exercise C: Consult the glossary to verify word meanings.
Exercise D: Translations will vary.

VOIR, CROIRE, BOIRE
Exercise A: 1. *boit*; 2. *voyons*; 3. *croient*; 4. *vois*; 5. *croit*; 6. *revois*; 7. *buvez*; 8. *croit*; 9. *prévois*.
Exercise B: Translations will vary.

ADJECTIVES PRECEDING THE NOUN
Exercise A: Translations will vary.
Exercise B: 1. *Ancien Testament*; 2. *prix cher*; 3. *guerrier grand*; 4. *Grèce ancienne*; 5. *religieux pauvre*; 6. *grand guerrier*; 7. *pauvre homme*; 8. *cher Théophile*.

DIRE, LIRE, ÉCRIRE
Exercise A: 1. *lit*; 2. *disons*; 3. *écris*; 4. *lisent*; 5. *dites*; 6. *écrivons*; 7. *lis*
Exercise B: Translations will vary.

CARDINAL NUMBERS (CONTINUED)
Exercise A: 1. *quatre-vingt-dix*; 2. *quatre cent trente*; 3. *quatre-vingts*; 4. *soixante-dix*; 5. *trente*; 6. *quarante*; 7. *cent vingt*; 8. *vingt-quatre*; 9. *cent quarante-quatre mille*

Exercise B: *mil huit cent soixante-dix*; 2. *trois cent vingt-cinq*; 3. *mil sept cent quatre-vingt-dix*; 4. *mil cinq cent quarante-deux*; 5. *mil cinq cent trente-quatre*; 6. *mil six cent quatre-vingt-cinq*; 7. *mil cinq cent cinquante-trois*; 8. *mil quatre cent quatorze*; 9. *mil deux cent quatre*; 10. *mil neuf cent soixante-trois*.

REVIEW AND EXPANSION EXERCISES

Exercise A: 1. *aspire*; 2. *cantiques*; 3. *troupe*; 4. *incroyable*; 5. *moindre*; 6. *libéralement*; 7. *noblesse*; 8. *délices*; 9. *chacun*.

Exercise B: Answers will vary.

CHAPTER 13

ACTIVE VOCABULARY

Exercise A: 1. *g*; 2. *l*; 3. *k*; 4. *f*; 5. *i*; 6. *d*; 7. *a*; 8. *e*; 9. *j*; 10. *h*; 11. *c*; 12. *b*.
Exercise B: 1. *d*; 2. *c*; 3. *b*; 4. *a*; 5. *f*; 6. *e*.
Exercise C: Consult the glossary to verify word meanings.
Exercise D: Translations will vary.

ASSEOIR, *CUEILLIR*, *VÊTIR*

Exercise A: 1. *revêtons*; 2. *accueillent*; 3. *cueille*; 4. *assied*; 5. *croit*; 6. *revêt*; 7. *assied*.
Exercise B: Translations will vary.

PRENDRE AND IRREGULAR *-RE* VERBS Exercise A: 1. *comprenez*; 2. *entreprends*; 3. *prenez*; 4. *prennent*; 5. *apprennent*; 6. *Prends*.
Exercise B: 1. *h*; 2. *i*; 3. *a*; 4. *e*; 5. *d*; 6. *c*; 7. *b*; 8. *f*; 9. *g*.
Exercise C: Translations will vary.

PASSÉ COMPOSÉ: VERBS CONJUGATED WITH *AVOIR*

Exercise A: 1. *fini*; 2. *paru*; 3. *obtenu*; 4. *vendu*; 5. *revu*; 6. *donner*; 7. *rassis*; 8. *appris*; 9. *refait*; 10. *revêtu*; 11. *prédit*; 12. *recueilli*.
Exercise B: 1. *j'ai appliqué, j'ai compris*; 2. *a cru, a reconnu*; 3. *a fallu*; 4. *a été, a goûté, a eu*; 5. *a bu*; 6. *ai obtenu, ai vu, as accueilli*; 7. *avons appris, as fait*; 8. *avez agi*; 9. *ai prié, n'ont pas pu*.
Exercise C: Translations will vary.

PAST PARTICIPLE AGREEMENT

Exercise A: 1. *dévorées*; 2. *coupée, envoyés*; 3. *faite, formée*; 4. *eue*; 5. *perdue*; 6. *châtiés, respectés*; 7. *écrites*; 8. *prise*; 9. *défendues*.
Exercise B: Translations will vary.

REVIEW AND EXPANSION EXERCISES

Exercise A: 1. *gueule*; 2. *rassasiés*; 3. *tristesse*; 4. *patrie*; 5. *malade*; 6. *oublier*; 7. *exhorte*; 8. *jaloux*; 9. *bouc*.
Exercise B: 1. *False*; 2. *True*; 3. *False*; 4. *False*; 5. *True*; 6. *True*; 7. *True*.
Exercise C: Translations will vary.

CHAPTER 14

ACTIVE VOCABULARY
Exercise A: 1. *k*; 2. *l*; 3. *a*; 4. *f*; 5. *g*; 6. *e*; 7. *h*; 8. *d*; 9. *j*; 10. *i*; 11. *b*; 12. *c*.
Exercise B: 1. *f*; 2. *c*; 3. *e*; 4. *d*; 5. *b*; 6. *a*.
Exercise C: Consult the glossary to verify word meanings.
Exercise D: Translations will vary.

METTRE AND SIMILAR VERBS
Exercise A: 1. *admets*; 2. *remets*; 3. *soumet*; 4. *remettent*; 5. *transmet*; 6. *promettent*; 7. *mettons*; 8. *ne permets pas*; 9. *émets*.
Exercise B: 1. *g*; 2. *d*; 3. *i*; 4. *a*; 5. *h*; 6. *f*; 7. *b*; 8. *e*; 9. *c*.
Exercise C: Translations will vary.
Exercise D: 1. *ai mis*; 2. *ont mis, a mis*; 3. *avez mis*; 4. *a promis*; 5. *a remis*; 6. *avez commis*; 7. *a soumis*; 8. *ont mis*.

POSSESSIVE PRONOUNS
Exercise A: 1. *la mienne*; 2. *le tien*; 3. *la tienne*; 4. *la nôtre*; 5. *le vôtre*; 6. *la mienne*; 7. *la leur*; 8. *la vôtre*; 9. *le vôtre*; 10. *le sien*.
Exercise B: Translations will vary.

DORMIR AND IRREGULAR *-IR* VERBS
Exercise A: 1. *sent*; 2. *dors*; 3. *sortent*; 4. *mentons*; 5. *ressent*; 6. *servez*; 7. *ne mens point*; 8. *dorment*; 9. *consent*; 10. *sort, sort, sort*.
Exercise B: Translations will vary.
Exercise C: 1. *ai senti*; 2. *as menti*; 3. *ont servi*; 4. *avez servi*; 5. *a consenti*; 6. *ai servi*; 7. *a dormi*; 8. *n'a pas ressenti, n'a pas servi*.

PASSÉ COMPOSÉ: VERBS CONJUGATED WITH *ÊTRE*
Exercise A: 1. *est sortie, est descendue*; 2. *suis allé, suis allé*; 3. *n'est pas entré, est entré*; 4. *n'est monté, est descendu*; 5. *suis né, suis venu*; 6. *est mort, est morte*; 7. *est retournée*; 8. *sont restés*; 9. *n'est pas revenue*; 10. *est tombé*.
Exercise B: Translations will vary.

REVIEW AND EXPANSION EXERCISES
Exercise A: 1. *fausseté*; 2. *insupportable*; 3. *parvis*; 4. *ouvrage*; 5. *triomphe*; 6. *jeûnez*; 7. *asile*; 8. *opprobre*; 9. *jeunesse*.
Exercise B: 1. *est venu, ne l'ont pas accueilli*; 2. *as mise, as donné, ai mangé*; 3. *avons péché, avons commis, avons été*; 4. *avez aimé, avez cru, suis sorti*; 5. *sont retournés, ont refusé, sont allés*; 6. *ai fait, sont sorties, ai publiées, ai agi*; 7. *avez enlevé, n'êtes pas entrés, avez empêché*; 8. *ai vu, ai entendu, suis descendu*; 9. *est descendu, ont mangé, sont morts*.
Exercise C: Answers will vary.

CHAPTER 15

ACTIVE VOCABULARY
Exercise A: 1. *g*; 2. *l*; 3. *d*; 4. *a*; 5. *j*; 6. *i*; 7. *c*; 8. *h*; 9. *e*; 10. *f*; 11. *k*; 12. *b*.
Exercise B: 1. *e*; 2. *f*; 3. *d*; 4. *a*; 5. *b*; 6. *c*.
Exercise C: Consult the glossary to verify word meanings.
Exercise D: Translations will vary.

OFFRIR AND SIMILAR VERBS
Exercise A: 1. *souffre*; 2. *couvrent*; 3. *ouvrent*; 4. *recouvrent*; 5. *couvres*; 6. *découvre*; 7. *ouvre*; 8. *souffrez*; 9. *recouvrent*.
Exercise B: Translations will vary.

PRONOMINAL VERBS
Exercise A: 1. *d*; 2. *j*; 3. *a*; 4. *i*; 5. *c*; 6. *h*; 7. *b*; 8. *e*; 9. *f*; 10. *g*.
Exercise B: 1. *me couche, m'endors, me réveille*; 2. *se moque*; 3. *te tiens*; 4. *se souviens*; 5. *s'en vont*; 6. *nous aimons*; 7. *se méfie*; 8. *vous rappelez*; 9. *se revêt, se couvre*; 10. *me réjouis*; 11. *nous confions*; 12. *s'ennuient*; 13. *vous détournez, vous attachez, vous unissez*; 14. *s'entendent*; 15. *se trompe*.
Exercise C: 1. *b*; 2. *g*; 3. *j*; 4. *h*; 5. *k*; 6. *m*; 7. *a*; 8. *e*; 9. *c*; 10. *i*. 11. *d*; 12. *l*.
Exercise D: Translations will vary.

THE PRONOUN Y
Exercise A: 1. *sent*; 2. *dors*; 3. *sortent*; 4. *mentons*; 5. *ressent*; 6. *servez*; 7. *ne mens point*; 8. *dorment*; 9. *consent*; 10. *sort, sort, sort*.
Exercise B: Translations will vary.
Exercise C: 1. *ai senti*; 2. *as menti*; 3. *ont servi*; 4. *avez servi*; 5. *a consenti*; 6. *ai servi*; 7. *a dormi*; 8. *n'a pas ressenti, n'a pas servi*.

THE PRONOUN EN
Exercise A: Translations will vary.
Exercise B: 1. *d*; 2. *h*; 3. *e*; 4. *g*; 5. *f*; 6. *c*; 7. *a*; 8. *b*.
Exercise C: Translations will vary.

REVIEW AND EXPANSION EXERCISES
Exercise A: 1. *linge*; 2. *bois*; 3. *chute*; 4. *gouffre*; 5. *mener*; 6. *part*; 7. *eunuque*; 8. *ceinture*; 9. *puits*; 10. *souliers*; 11. *larmes*; 12. *étroit*.
Exercise B: Translations will vary.
Exercise C: 1. *c*; 2. *b*; 3. *b*; 4. *c*; 5. *c*; 6. *a*.

CHAPTER 16

ACTIVE VOCABULARY
Exercise A: 1. *f*; 2. *d*; 3. *e*; 4. *k*; 5. *g*; 6. *i*; 7. *c*; 8. *j*; 9. *a*; 10. *l*; 11. *b*; 12. *h*.
Exercise B: 1. *c*; 2. *e*; 3. *d*; 4. *a*; 5. *b*; 6. *c*.

Exercise C: Consult the glossary to verify word meanings.
Exercise D: Translations will vary.

Plaindre and Similar Verbs
Exercise A: 1. *atteint*; 2. *crains*; 3. *ceignez*; 4. *étreignons*; 5. *conjoint*; 6. *enfreint*; 7. *peins*; 8. *se plaignent*; 9. *teignons*; 10. *joint*.
Exercise B: Translations will vary.

The Imperfect
Exercise A: 1. *étaient, avaient*; 2. *pouvais*; 3. *avait, était, était*; 4. *aviez*; 5. *faisait, préparait*; 6. *se paraient, espéraient, obéissait, appelait*; 7. *disait, savait, allait*; 8. *avait, nourrissait, grandissait, mangeait, buvait, dormait, regardait*; 9. *parlait, était, se souciait, était, était, gérait, gardait, mettait*; 10. *étais, te ceignais, allais, voulais*; 11. *venait*; 12. *étions, entendions, couvrait*; 13. *comprenaient, devait*; 14. *connaissiez*; 15. *contribuait, nourrissait, versait*.
Exercise B: Translations will vary.

Verbs + Infinitive
Exercise A: 1. *blank*; 2. *à, blank*; 3. *blank, blank*; 4. *blank, blank, blank*; 5. *blank, à*; 6. *blank, à, à, de*; 7. *à, blank, blank*; 8. *blank, à*; 9. *de, blank*; 10. *à, à, d'*; 11. *blank, à, blank, blank*; 12. *blank, de, d', de*.
Exercise B: Translations will vary.

The Pluperfect
Exercise A: 1. *avaient crié, s'étaient confiés*; 2. *avaient vu, s'était passé, était arrivé*; 3. *étions morts*; 4. *s'en était allé, avait disparu*; 5. *avait beaucoup souffert, avait dépensé, avait éprouvé, était allée*; 6. *m'étais tourné, m'étais appliqué*; 7. *était restée, avait remarqué, n'était pas monté, étaient partis*; 8. *s'étaient révoltés, avaient méprisé*.
Exercise B: Translations will vary.

Review and Expansion Exercises
Exercise A: 1. *pourceaux*; 2. *soulagement*; 3. *cuisse*; 4. *tremblement*; 5. *esclavage*; 6. *paresse*; 7. *réprouvé*; 8. *cimetières*; 9. *effroi*; 10. *baume*; 11. *personnages*; 12. *désespéré*.
Exercise B: Translations will vary.
Exercise C: 1. *d*; 2. *a*; 3. *c*.
Exercise D: Answers will vary.

CHAPTER 17

Active Vocabulary
Exercise A: 1. *b*; 2. *e*; 3. *a*; 4. *d*; 5. *c*; 6. *h*; 7. *k*; 8. *f*; 9. *l*; 10. *j*; 11. *i*; 12. *g*.
Exercise B: 1. *e*; 2. *f*; 3. *a*; 4. *d*; 5. *c*; 6. *b*.
Exercise C: Consult the glossary to verify word meanings.
Exercise D: Translations will vary.

Vivre and Suivre

Exercise A: 1. *vis, vis, vit*; 2. *où*; 3. *vivons*; 4. *survit*; 5. *poursuit*; 6. *suivez*; 7. *vis*; 8. *poursuis*; 9. *suit*; 10. *vivent*; 11. *vivez*; 12. *revivent*.

Exercise B: Translations will vary.

Relative Pronouns

Exercise A: 1. *que, que*; 2. *pouvais*; 3. *qui, que, qui*; 4. *où*; 5. *que*; 6. *dont*; 7 *qui, qui*; 8. *qui, qui*; 9. *qui, qui*; 10. *qui, où*; 11. *lesquelles*; 12. *où*; 13. *que*; 14. *où*; 15. *dont*; 16. *que, qui, qui*; 17. *laquelle, laquelle*; 18. *qui*.

Exercise B: Translations will vary.

Introduire and Similar Verbs

Exercise A: 1. *conduisent, conduit*; 2. *cuit*; 3. *détruis*; 4. *nuit*; 5. *vous conduisez*; 6. *détruisent*; 7. *instruit*; 8. *produit*; 9. *réduis*; 10. *séduisent*.

Exercise B: Translations will vary.

Relative Pronouns with antecedent ce

Exercise A: 1. *ce qui, ce qui*; 2. *ce que, ce que*; 3. *ce dont*; 4. *ce que*; 5. *ce qui, ce qui*; 6. *ce dont*; 7. *ce qu', ce qu'*; 8. *ce qui, ce qui, ce qui*.

Exercise B: Translations will vary.

Review and Expansion Exercises

Exercise A: 1. *artifice*; 2. *penchant*; 3. *suivent*; 4. *romain*; 5. *rouille*; 6. *flatteur*; 7. *aveuglement*; 8. *rédempteur*; 9. *éclat*; 10. *cours*; 11. *poignard*; 12. *pousse*.

Exercise B: Answers will vary.

Exercise C: 1. *b*; 2. *c*; 3. *c*.

Exercise D: Answers will vary.

CHAPTER 18

Active Vocabulary

Exercise A: 1. *l*; 2. *a*; 3. *e*; 4. *g*; 5. *h*; 6. *e*; 7. *f*; 8. *d*; 9. *b*; 10. *c*; 11. *j*; 12. *k*.

Exercise B: 1. *f*; 2. *d*; 3. *e*; 4. *d*; 5. *b*; 6. *a*.

Exercise C: Consult the glossary to verify word meanings.

Exercise D: Translations will vary.

Courir and Similar Verbs

Exercise A: 1. *concourent*; 2. *recours*; 3. *secours*; 4. *survit*; 5. *courez*; 6. *discourt*; 7. *recourons*; 8. *accourent*; 9. *courons*; 10. *parcourt*; 11. *accourt*; 12. *discourent*.

Exercise B: Translations will vary.

Past Infinitive and Past Form of the Present Participle

Exercise A: 1. *avoir sauvé, avoir tiré*; 2. *être sorti*; 3. *s'être moqué, avoir revêtu*; 4. *avoir entendu*; 5. *s'être retiré*; 6. *avoir bu*; 7. *avoir offert*; 8. *avoir commencé*; 9. *s'être assis*; 10. *avoir fait*.

Exercise B: 1. *ayant présenté, ayant été*; 2. *ayant souffert*; 3. *s'étant approché*; 4. *étant venu*; 5. *ayant vu*; 6. *ayant perdu*; 7. *s'étant assise*; 8. *étant né*; 9. *ayant appris*; 10. *s'étant détournés*.

Exercise C: Translations will vary.

TAIRE AND *FUIR*

Exercise A: 1. *se taisent*; 2. *fuit*; 3. *plaisent*; 4. *me plais*; 5. *se plaît*; 6. *déplaisent*; 7. *déplaît*; 8. *se complaisent*; 9. *plaît*; 10. *fuis*.

Exercise B: Translations will vary.

THE *PASSÉ SIMPLE*

Exercise A: 1. *f*; 2. *j*; 3. *l*; 4. *i*; 5. *b*; 6. *a*; 7. *h*; 8. *k*; 9. *c*; 10. *e*; 11. *g*; 12. *d*.

Exercise B: 1. *a montré*; 2. *est devenue*; 3. *est entré, a dit*; 4. *a mis, a juré*; 5. *a couru, a entendu, a demandé*; 6. *est remonté, a tiré*; 7. *s'est approché, a pris, a distribué, a fait*; 8. *a livré, a pris*; 9. *a percé, est sorti*; 10. *ai vu, a paru*.

Exercise C: Translations will vary.

REVIEW AND EXPANSION EXERCISES

Exercise A: 1. *enivrante*; 2. *vaincus*; 3. *sceau*; 4. *emmène*; 5. *assassine*; 6. *entêtement*; 7. *géhenne*; 8. *roseau*; 9. *campagne*; 10. *glaive*; 11. *mage*; 12. *flot*.

Exercise B: Answers will vary.

Exercise C: 1. *c*; 2. *c*; 3. *c*.

Exercise D: Answers will vary.

CHAPTER 19

ACTIVE VOCABULARY

Exercise A: 1. *e*; 2. *h*; 3. *b*; 4. *d*; 5. *g*; 6. *c*; 7. *f*; 8. *l*; 9. *k*; 10. *a*; 11. *j*; 12. *i*.

Exercise B: 1. *b*; 2. *e*; 3. *c*; 4. *f*; 5. *a*; 6. *d*.

Exercise C: Consult the glossary to verify word meanings.

Exercise D: Translations will vary.

RECEVOIR AND *VAINCRE*

Exercise A: 1. *reçois*; 2. *conçois*; 3. *se déçoivent, s'en aperçoivent*; 4. *perçoivent, perçoit*; 5. *conçoit, convainc*; 6. *déçoit*; 7. *recevez*; 8. *aperçois*; 9. *convainc*; 10. *vainc*; 11. *recevons*; 12. *se vainc*.

Exercise B: Translations will vary.

THE FUTURE

Exercise A: *auras, te feras, te proterneras, serviras, prononceras, te souviendras, travailleras, feras, feras, tueras, commettras, voleras, porteras, convoiteras, convoiteras.*

Exercise B: 1. *verront, sanctifieront, craindront*; 2. *cultiveras, donnera, seras*; 3. *aura, verrez, serez*; 4. *diront, surprendra, échapperont*; 5. *serai, transporteras, ferai*; 6. *mettras, mourra*; 7. *se rendra, ira*; 8. *serez, haïront, chassera, outragera, rejettera*; 9.

s'en revêtira, entrera, sortira, entendra, mourra; 10. viendra, saura; 11. sonneront, se rassemblera; 12. chanterai, vivrai, célébrerai, existerai.

Comparative and Superlative
Exercise A: Translations will vary.
Exercise B: Translations will vary.

The *Futur antérieur*
Exercise A: 1. m'en serai allé, aurai préparé; 2. aurez souffert; 3. serez entrés; 4. serai arrivé; 5. aurez élevé; 6. sera venu, aura entendu; 7. auront achevé; 8. ne serons pas arrivés; 9. auras fait; 10. se sera joint; 11. n'aurez point ôté; 12. aura été.
Exercise B: Translations will vary.

Review and Expansion Exercises
Exercise A: 1. s'apercevoir; 2. monastère; 3. incorrigible; 4. consacrer; 5. prévoyance; 6. repentir; 7. masque; 8. sureté; 9. cultiver; 10. frein; 11. entraîne; 12. grincements.
Exercise B: Translations will vary.
Exercise C: 1. true; 2. false; 3. true; 4. false; 5. true; 6. false; 7. true.
Exercise D: Answers will vary.

CHAPTER 20

Active Vocabulary
Exercise A: 1. d; 2. b; 3. a; 4. i; 5. l; 6. k; 7. j; 8. g; 9. h; 10. f; 11. e; 12. c.
Exercise B: 1. d; 2. f; 3. e; 4. b; 5. a; 6. c.
Exercise C: Consult the glossary to verify word meanings.
Exercise D: Translations will vary.

Battre and *Conclure*
Exercise A: 1. battent; 2. combats; 3. inclut; 4. exclut; 5. battent; 6. concluez; 7. combattons; 8. abat; 9. conclus; 10. bat; 11. excluent; 12. combattez.
Exercise B: Translations will vary.

The Conditional
Exercise A: 1. irais, fuirais; 2. me glorifierais, saurais; 3 éprouverait, verraient; 4. mourrais, tomberais; 5. viendriez; 6. vaudrait; 7. faudrait; 8. ferions; 9. voudrais; 10. pourriez.
Exercise B: Translations will vary.

The Passive Voice
Exercise A: 1. avez été élus; 2. sommes vendus, étions vendus; 3 fut livré; 4. serai guérie; 5. avaient été dispersés; 6. aura été lavée; 7. suis perdu; 8. serait vengé; 9. avez été édifiés; 10. a été prise.
Exercise B: Translations will vary.

THE PAST CONDITIONAL

Exercise A: 1. *auraient combattu*; 2. *aurions pu*; 3. *serions devenus, aurions été*; 4. *serait né*; 5. *aurions voulu*; 6. *aurais laissé, serais parti*; 7. *se seraient repenties*; 8. *me serais tue, n'aurait pas value.*

Exercise B: Translations will vary.

REVIEW AND EXPANSION EXERCISES

Exercise A: 1. *au hasard*; 2. *démarche*; 3. *massacrer*; 4. *queue*; 5. *idolâtre*; 6. *fouets*; 7. *redoutables*; 8. *cracher*; 9. *Inexplicables*; 10. *policé*; 11. *cendres*; 12. *mêlent.*

Exercise B: Paraphrases will vary.

Exercise C: 1. *c*; 2. *b*; 3. *a.*

Exercise D: Answers will vary.

CHAPTER 21

ACTIVE VOCABULARY

Exercise A: 1. *c*; 2. *g*; 3. *h*; 4. *a*; 5. *d*; 6. *k*; 7. *b*; 8. *f*; 9. *l*; 10. *i*; 11. *e*; 12. *j.*

Exercise B: 1. *e*; 2. *c*; 3. *f*; 4. *a*; 5. *b*; 6. *d.*

Exercise C: Consult the glossary to verify word meanings.

Exercise D: Translations will vary.

RÉSOUDRE AND *SOUSTRAIRE*

Exercise A: 1. *absout*; 2. *te soustrais*; 3. *absolvent*; 4. *se dissolvent*; 5. *attraient*; 6. *distrait*; 7. *vous distrayez*; 8. *se dissout*; 9. *résout*; 10. *soustrayez.*

Exercise B: Translations will vary.

THE PRESENT SUBJUNCTIVE

Exercise A: 1. *parliez, prophétiez*; 2. *bénisse, rende, deviennes*; 3 *marches, observes, obéisses*; 4. *boive, oublie, ne se souvienne plus*; 5. *perdiez, receviez*; 6. *descende, voyions, croyions*; 7. *sorte, serve, communique*; 8. *renonce, se charge, suive*; 9. *entende, craigne, commette*; 10. *dise, vienne, prenne.*

Exercise B: 1. *m'en aille*; 2. *soyez, puissiez*; 3 *fassent*; 4. *ne pleuve pas*; 5. *veuille*; 6. *soyons*; 7. *saches*; 8. *faille*; 9. *ait*; 10. *allions.*

USES OF THE SUBJUNCTIVE

Exercise A: 1. *maudit*; 2. *sachiez*; 3 *soyons*; 4. *ai*; 5. *viennes*; 6. *fait*; 7. *prenne*; 8. *disiez*; 9. *écrive*; 10. *avez, soyez*; 11. *est*; 12. *fasse.*

Exercise B: Translations will vary.

THE PAST FORMS OF THE SUBJUNCTIVE

Exercise A: 1. *impf., plup., past.*; 2. *past., impf., plup.*; 3. *impf., plup., past.*; 4. *impf., plup., past.*; 5. *past., plup., impf.*; 6. *impf., past., plup.*; 7. *past., impf., plup.*; 8. *impf., past., plup.*; *past., impf., plup.*

Exercise B: Translations will vary.

REVIEW AND EXPANSION EXERCISES

Exercise A: 1. *immoler*; 2. *séance*; 3. *contumace*; 4. *embrasent*; 5. *trépas*; 6. *sains*; 7. *figuier*; 8. *libéralité*; 9. *feuille*; 10. *balbutie*; 11. *baiser*; 12. *semeur*.

Exercise B: Translations will vary.

Exercise C: Answers will vary.

Exercise D: 1. *b*; 2. *b*; 3. *c*.

Glossary

à *prep.* to; in; at
Aaron Aaron
abaissement *m.* abasement
abaisser (s') to stoop, humble onself
abattre to knock down; slaughter; depress; **s'abattre** to crash down; pounce, abate
abbatial, -e abbatial
abbatiale *f.* abbey church
abbaye *f.* abbey
abbé *m.* abbot
abbesse *f.* abbess
abolir to abolish
abondance *f.* abundance
abandon *m.* abandonment, neglected state; renunciation
abandonner to abandon; **s'abandonner à** to let oneself go, give oneself up to
abattu, -e dejected, downcast
Abba Abba
abdiquer to abdicate
abeille *f.* bee
Abel Abel
abîme *m.* abyss
Abimélek Abimelech
Abiron Abiram
abois *m.* bark, barking (of dog); **être aux abois** hard pressed, with one's back to the wall
abominable abominable
abomination *f.* abomination
abondant, -e abundant
abord *m.* manner, approach; **d'abord** first (of all); **au premier abord** at first glance
aborder to approach
Abraham Abraham
abreuver (s') to quench one's thirst
Absalom Absalom
absolu, -e absolute
absolument absolutely
absoudre to absolve
abstenir de (s') to abstain, refrain (from)

Glossary

abstinence abstinence; **faire abstinence** to abstain
absurde absurd
abus *m.* abuse
accablant, -e overwhelming
accabler to overcome, overwhelm
accéder à to have access to
accent *m.* accent
acceptable acceptable
accepter to accept
acception *f.* respect, distinction
accès *m.* access
accommodement *m.* compromise, arrangement
accommoder to accommodate, dress
accompagner to accompany
accomplir to accomplish
accomplissement *m.* accomplishment, fulfillment
accord *m.* agreement; **être d'accord** to agree
accorder to accord, grant; *mus.* tune; **s'accorder** to agree
accouchement *m.* bringing forth (child)
accoucher to give birth
accourir to rush up, come running
accoutrer to dress up; **s'accoutrer** to get dressed
accoutumé, -e (à) accumstomed (to)
accroire (used on in) **faire accroire** to cause to believe, delude into believing
accroître to increase
accueillir to welcome
accumuler to accumulate
accusateur, -trice accuser
accusé, -e accused, defendant
accuser to accuse
accusation *f.* accusation
acharné, -e eager in pursuit
archarnement *m.* relentlessness
acharner (s') à to persist in, be bent on
acheminer (s') to wend one's way
acheter to buy
achevé, -e concluded, accomplished
achever to conclude, complet; **s'achever** to draw to a close
acolyte *m.* acolyte; *fig.* confederate, accomplice
acquitter to acquit, discharge; **s'acquitter de** to fulfill, carry out
acte *m.* act
Actes Book of Acts
action (*f.*) action; **action de grâce** thanksgiving; **rendre grâce(s) à** to give thanks to
activité *f.* activity

actuel, -le current, present; *theo.* actual
Adam Adam
adhérence *f.* adherence
adhérer to adhere, hold (opinion)
adonc *arch.* donc
ardeur *f.* eagerness, ardor
admettre to admit
administrateur, -trice administrator
administratif, -ve administrative
administration *f.* administration
administrer to administer
admirablement admirably
admirable admirable, wonderful
admiration *f.* admiration
admirer to admire
adonner à (s') to devote onself to
adopter to adopt
adoption *f.* adoption
adorable adorable
adorateur, -trice *m./f.* worshipper
adoration *f.* worship
adorer to worship
adosser (s') to lean back
adresser to address, direct; **s'adresser à** to speak to, appeal to
adulte adult
adultère *adj.* adulterous; *m./f.* adulterer, adulteress
adultère *m.* adultery
adversaire *m.* adversary
adversité *f.* adversity
affaiblir (s) to weaken
affaire *f.* affair, matter, business
affamé, -e famished
affection *f.* affection
affectueusement affectionately
affectueux, -euse affectionate
affermir to strengthen, make firm
affligé, -e afflicted
affliger to afflict, pain, grieve
affreux, -euse frightful, horrible
affront *m.* affront, insult
affronter to face, brace, confront
afin de *prep.* in order to; **afin que** *conj.* in order that
Afrique *f.* Africa
agacement *m.* annoyance
agapes *f.pl.* banquet, feast

Agar Hagar
âge *m.* age
agenouillement *m.* kneeling
agenouiller (s') to kneel (down)
aggraver to aggravate, worsen
agile agile
agir to act; **il s'agit de** to concern, be the matter, be in question
agiter to agitate, excite, stir
agneau *m.* lamb
agnostique agnostic
agonie *f.* death-struggle; **être à l'agonie** to be at one's last gasp
agonisant, -e dying person
agréable agreeable, pleasant
ah! *int.* ah!
aider to help
aigle *m.* eagle
aiguille *f.* needle
aiguillon *m.* goad, stinger
aile *f.* wing
ailleurs elsewhere; **d'ailleurs** moreover
aimable amiable, agreeable, pleasant
aimer to love, like
aîné, -e elder, eldest
ainsi thus, so; **ainsi soit-il** so be it
airain *m.* bronze
air *m.* air, atmosphere; appearance, look; **avoir l'air** + *adj.* to seem
aire *f.* surface, flat space, threshing-floor
aise *f.* ease, comfort; **en prendre à son aise** to take it easy
aisé, -e easy, easily accomplished
ajouter to add
albâtre *m.* alabaster
alcool *m.* alcohol
alcoolique alcoholic
aliment *m.* food
alimentation *f.* feeding, provisionment, supply
alimenter to feed, nourish, supply
allégorie *f.* allegory
allégresse *f.* gladness, joy
alléluia *m.* hallelujah
allemand, -e German
aller to go; **s'en aller** to go away
alliance *f.* covenant
allié *m.* ally
allumer to light, ignite
alors then, at that time

amant, -e lover
amasser to amass, heap up
ambassadeur, -drice ambassador
ambigu, -e ambiguous
ambiguïté *f.* ambiguity
ambitieux, -euse ambitious
ambition *f.* ambition
ambitionner to be ambitious of; **ambitionner de faire qqch.** to aspire to do sth.
âme *f.* soul
amélioration *f.* betterment
améliorer to better
amende *f.* fine; **faire amende honorable** to make amends
amener to bring
amer, -ère bitter
américain, -e American
amertume *f.* bitterness
ami, -e friend
amiable friendly, likable, amicable
amical, -e amicable
amitié *f.* friendship
Amos Amos
amour *m.* love
amoureux, -euse amourous
amour-propre *m.* self-esteem, pride
ample ample, full, spacious
amusement *m.* amusement, recreation
amuser (s') to have fun
an *m.* year
anabaptiste *m.* Anabaptist
Anak Anak
Anakim Anakim
analyser analyze
Ananias Ananias
anathème *m.* anathema
anathémiser to anathematize, curse
ancêtre *m.* ancestor
ancien, -ne ancient, old; former
ancien *m. ecc.* (church) elder
ancre *f.* anchor
âne *m.* ass, donkey
anéantir to annihilate; **s'anéantir** to humble, debase oneself
anesthésie *f.* anesthesia
ange *m.* angel
angle *m.* angle
Angleterre *f.* England

anglican, -e Anglican
anglo-saxon, -ne Anglo-Saxon
angoisse *f.* anguish
anguille *f.* eel
animal *m.* animal
animer to animate, incite, stir up
animosité *f.* animosity
anneau *m.* ring, link
année *f.* year
annoncer to announce
ânon *m.* donkey foal
antéchrist antichrist
anticlérical, -e anticlerical
anticléricalisme *m.* anticlericalism
antique ancient
antithétique antithetical
Antioche Antioch
antipape *m.* antipope
antisémite anti-Semite
antitrinitaire antitrinitarian
anxiété *f.* anxiety
anxieux, -se anxious
apaiser to appease, pacify
apercevoir to glimpse; **s'apercevoir de** to perceive, notice
aplanir to level (road), smooth (surface)
apocalypse *f.* apocalypse; **l'Apocalypse** *f.* The Book of Revelation
apologie *f.* defense, (written) justification
apostasie *f.* apostasy
apostat, -e apostate
apostolat *m.* apostolate
apostolique apostolic
apôtre *m.* apostle
apparaître to appear
appareillé, -e fitted, dressed
apparence *f.* appearance, look
apparemment apparently
apparent, -e apparent
apparition *f.* appearance, advent
appartenir to belong
appauvrir (s') to grow poor(er)
appel *m.* call; **faire appel à** to appeal to, call on
appeler to call, to name; **s'appeler** to be named; **en appeler à** to appeal to
appétit *m.* appetite
applaudi, -e applauded
application *f.* application, steadiness (in work)

appliquer apply; **s'appliquer à** to apply oneself to, work hard at
apporter to bring
apprendre to learn, teach, apprise
appréciation *f.* estimation, appraisal
apprécier to appreciate
apprentissage *m.* apprenticeship
approbation *f.* approval
approchable approachable
approche *f.* approach
approcher to approach; **approcher qqch. de qqch.** to draw sth. near (to) sth.; **s'approcher de** to draw near
approuver to approve
approximatif, -ve approximate
approximativement approximately
appui *m.* support
appuyer to support, prop (up); to press; **s'appuyer sur** to lean, rely on
âpre rough, harsh
après *prep.* after; *adv.* afterward, later; **après Jésus-Christ** after Christ; **d'après** according to
après-demain day after tomorrow
Araba Arabah
arabe Arabe
Arabie Arabia
araméen, -ne *adj.* Aramaic; *m.f.* Aramaean
arbitre *m.* arbiter; **libre arbitre** free will
arbre *m.* tree
arche *f.* ark
archiabbé *m.* archabbot
archidiacre *m.* archdeacon
archidiocèse *m.* archdiocese
archiprêtre *m.* archpriest
architecte *m.* architect
arbre *m.* tree
ardent, -e burning; **Fournaise ardente** fiery furnace
Aréopage Areopagus
argent *m.* silver, money
argenté, -e silvery
argile *f.* clay
argument *m.* argument, reasoning
aristocratie *f.* aristocracy
Arkansas *m.* Arkansas
arme *f.* arm, weapon; **prendre les armes** to take up arms
armée *f.* army
armer (s') to arm oneself
armure *f.* armor

aromate *m.* spice
aromatique aromatic
arôme *m.* aroma, fragrance
arracher (à) to tear (out), uproot
arranger to arrange, set in order, settle
arrestation *f.* arrest
arrêt *m.* stop, arrest (of motion); judgment, decree; **arrêt de mort** death sentence; **arrêts de la Providence** decrees of Providence
arrêter to stop, arrest; **arrêter (s')** to stop
arrière back; **en arrière** behind; **arrière-** *m./f.* great-
arrière-pensée *f.* menal reservation
arrivée *f.* arrival
arriver to arrive, happen
arrogance *f.* arrogance
arrogant, -e arrogant
arroger (s') qqch. to lay claim to sth
arroser to water
art *m.* art, skill
article *m.* article, clause (treaty); **article de foi** article of faith; *pl.* goods, wares
articuler to articulate
artifice *m.* artificial means, contrivance
ascension *f.* ascent, the Ascension
ascèse *f.* asceticism
ascète ascetic
asile *m.* shelter, refuge
aspect *m.* sight, aspect, appearance
aspic *m.* asp
aspirer to aspire
assaillir to assail, assault, attack
assassinat *m.* murder, assassination
assassiner to assassinate, murder
assemblée *f.* assembly
assembler to assemble, convene; to gather; **s'assembler** to assemble, meet
asseoir to seat, establish; **s'asseoir** to sit down
asservir to enslave
assez enough; rather
assiégé, -e besieged
assiéger to besiege
assis, -e seated
assistance *f.* assistance, aid; attendance, audience; *ecc.* congregation
assister to assist; **assister à** to attend
assujettir to subjugate, subdue
assurance *f.* assurance, (self-) confidence
assurer to assure
astre *m.* star

astreindre to compel, oblige
astronomie *f.* astronomy
astrophysicien, -ne astrophysicist
Athalie Athalia
athée *m.* atheist
athéisme *m.* atheism
Athènes Athens
atome *m.* atom
attache *f.* tie, attachment, tether
attacher to attach, bind, tie; **s'attacher à** to attach oneself, cleave to
attarder (se) to linger, stay late
attaquer to attack
atteindre to attain, reach
attendre to wait (for); **s'attendre à** to expect
attendri, -e softened, made tender
attendu que *conj.* whereas
attentif, -ve attentive, careful
attention *f.* attention, care; **faire attention (à)** to heed, be careful
attester to attest, certify, bear witness
attirer to draw, attract
attitude *f.* attitude
attraire to attract
attrait *m.* attraction, lure
attribut *m.* attribute
attristé, -e saddened
attrister to sadden, grieve
aucun, -e none; **ne ... aucun(e)** no one, not one, not any; anyone; *pl.* **d'aucuns** some
aucunement in any way, at all
audace *f.* audacity, boldness
au-delà de beyond
au-dessus de *prep.* above, over
au-dessous de *prep.* below, underneath
audience *f.* hearing
auditeur, -trice hearer, listener
augmenter to augment, increase
auguste august, majestic
aujourd'hui today
aumône *f.* alms
aumônerie *f.* chaplaincy
aumônier *m.* almoner, chaplain; **aumônier militaire** army chaplain
aumônière *f.* purse
auparavant previously, formerly
auprès de *prep.* beside, close to, with
aurore *f.* dawn
aussi also

aussitôt immediately; **aussitôt que** as soon as
austère austere
autant as much, so much; **autant . . . que** as much . . . as; **d'autant plus . . . que** all the more as
autel *m.* altar
auteur *m.* author
authentique authentic
autonomie *f.* autonomy
autoriser to authorize
autoritaire authoritative, dictatorial
autoritarisme *m.* authoritarianism
autorité *f.* authority
autour de around, about
autre *adj., pron.* other; another; *m., f.* the other; *pl.* the others, the rest; **d'autres** others
autrefois previously, formerly
autrement otherwise
autrui others
avance *f.* advance, lead; **d'avance** in advance, beforehand
avancé, -e advanced, late
avancer to advance, put forward
avant *prep.* before; **avant Jésus-Christ** before Christ; **en avant** in front, forward; **mettre en avant** to advance, put forward
avantage *m.* advantage
avantageux, -euse advantageous
avant-bras *m.* forearm
avant-veille *f.* two days before
avare *m.* miser
avarice *m.* greed
avaricieusement avariciously
avaricieux, -euse avaricious, stingy
avec *prep.* with
avènement *m.* advent
avenir *m.* future
aventure *f.* adventure
avérer to establish, prove
avertir to warn
avertissement *m.* warning
aveu *m.* confession
aveugle blind; **aveugle-né** blind from birth
aveuglement *m.* blindness
avidité *f.* greed
avis *m.* opinion; **à son avis** in one's opinion; **m'est avis** my impression is
aviser (s') de to become aware (of sth.), take it into one's head (to do sth.)
avocat, -e *m./f.* advocate, intercessor

avoir to have; **il y a** there is, there are; **il y a** (+ time) ago; **avoir à** + *inf.* to have to do
avortement *m.* abortion
avouer to confess
avril April

Baal Baal
Babel Babel
Babylone Babylon
baguette *f.* wand
baignade *f.* bathing, swimming
baigner (se) to bathe, swim
baigneur, -euse bather
bailler *arch.* to give
bain *m.* bath; **bain de sang** blood bath
baiser *m.* kiss
baissé, -e lowered
Balaam Balaam
balance *f.* scale
balayer to sweep
balbutier to stammer, mumble
banal, -e banal, commonplace
bande *f.* band, group
banc *m.* bench
bannir bannish
baptême *m.* baptism
bâptiser to baptize
baptiste *m.* Baptist
baptiser to baptize
Barabbas Barabbas
barbare barbarous
barbe *f.* beard
Barnabas Barnabas
barque *m.* boat
barre *f.* bar (court of justice)
bas, -se low; **en bas** below; **en bas de** at the foot of
base *f.* base, basis
bassesse *f.* baseness, lowness
bassin *m.* basin
bataille *f.* battle
bateau *m.* boat
bâtir to build
bâton *m.* stick, rod
battre to strike, beat, defeat; **se battre** to fight
baume *m.* balm

béatification *f.* beatification
beau, belle beautiful, handsome, lovely; **avoir beau** + *inf.* to do in vain
belle-fille *f.* daughter-in-law, step-daughter
belle-sœur *f.* sister-in-law
beaucoup de a lot of, much
beauté *f.* beauty
becqueter to peck at
Béelzébul Beelzebub
belle-mère *f.* mother-in-law
bénédicité *m.* grace (before meal)
bénédiction *f.* benediction, blessing
Bénédictin, -e *m./f.* Benedictine
bénir to bless
berceau *m.* cradle
Bérée Berea
berger *m.* shepherd
bergerie *f.* sheep-fold
besoin *m.* need; **avoir besoin de** to need
besson *arch.* twin
bête *f.* beast
Bethléem Bethlehem
Bethsaïda Bethsaida
Bible *f.* Bible
biblique *adj.* biblical
bien *m.* good; **faire le bien** to do good; *adv.* well; **eh bien** well! **bien des** a good many
bien-aimé, -e beloved
bienfaisant, -e beneficent
bienfait *m.* benefit, kindness, service; blessing, gift
bienheureux, -euse blissful; *ecc.* blessed
bientôt soon
bienveillance *f.* benevolence
bienveillant, -e benevolent, kind
bigot, -e (over-)devout, churchy
bijou *m.* jewel
bizarre bizarre
blâmer to blame
blanc, -he white
blanchir to whiten
blasphème *m.* blasphemy
blasphémer to blaspheme
blé *m.* grain
blesser to wound, injure, offend
bloqué, -e blocked
bloquer to block

Boaz Boaz
bœuf *m.* steer, beef
boire to drink
bois *m.* wood, woods
boisseau *m.* bushel
boisson *f.* drink
boîte *f.* box
boiteux, -euse lame
bon, -ne good
bondir to leap, spring up
bonnement simply, plainly
bonheur *m.* happiness
bonté *f.* goodness
bord *m.* edge, border, shore; **au bord de** by, alongside
borne *f.* boundary-mark, limit
bouc *m.* goat; **bouc émissaire** scapegoat
bouche *f.* mouth
boucher to stop, plug up
boucherie *f.* slaughter
bouclier *m.* shield
boue *f.* mud
bouillant, -e boiling
bouillir to boil
bouleverser to upset, overturn
boum *m.* bang, boom
bourbeux, -euse muddy, miry
bourreau *m.* executioner
bourse *f.* purse
bout *m.* extremity, end; **au bout de** at the end of
braise *f.* live charcoal
bras *m.* arm
brebis *f.* sheep
bref *adv.* briefly, in short
bref, brève brief
Brésil *m.* Brazil
breuvage *m.* drink
bride *f.* bridle
brièveté *f.* brevity, shortness
brillant, -e brilliant
briller to shine
briser to break
broche *f.* spit
bruit *m.* noise
brûler to burn
brun, -ne brown, dark

brusquement abruptly
brut, -e brute
brutalité *f.* brutality
bûcher *m.* funeral pyre, stake (punishment of death by burning)
bureau *m.* desk; study
buste *m.* bust
but *m.* goal, objective

çà *adv.* here
cabaner *arch.* to reside in a cabin
cabinet *m.* closet, small room
caché, -e hidden
cacher to hide
cachot *m.* dungeon
cadet, -te younger
cage *f.* cage
cahier *m.* notebook
caillou *m.* pebble, boulder
Caïn Cain
calamité *f.* calamity, woe
calcul *m.* calculation, computation
calme *m.* calm; *adj.* calm
calmer to calm
calominateur, -trice slanderer
calomnie *f.* calumny
calomnier to slander, libel
calomnieux, -euse slanderous, libellous
calvaire *m.* calvary, (*fig.* martyrdom)
camarade *m.* comrade, fellow
camp *m.* camp; faction
campagne *f.* countryside
Canaan Canaan
cancer *m.* cancer
Candace Candace
canonization *f.* canonization
cantate *f.* cantata
cantique *m.* hymn; **Cantique des cantiques** Song of songs
canton *m.* district
capable capable
capacité *f.* capacity
Capernaüm Capernaum
capital, -e capital (crime, punishment); essential, principal; **Sept péchés capitaux** Seven deadly sins
caprice *m.* caprice, whim
captif, -ve captive

captivité *f.* captivity
car *conj.* for
caractère *m.* character
carême *m.* lent; **faire carême** to keep lent
carnage *m.* carnage
carnet *m.* note-book
cas *m.* case; **en tout cas** in any case
casque *m.* helmut
casser to break, snap
castor *m.* beaver
catéchisme *m.* catechism
Catherine Catherine
catholique catholic
cauchemar *m.* nightmare
cause *f.* cause; **à cause de** on account of, because of
causer to cause
causerie *f.* talk, chat
causeur, -euse talkative, chatty
caver to hallow, dig out
ce, cet, cette *dem. adj.* this, that
ceci *dem. pron.* this
céder to yield, surrender (right)
ceindre to gird; **se ceindre les reins** to gird up one's loins
ceinture *f.* belt
cela *dem. pron.* that, it; **sur cela** therewith
célèbre famous
célébrer to celebrate, solemnize
céleste celestial, heavenly
célestement in a celestial manner
celui, celle, ceux, celles *pron.* the one, the ones
cendre *f.* ash
Cène *f.* Communion (Protestant Church)
cent one hundred
centre *m.* center; **au centre de** at the center of
centuple *m.* centuple, hundredfold
centurion *m.* centurion
cependant *conj.* however
cercle *m.* circle
cérémonie *f.* ceremony
certain, -e certain
certainement certainly
certes to be sure, yes indeed
certifier to certify
certitude *f.* certitude
cervelle *f.* brain

César Caeser
cesse *f.* cease, ceasing, respite
cesser to cease
c'est-à-dire that is to say
chacun, -e each one
chagrin *m.* grief, sorrow
chaîne *f.* chain
chair *f.* flesh
chaire *f.* pulpit
chaldéen, -ne Chaldean
chambre *f.* bedroom, chamber; **Chambre ardente** court of justice held for trial of heretics
chameau *m.* camel
champ *m.* field
chanceler to stagger, totter
chandelier *m.* candlestick
changeable changeable, exchangeable
changeant, -e changing
changement *m.* change
changer (de) to change
changeur *m.* money-changer
chanson *f.* song
chant *m.* singing, song; **chant de Noël** Christmas carol; **chant grégorien** Gregorian chant
chanter to sing
chanteur, -euse *m./f.* singer
chantre *m.* cantor, bard
chaos *m.* chaos
chapeau *m.* hat
chapelet *m.* rosary
chapelle *f.* chapel
charge *f.* load, burden; **à charge** to be dependent; **avoir charge des âmes** to have cure of souls
charger to load, burden; **charger qn. de qch.** to entrust, charge s.o. with sth. ; **se charger de** to undertake, to attend to
charpente *f.* frame, build
chaque each
charbon *m.* coal
charisme *m.* charisma, charism
charité *f.* charity
chardon *m.* thistle
charmant, -e charming
charme charm
charmer to charm, bewitch
charmeur *m.* charmer

charnel, -le carnal
charrier to cart, transport
chasser to chase, hunt, drive out
chaste chaste, pure
châtier to chastise
châtiment *m.* chastisement
châtieur *m.* chastiser
chaud, -e hot; **avoir chaud** to be hot
chaudière *f.* boiler
chaussure *f.* shoe
chef *m.* leader
chemin *m.* path, way
cheminer to walk, trudge
chêne *m.* oak
cher, -ère dear; expensive
chercher to seek
chérir to cherish
chérubin *m.* cherub
cheval *m.* horse
chevalier *m.* knight
cheveu *m.* hair
chez at the home of; with, among
chien *m.* dog
chimère *f.* chimera
chœur *m.* choir, chorus
choisir to choose
choix *m.* choice
choquer to shock
chorale *f.* choir
Chorazin Chorazin
chose *f.* thing
chrétien, -ne Christian
Chrétienté *f.* Christendom
Christ *m.* Christ
christianisme *m.* Christianity
Christologie *f.* Christology
Chroniques Book of Chronicles
chute *f.* fall
ci-après hereafter, further on
cimetière *m.* cemetery
ciel *m.* sky, firmament, heaven; *pl.* **cieux** heavens
cinq five
cinquante fifty
cinquième fifth
circoncis circumcized

circoncision *f.* circumcision
circonférence *f.* circumference
circuire to compass
circulaire circular
ciron *m.* mite
citadelle *f.* citadel, stronghold
citadin, -e town-dweller
cité *f.* city; **Cité de David** City of David; **droit de cité** freedom of the city
citerne *f.* cistern
citoyen, -ne citizen
civil, -e civil, civic, secular (as opposed to ecclesiastic)
civiliser to civilize
clair, -e clear
clairement clearly
clamer to clamor, cry out
clarté *f.* clarity
clé (=**clef**) *f.* key
clémence *f.* clemency
clément, -e merciful
clerc *m.* cleric
clérical, -e clerical
cloche *f.* bell
clochette *f.* small bell
cloison *f.* partition, division
cloître *m.* cloister
clos, -e closed
cœur *m.* heart; **en avoir le cœur net** to clear the matter up, get to the bottom of; **de bon cœur** gladly
coffre *m.* chest, bin
cognée *f.* axe
coiffure *f.* hairstyle
coin *m.* corner; **au coin de** at the corner of
colère *f.* anger; **mettre en colère** to anger; **se mettre en colère** to become angry
coller to cling, stick, adhere
collet *m.* collar; **prendre le petit collet** to enter the church
collègue *m./f.* colleague
colombe *f.* dove
coloration *f.* coloration, coloring
colosse *m.* colossus
combat *m.* fight
combattivité *f.* combativeness
combattant *m.* combatant
combattre to fight
combien (**de**) how many, much (of)
comble *m.* depth, high point

combler to fill (up)
comédie *f.* comedy
comique *m.* comedy; *adj.* comical, funny
commandement *m.* commandment
commander to command, order
comme like, as, while
commencement *m.* beginning
commencer to start, begin
comment how
commettre to commit
commode convenient, comfortable, suitable, easy
commodité *f.* convenience, comfort
commun, -e common
communauté *f.* community
communion *f.* communion; **faire sa première communion** to receive communion for the first time
communiquer to communicate
compagnie *f.* company, group
comparable comparable
comparaître to appear before
comparer to compare
compassion *f.* compassion
compatriote compatriot
compensation *f.* compensation
compenser to compensate
complainte *f.* lament
complaire to seek to please; **se complaire** to take pleasure (in)
complet, -ète complete
compléter to complete
complice abettor, accomplice
complicité *f.* complicity
compliquer to complicate
comporter to allow, admit (of)
composé *m.* compound
composer to compose
compréhensible comprehensible
compréhensif, -ive understanding
comprendre to understand, include
compris, -e comprised, included
compromettre to compromise
compter to count, calculate, value
concentrer to focus, concentrate
conception *f.* conception
concerner to concern
concevoir to conceive, imagine

concile *m.* council
concitoyen, -ne fellow-citizen
conclure to conclude
concourir to converge, coincide
concubine *f.* concubine
concupiscence *f.* concupiscence, lusts of the flesh
concupiscible lustful
condamnation *f.* condemnation
condamné, -e convict, condemned man/woman
condamner to condemn
condition *f.* condition
conducteur *m.* leader, driver
conduire to conduct, lead, drive; **se conduire** to conduct oneself, behave
conduite *f.* conduct, behavior
confesser to confess
confesseur *m.* confessor
confession *f.* confession
confessionalisme *m.* confessionalism
confessionnal *m.* confessional (booth)
confiance *f.* confidence, trust
confiant, -e confident
confier en (se) to put one's trust in
conflit *m.* conflict
confrérie *f.* brotherhood
confondre to confound, confuse
conformément in conformity with
conforter to reinforce
confronter to confront, compare
confus, -e confused; abashed
congé *m.* leave, permission; **prendre congé de** to take leave of
confusion *f.* confusion, embarrassment
conjecture *f.* conjecture
conjoindre to join together, join in marriage
conjonction *f.* union, connection
conjugal, -e conjugal
conjuguer to conjugate, combine
conjurer entreat, beseech
connaissable knowable
connaissance *f.* knowledge; **sans connaissance** unconscious
connaisseur *m.* expert, connoisseur
connaître to know, to be acquainted with
conquête *f.* conquest
consacré, -e consecrated
consacrer to consecrate
conscience *f.* conscience

conscient, -e conscious
conseil *m.* advice, counsel; council, meeting
conseiller to advise
conseiller, -ère *m.* advisor
consensus *m.* consensus
consentir to consent
conservation *f.* conservation, preservation
conserver to preserve, keep, maintain
conséquence *f.* consequence
conséquent, -e consistent, rational; **par conséquent** consequently
considérer to consider
consistance *f.* consistency
consister (**à** + *inf.*) (**en** + *ob.*) to consist (in)
consolateur, -trice consoler, comforter; *adj.* consoling, comforting
consolation *f.* consolation, comfort
consoler to console, comfort
consommation *f.* consummation
conspirateur *m.* conspirator
constamment steadfastly
constance *f.* constancy, steadfastness, persistence; **Constance** Constance
constant, -e constant, steadfast
constater to ascertain, observe
Constantinople Constantinople
constituer to constitute, institute, set up
construire to construct
contact *m.* contact
contaminer to contaminate, pollute
contempler to contemplate
contenir to contain
content, -e pleased, glad
contentement *m.* contentment
contenter to satisfy, gratify
contenu *m.* content
conter to tell, relate
contestation *f.* contestation, dispute
contester to dispute
continuel, -le continual
continuellement continually
continuer to continue
contradictoire contradictory
contraindre to constrain, compel
contraint, -e constrained
contraire contrary; **au contraire** on the contrary
contrairement à contrary to, unlike
contrariété *f.* contrariety

contraste *m.* contrast
contre against; **par contre** on the other hand
contredire to contradict
contrevenir to contravene, infringe
contribuer to contribute
controverse *f.* controversy
contumace *f.* contumacy; **par contumace** in his absence
convaincre to convince
convalescent, -e convalescent
convenable suitable, appropriate, proper
convenance *f.* conformity, agreement
convenir to agree, suit, be suitable
conversation *f.* conversation
converser to converse
conversion *f.* conversion
convertir to convert; **se convertir** to become converted
conviction *f.* conviction
convive *m.* guest
convoiter to covet
convoitise *f.* lust
coq *m.* rooster
coquillage *m.* shell-fish
cor *m.* horn (music)
corbeau *m.* crow
corbeille *f.* basket
cordelière *f.* girdle (as worn by Franciscan friar)
Corinthe Corinth
corinthien,-ne Corinthian; **Corinthiens** the Book of Corinthians
corne *f.* horn (of an animal)
Corneille Cornelius
corporel, -le corporal, bodily
corps *m.* body
correct, -e correct, accurate
correctement correctly
correction *f.* correction, reproof
correspondance *f.* correspondence
correspondre to correspond
corriger to correct, chastise; **se corriger** to amend oneself, to break oneself of a habit or vice
corrigible corrigible
corrompre to corrupt
corrompu, -e. corrupt, depraved
corruption *f.* corruption
cortège *m.* train, retinue, procession
cosmologie *f.* cosmology

cosmologiste cosmologist
côte *f.* rib, slope, coast
côté *m.* side; **à côté de** next to, beside
couardise *f.* cowardice
coucher to put (child, etc.) to bed, spend the night; **se coucher** to go to bed
coucher *m.* setting
couche *f.* bed, layer, stratum
couchette *f.* berth, sleeping place
coudée *f.* cubit
couler to run (liquid)
coup *m.* strike, hit; **tout à coup** all of a sudden
coupable guilty
coupe *f.* cup, bowl, goblet
coupé, -e cut up, broken up
couper to cut
couple *m.* pair, couple
cour *f.* court
courage *m.* courage; **prendre courage** to take courage
courageusement courageously
courageux, -euse courageous
courber to bend, bow
courir to run
couronne *f.* crown
couronnement *m.* coronation
couronner to crown
courroux *m.* anger, wrath
cours *m.* course, flow
course *f.* race
court, -e short
courtoisie *f.* courtesy, politeness
coussin *m.* cushion
coutume *f.* custom
coutumier, -ière customary
couvent *m.* convent
couvrir to cover
cracher to spit
craindre to fear
crainte *f.* fear
craintif, -ive fearful
craintivement fearfully
crâne *m.* skull; **lieu du crâne** Golgotha
crayon *m.* pencil
créance *f.* belief, credence
créateur *m.* creator
création *f.* creation

créationnel, -le creational
créature *f.* creature
crédule credulous
créer to create
crème *f.* cream
creuser to dig
creux *m.* hollow
crever to burst, split, die; put out someone's eye
cri *m.* cry, shout
crier to cry out, shout
crime *m.* crime, misdeed
criminel, -le criminal, guilty
critique critical
critiquer to criticize
croire to believe
croisade *f.* crusade
croisé *m.* crusader
croissance *f.* growth
croître to grow
croix *f.* cross
croyable believable
croyance *f.* belief
croyant, -e believer
cruche *f.* pitcher, jug
crucifier to crucify
cruel, -le cruel
cueillir to gather, pick, pluck
cuir *m.* leather
cuirasse *f.* breastplate
cuire to cook, bake
cuisinier *m.* cook
cuisse *f.* thigh
culotte *f.* breeches
culte *m.* worship
cultivateur *m.* cultivator, farmer
cultivation *f.* cultivation
cultivé, -e cultivated (land); cultured (mind)
cultiver to cultivate
culture *f.* cultivation; culture
cupide covetous, greedy
cupidité *f.* cupidity, covetousness, greed
curé *m.* curate
curé, -e picked, cleaned out
curiosité *f.* curiosity

daigner to deign, condescend
Damas Damascus
dame *f.* lady; **Dame Nature** Mother Nature
damné, -e damned
dandy *m.* dandy
danger *m.* danger, peril; **mettre en danger** to imperil, jeopardize
dangereux, -euse dangerous
dans *prep.* in
danser to dance
danseur, -euse dancer
Dathan Dathan
davantage more
David David
de *prep.* of, from, about
dé à coudre *m.* thimble
déambuler to stroll about
débat *m.* dispute, debate
débattre to debate, discuss; **se débattre** to struggle
débauché, -e debauched
déborder to overflow
debout upright
debuer *arch.* to scrub, clean
début *m.* debut, beginning, start
débuter to begin
décalogue *m.* decalogue
Décapole Decapolis
décembre December
déception *f.* deception, disappointment
décevant, -e deceiving, disappointing
décevoir to deceive, disappoint
déchéance *f.* fall (from grace)
déchirant, -e heart-rending, harrowing
déchirement *m.* tearing, rending; **déchirement de cœur** heart-break
déchirer to tear
déchirure *f.* tear
déchoir to fall
déchu, -e fallen; **ange déchu** fallen angel
décider to decide
décision *f.* decision; **prendre une décision** to make a decision
déclaration *f.* declaration
déclarer to declare
déconstruire to deconstruct
découper to cut up, carve
décousu, -e unsewn
décrire to describe

décroître to decrease
décourager to discourage
découverte *f.* discovery
découvrir to uncover, discover
décréter to decree
dédaigner to disdain
dédaigneusement disdainfully, scornfully
dédaigneux, -euse disdainful, scornful
dédain *m.* disdain, scorn, disregard
dedans inside, within; **au dedans de** (on the) inside, within
déduire to deduce, infer; to deduct
défaite *f.* defeat
défaut *m.* flaw, defect
défense *f.* defense; **prendre la défense** to defend, champion
défenseur *m.* defendor, protector
défendre to defend, forbid; **se défendre** to defend oneself
défendu, -e forbidden; **fruit défendu** forbidden fruit
déférence *f.* deference
défi *m.* challenge
défiance *f.* mistrust, suspicion
déficience *f.* deficiency
défier to defy, challenge
définitif, -ve definitive
définitivement definitively
défroqué, -e defrocked
défunt, -e deceased
dégât *m.* damage
dégoûté, -e disgusted
dégoûter to disgust
dégradation *f.* degradation
déguiser to disguise
dehors out, outside; **en dehors de** outside of, apart from
déjà already
délai *m.* delay
délectation *f.* delectation
délégué *m.* delegate
délibération *f.* deliberation
délibéré, -e deliberate
délibérément deliberately
délibérer to deliberate
délicat, -e delicate, sensitive, difficult
délice *m.* delight, pleasure; **délices** *f. pl.* delights, pleasures
délier to untie, unbind, loose
délire *m.* delirium
délivrance *f.* deliverance

délivrer to deliver
déluge *m.* deluge, flood
demain tomorrow
demander to ask (for); **se demander** to wonder
démarche *f.* step, approach
démêler to disentangle, unravel
démentir to belie
démériter to act in a blameworthy manner, to break faith
demeure *f.* stay, sojourn, abode
demeurer to remain, stay
demi, -e half, semi-
démolir to demolish
démon *m.* demon
démoniaque demoniac
démonstration *f.* demonstration, proof
démonter to take down, dismantle, dismount
dénoncer to denounce
dénonciateur, -trice informer, denouncer
dénonciatif, -ve denunciatory
dénonciation *f.* denunciation
dénouer to untie, unknot, undo
densité *f.* density
dent *f.* tooth
dénué, -e devoid
départir to divide
dépasser to go beyond, exceed, overstep
dépêcher (se) to hurry
dépendre (de) to depend (on)
dépens *m. pl.* cost; **aux dépens de** at the expense of
dépenser to spend (money)
dépeupler to depopulate
déplacer to displace
déplaire to displease, offend
déplaisant, -e unpleasing, unpleasant, disagreeable
déplaisir *m.* displeasure, annoyance
déplorer to deplore
déporter to deport
déposer to lay down; to depose, give evidence
déposssédé, -e dispossessed, deprived
dépouiller to cast off, lay aside
dépourvu, -e de bereft, devoid of
depuis for, since, from
déraison *f.* insanity
déraciner to uproot
déranger to disturb, trouble

dérèglement *m.* dissoluteness
dernier, -ière last
dernièrement lately
dérober to steal
derrière behind
dès *prep.* since, from, as early as; **dès que** as soon as; **dès lors** from that time
désaffection *f.* disaffection
désapprendre to unlearn
désapprouver to disapprouve
désastre *m.* disaster
descendent, -e descendant
descendre to descend, go down
descriptible describable
désert *m.* desert
désert, -e deserted
désespérance *f.* loss of hope
désespéré, -e desperate
désespérément desperately
désespérer to despair
désespoir *m.* despair
déshabiller to undress; **se déshabiller** to undress (oneself)
déshériter to disinherit
déshonnête improper, unseemly
déshonneur *m.* dishonor
déshonorer to dishonor
désintéresser (se) de to take no further interest in
désinvolture *f.* free and easy manner
désir *m.* desire
désirer to desire
désobéir (à) to disobey
désobéissance *f.* disobedience
désoler to distress, grieve
désordre *m.* disorder
désorganisation *f.* disorganization
désormais henceforth
dessécher (se) to dry up, wither
dessein *m.* intention, design, plan
dessous underneath
dessus *prep.* above, on top; *m.* top, upper part; **avoir le dessus** to have the upper hand
destin *m.* destiny
destinée *f.* destiny; *pl.* fortunes
destiner to destin
destitué, -e deprived, lacking
destructif, -ve destructive

destruction *f.* destruction
désunir to disconnect, divide
détacher to detach
détendre (se) to relax
détenir to hold, detain, withhold
déterminer to determine
détestable detestable
détester to detest, hate
détour *m.* detour
détourné devious; indirect, circuitous; secluded
détourner to divert, turn aside; **se détourner** to turn away, aside
détresse *f.* distress
détruire to destroy
deuil *m.* mourning; **prendre le deuil** to go into mourning
Deutéronome *m.* Deuteronomy
deuxième second
devancer to precede, outdistance, anticipate
devant before, in front of
devenir to become
dévêtir to undress; **se dévêtir** to get undressed
deviner to guess
dévoiler to unveil
devoir *m.* duty
devoir should, ought, must, to owe
dévorer to devour
dévot, -e devout
dévotion *f.* devotion, devoutness
dévouement *m.* devotion to duty, devotedness
dévoyé, -e astray
diable *m.* devil
diablerie *f.* devilry, sorcery
diablesse *f.* she-devil
diabolique diabolical, fiendish
diacre *m.* deacon
dialectique *f.* dialectic
dialogue *m.* dialogue
dicter to dictate
dictionnaire *m.* dictionary
Dieu *m.* God; **dieux** *pl.* gods
diffamation *f.* defamation, slander
différemment differently
différence *f.* difference
différencier to differentiate, distinguish
différent, -e different
difficile difficult

difficulté *f.* difficulty
digérer to digest
digestible digestible
digestion *f.* digestion
digne worthy
dignité *f.* dignity, worth
diligemment diligently
diligence *f.* diligence
diligent, -e diligent
dimanche *m.* Sunday
dîme *f.* tithe
diocèse *m.* diocese
dire *m.* statement, assertion
dire to say, to tell; **à vrai dire** to tell the truth; **pour ainsi dire** so to speak
direct, -e direct
directement directly
directeur *m.* director
diriger to direct; **se diriger** to be headed
discernement *m.* discernment
discerner to discern
disciple *m.* disciple
discipline *f.* discipline; **prendre la discipline** to mortify oneself
discontinu, -e discontinuous
discontinuer to discontinue
discourir to discourse, speechify
discours *m.* discourse
discret, -ète discreet, unobtrusive, modest
discrètement discretely
discrétion *f.* discretion, prudence; **âge de discrétion** age of reason
disculper to exculpate, exonerate
disgrâce *f.* disgrace, disfavor
disparaître to disappear
dispensateur, -trice distributor
dispenser to dispense, exempt; to distribute
disponible available
disposé, -e disposed
disposer de to have at one's disposal
disposition *f.* disposition
dispute *f.* dispute
disputer to dispute, contest; **se disputer** to quarrel, wrangle, argue
dissiper to dissipate
dissolution *f.* dissoluteness, profligacy
dissoudre (se) to dissolve, melt, disintegrate
distance *f.* distance
distraire to distract, divert; **se distraire** to amuse oneself

distinct, -e distinct, separate, clear
distinctement distinctly
distinction *f.* distinction
distribuer to distribute
divergent, -e divergent
divers, -e various, diverse
diversité *f.* diversity
divertir (se) to amuse oneself
divertissement *m.* entertainment
divin, -e divine
divination *f.* divination
divinement divinely
divinisation *f.* act of deification
diviniser to deify
divinité *f.* divinity; Godhead (of Christ); deity
diviser to divide
division *f.* division, discord
dix ten; **dix-sept** (**-huit**, **-neuf**) seventeen (eighteen, nineteen)
dixième tenth
docteur *m.* doctor, scholar
doctrinal, -e doctrinal
doctrinaire doctrinary
doctrine *f.* doctrine, tenet
dogmatique dogmatic
dogme *m.* dogma
doigt *m.* finger
domaine *m.* domain
domination *f.* domination, rule, power
dominer to rule, dominate, master
dommage *m.* damage; pity, shame
dompter to tame, master
don *m.* gift
donation *f* donation
donc thus, then, therefore
donner to give
dont whose, of which, with which
dormir to sleep
dorsal, -e dorsal
dos *m.* back; **dos à dos** back to back
double double
doucement gently, softly, smoothly
douceur *f.* sweetness, meekness, pleasantness
doué, -e de endowed, gifted with
douleur *f.* suffering, pain, sorrow
douloureusement painfully, sorrowfully

douloureux, -euse painful, sorrowful
doute *m.* doubt; **mettre en doute** to call into question
douter (de) to doubt; **se douter de** to suspect
douteur *m.* doubter; *adj.* doubting
douteux, -euse doubtful
doux, -ce sweet, gentle, mild
douze twelve
douzième twelfth
doxologie *f.* doxology
dragon *m.* dragon
drame *m.* drama
droit *m.* duty, right, law; **tout droit** *adv.* straight ahead
droite *f.* right, right hand; **à droite (de)** *prep.* on/to the right (of)
droitement rightly, directly
droiture *f.* uprightness
dresser to set up, draw up (list)
dû *m.* due
dû, due due
dur, -e hard
durant during
durcir to harden
dureté *f.* hardness, harshness
durement hardly (earned), harshly, severly

eau *f.* water; **eau douce** fresh water; **eau salée** salt water
ébattre (s') to gambol, frolic, play
ébranlement *m.* shaking
ébranler to shake
écarlate scarlet
écart *m.* motion or distance apart; **à l'écart** aside, apart
écarter to separate, thrust aside
Ecclésiaste Ecclesiastes
ecclésiastique ecclesiastic
ecclésiologie *f.* ecclesiology
échafaud *m.* gallows
échapper (à) to escape; **s'échapper** to escape, run away
écho *m.* echo
échouer to fail
écouler (s') to flow out
escient *m.* knowledge; **à bon escient** deliberately, judiciously
éclaircissement *m.* enlightenment, elucidation, explanation
éclairer to light, illuminate
éclaireur *m.* scout
éclat *m.* glitter, luster
éclatant, -e dazzling, brilliant

éclore to open, be born
école *f.* school
écolier, -ière schoolboy, -girl
Écossais, -e Scotsman, -woman
Écosse *f.* Scotland
écouler (s') to flow out
écouter to listen
écraser to crush
écrier (s') to cry out, exclaim
écrire to write
écrit *m.* writing; **par écrit** in writing
écriture *f.* (hand-)writing; **Sainte Écriture** Holy Writ
écrivain *m.* writer
écuelle *f.* bowl
Éden Eden
édification *f.* edification
édifice *m.* building
édifiant, -e edifying; **peu édifiant** unedifying
édifier to edify, build
édit *m.* edict
éducation *f.* education, upbringing, training
effacer to erase; **s'effacer** wear away, fade
effet *m.* effect, result; **en effet** indeed
efforcer (s') to strive, endeavor
effort *m.* effort, endeavor
effrayant, -e frightening, terrifying
effrayer (s') to be frightened, alarmed
effroi *m.* fright, dread
effroyable frightful, dreadful
effusion *f.* outpouring; effusiveness; **effusion de sang** bloodshed
égal, -e equal
également equally, alike
égaler to equal
égalité *f.* equality
égard *m.* consideration, respect; **à l'égard de** with regard to; **à cet égard** on that score; **par égard pour** out of respect for, for the sake of
égarement *m.* deviation (from virtue); wildness (of conduct)
égarer (s') to go stray, be lost
église *f.* church
égocentrique self-centered, egocentric
égoïsme *m.* selfishness, egoism
égoïste selfish, egotisical
égoïstement selfishly
égorger to cut the throat of
égout *m.* sewer

Égypte Egypt
éjouir (s') *arch.* to rejoice
élan *m.* spring, bound
élément *m.* element, component, rudiment
élévation *f.* elevation
élever to elevate, raise, set up; **s'élever** to rise up
élire to elect
elle *sub. pron.* she, it; *disj. pron.* she, her, it
elles *sub. pron.* they; *disj. pron.* they, them
éloge *m.* praise; **faire l'éloge de** to eulogize, praise
éloignement *m.* distance
éloigner to remove; **s'éloigner** to retire, deviate (from duty)
éloquemment eloquently
éloquence *f.* eloquence
élu, -e elect
éluder to elude
embarrassé, -e embarrassed, perplexed
embaumer to embalm
embellir to embellish, beautify
embellissement *m.* embellishing, beautifying
embrasser to embrace, kiss
embraser to set ablaze
embuscade *f.* ambush
émerveillement *m.* amazement, wonder
émerveiller (s') to marvel
émeute *f.* riot
Émim Emim
Emmanuel Emmanual
émissaire emissary
émettre to emit, utter (sound)
éminent, -e eminent
emmener to lead away, take out
émonder to prune
emparer (s') de to seize, take hold of
empêché, -e puzzled, at a loss
empêchement *m.* obstacle, hindrance
empêcher to forbid, prevent
empereur *m.* emperor
empire *m.* empire
empirer to worsen, aggravate
emploi *m.* use, employment
employer to use, employ
empoigner to grasp, seize
empoisonner to poison
emporter to carry, carry away, carry along

empreint, -e imprinted
empreinte *f.* (im)print, (im)pression, stamp
empressé, -e eager
emprisonnement *m.* imprisonment
empressement *m.* eagerness
emprisonner to imprison
emprunter to borrow
ému, -e moved
en *prep.* in; *pron.* of it, of them; *adv.* from there
encens *m.* incense
enceinte *adj. f.* pregnant
enceinte *f.* enclosure, circumference
enchaîner to chain (up)
enchantement *m.* enchantment, delight
enclin, -e inclined, prone
enclos *m.* enclosure
encontre (à l') de against, counter to
encore *adv.* yet, still; again; **ne ... pas encore** not yet
encourager to encourage
encourir to incur, bring upon oneself
encre *m.* ink
endormir to lull asleep; **s'endormir** to fall asleep
endosser to don (clothes); to endorse (a check)
endroit *m.* place
endurcir to harden
endurcissement *m.* hardness
énergie *f.* energy
enfant *m./f.* child
enfantement childbirth
enfanter to give birth
enfantin, -e infantile, childish
enfer *m.* hell
enfermer to enclose, shut up
enfin lastly, finally; **enfin!** *int.* at last!
enflammer to inflame; *fig.* to excite, stir up
enfler to inflate, swell
enflure *f.* swelling
enfoncer to sink (into mud, water)
enfreindre to infringe, transgress (law)
enfuir (s') to fly, flee, run away
engagement *m.* commitment
engager to engage, begin, start; **s'engager** to undertake, bind oneself, volunteer
engendrer to beget
englouti, -e engulfed, swallowed up
enhardir to embolden

énigmatique enigmatic
énigme *f.* enigma
enivrant, -e intoxicating
enlever to remove, carry away
enorgueillir (s') to become proud
ennemi, -e enemy
ennui *m.* worry, anxiety
ennuyer to bother, annoy; **s'ennuyer** to get bored
enragé, -e rabid
enrager to enrage, madden
ensanglanter to cover, stain with blood
enseignant, -e teacher
enseigne *f.* sign, mark, colors (military)
enseignement *m.* teaching
enseigner to teach
ensemble together
ensevelir to shroud, bury
ensuite afterward, then
ensuivre (s') to come after
entendre to hear, intend, understand; **s'entendre avec** to get along with
entente *f.* understanding, agreement
enterrer to bury, inter (corpse)
entêtement *m.* stubbornness
entier, -ère entire, whole
entièrement entierely
entourer to surround
entrailles *f. pl.* entrails, bowels, womb
entraînement *m.* allurement
entraîner to drag, draw, carry away
entre *prep.* between, among; **entre-** used as a prefix indicate reciprocity
entrée *f.* entry, entrance; **entrée en matière** opening (of speech, etc.)
entreprendre to undertake
entreprise *f.* enterprise, undertaking
entrer to enter; **entrer en religion** to take monastic vows
entretenir to keep up, support, entertain
entrevue *f.* meeting, interview
entropie *f.* entropy
entrouvert, -e half-open; gaping, yawning (chasm)
envelopper to envelop
envers *prep.* towards, with respect to
envie *f.* envy, desire; **avoir envie de** to want, wish
envieux, -euse envious
environ *adv.* about
environner to surround
environs *m. pl.* surroundings

envisager to envisage, view
envoler (s') to take flight
envoyer to send
épais, -se thick
épanouissement *m.* opening, unfolding
épargner to save (up), spare, economize
épaule *f.* shoulder
épée *f.* sword
éperdu, -e bewildered
éphémère ephemeral
Éphésiens Ephesians
épice *f.* spice
épier to spy
épine *f.* thorn(-bush)
éploré, -e tearful, weeping **évanouir (s')** to faint
Ephèse Ephesus
épiscopat *m.* Episcopate
époque *f.* epoch; **à cette époque-là** at that time
époux, -se spouse
épreuve *f.* trial; **mettre à l'épreuve** to put to the test
éprouver to test, feel
épuiser to exhaust; **s'épuiser** to become exhauster, run dry
équilibre *m.* equilibrium, balance, stability
équitable equitable
équité *f.* equity
équivaloir to be equivalent
ermitage *m.* hermitage
errant, -e wandering, gone astray
ère *f.* era
errer to err; to wander, go astray
erreur *f.* error
Ésaïe Isaiah
Ésaü Esau
escalader to scale
escarpé, -e steep, abrupt
eschatologie *f.* eschatology
esclavage *m.* slavery
esclave *m.* slave
espace *m.* space
espèce *f.* kind, sort; species: *theo.* **communion sous les deux espèces** communion in both kinds
espérance *f.* hope
espérer to hope
épiscopal, -e episcopal
espion *m.* spy

espoir *m.* hope
esprit *m.* spirit; mind; **esprit fermé** closed mind
esquiver to avoid, dodge; **esquiver (s')** to make oneself scarce
essai *m.* trial, testing; essay
essayer (de) to try (to do sth.)
essence *f.* essence
essentiel, -le essential
essentiellement essentially
Esther Esther
estimer to estimate, consider, deem
estomac *m.* stomach
estropié, -e crippled
et and
étable *f.* stable, cowshed
établir to establish
étang *m.* lake
étape *f.* stage, step
état *m.* state
États-Unis *m. pl.* United States
été *m.* summer
éteindre to extinguish, turn off
étendre to spread out, stretch; **s'étendre** to stretch onself, extend, spread out
étendue *f.* size, expanse, scale
Éternel *m.* the Everlasting
éternel, -le eternal
éternellement eternally
éterniser to eternize, perpetuate
éternité *f.* eternity
Étham Etham
Éthiopie Ethiopia
Éthiopien Ethiopian
Étienne Stephen
étoile *f.* star
étonnamment astonishingly
étonnant, -e astonishing, surprising
étonnement *m.* astonishment
étonner (s') to be astonished
étrange strange
étranger, -ère foreign; stranger, foreigner
être *n.* being
être to be; **c'est** this is, **ce sont** these are; **en être ainsi** to be thus; **en être fait de** to be done for
étreindre to embrace, clasp
étroit, -e narrow
étude *f.* study

étudier to study
eucharistie *f.* Eucharist
eunuque *m.* eunuch
Europe *f.* Europe
eux *disj. pron.* they, them
évangile *m.* gospel
Ève Eve
éveil *m.* awakening, state of alertness
éveiller (s') to awaken
événement *m.* event
évêque *m.* bishop
évident, -e evident, obvious
éviter to avoid
évoquer to evoke
exact, -e exact, accurate
exactement exactly
exactitude *f.* exactitude
exaltation *f.* exalting, glorifying
exalter to exalt, magnify, extol
examiner to examine
exaucer to answer prayer, fulfill wish
excellent, -e excellent
excepté except(ing), save
excepter to except
exception *f.* exception
excès *m.* excess
exciter to excite, incite, stir up
exclure to exclude
exclu, -e excluded
exclusif, -ve exclusive
exclusivement exclusively
excommunication *f.* excommunication
excommunier to excommunicate
excrément *m.* excrement
excuse *f.* excuse, apology
excuser to excuse; **s'excuser** to excuse onself
exécuter to execute, carry out
exécution *f.* execution (performance), carrying out, execution (death sentence); **mettre à exécution** to put into effect
exercer to exercise
exégèse *f.* exegesis
exemple *m.* example
exempt, -e exempt
exempter to exempt
exhortation *f.* exhortation

exhorter to exhort
exiger to require
existant, -e existing, living
existence *f.* existence
exister to exist
exode *f.* exodus; **Exode** the Book of Exodus
expansion *f.* expansion
expérience *f.* experience
expiation *f.* expiation, atonement
explication *f.* explanation
expliquer to explain
explorer to explore
expression *f.* expression
exprimer to express
extraire to extract
extérieur, -e exterior, outer, outward
exterminer to exterminate
extinction *f.* extinction, extinguishing
extraordinaire extraordinary
extrême extreme
extrémité *f.* extremity; **à l'extrémité de** at the far end of
Ézéchias Hezekiah

face *f.* face; **en face de** opposite, across from; **face à** facing; **face à face** face to face
fâcher (se) to get angry
fâcherie *f.* quarrel, tiff
fâcheux, -euse annoying
facile easy
facilement easily
faciliter to facilitate, make easier
façon *f.* fashioning; fashion, mode, manner; **de toute façon** anyhow; **d'une façon … ** in a … way
faculté *f.* faculty, ability
faible *adj.* weak
faiblesse *f.* weakness
faillir to fail
faim *f.* hunger
faire to do, make
fait *m.* act, deed, feat; fact; **du fait de** by the fact of
falloir to be wanting, necessary, requisite
falsifier to falsify
famille *f.* family
fanatique fanatic
fardé, -e disguised
fasciner to fascinate

fatigué, -e tired
fatiguer (se) to tire
faucille *f.* sickle
faute *f.* fault, error; **faute de** for lack of; **être en faute** to be in fault; **prendre en faute** to catch in the act
faussement falsely
fausseté *f.* falseness
faux, -sse false, fake, deceitful; **à faux** *adv.* wrongly
faveur *f.* favor
favorable favorable
favorablement favorably
favori, -ite *adj.* favorite
favoritisme *m.* favoritism
fécond, -e fruitful, furtile
feindre to feign, simulate
félon *arch.* disloyal, traitor
femelle *f.* female
féminité *f.* femininity
femme *f.* woman, wife; **prendre une femme** to take a wife
fendre to split
fer *m.* iron
ferme *f.* farm
ferme firm
fermement firmly
ferment *m.* leaven
fermentation *f.* fermentation; **fermentation** *fig.* unrest
fermenter to ferment, leaven
fermer to close
fermeté *f.* firmness
fermeture *f.* closing
fertile fertile
fervent, -e fervent
ferveur *f.* fervor, earnestness
février February
festin *m.* banquet
fête *f.* feast, celebration, saint's day
feu *m.* fire
feuille *f.* leaf
feutre *m.* felt
fiancé, -e *m./f.* fiancé, fiancée
fiancer to engage; **se fiancer** to get engaged
fidèle faithful
fidélité *f.* faithfulness
fiente *f.* dung
fier (se) à to trust

fier, -ère proud
fierté *f.* pride, self-respect
figue *f.* fig
figuier *m.* fig tree
figure *f.* face, shape; figure of speech; typological figure
figurativement figuratively
figuré, -e figurative
figurer (s') to imagine
filet *m.* net
fille *f.* daughter, girl
fils *m.* son
fin *f.* end; **mettre fin à** to put an end to
fin, -e fine
final, -e final
finalement finally
finir to finish; **en finir avec** to be done with
firmament *m.* firmament
fixer to make firm, fast, settled
flacon *m.* flask
flagellation *f.* flagellation, flogging
flagrant, -e flagrant
flambeau *m.* torch
flamme *f.* flame
flanc *m.* flank, side
fléau *m.* scourge
flèche *f.* arrow
fleur *f.* flower
fleurir to flourish
fleuve *m.* river
florissant, -e flourishing, prosperous
flot *m.* wave
fluide fluid
fœtus *m.* fetus
foi *f.* faith
foie *m.* liver
fois *f.* time, occasion; **une fois** once; **à la fois** at one and the same time; **il était une fois** once upon a time; **chaque fois que** each time that
folie *f.* folly, madness
fond *m.* capital, fund; background, bottom; **au fond** at bottom, fundamentally
fondamental, -e fundamental, basis (principle)
fondamentalisme *m.* fundamentalism
fondateur *m.* founder
fondation *f.* foundation
fonder to found, start, ground
fondre to melt

fontaine *f.* fountain
fonte *f.* casting, founding
force *f.* strength; **à force de** by dint of
forcer to force, compel
forêt *f.* forest
forger to give form, shape to
formation *f.* formation
forme *f.* form, shape
formel, -le formal, strict, categorical
former to form, shape
formulaire formulary
formulation *f.* formulation, wording
formule *f.* formula
formuler to formulate, define
fort, -e strong; *adv.* very, extremely
fortifier to fortify, strengthen
fortune *f.* fortune, chance; riches
fosse *f.* pit, grave
fou, folle mad, crazy, foolish
foudre *f.* thunderbolt
foudroyer to strike down, crush, blast
fouet *m.* whip
follement madly
fondement *m.* foundation
forfait *m.* crime
fouille *f.* excavation
foule *f.* crowd
fouler to crush, trample (down)
fournir to furnish
foyer *m.* hearth
fracas *m.* din, (sound of) crash
fragile fragile
fragment *m.* fragment
frais, fraîche fresh
franc, -che free; frank, candide
français, -e French
franc, -che free; frank, candid
France *f.* France
franchement freely; frankly
franchir to cross, get over
franchise *f.* frankness
François d'Assise Francis of Assisi
frappé, -e stricken
frapper to strike, hit
fraternel, -le fraternal

fraterniser to fraternize
fraude *f.* fraude, deception
frayeur *f.* fright, dread
frein *m.* bit, bridle
frénésie *f.* frenzy, madness
fréquemment frequently
fréquent, -e frequent
fréquenter to frequent
frère *m.* brother
fressure *f.* entrails
frivole frivolous
froid, -e cold; **avoir froid** to be cold
fromage *m.* cheese
froment *m.* wheat
fronde *f.* sling
front *m.* forehead, brow
frontal, -e frontal
frontière *f.* border
frotter to rub
fructifier to fructify, bear fruit
fructueux, -se fruitful, profitable
fruit *m.* fruit
fruste rough, simple-minded
fuir to flee
fuite *f.* flight; **prendre la fuite** to flee
fumée *f.* smoke
fumer to smoke
fumier *m.* dunghill
funèbre funeral
funeste deadly, fatal
fureur *f.* fury, wrath
furtivement furtively
furtif,- ve furtive, stealthy
futilité *f.* futility, trifle
fuyant, -e fleeing, fleeting (moment)
fuyard, -e (panic-stricken) fugitive

Gabriel Gabriel
gadarénien, -ne Gerasene
gage *f.* pledge, security
gagner to win, gain
gai, -e cheerful, happy
gain *m.* gain, profit
gaîté *f.* gaiety, mirth
Galate Galatian

galaxie *f.* galaxy
Galilée Galilee
garantir to guarantee, shelter, protect
garde *m.* guard
gardien *m.* guardian, keeper, watchman
garde *f.* care, custody, watch; **prendre garde de** (+ *inf.*) to take care to; **prendre garde à** (**qqn./qqch.**) to beware of (s.o., sth.); **de garde** on call
garder to keep
gâter to spoil
gauche left, left hand; **à gauche (de)** *prep.* on/to the left (of)
gazon *m.* grass
géant, -e giant
Gédéon Gideon
géhenne *f.* gehenna
gémir to groan
gémissement *m.* moan, groan
général, -e general
génération *f.* generation
généreux, -euse generous, noble
genèse *f.* genesis, origin; **Genèse** the Book of Genesis
génie *m.* genius
géniture *arch.* offspring
genou *m.* knee
génouflexion *f.* genuflexion
genre *m.* genus, species, kind; style; gender; **genre humain** *m.* human race
gens *m. pl.* people
gent *f.* people, race, group
gentil, -le nice, kind; *m.* Gentile
gentilhomme *m.* gentleman
gentillesse *f.* graciousness
géologie *f.* geology
gérer to manage
germer to germinate
gestation *f.* gestation
geste *m.* gesture; **beau geste** handsome gesture, gesture of sympathy
gesticulation *f.* gesticulation
gesticuler to gesticulate
gibet *m.* gallows
giron *m.* lap
glacer to freeze
glaive *m.* two-edged sword
glisser to slip, slide
gloire *f.* glory; *pej.* vainglory, pride, boast
glorieux, -euse glorious
glorification *f.* glorification

glorifier to glorify, praise; **se glorifier** to boast
glossolalie *f.* glossolalia
Gog Gog
Goliath Goliath
Gomorrhe Gomorrah
gosier *m.* throat
gouffre *m.* pit, abyss, chasm
goût *m.* taste
goûter to taste; (*fig.*) to appreciate
goutte *f.* drop (of liquid)
gouvernement *m.* government
gouverner to govern
grâce *f.* grace; **faire grâce à** to grant a free pardon; **grâce à** thanks to; **de bonne grâce** readily, willingly; **Grâce suffisante** Sufficient Grace
gracieux, -euse graceful, gracious
grand, -e big, tall; great; *m.* person of rank
grandeur *f.* greatness, grandeur
graisse *f.* fat
gras, -se fat
gratifier to confer, bestow
gratter to stratch, scrape
gratuit, -e free
gratuitement freely
grave grave, serious
gravement gravely, seriously
gravité *f.* gravity, seriousness
Grec, -que Greek; **grec, grecque** *adj.* Greek
grever *arch.* to charge, burden
grief *m.* grievance
grincement *m.* grinding, grating
gros, -se big, large, thick
grossesse *f.* pregnancy
grosseur *f.* size, bulk, volume
grossièrté *f.* coarseness, rudeness, vulgarity
grossir to enlarge, increase, swell
guère: ne . . . hardly, scarcely
guérir to heal
guérison *f.* healing, recovery
guerre *f.* war; **faire la guerre** to wage war
guerrier *m.* warrior
guerroyer to war
gueule *f.* mouth (animal)
gueux, -se beggar, tramp
gui *m.* mistletoe
guide *m.* guide

guider to guide

habile skilful, clever
habiller to dress; **s'habiller** to get dressed
habit *m.* dress, (monk's, nun's) habit; *pl.* clothes; **prendre l'habit** to become a monk
habitant *m.* inhabitant
habiter to live, inhabit
habitude *f.* habit, custom; **d'habitude** usually
habituer (s') à to get used to
*****haine** *f.* hate
*****haïr** to hate
*****halle** *f.* (covered) market
*****hanter** to haunt
*****happer** to snatch
*****hardi, -e** bold
*****hardiesse** *f.* boldness, hardihood
*****hardiment** boldly
*****harier** *arch.* to harass, torment
harmonie *f.* harmony
*****harpe** *f.* harp
*****hasard** *m.* chance, luck; **au hasard** at random
*****hasarder** to risk, venture
*****hâte** *f.* haste
*****hâter (se)** to hasten
*****hautbois** *m.* oboe
*****haut, -e** high; **au haut de** at the top of; **en haut** above; **là-haut** *adv.* up there; **Très Haut** *m.* Most High
*****hautesse** *f.* haughtiness
*****hauteur** *f.* height
Hébreu *m.* (*pl.* **Hébreux**) Hebrew
hélas *inter.* alas
helléniste *m./f.* Hellenist
Henri Henry
herbe *f.* grass
hérésie *f.* heresy
hérétique *adj.* heretical; *m./f.* heretic
*****hérisser** to cover, surround (with spikes)
héritage *m.* inheritance, heritage
hériter to inherit
héritier *m.* heir
herméneutique *f.* Hermeneutic
Hérode Herod
héroïne *f.* heroine
héroïque heroic

*__héros__ *m.* hero
__héthien, -ne__ Hittite
__heure__ *f.* hour; __de bonne heure__ *adv.* early; __à l'heure actuelle__ at the present time
__heureux, -euse__ happy, blessed
__heureusement__ happily, blessedly
__hier__ yesterday
__histoire__ *f.* story, history
__historien__ *m.* historian
__holocauste__ *m.* sacrifice, burnt offering
__homicide__ *m.* homicide
__hommage__ *m.* homage
__homme__ *m.* man
__honnête__ honest, upright
__honnêtement__ honestly, uprightly
__honnêteté__ *f.* honesty
__honneur__ *m.* honor
__honorer__ to honor
*__honte__ *f.* disgrace, shame; __faire honte à__ to shame, disgrace
*__honteux, -euse__ shameful
__hôpital__ *m.* hospital
__horizon__ *m.* horizon
__horreur__ *f.* horror
*__hors de__ out of, outside
__hosanna__ *m.* hosannah
__hospitalier, -ière__ hospitable
__hostile__ hostile
__hôte__ *m.* host, guest
*__houlette__ *f.* shepherd's crook
*__huguenot, -e__ Huguenot
__huile__ *f.* oil
*__huit__ eight
*__huitième__ eighth
__humain, -e__ human; humane
__humanité__ *f.* humanity
__humble__ humble, lowly
__humeur__ *f.* humour, mood; *pl.* body fluids
__humour__ *m.* humor
__humiliant, -e__ humiliating, mortifying
__humiliation__ *f.* humiliation, mortification
__humilier__ to humiliate, humble; __s'humilier__ to stoop, humble oneself
__humilité__ *f.* humility
__hydrogène__ *m.* hydrogen
__hypocrite__ hypocrite
__hypothèse__ *f.* hypothesis

ici here
ici-bas here below
idéal, -e ideal
idéaliser to idealize
idée *f.* idea
identité *f.* identity
idiot, -e idiot
indivis, -e undivided
idolâtre idolatrous
idolâtrie *f.* idolatry
idole *f.* idol
ignominie *f.* ignominy, shame, disgrace
ignorance *f.* ignorance
ignorer to ignore, not to know
il *sub. pron.* he, it
île *f.* island
illégitime illegitimate
illumination *f.* illumination
illogique illogical
illusoire illusory
ils *sub. pron.* they
image *f.* image
imaginable imaginable
imaginaire imaginary
imagination *f.* imagination
imaginer to imagine
imbécilité *f.* imbecility, feebleness of mind
immédiat, -e immediate
immédiatement immediately
immensité *f.* immensity
imitation *f.* imitation
immense immense
immolé, -e sacrificed
immoler to sacrifice
immortalité *f.* immortality
immortel, -le immortal
immuable immutable, fixed, unchanging
imparfait, -e imperfect
impatiemment impatiently
impatience *f.* impatience
impatient, -e impatient
impartial, -e impartial, unbiased
impénétrable impenetrable
impénitence *f.* impenitence, unrepentance
impénitent, -e impenitent, unrepentant

impensable unthinkable
impératrice *f.* empress
imperceptible imperceptible
impérissable imperishable
impie *adj.* impious, irreligious; *m./f.* ungodly person
impiété *f.* impiety, godlessness
implacable implacable
implanter to plant, take root
implication *f.* implication
implicite implicit
implicitement implicitly
impliquer to implicate
importance *f.* importance
important, -e important
importun, -e importune
importuner to importune, bother
imposer to impose; **en imposer à** to impose on, deceive
impossibilité *f.* impossibility
impossible impossible
imposteur *m.* impostor
impôt *m.* tax
imprécation *f.* imprecation, curse
impression *f.* impression
imprévisible unforseeable
imprévu, -e unforeseen, unexpected
imprimer to imprint, impart
improuvable unprovable
imprudemment imprudently
imprudence *f.* imprudence, rashness
imprudent, -e imprudent, rash
impudicité *f.* unchastity
impudique unchaste, lewd
impuissance *f.* impotence, powerlessness, helplessness
impuissant, -e impotent, powerless, helpless
impulsion *f.* impulse, impetus
impuni, -e unpunished
impur, -e impure, unclean
impureté *f.* impurity
imputation *f.* imputation, charge
imputer to impute, ascribe, attribute
inacceptable unacceptable
inaccoutumé, -e unaccustomed
inaction *f.* inaction
inanimé, -e inanimate
inattendu, -e unexpected

inaugurer to inaugurate
inavoué, -e unavowed
incapable incapable, unfit, unable
incarcération *f.* incarceration
incarnation *f.* incarnation
incertain, -e uncertain
incessamment unceasingly
incessant, -e unceasing
inchangeable unchangeable
incirconcis, -e uncircumcised
incirconcision *f.* uncircumcision
inciter to incite, urge (on)
inclination *f.* inclination
incliner (s') (devant) to bow (before)
inclure to include
incommode inconvenient, uncomfortable, clumsy
incommoder to inconvenience, hinder, upset
incomparable incomparable
incomparablement incomparably
incomplet, -ète incomplet
incompétence *f.* incompetence
incompréhensible incomprehensible
incompréhension *f.* lack of understanding
inconnu, -e unknown
inconcevable inconceivable
inconscience *f.* unconsciousness, thoughtlessness
inconséquent, -e inconsistent
inconsolable inconsolable
inconstance *f.* inconsistency, fickleness
incontestablement incontestably
incontestable incontestable
incontinent at once, forthwith
incorporer to incorporate
incorrigibilité *f.* incorrigibility
incorrigible incorrigible, hopeless
incorruptible incorruptible
incrédule *adj.* incredulous, unbelieving; *m./f.* unbeliever, infidel
incrédulité *f.* unbelief
incroyable unbelievable
incroyance *f.* unbelief
incroyant, -e unbeliever
inculte uncultivated, waste (land); untutored (mind)
indecent, -e indecent
indépendamment independently
indépendant, -e independent

index *m.* index
indication *f.* indication
indicible inexpressible
indien, -ne Indian
indifférence *f.* indifference
indifférent, -e indifferent
indigence *f.* indigence, poverty, want
indigestion *f.* indigestion
indigne unworthy
indignation *f.* indignation
indiquer to indicate
indiscret, -ète indiscreet, imprudent
indispensable indispensable
indisposé, -e indisposed, unwell
indissoluble indissoluble
indolent, e apathetic, slothful
induire to lead, induce
indulgent, -e longsuffering; lenient
inébranlable unshakeable
inertie *f.* inertia
inespéré, -e unhoped-for, unexpected
inexactement inexactly, inaccurately
inexplicable unexplainable
infaillible infallible
infaisable unfeasible
infâme unspeakable, vile
infamie *f.* infamy, dishonor
inférer to infer
infernal, -e infernal, hellish
infidèle *adj.* unfaithful; *m./f.* infidel
infini, -e infinite
infiniment infinitely
infinité *f* infinity
infirme disabled, frail
infirmité *f.* infirmity
inflexibilité *f.* inflexibility
infortune *f.* misfortune, calamity
infortuné, -e unfortunate
ingérer to ingest
ingrat, -e ungrateful
ingratement ungratefully
ingratitude *f.* ingratitude, ungratefulness
ingrédient *m.* ingredient
inhospitalier, -ière inhospitable
inhumain, -e inhuman, unfeeling

inimitié *f.* enmity
inintelligent, -e unintelligent
inintelligible unintelligible
inique iniquitous
iniquité *f.* iniquity
injure *f.* wrong, insult, injury
injurier to abuse (s.o.), call (s.o.) names
injuste unjust, unrighteous
injustice *f.* injustice
inlassable untiring, unflagging
innocence *f.* innocence
innocent, -e innocent
innombrable innumerable
innumérable innumerable
inonder to flood
inquiet, -ète worried
inquiétant, -e disquieting, disturbing
inquiéter (s') to be worry, become anxious
inquiétude *f.* disquiet, anxiety, uneasiness
inscrire to inscribe
inscription *f.* inscription
insensé, -e mad, foolish, insane; **insensé** *m.* madman, fool
insensibilité *f.* insensitivity
insensible unfeeling
insensiblement imperceptibly
inséparable inseparable
insérer to insert
insignifiance *f.* insignificance
insignifiant, -e insignificant
insistance *f.* insistence; **avec insistance** earnestly, insistently
insister to insist
insolent, -e insolent, haughty
insouciant, -e careless, unconcerned
insoumission *f.* insubordination
inspirer to inspire
instable unstable
instabilité *f.* instability
installer to install, set up; **s'installer** to settle in
instamment earnestly, insistently
instant *m.* moment, instant; **à l'instant où** at the moment when
instigation *f.* instigation
instinct *m.* instinct
instinctif, -ve instinctive
instinctivement instinctively
instituer to institute, establish

institut *n.* institute, institution; *eccl.* rule of a religious order or the religious order itself
instituteur, trice teacher; *eccl.* founder of a religious order
institution *f.* institution, establishment
institutionnel, -le institutional
instruction *f.* instruction, teaching
instruire to instruct
instruisable *arch.* teachable
instruit, -e educated, learned
instrument *m.* instrument
insu *m.* (used in phrase) **à son insu** without one's knowledge
insuffisance *f.* insufficiency, deficiency, inadequacy
insuffisant, -e insufficient
insulte *f.* insult
insupportable unbearable
intact, -e intact, untouched
intégrité *f.* integrity
intelligence *f.* intelligence, understanding
intelligent, -e intelligent
intention *f.* intention, purpose, design; **avoir l'intention de** to intend to, mean to
intercession *f.* intercession
interdire to forbid, prohibit
intéressant, -e interesting
intéresser to interest; **s'intéresser à** to be interested in
intérêt *m.* interest, self-interest
intérieur *m.* home, house; **à l'intérieur** inside
intérieur, -e interior, inner, inward
interlinéaire interlinear
intermédiaire *m.* intermediary
intermittent, -e intermittent
interprête *m.* interpreter
interpréter to interpret
interrogateur, -trice *m.* interrogator, questioner
interrogatif, -tive interrogative
interrogation *f.* question, query
interrogatoire *m.* examination (of defendant)
interroger to question; **s'interroger** to sound one's conscience; **s'interroger sur** to wonder about
interrompre to interrupt
interruption *f.* interruption
intime *adj.* intimate; *n.* intimate friend
intimement intimately
intimider to intimidate
intolérance *f.* intolerance
intolérant, -e intolerant

intouchable untouchable
intrigue *f.* intrigue
intrigant, -e scheming
introduction *f.* introduction
introduire to introduce, lead in, bring in
intuition *f.* intuition
inutile useless
inutilement uselessly
inutilisable unserviceable
inutilité *f.* uselessness
invariable invariable
invariablement invariably
invasion *f.* invasion
invective *f.* invective; *pl.* abuse
inventaire *m.* inventory
inventer to invent, create
invention *f.* invention, contrivance
invétéré, -e inveterate
invincible invincible, insurmountable
invinciblement invincibly, insurmountably
inviolablement inviolably, sacredly
invisible invisible
invité, -e guest
inviter to invite
invoquer to call upon, invoke
irrégulier, -ère irregular
irrégulièrement irregularly
irréligieux, -euse irreligious, irreverent
irrémédiable irremediable, incurable
irrémédiablement irremediably
irrépréhensible blameless
irréprochable irreproachable
irrésistible irresistible
irréversible irreversible
irrévocable irrevocable
irritation *f.* irritation
irriter to irritate, anger; **s'irriter** to grow angry
Isaac Isaac
Ismaël Ishmael
isolement *m.* isolation
isoler to isolate
Israël Israel
Israélites Israelites
ivre drunk
ivresse *f.* intoxication, drunkenness

ivrognerie *f.* (habitual) drunkenness

Jacob Jacob
Jacques James
jadis formerly, of old
jalousie *f.* jealousy
jaloux, -se jealous
jamais (n)ever; **ne ... jamais** never; **à jamais** for ever
jambe *f.* leg
janier January
jardin *m.* garden
je (j') *sub. pron.* I
Jean John
Jean Baptiste John the Baptist
Jeanne d'Arc Joan of Arc
Jérémie Jeremiah
Jérusalem Jerusalem
jésuite Jesuit
Jésus Jesus
jeter to cast, throw
jeu *m.* game, play
jeudi Thursday
jeune *adj.* young; *m. pl.* young people
jeûne *m.* fasting
jeûner to fast
jeunesse *f.* youth; **erreurs de la jeunesse** youthful indiscretions
Job Job
joie *f.* joy
joindre to join
jointure *f.* joint
joli, -e pretty
Jonathan Jonathan
jonc *m.* rush, reed
Josabet Jehosheba
Joseph Joseph
Joseph d'Arimathée Joseph of Aramathea
Josué Joshua
joue *f.* cheek
jouer to play
joug *m.* yoke
jouir to enjoy
jour *m.* day; **se faire jour** to penetrate, make a way
Jourdain Jordan
joyeux, -euse joyous
Juda Judah

judaïsme *m.* Judaism
Judas Judas
Judée Judea
Judith Judith
juge *m.* judge
jugement *m.* judgment; *theo.* Jugement Dernier Last Judgment
juger to judge
Juges *m.* Book of Judges
Juif, Juive Jew, Jewess; **juif, juive** *adj.* Jewish
juillet July
jurer to swear, vow
jusque until (time), as far as (space); **jusqu'alors** till then; **jusqu'à un certain point** up to a certain point; **jusqu'ici** thus far, up till now; **jusque-là** up to that point
juste *adj.* just, righteous; *n.* righteous person; **au juste** actually, rightly
justement exactly
justice *f.* justice, righteousness
justification *f.* justification
justifier to justify, vindicate

Kansas *m.* Kansas
kérygma *m.* kerygma

la the; *dir. ob.* her, it
là there
Laban Laban
labourage *m.* tilling, ploughing
labourer to till, plough
là-dessus on that, on that score
laïc, laïque lay
laid, -e ugly
laisser to allow, leave
lait *m.* milk
lamenter (se) to lament, deplore
lampe *f.* lamp
lance *f.* spear, lance
langage *m.* language, speech
langue *f.* tongue, language; **parler en langues** speaking in tongues
langueur *f.* languor, listlessness
laper to lap
lapider to stone
large wide, large
largesse *f.* largesse, liberality, bounty
largeur *f.* breadth, width
larme *f.* tear
las, -se tired, weary

lavabo *m.* wash-bassin; *ecc.* lavabo (ritual or towel.)
lavage *m.* washing; **lavage de crâne** brainwashing
laver (se) to wash oneself
Lazare Lazarus
le the; *dir. ob.* him, it
Léa Leah
leçon *f.* lesson
lecteur, lectrice reader
légal, -e legal
léger, -ère light, swift; **à la légère** rashly, unthinkingly
légèrement slightly
légion *f.* legion
légitime legitimate
légume *m.* vegetable
lent, -e slow
lentement slowly
lenteur *f.* slowness
lèpre *f.* leprosy
lequel, -le *pron.* who, whom, which (one)
les *m./f. pl.* the; *dir. ob.* them
lèse-majesté *f.* high treason
léser to wrong
lettre *f.* letter; **prendre à la lettre** to take literally
leur(s) *poss. adj.* their; **leur(s)** *poss. pron.* theirs; **leur** *ind. ob.* to them
levain *m.* leaven
levée *f.* raising, lifting; levying (of troops, taxes); embankment, dike, levee.
lever *m.* rise, rising; **lever du soleil** *m.* sunrise
lever to raise, lift (up), remove (difficulty); **se lever** to rise, stand up
Lévite Levite
Lévitique *m.* Leviticus
lèvres *f.pl.* lips
libéral, -e liberal, generous
libéralement liberally, generously
libéraliser to liberalize
libéralisme *m.* liberalism
libéralité *f.* generosity
libérer to liberate
liberté *f.* liberty; **mettre en liberté** to let loose
libertin, -e libertine, free-thinker
libre free
lien *m.* tie, bond, fetter; **liens du sang** blood ties
lier to bind
lieu *m.* place; **au lieu de** instead of; **avoir lieu** to take place, happen; **avoir lieu de** to have reason to
ligue *f.* league, confederacy

Limbes *m. pl.* Limbo
linceul *m.* winding-sheet, shroud
linge *m.* linen
lion *m.* lion
liqueur *f.* liquor, drink
lire to read
liste *f.* list
lit *m.* bed
littéral, -e literal
littérature *f.* literature
liturgie *f.* liturgy
livre *m.* book
livrer to deliver, hand over; **se livrer à** to give onself up
localité *f.* locality, place, spot
logement *m.* lodging
loger to lodge
loi *f.* law
loin *adv.* far; **de loin** from afar; **loin de** *prep.* far from
lointain, -e distant, far-off
loisir *m.* leisure
long, -ue long; **au long** in great detail, at full length; **tout au long de** throughout
longanimité *f.* longanimity, forbearance, long-suffering
longtemps *adv.* long, a long time
longuement for a long time, deliberately
longueur *f.* length
lors *arch.* then; **dès lors** from that time
lorsque when
lot *m.* share (of land), fate
Loth Lot
louable praiseworthy
louablement praiseworthily
louange *f.* praise
louer to praise
Louis Louis
loup *m.* wolf
lourd, -e heavy
loyal, -e loyal
loyalement loyally, faithfully, fairly
Luc Luke
lugubre lugubrious, gloomy
lui *disj. pron.* he, him, it; *ind. ob.* to him, to her
luire to shine
lumière *f.* light; **mettre en lumière** to bring to light
luminaire *m.* luminary, light, star
lumineux, -euse luminous

lumignon *m.* candle-end, dim light
lunatique lunatic
lune *f.* moon
lutte *f.* struggle
lutter to struggle
luxe *m.* luxury
luxure *f.* lewdness
lyre *f.* lyre
lys *m.* lily

ma *poss. adj.* my
madame *f.* madam
mage *m.* magus; **les Rois mages** the Magi
magique magic
magistère *m.* magisterium
magnificence *f.* splendor
magnifique magnificent
main *f.* hand; **mettre la main sur** to lay hands on
maint, -e many
maintenant now
maintenir to maintain
mais *conj.* but
maison *f.* house; **maison de correction** prison
maistrie *arch.* mastery
maître *m.* master, teacher
maîtresse *f.* mistress
maîtrise *f.* mastery, self-control
majesté *f.* majesty
majestueux, -euse majestic
mal *m.* evil; **faire le mal** to do evil; *adv.* badly
malade *adj.* sick; *m./f.* sick person; **malade imaginaire** hypochondriac
maladie *f.* sickness
maladif, -e sickly, morbid
maladroit, -e awkward, tactless
malaise *m.* uneasiness, discomfort, malaise
malaisé, -e difficult
malappris, -e unlearned, uncouth
mâle *m.* male, manly
malédiction *f.* malediction, curse
malentendu *m.* misunderstanding
malgré in spite of
malheur *m.* misfortune, woe
malheureux, -euse unfortunate, unhappy, wretched
malheureusement unfortunately
malhonnête dishonest

malice *f.* malice
malin, -igne evil
malsain, -e unhealthy
malveillant, -e malevolent, malicious
mamelle *f.* breast
manger to eat
manier to handle
manière *f.* manner; **d'une manière** ... in a ... manner
manifestation *f.* manifestation
manifeste manifest, evident, obvious
manifester to manifest; **se manifester** to appear, to show itself
manne *f.* manna
manquement *m.* failure, shortcoming
manquer (à) to lack, miss
manteau *m.* coat, cloak
manuel *m.* manual
maranatha maranatha
marbre *m.* marble
Marc Mark
marchand *m.* merchant
marche *f.* march
marcher to walk, march
Marguerite Margaret
mariage *m.* marriage
mari *m.* husband
Marie Mary
marier to give, join in marriage; **se marier** to marry, get married
marquant, -e prominent, outstanding
marque *f.* mark, sign; **marque des temps** sign of the times
marquer to mark, put a mark on, indicate
maternel, -le maternal
mars March
martyr, -e *adj.* martyred; *m./f.* martyr
martyriser to martyr
martyre *m.* martyrdom
martyrologe *m.* martyrology
martyrologiste *m.* martyrologist
masque *m.* mask
massacre *m.* massacre, slaughter
massacrer to massacre, slaughter
masse *f.* mass, bulk, crowd; earth
mât *m.* mast
matière *f.* matter
matin *m.* morning; **de grand matin** early in the morning
Matthieu Matthew

maudire to curse
mauvais, -e bad, ill, evil
me *dir. ob.* me; *indir. ob* to me
méchamment wickedly
méchanceté *f.* wickedness
méchant, -e wicked
méconnaître to fail to recognize
médecin *m.* doctor; **médecin de l'âme** confessor, priest
médecine *f.* (art of) medicine, (dose of) medicine
médiateur *m.* mediator
médical, -e medical
médicament *m.* medicine
médire to slander
médisance *f.* slander
médisant, -e slanderer
méditer to meditate, have in mind, think of doing
méditation *f.* meditation
méditer to meditate
méfait *m.* misdeed
méfier (se) de to mistrust
meilleur, -e *adj.* better, best; **un monde meilleur** a better world (=afterlife)
mélancolie *f.* melancholy
mélange *m.* mingling, mixture; *pl.* miscellanies
mélanger to mix, blend
mêler to mix, mingle; **se mêler de** to take a hand in (sth.)
membre *m.* member
même *adj.* same; *adv.* even; **de même** likewise; **de même que** just like; **tout de même** all the same
mémoire *f.* memory
mémorable memorable
mémorial *m.* memorial
mémorisation *f.* memorization
menace *f.* threat
menacer to threaten
ménagement *m.* management
ménager to manage, be sparing, use economically
mendiant, -e mendicant, begging
mener to lead
mensonge *m.* lie
mensonger, -ère lying, untrue
menteur *m.* liar
mentir to lie
méprendre (se) sur to be mistaken about
mépris *m.* contempt, scorn
méprisable contemptible, despicable

mépriser to despise
mer *f.* sea
mercenaire *m.* hired hand
merci *f.* favor, mercy; *adv.* thank you
mère *f.* mother
mérite *m.* merit
mériter to merit, deserve
méritoire meritorious, deserving
merveille *f.* wonder, marvel
meshui *arch.* aujourd'hui
messe *f.* mass
Messie *m.* Messiah
messieurs *m. pl.* sirs, gentlemen
mesure *f.* measure; **dans la mesure (où)** in so far as; **à mesure que** (in proportion) as; **dans la mesure du possible** in so far as possible
mesurer to measure
métal *m.* metal
métaphysique *f.* metaphysics; *adj.* metaphysical
méthodiste Methodist
mets *m.* dish (of food)
mettre to put, place; **se mettre à** to begin
meurtrir to bruise
meurtre *m.* murder
meurtrissure *f* bruise
Michel Michael
miel *m.* honey
mien, -ne *poss. pron.* mine
mieux *adv.* better, best
milieu *m.* middle; **au milieu de** in the middle of
mille *m. inv.* thousand
milliard *m.* billion
millier *m.* (about a) thousand
million *m.* million
minable sorry-looking, pitiable
minimum *m.* minimum
ministère *m.* ministry
ministre *m.* minister
minutieux, -euse minute, careful, scrupulous
miracle *m.* miracle; **faire un miracle** to work a miracle
mirage *m.* mirage
miroir *m.* mirror
misanthrope *m.* misanthropist
mise *f.* setting, putting
misère *f.* misery, destitution, poverty
miséricorde *f.* mercy; **faire miséricorde à** to have mercy on

miséricordieux, -euse merciful
mission *f.* mission
missionnaire *m.* missionary
mode *f.* fancy, fashion
mode *m.* mode, mood
modéré, -e moderate, temperate
modérer to moderate
moderne modern
modeste modest
modestie *f.* modesty
moelle *f.* marrow
moi *disj. pron.* me, I
moindre *m./f.* less, least
moine *m.* monk
moins less; **moins . . . que** less than; **au moins** at least (=not less than); **du moins** at least, in all events
mois *m.* month
Moïse Moses
moisson *f.* harvest
moissoner to reap, harvest
moment *m.* moment; **au moment où** at the moment when; **au moment de** (+ infinitive) just as
momentané, -e momentary
mon *poss. adj.* my
monacal, -e monachal, monkish; **vie monacale** monastic life
monachisme *m.* monasticism
monarque *m.* monarch
monastère *m.* monastery
monastique monastic
mondain, -e worldly
monde *m.* world; **tout le monde** everybody, everyone
monnaie *f.* money
monothéisme *m.* montheism
mont *m.* mountain
montagne *f.* mountain; **Montagne des Oliviers** Mount Olive
montée *f.* rise, rising, ascent
monter to climb, go up; **monter en chaire** to ascend the pulpit
monsieur *m.* sir
monstre *m.* monster
montrer to show
moquer (se) de to make fun of
moquerie *f.* mockery, scoffing
moral, -e moral
morale *f.* morals, ethics; **faire la morale (à)** to scold
moralisateur, -trice moralizer

moraliser to moralize, lecture
moralisme *m.* moralism
morceau *m.* piece
mordre to bite
moribond, -e dying, moribund
mort *f.* death; **mettre à mort** to put to death
mortel, -le mortal
mortifier to mortify
mortification *f.* mortification
mot *m.* word
motif *m.* motive, incentive
mouiller to wet
moule *m.* mold
mourant, -e dying
mourir to die
mouvement *m.* movement; **mettre en mouvement** to set in motion
moyen *m.* means; **au moyen de** by means of
moyen, -ne *adj.* medium, average
moyennant by the intermediary of
muet, -te mute
multiplier to multiply
multitude *f.* multitude
mur *m.* wall
mural, -e mural
murer to wall in
murmure *m.* murmur, murmuring
murmurer to murmur
musclé, -e muscular
musette *f.* bagpige
mutiler to mutilate
mutin, -e unruly, refractory
mutuel, -le mutual
mutuellement mutually
myrrhe *m.* myrrh
mystère *m.* mystery
mystérieux, -euse mysterious
mystique mystical

Nabal Nabal
Nabuchodonosor Nebuchadnezzar
naissance *f.* birth
naître to be born; *pp.* **né**
naïf, -ve naïve, unaffected, guileless
naïveté *f.* naivety, artlessness, simplicity
Nantes Nantes

Naomi Naomi
narrer to narrate
nation *f.* nation
nature *f.* nature
naturel, -le natural
naturellement naturally
naufrage *m.* shipwreck
Nazareth Nazareth
ne (n') *adv.* no, not;
né, -e born (see **naître**)
néanmoins nevertheless
néant *m.* nothingness
nécessaire necessary
nécessairement necessarily
nécropole *f.* necropolis
négligence *f.* negligence
négliger to neglect
Néhémie Nehemiah
neige *f.* snow
net, -te clean, clear, sound; **avoir les mains nettes** to have clean hands (nothing to do with a matter)
nettement clearly
netteté *f.* cleanness, clearness, distinctness
neuf, -ve *adj.* new
neuf nine
neuvième ninth
nez *m.* nose
ni neither, nor; **ne ... ni ... ni ...** neither ... nor ...
nier to deny
Ninive Ninevah
niveau *m.* level
noble noble
noblement nobly
noblesse *f.* nobleness, nobility
noces *f.* wedding
Noé Noah
Noël *m.* Christmas; Christmas carol
nœud *m.* knot, crux
noir, -e black
nom *m.* name, noun; **au nom de** in the name of
nombre *m.* number; **sans nombre** countless
nombrer to number
nombreux, -euse numerous
nommer to name; **se nommer** to be called
non no

non-autonomie *f.* nonautonomy
normal, -e normal
nos *poss. adj., pl.* our
notable notable
notifier to notify, inform
notre *poss. adj., s.* our; **Notre-Dame** Our Lady
nôtre *poss. pron.,* ours
nouer to tie, knot
nourricier, -ière nutricious, nutritive
nourrir to nourish; **se nourrir de** to live, subsiste on
nourriture *f.* food; **prendre de la nourriture** to take food
nous *sub. pron.* we; *dir. ob.* us; *ind. ob.* to us; *disj. pron.* we, us
nouveau, -elle new; **Nouveau Testament** *m.* New Testament; **de nouveau** again, afresh; **à nouveau** (all over) again
nouvelle *f.* news; **la Bonne Nouvelle** the Good News
novice *m./f.* novice (in convent)
noyade *f.* drowning (fatality)
noyé, -e drowned
noyer (se) to drown
nu, -e nude, naked
nudité *f.* nudity, nakedness
nue *f.* high cloud(s), *pl.* skies
nuisible harmful, detrimental
nuire à to be hurtful, do harm to
nuit *f.* night
nul, -le *adj.* no, nil, zero; **nul ne (n')** no one; **nulle part** *adv.* nowhere
nullement not at all, by no means; **ne . . . nullement** not at all

ô *int.* oh! (address or invocation)
obéir to obey
obéissance *f.* obedience
objet *m.* object
obligation *f.* obligation, duty
obliger to oblige, constrain, compel
obscène obscene
obscur, -e obscure
obscurcir to obscure, darken
obscurcissement *m.* obscuration, darkening, growing dimness
obscurité *f.* obscurity, darkness; meanness (of birth, origins)
observation *f.* observation, observance
observer to observe
obstacle *m.* obstacle
obtenir to obtain
occasion *f.* opportunity, occasion, chance
occident *m.* west

occis, -e *arch.* slain
occision *f. arch.* slaughter
occupation *f.* occupation
occuper to occupy; **s'occuper de** to take care of
octobre October
odeur *f.* odor
odieux, -euse odious
œil *m.* eye
œuf *m.* egg
œuvre *f.* work; **à l'œuvre** at work; **mettre à l'œuvre** to set to work
œuvrer to labor
offense *f.* offense, transgression
offenser to offend
offertoire *m.* offertory
offrande *f.* offering
offre *f.* offer
offrir to offer; **s'offrir** to volunteer
oh! *int.* oh!
oindre to anoint
oint, -e anointed
oiseau *m.* bird
oisif, -ve idle
oisiveté *f.* idleness
olive *f.* olive
ombre *f.* shadow
omettre to omit
omission *f.* omission
omniprésent, -e omnipresent
omniscience *f.* omniscience
onction *f.* unction, anointing
onctueux, -euse unctuous
onde *f.* wave
Onésime Onesimus
ongle *m.* (finger-)nail
onze eleven
onzième eleventh
opérer to operate
opinion *f.* opinion
opposer to oppose; **s'opposer** to be opposed
oppresser to oppress, weigh down
opprimer to oppress, crush down
opprobre *m.* disgrace, shame
opulent, -e opulent, rich
or *m.* gold; *conj.* now
oracle *m.* oracle

oraison *f.* prayer; **oraison funèbre** funeral oration; **faire ses oraisons** to say one's prayers
orateur *m.* orator
oratoire *m.* oratory, chapel
ordinaire ordinary; **d'ordinaire** as a rule
ordonné, -e orderly, well-ordered
ordonner to order
ordre *m.* order; **mettre en ordre** to set in order
ordure *f.* filth, rubbish
oreille *f.* ear
organe *m.* organ
organiser to organize
orge *f.* barley
orgueil *m.* pride
orgueilleux, -euse prideful
orient *m.* orient, east; **Proche Orient** Near East; **Moyen Orient** Middle East
original, -e *adj.* original, inventive, novel
origine *f.* origin
originel, -le *adj.* original, primordial, inherited; **péché originel** original sin
originellement *adv.* originally
ornement *m.* ornament
orphelin *m.* orphan
orthodoxe orthodox
os *m.* bone
oser to dare, venture
ôter to remove, take away
ou *conj.* or
où *adv.* where, when
oubli *m.* forgetting, forgetfulness
oubliable forgettable
oublier to forget
oublieux, -euse forgetful
oui yes
ouïr *arch.* to hear
ours *m.* bear
outrage *m.* outrage, flagrant insult (against morals, etc.)
outrager to outrage
outre *f.* wineskin
outre *prep.* beyond; besides, moreover; **outre-mer** overseas, abroad; **outre que** not to mention the fact that
outrecuidance *f. arch.* presumptuousness
outrecuidant, -e presumptuous
ouvert, -e open
ouvertement openly
ouverture *f.* opening

ouvrage *m.* work, workmanship
ouvrier, -ière worker
ouvrir to open

paie *f.* pay, wages
païen, -ne pagan
paille *f.* straw
paix *f.* peace; **faire la paix** to make peace, pact
pain *m.* bread
paisible peaceful
paisiblement peacefully
paître to graze; **se paître** to live, subsiste (on)
palais *m.* palace; palate
pâle pale
pan *m.* skirt, flap (of garment)
panégyrique *m.* panegyric, encomium
papal, -e papal
Papauté *f.* Papacy
pape *m.* pope
papier *m.* paper
papistique *arch., pej.* Papist
Pâque *f.* Passover
Pâques *m.* Easter; **faire ses Pâques** to take the sacrament at Easter
par by, through, per; **par jour** per day
parabole *f.* parable
paradis *m.* paradise
paraître to seem, appear
paralogisme *m.* fallacy
paraphrase *f.* paraphrase
parce que because
parcourir to run through, go over, traverse
par-dessus over (the top of)
pardon *m.* forgiveness
pardonner (à) to forgive
pareil, -le like, alike; **pareil, -le à** similar to
parent, -e parent, relative
parer (se) to deck onself out
paresse *f.* laziness
parfait, -e perfect
parfum *m.* perfume
parfois sometimes
parler to speak
parleur *m.* talker, speak; **être un beau parleur** to have a glib tongue
parmi among
paroisse *f.* parish

parole *f.* word; **Parole de Dieu** Word of God; **prendre la parole** to begin speaking
parousie *f.* parousia
part *f.* share, part, portion; **de la part de** on behalf of; **de part et d'autre** on both sides; **prendre part à** to take part in, to join; **mettre à part** to set aside; **avoir part à** to have a share in; **de part en part** through and through; **d'autre part** on the other hand
partage *m.* share, division
partager to share
partial, -e partial (judge), biased
particulier, -ière *adj.* particular, peculiar; **particulier, -ière** *m./f.* private individual
parti *m.* party; band, gang; decision, choice; **prendre parti** to take (a) side
partie *f.* part
partir to leave
partout everywhere
parvis *m.* fore-court (temple)
parure *f.* adorning, finery
parvenir to reach, attain
pas *m.* step, pace; **de ce pas** right away
pas: ne . . . not; ne . . . pas du tout not at all
passé *m.* past
passer to pass, traverse; **faire passer qqn./qqch. avant** to put s.o./ sth. before; **se passer** to happen; **se passer de** to do without
passible liable
passion *f.* passion
passionnément passionately
passionner to impassion, interest greatly
pasteur *m.* shepherd, pastor
patiemment patiently
patience *f.* patience
patient, -e patient; **prendre en patience** to bear patiently
pâtir to suffer
patrie *f.* fatherland
Patristique *f.* Patristics
patron, -ne *m./f.* patron
pâturage *m.* pasture
Paul Paul
paupière *f.* eyelid
pauvre *adj.* poor, unfortunate; *n.* poor man or woman
pauvreté *f.* poverty
pause *f.* pause
payer to pay
pays *m.* country
paysage *m.* landscape
peau *f.* skin
pêche *f.* fishing

péché *m.* sin
pécher to sin
pécheur, pécheresse *adj.* sinful; *n.* sinner
pêcher to fish
peindre to paint, portray, depict
peine *f.* sorrow, trouble, difficulty, punishment; **peine capitale** capital punishment; **à peine** hardly, barely, scarcely; **se mettre en peine** to take trouble, pains
peiné, -e pained, grieved
peiner to pain, grieve, vex; to toil, labor
peinture *f.* painting
pèlerin *m.* pilgrim
pèlerinage *m.* pilgrimage
penchant *m.* inclination, bent
pencher to incline; **se pencher** bend, stoop
pendant *prep.* during; **pendant que** *conj.* while
pendant, -e hanging, pendent
pendre to hang
pénétrer to penetrate, see through
pénible laborious, arduous
pénitence *f.* penitence; **faire pénitence** to do penance
pénitent, -e penitent
pensée *f.* thought
penser to think
pente *f.* slope, incline
Pentecôte Pentecost
perceptible perceptible
perception *f.* perception
percer to pierce
percevoir to gather, collect
perdre to lose; **se perdre** to become lost
perdition *f.* perdition
père *m.* father
perfectionnement *m.* perfecting
perfectionner to perfect
perfide perfidious, treacherous
péril *m.* peril
période *f.* period
périr to perish
périssable perishable
perle *f.* pearl
permanent, -e permanent
permettre to permit
permis, -e permitted, lawful
permission *f.* permission
pernicieux, -euse pernicious

perpétrer to perpetrate
perpétuel, -le perpetual
perpétuellement perpetually
perpétuer to perpetuate
perpétuité *f.* perpetuity
perplexité *f.* perplexity
persécuter to persecute
persécuteur, -trice persecutor
persécution *f.* persecution
persévérance *f.* perseverance
persister to persist
personnage *m.* character (stage, novel)
personne *f.* person, individual anyone, anybody; **ne . . . personne** no one, nobody
personnel, -le personal
perspective *f.* perspective
persuader to persuade; **se persuader** to be persuaded
persuasion *f.* persuasion, conviction, belief
perte *f.* loss
pertinence *f.* pertinence
pervers, -e perverse, depraved
perversité *f.* perversity
perverti, -e corrupt, depraved
pervertir to pervert, corrupt
peser to weigh
pestilentiel, -le pestilential
petit, -e small, little
petit-enfant *m.* grandchild
petitesse *f.* smallness
pétrifier to petrify
peu *adv.* little (=not); **un peu de** a little of
peuple *m.* people
peuplé, -e populated
peuplement *m.* peopling (of place)
peupler to populate
peur *f.* fear
peureux, -euse fearful
peut-être perhaps, maybe
Pharaon Pharaoh
Pharisien, -ienne *m./f.* Pharisee
philistin, -e Philistine
philosophe *m.* philospher
philosophie *f.* philosophy
phrase *f.* phrase, sentence
physique physical
pie *f.* magpie

piéça *arch.* long since
pièce *f.* piece, coin, theatrical work; **mettre en pièces** to dash to pieces
pied *m.* foot
piété *f.* piety
pieux, -euse pious
Pierre Peter
pierre *f.* stone; **pierre angulaire** cornerstone
pierreries *f. pl.* precious stones, jewels
pierreux, -euse stony (ground)
Pilate Pilate
piller to pillage
pilule *f.* pill
pire *adj.* worse, worst
pis *adv.* worse, worst
piteux, -euse piteous, woeful
pitoyable pitiful
pitié *f.* pity, mercy; **prendre en pitié** to take pity on
place *f.* place, position, stead
placer to place, put, dispose; **se placer** to take one's place
plaie *f.* wound, scourge
plain *m.* high tide
plaindre to pity
plaindre (se) to complain
plaine *f.* plain
plaintif, -ve plaintive, doleful
plaire to please, be agreeable; **se plaire** to be pleased; **s'il vous/te plaît** please; **à Dieu ne plaise** God forbid
plaisant, -e pleasing
plaisir *m.* pleasure, delight; **prendre plaisir à** to take pleasure in
plan *m.* plan, project
planète *f.* planet
plante *f.* plant; sole (of the foot)
planter to plant
plat *m.* dish, platter
plat, -e *adj.* flat; *adv.* **à plat** flat
plateau *m.* plateau,
platitude *f.* flatness, dullness; platitude
plausible plausible
plein, -e full
pleinement fully
plénitude *f.* fullness; **plénitude des temps** fullness of time
pleur *f.* tear
pleurer to weep, mourn
pleuvoir to rain
pli *m.* fold (garment, paper, etc.)

pliable foldable, flexible
pliant, -e pliant, flexible; docile
plier to bend, yield
plonger to plunge
pluie *f.* rain
plupart *f.* most, greatest or greater part or number
plus more; **plus de** more than; **plus . . . que** more than; **ne . . . plus** no longer, no more; **de plus** moreover; **non plus** (n)either; **plus . . . plus . . .** the more . . . the more . . .
plusieurs several
plutôt rather
poche *f.* pocket
poids *m.* weight
poignard *m.* dagger
poing *m.* fist
point *m.* point, dot, period; **point de vue** point of view; *adv.* **ne** [verb] **point** not (formal negation); **au point que** so much so that; **sur le point de** (+ infinitive) on the point of
pointe *f.* point, tip, head
poison *m.* poison
poisson *m.* fish
poitrine *f.* chest
pôle *m.* pole
polémique *f.* controversy, argument
poli, -e polite
policé, -e civilized
politique *f.* politics, policy
Pologne *f.* Poland
pomme *f.* apple
pompe *f.* pomp, display
pompeux, -euse pompous
Pontife *m.* Pontiff, Pope
populaire popular; of the people
port *m.* port
porte *f.* door
porter to wear, carry, bear; **porter la main sur** to lay a hand on
portrait *m.* portrait
poser to settle, rest; to ask a question
position *f.* position
posséder to possess
possesseur *m.* possessor, owner
possession *f.* possession
possible possible
poste *m.* post, station
postérité *f.* posterity

pot *m.* jar, pot
poudre *f.* dust, powder
poupe *f.* stern
pouls *m.* pulse
pour *prep.* for, in order to
pourceau *m.* swine
pourquoi *adv.* why
pourrir to rot, go bad
poursuite *f.* pursuit
poursuivre to pursue
pourtant however
pourvoi *m.* appeal, petition
pourvu, -e de equipped with
pourvu que *conj.* provided that
pousser to prompt, push, urge
poussière *f.* dust
poutre *f.* (wooden) beam
pouvoir *m.* power
pouvoir to be able, can; **n'en plus pouvoir** to be tired out
praticable passable
pratique *f.* practice; **mettre en pratique** to put into practice
pratiquer to practice
précédemment previously, already, before
précédence *f.* precedence, priority
précédent, -e preceding, former, previous
précéder to precede
précepte *m.* precept
prêche *m.* sermon
prêcher to preach
précieux, -euse precious
précipice *m.* precipice
précipitamment headlong
précipiter to precipitate, throw down; **se précipiter** to dash, rush headlong
précis, -e precise
précisément precisely
prédécesseur *m.* predecessor
prédestination *f.* presdestination
prédicateur *m.* preacher
prédication *f.* preaching
prédiction *f.* prediction
prédire to predict, foresee
préférence *f.* preference
préférer to prefer
prélat *m.* prelate
prémices *f.pl.* first fruits

premier, -ière first
premièrement first, firstly
premier-né *m.* first-born
prendre to take; **s'en prendre à** to attack, blame
préoccupation *f.* preoccupation, care, concern
préoccuper to preoccupy, engross; **se préoccuper de** to give one's attention to, to worry about
préparer to prepare
près *adv.* near; **près de** *prep.* near, close to; **à peu près** nearly, approximately
presbytère *m.* presbytery, parsonage
prescription *f.* prescription, statute, regulation
prescrire to prescribe
présence *f.* presence; **en présence de** in the presence of
présent *m.* gift
présent, -e present; **à présent** at present
présenter to present; **se présenter** to present oneself, volunteer
présider to preside (over), head
presque almost
pressant, -e pressing, urgent
presse *f.* crowd, throng
presser to press, urge; to press upon, beset
présomption *f.* presumption
présumer to presume
prêt, -e ready, prepared
prétendre to claim
prêter to lend
prétexte *m.* pretext
prêtre *m.* priest; **Grand Prêtre** High Priest
preuve *f.* proof
prévenir to prevent, inform, forewarn
prévoir to foresee
prévoyance *f.* foresight, precaution
prier to pray, beg
prière *f.* prayer
prieur *m. ecc.* prior
prieuré *m. ecc.* priory
primat *m. ecc.* Primate
primitif, -ive primitive
primitivement originally, primitively
prince *m.* prince
principal, -e principal, chief, leading
principalement principally
principe *m.* principle, mainspring, beginning
prise *f.* hold, take, grasp; **prise de conscience** awareness, consciousness raising
prison *f.* prison, jail

prisonnier, -ière prisoner
privation *f.* privation
priver to deprive
prix *m.* price, prize; **à tout prix** at all costs; **à aucun prix** not at any price; **au prix de** in comparison with
probable probable
probablement probably
procédé *m.* proceeding, method
procéder to proceed
procédure *f.* procedure
procès *m.* lawsuit, trial
processus *m.* process
prochain *m.* neighbor
proche *adj.* near; **proches parents** next of kin; *adv.* near, neighboring; **tout proche** close at hand; **de proche en proche** by degrees
proclamer to proclaim
procurer to procure, obtain
prodige *m.* prodigy, wonder
prodigieux, -euse prodigious
produire to produce; **se produire** to come forward
profane profane, secular, ungodly
profaner to profane
profession *f.* profession (of faith); occupation, calling, trade
profil *m.* profile
profit *m.* profit, benefit
profiter to profit
profond, -e profound, deep
profondeur *f.* depth
progrès *m.* progress
projet *m.* project, plan
prolonger to prolong
promenade *f.* stroll, walk
promener (se) to take a walk
promesse *f.* promise
promettre to promise
prompt, -e prompt
promptement promptly
prononcer to pronounce
prophète *m.* prophet
prophétie *f.* prophecy
prophétique prophetic
prophétiser to prophesy
proportion *f.* proportion
propos *m.* purpose, matter, word, utterance; **à propos** to the point, by the way
proposer to propose

proposition *f.* proposal
propre own (before noun); proper, clean (after noun); **propre à** adapted to, suited for
proprement properly, appropriately
propriétaire proprietor, owner
propriété *f.* property
prospérer to prosper
prospérité *f.* prosperity
prosternement *m.* prostration
prosterner (se) to prostrate oneself
prostitution *f.* prostitution
protection *f.* protection
protéger to protect
Protestantisme *m.* Protestantism
protester to protest, declare
proue *f.* prow, bow
prouesse *f.* prowess, valour
prouver to prove
provenir de to originate in
Providence *f.* Providence
province *f.* province
provision *f.* provision, supply
provoquer to provoke
prude prude
prudemment prudently
prudence *f.* prudence
prudent, -e prudent, careful
psaume *m.* psalm; **Psaumes** the Book of Psalms
psautier *m.* psalter
puanteur *f.* stench
publicain Publican
publier to publish, proclaim
puce *f.* flea
pudeur *f.* pudeur
puis then, next
puiser to draw (water)
puisque since
puissance *f.* power
puissant, -e powerful
puits *m.* well
punir to punish
punition *f.* punishment
pur, -e *adj.* pure
purement purely
pureté *f.* purity

Purgatoire *m.* Purgatory
purification *f.* purification
purifier purify

qualité *f.* quality
quand when; **quand même** even if
quant à as for; **quant et quant** *arch.* at the same time
quantité *f.* quantity
quarante forty
quart *m.* quarter, fourth part
quasi almost, all but
quatorze fourteen
quatorzième fourteenth
quatre four
quatre-vingts eighty
quatre-vingt-dix ninety
quatrième fourth
que *pron., conj.* whom, which, that, than; *inter.* what; **ne . . . que** only, nothing but
quel, -le what, which
quelque some, any
quelque chose something
quelquefois sometimes
quelque part somewhere
querelle *f.* quarrel, dispute, cause
question *f.* question; **mettre à la question** to torture
questionner to question
quête *f.* quest, search; **faire la quête** to take up a collection
queue *f.* tail
qui *pron.* who, which, that
quiconque who(so)ever, anyone who
quiétisme *m.* Quietism
quiétude *f.* quietude
quinze fifteen
quinzième fifteenth
quitter to leave
quoi what; **quoi que** whatever
quoique although

rabattre to fold back; reduce; humble; **se rabattre** to fall back upon
rabbin *m.* rabbi; **Rabbi** (vocative case)
rabaisser (se) to lower, humble onself
raccourci *m.* abridgement
race *f.* race; breed, species
rachat *m.* buying back, repurchase, redemption
Rachel Rachel

racheter to buy back; *theo.* to redeem
racine *f.* root
raconter to tell, relate
rafraîchir to refresh
rafraîchissant, -e refreshing
rafraîchissement *m.* refreshment
rage *f.* rage, fury; rabies
raie *f.* line, stroke (on paper)
railler to jeer at, make fun of
raisin *m.* grape
raison *f.* reason; **à plus forte raison** all the more; **mettre à la raison** to bring to one's senses
raisonnable reasonable
raisonnement *m.* reasoning
raisonner to reason, argue
rajeunir to rejuvenate
rajeunissant, -e youthful
rallumer (se) to rekindle
ramasser to gather
rameau *m.* (small) branch; *ecc.* (processional) palm; **Dimanche des Rameaux** Palm Sunday
ramener to bring back
rang *m.* rank
rapide rapid
rapidité *f.* rapidité
rappeler to recall; **se rappeler** to remember
rapport *m.* rapport, relation; **par rapport à** with respect to
rapporter to report, bring back; **se rapporter à** to refer, relate to; **s'en rapporter à** to rely on
rapprochement *m.* bringing or coming together; reconciliation (of two persons)
rapprocher to bring near, compare
rare rare
raréfier to rarefy, deplete
rarement rarely
rareté *f.* rarety
rassasié, -e satisfied
rassasier to satisfy (hunger, passion)
rassembler to collect, gather together; **se rassembler** to come together
rasseoir to reseat, settle; **se rasseoir** to sit down again
rassis, -e settled, sedate
rassurer to reassure
rat, -e rat
ravager to ravage, devastate, lay waste
ravi, -e enraptured
ravisseur *m.* plunderer, abductor

réaction *f.* reaction
réalité *f.* reality
rebâtir to rebuild
rebattre to beat, hammer again
Rebecca Rebecca
rebelle rebellious
rébellion *f.* rebellion
récent, -e recent
recevoir to receive
réchauffer to rekindle, revive
recherche *f.* search, quest, pursuit, research
rechercher to search for, inquire into
réciproque reciprocal
réciproquement reciprocally
récit *m.* account, narration
réclamer to lay claim to
recoin *m.* nook, recess
recommencer to recommence
récompense *f.* reward
récompenser to reward
réconciliation *f.* reconciliation
réconcilier to reconcile; **se réconcilier avec Dieu** to make one's peace with God
reconnaissance *f.* recognition, acknowledgement, gratefulness
reconnaître to recognize, acknowledge
record *m.* record
recoudre to sew up again
recourir to resort to
recours *m.* recourse; **avoir recours à** to have recourse to
recouvrer to recover (health, freedom, property)
recouvrir to cover over
récréation *f.* recreation
rectifier to rectify
recueillement *m.* contemplation, self-communion
recueillir to collect, gather up, take in
redécouvrir to rediscover
redemander to ask again, to ask for more, to ask for back
rédempteur *m.* redeemer
rédemption *f.* redemption
redevenir to become again
rédiger to draft, write
redire to say again
redoubler to redouble, increase
redoutable formidable, redoubtable
redouter to dread
redresser (se) to sit up

réduire to reduce
réel, -le real
réellement really, in reality, actually
réfectoire *m.* refectory, dining-hall
référence *f.* reference
refermer to reclose, close up
réfléchir à to reflect
réflexion *f.* reflection
réforme *f.* reform; **Réforme** Reformation (movement)
refuge *m.* refuge
refus *m.* refusal
refuser to refuse; **se refuser à** to decline to
regard *m.* look, gaze; **au regard de** in comparison with
regarder to look, watch
régénération *f.* regeneration
règle *f.* rule; **règle d'or** golden rule
règlement *m.* regulation, statute, settlement
réglementaire regular, prescribed
régler to rule, regulate, order
régner to reign
regret *m.* regret
régulier, -ière regular
régulièrement regularly
Reims Rheims
rein *m.* kidney; *pl.* loins
reine *f.* queen
rejet *m.* rejection
rejeter to reject
rejoindre to rejoin, reunite
réjouir de (se) to rejoice
relation *f.* relation, relationship
relativisme *m.* relativism
relèvement *m.* rising
relever to raise, lift up again; **relever un défi** to take up a challenge
religieux, -euse religious; *m.* monk, friar; *f.* nun
religion *f.* religion
relire to read again, proof
reluire to shine (by reflected light)
remarque *f.* remark; notice
remarquer to remark
remède *m.* remedy
remédier to remedy
remercier to thank
remettre to deliver, replace, put off; **s'en remettre à** to be in the hands of
réminiscence *f.* reminiscence

remonter to go up again
remontrer to show again, point out (fault)
remplacer to replace
remplir to fill, fulfill
remuer (se) to move, stir
rémunération *f.* remuneration
renaître to be born anew
renard *m.* fox
rencontre *f.* meeting
rencontrer to meet
rendre to render, give back; **rendre compte de** to give accout; **rendre grâce(s) à** to give thanks to; **se rendre compte de** to realize
renfermer to shut up, lock up
renier to deny
renommé, -e renowned, famed
renoncer to renounce
renonciation *f.* renunciation
renseignement *m.* information
rentrer to reenter, return home
renverser to overthrow; **se renverser** to fall over
renvoyer to send back, turn away
répandre to spread, spill; **se répandre** to pour out, run over, spread everywhere
répéter to repeat
répondre to answer; **répondre de** to be accountable for
réparer to repair
repartir to leave again
repas *m.* meal
repentance *f.* repentance
repenti, -e repentant
repentir *m.* repentance
repentir (se) to repent
répercussion *f.* repercussion
répercuter (s') to reverberate
répliquer to retort, answer back
répondre to answer
repos *m.* rest, repose; **repos éternel** last sleep; **champ de repos** churchyard, God's acre
reposant, -e restful, refreshing
reposer to rest, set down; **se reposer** to rest
reposoir *m.* resting-place; *ecc.* temporary altar (when the host is carried in procession)
repousser to push back, thrust aside
répréhensible reprehensible
reprendre to take again, retake, capture; reprove
représenter to represent, portray

réprimande *f.* reprimand, rebuke
réprimander to reprimand, reprove
réprimer to repress, curb
reprise *f.* retaking, renewal; **à plusieurs reprises** repeatedly
reproche *f.* reproach
reprocher to reproach
reproduire to reproduce
réprouvé, -e reprobate
reptile *m.* reptile
république *f.* republic
répugnant, -e repugnant
réputation *f.* reputation, repute
réputé, -e reputed
requête *f.* request
rescapé, -e survivor
réserver to reserve
résigné, -e resigned, uncomplaining
résigner to resign (a possession), give up; **se résigner** to resign oneself, submit
résistance *f.* resistance
résistant, -e resistant
résister to resist
résolu, -e resolute, resolved
résolument resolutely
résolution *f.* resolution
résonance *f.* resonance
résonner resound
résoudre to resolve, clear up; **se résoudre** to make up one's mind, bring oneself (to do sth.)
respect *m.* respect
respecter to respect
respirer to breathe (*fig.* betoken)
resplendir to be resplendent, shine
responsabilité *f.* responsibility
ressaisir to seize again, recapture
ressemblance *f.* resemblance, likeness
ressembler à to resemble; **se ressembler** to look alike, be similar
ressentir to feel (pain, emotion)
ressortir to go out again
ressouvenir (se) to remember again
ressusciter to rise, to be raised (from the dead)
restaurer to restore
reste *m.* rest, remainder; **au/du reste** moreover, besides
rester to stay, remain; **en rester là** to proceed no further
restreindre to restrict, curtail
résultat *m.* result

résulter to result
résurrection *f.* resurrection
retard *m.* delay
retenir to retain; to (re)sound, echo, reverberate
retentissant, -e resounding, ringing, loud
retentissement *m.* resounding sound
retirer to pull out, withdraw, retire; **se retirer** to withdraw (oneself)
retomber to fall again, relapse; **faire retomber** lay blame on
retour *m.* return; **sans retour** without remedy
retourner to return; **se retourner** to turn (round), over
retrancher to cut off
retravailler to rework
rétribution *f.* retribution
retrousser to tuck, turn up
retrouver to find again, rediscover
réunir to reunite; **se réunir** to get together
réussir à/dans to succeed
rêve *m.* dream
réveil *m.* awakening
réveiller (se) to wake up
révélation *f.* revelation
révéler to reveal
revenir to come back; **n'en pas revenir** not to get over
rêver to dream
révérence *f.* reverence
révérer to revere, reverence
rêverie *f.* reverie, dreaming, musing
revêtir to reclothe; to invest with, assume a dignity; **se revêtir** to clothe oneself
réviser to revise
revivre to live again, revive
révocation *f.* revocation
revoir to see again, check
révolte *f.* revolt
révolter (se) to rebel, revolt
révolution *f.* revolution
révoquer to revoke, rescind
rhabiller to reclothe; **se rhabiller** to reclothe (oneself)
rhétorique *f.* rhetoric
riche rich
richesse *f.* riches; richness
ridicule ridiculous
rien anything; **ne ... rien** nothing
rieur, -euse laugher
rigide rigid
rigueur *f.* rigor, severity

rire *m.* laughter
rire to laugh; **se rire de** to mock at
ris *m. poe.* laughter
risible laughable, ludicrous
risquer to risk
rite *m.* rite
rivage *m.* shore
rival, -e rival
river to rivet
robe *f.* (lady's) dress; robe; (priest's) cassock
robuste robust
roc *m.* rock
roche *f.* rock, boulder
rocher *m.* rock (high and pointed)
roi *m.* king
romain, -e Roman; **Romains** the Book of Romains
Rome Rome
rompre to break
ronger to consume, eat away
rose *f.* rose; *m.* pink
rosaire *m.* rosary; **dire le rosaire** to say one's beads
roseau *m.* reed
rosée *f.* dew
rouge red
rougeur *f.* redenss, blush
rougir to blush
rouille *f.* rust
roulement *m.* rolling, rumbling
rouler to roll, turn
roux, rousse red (of hair)
route *f.* road, route, way
rouvrir to reopen
royal, -e royal
royaume *m.* kingdom
royauté *f.* royalty
rude uncouth, primitive, arduous; **rude épreuve** severe trial
rudesse *f.* coarseness
rudiment *m.* rudiment
rudoyer to treat roughly
rue *f.* street
Rufus Rufus
rugir to roar
rugissant, -e roaring
ruine *f.* ruin
ruiner to ruin

ruineux, -euse ruinous
rupture *f.* breaking off, severing, rupture
ruse *f.* ruse, trick
rusé, -e clever, sly
Ruth Ruth

sa *poss. adj.* his, her, its
sabbat *m.* Sabbath
sac *m.* sack, bag; sackcloth; **sous le sac et la cendre** in sackcloth and ashes
sac *m.* sacking pillage; **mettre à sac** to pillage
sacerdoce *m.* priesthood
sacramental, -e sacramental
sacré, -e sacred
sacrement *m.* sacrament
sacrificateur *m.* sacrificer; **souverain sacrificateur** high priest
sacrifice *m.* sacrifice
sacrifier to sacrifice
sacrilège sacrilegious; *m.* sacrilege
sacristie *f.* sacristy, vestry
Sadducéen, -ne Sadducee
sage wise; *m.* wise man; **Le Sage** Solomon
sage-femme *f.* midwife
sagesse *f.* wisdom
saigner to bleed
sain, -e healthy
saint, -e *n.* saint; *adj.* holy
Saint-Esprit *m.* Holy Spirit
Saint-Sacrement *m.* Blessed Sacrament
sainteté *f.* holiness; **Sa Sainteté** His Holiness
saisir to seize; **se saisir de** to seize upon, lay hand on
saison *f.* season
salaire *m.* salary, wages
salé, -e salty
Salomon Solomon
salon *m.* living room
saluer to hail, to greet
salut *m.* salvation; greeting, salutation
salutaire salutary
salutation *f.* greeting
Samaritain, -e Samaritan
Samuel Samuel
sanctification *f.* sanctification; **sanctification du dimanche** observance of the Sabbath
sanctifier to sanctify
sanctuaire *m.* sanctuary

sang *m.* blood
sanglant, -e bloody
sanhédrin *m.* Sanhedrin
sans *prep.* without; **sans cesse** without ceasing
santé *f.* health
Saphira Sapphira
sapience *f.* wisdom
Sarah Sarah
Saraï Sarai
sarment *m.* stem, vine-shoot
Sarrasin, -e Saracen
Satan Satan
satisfaction *f.* satisfaction
satisfaire (à) to satisfy
sauf except
saule *m.* willow tree
sauterelle *f.* grasshopper
sauvage *m.* savage; *adj.* wild
sauver to save; **se sauver** to run away
Sauveur *m.* Saviour
savant *m.* scholar
saveur *f.* savor, flavor
savoir *m.* knowledge
savoir to know; **à savoir** namely
savoir-faire *m.* ability, tact, know-how
savoir-vivre *m.* good manners, good breeding, knowledge of the world
Saül Saul
scandale *m.* scandal
scandaleusement scandalously
scandaleux, -euse scandalous, shameful
scandaliser to scandalize, cause offense; **se scandaliser** to be scandalized, shocked
sceau *m.* seal
scélérat *m.* scoundrel
sceller to seal
sceptre *m.* scepter
Schéla Shelah
schismatique schismatic
schisme *m.* schism
science *f.* knowledge, science
scientifique *m.* scientist
scribe *m.* scribe
scrupule *m.* scruple, doubt
scruter to scrutinize
sculpter to sculpture, carve
séance *f.* session, meeting

seau *m.* bucket
Séba Sheba
sec, sèche dry
sécher to dry
second, -e second
secourable helpful
secourir to help
secours *m.* help; **au secours!** help!
secret *m.* secret; *ecc.* **secret de la confession** seal of confession
secret, -e secret
secrètement secretly
secte *f.* sect, cult
sécularisation *f.* secularization
séculariser to secularize; to deconsecrate (church)
séculièrement secularly
séculier, -ère secular, laic
Sédécias Zedekiah
sédition *f.* sedition
séduire to seduce
seigneur *m.* lord; **Notre-Seigneur** Our Lord
seigneurie *f.* sovereignty, lordship
seize sixteen
seizième sixteenth
sécurité *f.* security, secureness, safety
sein *m.* breast; **au sein de** in the bosom of
séjour *m.* abode, stay, sojourn
séjourner to stay, sojourn
scandalisateur *m.* scandalizer
scandaliser to scandalize, cause offense
sel *m.* salt
selon according to; **selon que** according as
semaine *f.* week
semblable similar, like
sembler to seem
semence *f.* seed
semer to sow
semeur, -euse sower, disseminator
séminaire *m.* seminary
séminariste *m.* seminarian
sémite Semite
sénéchal *m.* seneshal
sens *m.* sense, meaning
sensé, -e sensible, judicious
sensibilité *f.* sensitivity; sensibility
sensible sensitive, impressionable, palpable

sensuel, -le sensual
sensualité *f.* sensuality
sentence *f.* sentence, judgment
sentier *m.* path
sentiment *m.* sentiment, feeling, sense; **privé de sentiment** devoid of feeling, numb
sentimental, -e sentimental
sentimentalité *f.* sentimentality
sentir to smell, feel, be conscious of; **se sentir** to feel; **se sentir de** to be affected by
séparation *f.* separattion
séparatisme *m.* separatism
séparatiste separatist
séparer to separate
sept seven
septembre September
septième seventh
sépulcre *m.* tomb
sépulture *f.* burial
séraphin *m.* seraph
serein, -e serene, calm
sérieux *m.* seriousness
sérieux, -ieuse serious
serment *m.* oath; **prêter serment** to take an oath
sermon *m.* sermon
serpent *m.* snake
serré, -e tight, close
servante *f.* servant
serviable helpful
service *m.* service; **au service de** in the service of
servir to serve; **se servir de** to use
serviteur *m.* servant
servitude *f.* servitude, slavery
ses *poss. adj.* his, her, its
seul, -e *n.* alone; *adj.* only, single
seulement only
sévère severe, hard, harsh
sévérité *f.* severity, sternness, strictness
si *conj.* if, whether; *adv.* so; *arch.* still, nevertheless
Sidon Sidon
siècle *m.* century, age; **aux siècles des siècles** from age to age
siège *m.* siege; **mettre le siège à** to lay siege to
sien, -ne *poss. pron.* his, hers, ts
sieur *m.* sir, mister
signaler to signal, point out
signature *f.* signature

signe *m.* sign
signer to sign
signifer to signifie, mean
Silas Silas
silence *m.* silence
Siméon Simeon
similaire similar
Simon Simon
simple simple
simplicité *f.* simplicity
Sinaï Sinai
sincère sincere
sinon if not, except
Sion Zion
sire *m.* sire, lord
sitôt so soon, at once; **sitôt que** as soon as
situation *f.* situation
situer to situate, locate; **se situer** to take place
six six
sixième sixth
société *f.* society
sœur *f.* sister
sobre sober
Sodome Sodom
soi *disj. pron.* oneself, itself
soigné, -e well-finished, carefully down
soigner to look after, to attend to
soigneusement carefully
soigneux, -euse careful, painstaking, tidy
soin *m.* care; **prendre soin de** to take care of
soit . . . soit . . . either . . . or . . .
soixante sixty
soixante-dix seventy
sol *m.* ground, soil
soldat soldier
soleil *m.* sun
solennel, -le solemn
solide solid
solitaire solitary, lonely
solliciter to solicit, request earnestly
sombre dark, gloomy, somber
somme *f.* sum, whole; **en somme** in short, in sum
sommeil *m.* sleep; **avoir sommeil** to be sleepy
sommet *m.* summit, top, crown (of the head)
son *m.* bran

son *m.* sound
son *poss. adj.* his, her, its
sonder to sound, probe
songer to dream, think over, consider
sonner to sound, play (instrument)
sonnerie *n.* ringing (of bells)
sonnette *f.* small bell
sonneur *m.* bell-ringer
sonore *adj.* sonorous, loud
sophisme *m.* sophism
sort *m.* destiny
sorte *f.* sort, manner, way, kind; **en sorte que** so that
sortie *f.* exit
sortir *m.*; **au sortir de** on coming out of
sortir to go out
sot, -te silly, foolish, stupid
sotériologie *f.* soteriology
sottise *f.* foolishness
sou *m.* penny
souci *m.* worry, care; **libre de soucis** carefree
soucier (se) de to mind, care about
soucieusement anxiously
soucieux, -euse anxious, concerned, worried
soudain, -e sudden; **soudain** *adv.* suddenly
soudainement suddenly
soudre *arch.* to pay, trade
souffle *m.* breath
souffler to blow
souffrance *f.* suffering
soufre *m.* sulphur
souffrir to suffer
souiller to soil, defile
souillon *f.* sloven
souillure *f.* spot, stain; **sans souillure** unsullied, undefiled
soulier *m.* shoe
soulagement *m.* relief
soulager to relieve
soulever to lift up (weight); to raise (question, objection, doubt)
soumettre to submit
soumis, -e submitted, submissive
soumission *f.* submission
soupçonner to suspect
soupir *m.* sigh
soupirer to sigh
source *f.* source, wellspring

sourcil *m.* eyebrow
sourciller to wince
sourd, -e deaf
sourire *m.* smile
sourire to smile
sous under
sous-diacre *m.* subdeacon
soustraire to subtract; **se soustraire** to elude, abscond
soutenir to sustain, support
soutien *f.* support
souvenir (se) de to remember
souvent often
souverain, -e sovereign, supreme
souveraineté *f.* sovereignty
spacieux, -euse spacious
spatial, -e spatial
spectacle *m.* spectacle, sight, scene
spectateur, -trice spectator
spéculation *f.* speculation
sphère *f.* sphere, field
spirituel, -le spiritual
splendeur *f.* splendor
sportif, -ve devotee of outdoor games
stabilité *f.* stability
statue *f.* statue
stature *f.* stature, height
stérile sterile
stimuler to stimulate
stoïque stoic
stupidité *f.* stupidity
suaire *m.* sindon, shroud
subalterne *m.* subaltern, subordinate
subjectivité *f.* subjectivity
sublime sublime
subsister to remain, survive, subsist
substance *f.* substance
substantiel, -e substantial
subvenir to supply, provide for
succéder to succeed, follow after
successeur *m.* successor
successif, -ve successive
succession *f.* succession
succomber to succumb
suffire to suffice, be enough; to be sufficient
suffisamment sufficiently

suffisance *f.* sufficiency, adequacy; self-complacency
suffisant, -e sufficient
suffoquer to suffocate
suite *f.* continuation, following; **tout de suite** immediately; **et ainsi de suite** and so on, and so forth
suivi, -e connected, uninterrupted
suivre to follow
sujet *m.* subject, topic; **au sujet de** about, concerning
sujet, -te *adj.* subject, exposed, prone (to); *n.* subject of a state
superbe proud, haughty; superb, splendid
superficialité *f.* superficiality
superficie *f.* surface
superficiel, -le superficial
superflu *m.* superfluity, excess
superflu, -e superfluous, unnecessary
supérieur, -e superior
supériorité *f.* superiority
supplémentaire supplementary, additional
supplication *f.* supplication, beseeching, entreaty
supplice *m.* torture
supplier to beseech, implore
supporter to support, endure, tolerate
supposer to suppose
suprême supreme
sueur *f.* sweat
suicider (se) to commit suicide
sur on
sûr, -e sure
sûreté *f.* security
surface *f.* surface
surintendant *m.* superintendent, overseer
sur-le-champ *adv.* at once
surmonter to overcome
surnaturel, -le supernatural
surpasser to surpass
surprendre to surprise
survivre to survive
Suse Susa
suspendre to suspend
sybarite voluptuary
symbole *m.* symbol
symbolique symbolic
sympathie *f.* sympathy, fellow feeling
symptôme *m.* symptom
synagogue *f.* synagogue

syncrétisme *m.* syncretism
synode *m.* synod
Syrie *f.* Syria
Syrien, -ne Syrian
système *m.* system

table *f.* table, tablet, slab (of stone); **à table** at a meal; **table d'hôte** communal table for guests at hotel or restaurant
tableau *m.* painting, chart, chalkboard
taille *f.* size, waist; **de haute taille** tall
taire to hush up, hide; **se taire** to be silent
talent *m.* talent (weight, coin); talent (quality)
talion *m.* talion; **appliquer la loi du talion** demand an eye for an eye
Talmud *m.* Talmud
tandis que while
tant so much
tantôt just now, a little while ago
tarder to tarry
tarir to dry up
taxer to accuse
te *dir. ob.* you; *indir. ob.* to you
teigne *f.* moth
teindre to tint, dye
tel, -le *adj.* such; **tel** *pron.* such a one
Télémaque Telemachus
tellement so, to such an extent, so much
témérairement rashly, recklessly
téméraire rash, reckless
témérité *f.* temerity, rashness
témoignage *m.* testimony, witness
témoin *m.* witness; **prendre à témon** to take to witness
temple *m.* temple
temporel, -le temporal
temps *m.* time; **prendre son temps** to one's time; **ces derniers temps** in recent times; **en même temps** at the same time; **de temps en temps** from time to time
temps *m.* weather
tendre *adj.* tender
tendre to stretch out; tend, lead (to)
tendrement tenderly
tendresse *f.* tenderness
ténèbres *f.pl.* darkness
ténébreux, -euse dark, gloomy
tenir to have, hold; **tenir compagnie** to keep company; **tenir compte de** to take into account; **se tenir** to stand; **tenir à** to value, prize, be bent on (doing sth.); **se tenir à** to hold on to, abide by

tentateur *m.* tempter
tentation *f.* temptation
tente *f.* tent
tenter to tempt
tergiverser to equivocate
terme *m.* term, end; expression
terminer to terminate, end
terrasser to throw, lay low; (*fig.*) to overwhelm, dismay
terre *f.* earth; **à terre** ashore, on the ground; **la Terre Sainte** the Holy Land; **terre firme** mainland
terreur *f.* terror
terrible terrible
territoire *m.* territory
testament *m.* will, testament
têt *m.* skull
tête *f.* head; **n'en faire qu'à sa tête** to follow one's own inclination
tétin *m.* teat
tétrarque *m.* tetrarch
Texas *m.* Texas
théâtre *m.* theater
théiste theist; *adj.* theistic
théologie *f.* theology
théologique theological
Théophile Theophilus
théorie *f.* theory
thermodynamique *f.* thermodynamics
tiède lukewarm
tien, -ne *poss. pron.* yours
tiers *m.* third (part)
timide timid
timidité *f.* timidity
Timothée Timothy
tirer to pull, draw
titre *m.* title; **à juste titre** rightly, fairly
tohu-bohu *m.* confusion, hurly-burly
toi *disj. pron.* you; thee (in biblical style and Quaker speech)
tombeau *m.* tomb
tomber to fall
tonnerre *m.* thunder
Torah *f.* Torah
tordre to twist
tort *m.* wrong
torturer to torture
tôt soon, early
total, -e total

totalement totally
touché, -e touched, moved
toucher to touch
toujours always, still
tour *m.* turn, circuit, cycle; **à son tour** in one's turn
tour *f.* tower
tourbillon *m.* whirlwind
tourbillonnant, -e whirling, spinning
tourbillonnement *m.* whirling
tourbillonner to whirl, swirl
tourment *n.* torment, torture; **tourments de la jalousie** pangs of jealousy
tourmenter to torture, torment
tourmenteur *m.* tormenter, torturer
tourner to turn; **se tourner** to turn round
tournure *f.* turn (phrase), course (events)
tout, -e (*pl.* **tous**, **toutes**) *adj.*, *pron.* all, every; *adv.* **tout à fait** quite, altogether
toutefois yet, nevertheless
trace *f.* trace, track, trail
tradition *f.* tradition
traduire to translate
trahir to betray
trahison *f.* betrayal
trait *m.* flash (light)
traité *m.* treaty
traitement *m.* treatment
traiter to treat
traître *m.* traitor
trancher to cut, slice, settle (question), contrast
tranquille tranquil, quiet
tranquilliser to reassure, set at rest
tranquillité *f.* tranquillity
transcendance *f.* transcendence
transcendant, -e transcendent
transcrire to transcribe
transformer to transform; **se transformer** to be transformed, turn into
transgresser to transgress
transgresseur *m.* transgressor
transgression *f.* transgression
transi, -e *arch.* deceased
transmettre to transmit, convey
transpiration *f.* perspiration
transporter to transport
travail *m.* work
travailler to work
travailleur *m.* worker

travers *m.* breadth; **à travers** through
traverser to traverse, cross
trébucher to stumble, totter
treize thirteen
treizième thirteenth
tremblant, -e trembling, unsteady
tremblement *m.* trembling
trembler to tremble
trembleur *m.* Shaker, Quaker
trente thirty
trépas *m.* death, decease
très very
trésor *m.* treasure
tressé, -e braided
tresser to braid
tribu *f.* tribe
tribulation *f.* tribulation
tribunal *m.* tribunal, judge's seat
tribut *m.* tribute
trinitaire trinitarian
Trinité *f.* Trinity
triomphe m. triumph
triompher to triumph
tripes *f. pl.* intestines, guts
triste sad
tristesse *f.* sadness
trois three
troisième third
tromper to deceive; **se tromper** to be mistaken
tromperie *f.* deceit
trompette *f.* trumpet
trompeur, -euse deceitful
tronc *m.* trunk (tree, body); *eccl.* collecting-box
trône *m.* throne
trop too much
trouble *m.* confusion, disorder
troublé, e troubled
troubler to disturb, perturb
trou *m.* hole; **trou d'une aiguille** eye of a needle
troupe *f.* troop, band, throng
troupeau *m.* flock
trouver to find; **se trouver** to be, happen to be
tu *sub. pron.* you (familiar form of address to intimates, children, animals; thou (in biblical style and Quaker speech)
tuer to kill, slaughter; **se tuer** to kill oneself

tumulte *m.* tumult
tunique *f.* tunic
Tyr Tyre
tyran *m.* tyrant
tyrannie *f.* tyranny

ulcère *m.* ulcer
ultérieurement later on, subsequently
un, -e *indef. art.* a, an; *n.* one
uni, -e smooth, level
union *f.* union
unique sole, single, unique; **fils unique** only son
unir to unite; **s'unir à** to unite oneself with
unisson *f.* unison; **à l'unisson de** in keeping with
unité *f.* unity
universalisme *m.* universalism
univers *m.* universe
universel, -le universal
Urie Uriah
usage *m.* use, custom; **mettre en usage** to put into use
user (de) to use, make use of, resort to; **en bien/mal user avec** to treat well/ill
usual, -le usual, habitual
usuellement usually
usure *f.* usury
usurpation *f.* usurpation
usurper to usurp
utile useful
utilisation *f.* utilization, use
utiliser to make use of

vagabond, -e vagabond, wondering
vague *f.* wave
vague vague, indefinite
vaguement vaguely
vain, -e vain
vaincu, -e vanquished, overcome
vaincre to vanquish, conquer
vainement vainly
vainqueur *m.* conqueror
vainqueur, -euse victorious
vaisseau *m.* vessel
valable valid
valeur *f.* value
vallée *f.* valley
vallon *m.* small valley

valoir to be worth; **valoir mieux** to be better; **valoir la peine** to be worth the trouble
vanité *f.* vanity
vanner to winnow
vapeur *f.* vapor
variation *f.* variation
varier to vary, change
variété *f.* variety
vase *m.* vase, vessel; **vase d'élection** chosen vessel
vaste vast
Vatican *m.* Vatican
veille *f.* watch, vigil; the day before
veiller to keep awake, watch
veine *f.* vein
vendre to sell
vénérable venerable
vénération *f.* veneration
vénérer to venerate, revere
vengeance *f.* vengeance
venger to avenge; **se venger** to be revenged
vengereur, -esse avenging, vengeful
venin *m.* venom
venir to come; **en venir à** to come to (the point of doing)
vent *m.* wind
ventre *m.* stomach
venue *f.* coming
verbe *m.* verb; **Verbe** *m.* Logos
vérifier to verify
véritable true, genuine
véritablement *adv.* truly, genuinely
vérité *f.* truth
verge *f.* rod
vermine *f.* vermin
vers *prep.* (of place) towards, to; (of time) about, towards
verser to pour (out)
vert, -e green
vertu *f.* virtue; **en vertu de** by virtue of
vertueux, -euse virtuous
vestige *m.* vestige, trace
vestimentaire vestimentary
vêtement *m.* garment; *pl.* clothes; **vêtements sacerdotaux** vestments
vêtir to clothe, dress; **se vêtir** to dress (oneself)
veuve *f.* widow
viande *f.* meat
vicaire *m.* vicar

vice *m.* vice
vicié, -e vitiated
vicieux, -euse vicious, depraved
vicissitude *f.* vicissitude
victime *f.* victim; sacrificial victim
victoire *f.* victory
victorieux, -euse victorious
vide *m.* void, gap, cavity
vide *adj.* empty, blank, vacant
vider to empty, drain, exhaust
vie *f.* life
vieillard *m.* old man, elder
vieillesse *f.* (old) age
vieillir to grow old
vierge *f.* virgin; **Vierge Marie** Virgin Mary
vieux, vieille old
vif, vive alive, living
vigile *f.* vigil
vigne *f.* vine, vinyard
vigneron *m.* vine-grower
vigoureux, -euse *adj.* vigorous, sturdy
vigueur *f.* vigor, strength
vil, -e lowly, ignoble
vilenie *f.* meanness, vile action, low deed
village *m.* village
ville *f.* city, town; **Ville Éternelle** Rome
vin *m.* wine
vinaigre *m.* vinegar
vingt twenty
vingtième twentieth
violence *f.* violence
violent, -e violent
violer to violate; rape
vipère *f.* viper
visage *m.* face
visible visible
Visitation *f.*, *ecc.* Visitation (of the Virgin to St. Elizabeth)
visite *f.* visit
visiteur *m.* visitor
visiter to visit
vitalité *f.* vitality
vite fast, quickly
vivant, -e alive, living; *n. m.* living being
vivifiant, -e vivifying, quickening
vivre to live

Glossary

vivres *m. pl.* supplies
vocation *f.* calling (divine)
vœu *m.* vow, wish
vogue *f.* fashion, vogue
voici behold, here is, here are
voie *f.* way
voilà there is, there are; (+ time period) ago
voile *m.* veil; **prendre le voile** to take the veil
voiler to veil
voir to see
voire in truth, indeed
voisin, -e neighbor; **voisin de la mort** at death's door
voisinage *m.* proximity, vicinity, nearness
voisiner to visit one's neighbors, to be placed side by side
voix *f.* voice; **à haute voix** aloud
vol *m.* theft
voler to fly; to steal
voleur *m.* thief
volontairement wilfully
volonté *f.* will
volontiers gladly
vomir to vomit
vos *poss. adj., pl.* your
votre *poss. adj., s.* your
vôtre *poss. pron.,* yours
vouer to vow, devote, dedicate
vouloir *m.* will
vouloir to want; **vouloir dire** to mean; **en vouloir à** to bear a grudge
vous *sub. pron.* you; *dir. ob.* you; *ind. ob.* to you; *disj. pron.* you
voûte *f.* vault, archway
voyage *m* journey, trip
voyageur, -euse traveler
vrai, -e true
vraiment truly, really
vraisemblable probably, likely
vu *prep.* considering, in view of; **vu que** *conj.* seeing that; **au vu de tous** openly, publicly
vue *f.* sight, view; **à première vue** at first glace; **en vue de** with a view to
vulgaire vulgar, common, coarse

wagon *m.* train car
wesleyen, -ne Wesleyan
wigwam *m.* wigwam

Xerxès Xerxes

y *adv.* there, here; *pron.* it
Yahvé Yahweh
yeux *m. pl.* eyes (*s.* **œil**)

zèle *m.* zeal

www.ingramcontent.com/pod-product-compliance
Lightning Source LLC
Chambersburg PA
CBHW060415300426

44111CB00018B/2863